珍藏本·增订本

纪念版

汉译世界学术名著丛书

识字的用途

——工人阶级生活诸面相

〔英〕理查德·霍加特 著

阎嘉 译

Richard Hoggart

THE USES OF LITERACY

Originally published in 1957 by Essential Books, Inc.

"Postscript" originally appeared in *Media, Culture and Society*, vol.13, no.2, April 1991.

本书根据 Transaction Publishers 1998 年版译出

汉译世界学术名著丛书
（120年纪念版·珍藏本）
增订本出版说明

2017年10月，为纪念商务印书馆创立120周年，本馆推出“汉译世界学术名著丛书”（120年纪念版·珍藏本），计七百种。近五六年来，仰赖学界同人倾力支持，订正旧译，增补新译，拓展新著，积累日多。为满足读者需要，本馆在七百种的基础上，继续推出“汉译世界学术名著丛书”（120年纪念版·珍藏本·增订本）三百种。至此，“汉译世界学术名著丛书”累计出版，已达千种。

今后，本馆将继续推进丛书的翻译出版工作，在积累单本名著的基础上陆续分辑刊行，汇印出版。为促进中外文明互鉴、推动我国学术发展，使“汉译世界学术名著丛书”这项对我国学术文化有基本建设意义的重大工程发挥更大作用，诚望海内外学术界、翻译界继续给予支持，帮助我们把这套丛书出得更好。

商务印书馆编辑部

2024年2月

汉译世界学术名著丛书
（120 年纪念版 · 珍藏本）
出 版 说 明

2017 年 2 月 11 日，商务印书馆迎来 120 岁的生日。120 年前，商务印书馆前贤怀揣文化救国的理想，抱持“昌明教育，开启民智”的使命，立足本土，放眼寰宇，以出版为津梁，沟通中西，为中国、为世界提供最富智慧的思想文化成果。无论世事白云苍狗，潮流左右激荡，甚至战火硝烟弥漫，始终践行学术报国之志，无改初心。

迻译世界各国学术名著，即其一端。早在 20 世纪初年便出版《原富》《天演论》等影响至今的代表性著作，1950 年代后更致力于外国哲学和社会科学经典的译介，及至 1980 年代，辑为“汉译世界学术名著丛书”，汇涓为流，蔚为大观。丛书自 1981 年开始出版，历时三十余年，迄今已推出七百种，是我国现代出版史上规模最大、最为重要的学术翻译工程。

丛书所选之书，立场观点不囿于一派，学科领域不限于一门，皆为文明开启以来，各时代、各国家、各民族的思想与文化精粹，代表着人类已经到达过的精神境界。丛书系统译介世界学术经典，引领时代思想，为本土原创学术的发展提供丰富的文化滋养，为推动中国现代学术和现代化进程做出了突出的贡献。

为纪念商务印书馆成立120周年，我们整体推出“汉译世界学术名著丛书”120年纪念版的珍藏本，寄望既利于文化积累，又便于研读查考，同时向长期支持丛书出版的译者、编者和读者致以敬意。

两甲子后的今天，商务印书馆又站在了一个新的历史时间节点上。我们不仅要铭记先辈的身影和足迹，更须让我们的步伐充满新的时代精神。这是商务人代代相传的事业，更是与国家和民族的命运始终紧密相连的事业。我们责无旁贷，必须做好我们这代人的传承与创造，让我们的努力和成果不仅凝聚成民族文化的记忆，还能成为后来人可以接续的事业。唯此，才能不负前贤，无愧来者。

商务印书馆编辑部

2017年10月

把爱献给玛丽

我们这个批判现实主义时代的人们，在大众愚昧和大众专制的蛊惑下，对普通民众的强烈不满，已经到了对其丧失所有直接认知和洞察力的地步……。或许——由我来做出这样的评论令人奇怪——他们还没有那么深刻地影响自己的民族，因为他们还不够热爱自己的民族。

——路德维希·莱维松*

对浪漫主义的忠告：

我的血管里流淌着农民的血液，你们不可能以农民的美德使我感到惊异。

——契诃夫

* 路德维希·莱维松（Ludwig Lewishohn，1882—1955）：美籍犹太裔小说家和翻译家，著有小说《岛屿内部》（*The Island Within*）。

目　　录

第二部分　为新的让位

学报版导言
不守规范的用途和滥用

按照理查德·霍加特的看法，在20世纪50年代晚期，对他 xiii
的《识字的用途》一书有一种反应：“我所认识的英语系……的很多人，一直都对该书保持着缄默，就像一只从隔壁廉租房里跑来的下贱的猫，把一个奇臭无比的玩意儿带进了屋里。”[1]理查德·霍加特的罪过在于：要突破学术规范的边界。《识字的用途》不仅把通俗文化这种发臭的玩意儿当作研究对象；它也毫无羞耻地用社会和政治问题玷污了文学分析的事业。此外，《识字的用途》还是一部有点超越时代的自传性文本（它初版于1957年，却预见到了更为晚近、往往受女性主义启示的对文化分析方法的兴趣，这种分析拒绝把作者隐藏在客观的社会科学技巧的面具背后），它的作者似乎对于把个人传记、社会历史和文化批判融合起来并不感到尴尬。简言之，理查德·霍加特的危险在于不守规范。

如果说这种冒犯学院专业特性的开创性罪过是本书的唯一优点的话，那么，它肯定值得我们持续加以关注。然而，正如我要努力表明的（在赞扬和批评本书的两个方面），《识字的用途》的价值远远超过了它作为文化研究遗产的历史地位。首要的是，其价值在于努力拓展一种以跨学科为基础的文化研究的新方法，关注把各种文本缝合到生活体验的不同模式中。然而，人们处处都会发现，其价值也在于这一事实：本书把阶级当成关注的焦点，它在这么做时，谈到了很多工人阶级生活的细节。正是在这些细节方面，同样也在方法方面，理查德·霍加特的著作在今天依然有用，并且依然引人入胜。

一

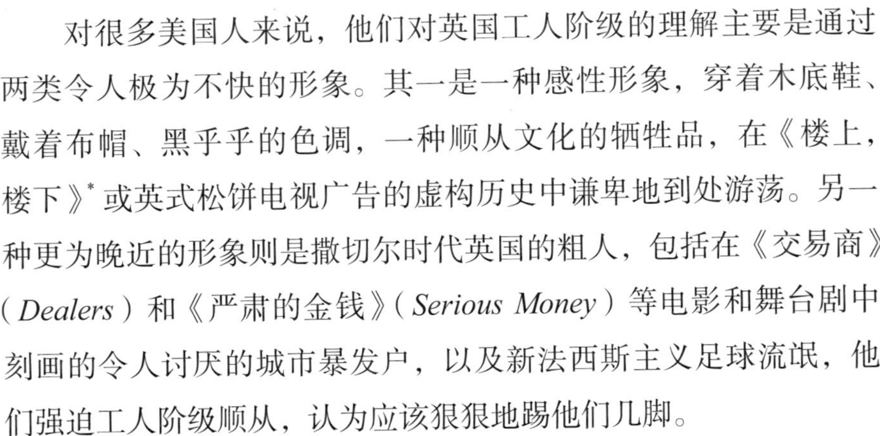

对很多美国人来说，他们对英国工人阶级的理解主要是通过两类令人极为不快的形象。其一是一种感性形象，穿着木底鞋、戴着布帽、黑乎乎的色调，一种顺从文化的牺牲品，在《楼上，
xiv
楼下》* 或英式松饼电视广告的虚构历史中谦卑地到处游荡。另一
2
种更为晚近的形象则是撒切尔时代英国的粗人，包括在《交易商》（*Dealers*）和《严肃的金钱》（*Serious Money*）等电影和舞台剧中刻画的令人讨厌的城市暴发户，以及新法西斯主义足球流氓，他们强迫工人阶级顺从，认为应该狠狠地踢他们几脚。

霍加特的著作最强大的力量之一在于它对各种复杂性的细致描绘，一方面是顺从听命的复杂性，另一方面则是表达（和转移）愤怒的复杂性。霍加特捕捉到了大量细节，这些细节在公共电视

---

* 《楼上，楼下》（*Upstairs, Downstairs*）：20 世纪 70 年代早期在英国热播的电视连续剧，以住在楼上的仆人和住在楼下的主人一家的日常生活为中心，表现了 20 世纪 30 年代英国社会生活的画面。——译者（以星号标注的皆为译者注，全书同。）

节目中把工人描述成奴仆或者暴徒时被忽略了。正是在这些细节中，霍加特的描述才极易引起共鸣。这并非因为霍加特的阶级背景（他生长于英格兰北部利兹的亨斯莱特工人阶级社区）充分说明了这一点——社会背景与知识规划之间的关系极少会如此简单粗糙。这种关联的形成不仅在于霍加特的个人生活，还在于他担任成人教育教师的本职工作，这种工作（如他在自传的第二部里详细描述的那样）所起的重要作用在于，将他的知识力量集中在大众文化正在显现出来的作用之上。

《识字的用途》获得其大部分力量靠的是对于我们可以称之为英国工人阶级特性的描述：从报纸包装中散发出来的炸鱼和薯条的味道（这种做法正在消失，而在那些日子里这大概是英国小报所能起到的对社会最有益的作用）；地方公共图书馆的氛围；薄荷硬糖的味道；“混杂着烤牛肉和《世界新闻报》的星期天味道”；家庭（在日子不错时）的温馨和“令人窒息的关注”；投币供电系统；工人阶级父亲在思考时抓耳挠腮的样子；犒劳“救世军”的传统，因为他们为普通人提供实际帮助，而不是空洞的虔诚。即便《识字的用途》没有取得别的什么成就，它也生动地再现了英国工人阶级生活的某些真实品质。

当然，理查德·霍加特的叙述保持了一种重要的距离。我并不是指那种一般的距离，即知识分子通常都会保持的与通俗文化或工人阶级文化的距离，而是指那种非常特殊的把亲和力与距离结合起来，这种结合产生于“奖学金男孩”（the Scholarship Boy）——通过进入文法学校和大学这类中产阶级世界而“获得成功”的工人阶级孩子。本书是一部著名的怀旧作品，字里行间满

xv 是弥漫性的失落感，我认为，这可以理解为霍加特自身经历的一种征兆。正是作者个人的失落感才导致了书中的悲观情绪，完全就像新的、被公然蔑视的文化工业的影响一样。

我想，《识字的用途》成功的部分原因在于，它在出身于无产阶级的新兴中产阶级中找到了（还会找到）读者，他们也在《金屋泪》（*Room at the Top*）、《一点爱意》（*A Kind of Loving*）、《说谎者比利》（*Billy Liar*）等小说和电影中看到了对自己生活品质的某些表现。理查德·戴尔* 注意到了本书与英国通俗肥皂剧《加冕街》（*Coronation Street*）的某些相似性；[②]这两者都让我们间接地消费了一种看来正在消失的文化。（在英国广播公司的肥皂剧《东区人》[*East Enders*]里，编导以一种更加现代的方式，带着一种必然更强烈的怀旧感，尝试过某种相似的东西。）但是，流俗的认可当然不能说明《识字的用途》的广泛影响，显然，这也是一部使某些新的文化概念具体化的著作，而它在这么做时，有助于使所谓文化研究体制化。

文化研究的体制化在如今的美国正在快速推进，以至于值得把《识字的用途》置于与美国非常不同的英国语境中。本书的重要性在于有助于塑造英国的文化、媒体和传播研究领域，然而，它这么做的方式确立了一种标志，使英国的文化研究有别于在美国建构这一新领域的某些努力。[③]已经有了很多对于文化研究发展

---

* 理查德·戴尔（Richard Dyer，1945—　）：英国电影研究学者、伦敦国王学院教授，生于利兹，在伯明翰大学当代文化研究中心获得博士学位。

的出色介绍，④其中多数都把《识字的用途》与E. P. 汤普森[*]的《英国工人阶级的形成》、雷蒙德·威廉斯[**]的《文化与社会》和《漫长的革命》相提并论，把它们当成该领域的开创性著作。我无意复述这种众所周知的描述。然而，当我们考虑到霍加特1964年在创建伯明翰大学当代文化研究中心的先驱作用时，他本人作为文化研究发展中关键人物的地位是显而易见的。在后来（1970年）任职于联合国教科文组织之前，霍加特是该中心的第一任主任。在建立伯明翰大学当代文化研究中心之后，理查德·霍加特进一步推动了对现有文化概念及其与社会的关系的日益激进的挑战。后来，在斯图尔特·霍尔[***]和理查德·约翰逊的领导之下，伯明翰大学当代文化研究中心在把源于马克思主义、女性主义、结构主义和精神分析等欧洲理论引入通俗文化研究方面，起到了引领作用。⑤

然而，文化研究的根源在英国知识史上可以追溯得更远。正 xvi
如已故的雷蒙德·威廉斯指出的，有太多文化研究的解释都把其历史描述为各种*文本*的历史；威廉斯表明，实际上，文化研究的*教学*（在成人教育中、在工人教育协会的课程中，以及在大学继续教育的课程中）在20世纪30年代和40年代就已经开始了，⑥远在其“开创性”的“伟大著作”产生之前。霍加特本

* E. P. 汤普森（E. P. Thompson，1924—1993）：英国著名马克思主义历史学家和作家。

** 雷蒙德·威廉斯（Raymond Williams，1921—1988）：英国著名文化研究学者、小说家和批评家。

*** 斯图尔特·霍尔（Stuart Hall，1932— ）：牙买加裔英国著名文化学者和社会学家。

人在其自传的第二部里提出过类似的观点，他提到，他（还有威廉斯和汤普森）在成人教育中的工作成了一种催化剂，使他的研究兴趣转向了通俗文化，这一过程导致他“逐步地但却不可避免地退出了学院派界定的文学研究，转向了研究当代文化的众多方面，主要但不限于词语方面的研究”。[⑦]阅读《识字的用途》，发现它重新强调活着的文化，很难不使人想到30年代的“大众记录”规划，那时数以百计的英国人一直在用日记记录自己的日常生活，这些日记后来成了从社会学角度重构英国社会之论述的基础。此外，正如很多评论家注意到的，霍加特的著作，与英国文学批评家和社会批评家F. R. 利维斯（F. R. Leavis）及其同事的著作，包括利维斯的妻子奎妮等人在剑桥大学《细察》（*Scrutiny*）杂志上的著作之间，存在着诸多连续性。[⑧]这笔遗产，尤其是Q. D. 利维斯的著作《小说与读者》（*Fiction and the Reading Public*），在霍加特晚近的自传体著作中已经得到了承认。

我现在提到这些要点，不仅因为它们使我们能够最合理地把霍加特的著作定位为文化研究发展的重要结晶（而不是文化研究的发明），而且也因为它们提醒我们：文化研究的规划最初以作为生活体验的文化为中心，而不以作为文本或者产品的文化为中心。[⑨]对英国文化研究开创性的三巨头（霍加特、威廉斯和汤普森）来说，文化分析的产生至少部分是由于从事特定的成人教育教学工作。三人很少有理论上的统一性（例如，汤普森曾经严厉批评威廉斯的著作《漫长的革命》，甚至否认自己与文化研究有关系！），但确实存在着的是对经验时刻的承诺，这种承诺源于一种认知，即文化的工业化在成人学生的生活中具有新的重要性。

在北美校园里体制化文化研究的潮流中，这个新领域过于经常地被误解为一种训练，即把理论应用于文本，以便创造出“解读”，因而值得重新阅读《识字的用途》，它把焦点集中在文本与其他某 xvii
种东西的**关系**上，那种东西甚至比理论更为重要——即人怎样生存。

二

凭借后见之明的优势，现在很清楚的是，与其把《识字的用途》理解为一部开创性的著作，倒不如像斯图尔特·霍尔和其他人所提出的那样，最好把它理解为一部过渡性的著作。早期研究大众文化的努力，在谴责新的传播工业方面，在设想对公众的影响方面，是彻底悲观主义的。现在成为例行公事的却是把作者等同于政治上的异类，如何塞·奥尔特加·伊·加塞特、T. S. 艾略特、马修·阿诺德、F. R. 利维斯、乔治·奥威尔和特奥多尔·阿多诺，似乎他们都对大众社会和新的“大众文化”具有相似的敌意。再一次，我从仅仅复述某些为人熟知的论点中看不出有任何意义，[10]只想补充说，在这些有分歧的立场之间发现相似性，很可能做得过头了。虽然这些作者可能都试图确定各种新的社会关系和新的传播形式，但他们的描述、方法、解释和预测都完全不一致。尽管如此，在整个这种传统中，明显存在着一条共同的悲观主义脉络，这种传统把文化的工业化看成是文明价值与实践之衰落的一个关键组成部分。

然而，尽管理查德·霍加特的规划有时被描述成“利维斯式

的”（在其对待大众社会的悲观态度及其对“有机”文化结构之本真性的设想方面），但很清楚的是，《识字的用途》在两个至关重要的方面背离了那项任务。首先，霍加特在由工业化（利维斯所反对的一种社会进程）所形成的一个阶级中发现了感受和生存的本真性。其次，霍加特不愿意就新兴文化工业对其受众产生的影响做出各种随意的设想。因而，我们在这方面可以发现文化研究规划之外的一项工作的开端，它业已形成了与利维斯式的关注点更全面的决裂[11]——它在通俗文化中发现了乌托邦式或社会补偿的成分，它还认识到，“大众”对于媒体的人工制品实际上很可能不只是产生一种粗俗（lumpen）反应。

在我看来，《识字的用途》所取得的成就在于，它与其时代的主导规划决裂，以及它敢于和有必要地挑战了文学、政治和社会学研究之间的学术壁垒。这种新兴的跨学科性为文化研究确立了某些根本规则，将其研究植根于阶级分析中，把工人阶级生活的现实关系纳入考虑范围，同时拒绝把所有力量归因于新兴的传播工业。在这个方面，对某些早期的悲观论者如马修·阿诺德来说，工人阶级与城市群氓别无二致，而霍加特却非常准确地认为他们是“开朗的生存论者”。

霍加特对阶级的观察极为敏锐，这有助于为一种方法奠定基础，而这种方法所起的作用部分地与他的工作——青年亚文化研究——相抵触。[12]他对服饰、顺从的态度和取乐问题的评论，全都非常富有启发性，直到今天还属于有助于我们理解工人生活体验的方法脉络。谈及文化工业（他对其的分析经常因为其片面性招致批评），《识字的用途》在20世纪50年代中期准确发现的关键问题，英国的评论家今天仍然在关注。国家新闻媒体所有权集中的问题和文化上无阶级社会的出现，在今天，在鲁珀特·默多克和玛格丽特·撒切尔时代引起了激烈的争论，正像它们在理查德·霍加特的时代引起了人们的关注一样。如果说霍加特的分析可以被贴上“文化悲观主义”标签的话，那么，指出以下这点来回应似乎很合理，即20世纪行将结束之际，存在着大量使人感到悲观的东西。

不论对英国文化的预期，《识字的用途》与美国的情景到底有什么关联？我已提到过，在方法方面，霍加特的著作具有极大重要性。然而，在细节方面——试图把一个特定阶级的形成与特定的文化文本和实践联系起来——把这种分析移植到大西洋彼岸的任何努力，看来都是危险的，或许是徒劳的。不过，我却想短暂地面对这种危险和徒劳，因为《识字的用途》事实上确实与美国通俗文化各方面有丰富联系。在这么做时，我们将创造一种新的文本（霍加特的分析不可能以这种方式被合理地转移），但结果的发人深省足使人意识到其中分析的某些主题和意识形态形式的当代性。实际上，本书有可能采取的一种教学策略，是要求学生找出当代美国的相似之处，或许还有差异的重要方面，可以把焦点集中在学生对通俗文化的体验上。

思考一下霍加特对通俗歌曲的这一分析吧：“强调普通人的美德在于比其他人更‘真实’、更敏锐、更诚实，在英国就像在其他地方一样，正在发展成某种形式的势利。化用乔治·奥威尔的
话，所有人都同样好，但普通的人比其他人更好。有人提出，真 xix
正重要的事情是要友好，要成为‘我们中的一员’。这是睦邻关系

蔓延成了一种模糊软弱的社群主义，这种社群主义仅仅来自一种普遍的共识，即所有人都应该为一起软弱而自豪……”在这里看到的媒体修辞，在今天的北美文化中当然很普遍：例如，在广告中（霍加特的评论几乎准确地描述了某些电视啤酒广告），在电影《洛奇》（*Rocky*）和《兰博》（*Rambo*）中，在布鲁斯·斯普林斯廷和约翰·考格尔·麦伦坎普这类歌曲作者所使用的意象中。

举另一个例子来说，在电视节目《夜鹰热线》（*Midnight Caller*）里，我们遇到了一个文本，其核心前提是：劳动人民比社会“上层”更有头脑。主人公（杰克·基利安）是一位电台谈话节目主持人，当过警官，因此具有街头智慧。每周，杰克都会遇到一些行家（社会工作者、警官、媒体经理），他们都认为自己了解这个世界，但他们在叙事过程中被证明只具有对世界的一种理论“知识”——当遇到杰克富有经验的街头智慧时，这种话语总会被打破。这是警察影视节目中一个为人熟知的主题，并且构成了《迈阿密风云》和《龙虎少年队》* 中传达叙事信息的基础。重复一遍，霍加特描写的是20世纪50年代的英国，但对于其意识形态核心有赖于对工人阶级认识方式——这些方式被呈现为从经验出发、有理论并且很全面——的优越性的各种设想的文本而言，他的想法现在依然有价值。

理查德·霍加特在本书中也分析了迷信和神话，虽然他的评

* 《迈阿密风云》（*Miami Vice*）：美国1984年开播的有关犯罪的系列电视剧。《龙虎少年队》（*21 Jump Street*），美国1987年上映的有关犯罪的电影。

论很简短，但它们却开辟了一条探究当代文化中持续的魔法和神秘主义话语的路径，从宗教广播和占星术专栏，到“时代生活”图书公司在电视上打广告的关于不可知现象的杂志，再到《国民间询报》之类的超市小报更加怪异的幻想。可以确定，霍加特所谴责的粗俗出版物和小报文化，在英国（鲁珀特·默多克的《太阳报》从 1969 年以来就把垃圾文化带进千家万户）和美国（默多克通过福克斯电视台的《警察》和《记者》一类节目把这种垃圾文化转变成了电视形式）都在延续。

当霍加特把顺从确定为英国战后时代工人阶级的一个关键组成部分时，人们并不期望在 80 年代和 90 年代的美国工人阶级中发现这一特点。虽然美国人可能会受到鼓动而沉溺于仇日的排外幻想，但他们也被告知：美国文化的一种根本特征是其人民想获得**成功**，而不仅仅是生存。大多数美国人都会把对此的一种平民 xx
主义的回应看成是中产阶级挤压的结果（而英国的评论家则可能会倾向于把这看成是一种丰富的但却是工人阶级的文化），是一种顺从的迷惘。所有人都可以看到这样的车贴，上面写道：“鸟事总会发生”，“托托，我想我们不在堪萨斯了”*，我们从中肯定感知到了与《识字的用途》中所确认的态度相似的态度，它们源于霍加特在书中分析的“我们”与“他们”的感觉。对这种冲突的体验在美国和英国各不相同，但它们的流行形式依然非常相似。

霍加特对“个性化”的评论，仿佛在谈及当代美国的公共政

* 电影《绿野仙踪》中，多萝茜的一句台词。

治行为，几乎不必改动一个词语："由于'个性化'的技巧每年都变得越发像机械加工似的，因而，良好的天资就变了形，并被用于过度简单化、温和的欺骗和危险的扭曲。"当霍加特说这话的时候，他预示了对无数学者和评论家的批评——例如，我们尤其能想到对1988年美国总统竞选活动的普遍批评。[13]在这里得到确认的文化的碎片化，在美国商业电视的干扰文化中达到了巅峰。这种分析最终在对美国公共文化的电视批评中找到了更具公共性的空间，这种电视批评是由比尔·莫耶斯*在"新闻假象""当代美国的神话与现实"这样的电视节目中发起的，莫耶斯针对现代竞选活动中的"感觉良好"政治提出了人们现在已耳熟能详的观点，这种政治强调个性而非议题。有时，这在今天的学院中被当成一个后现代主义的问题进行争论；例如，在劳伦斯·格罗斯伯格**的著作中提到，美国当代通俗文化更像是一个广告牌，而不是一种叙事。[14]

的确，霍加特的分析的有趣之处（而这一点适用于本书的大部分内容）在于对纸媒的强调。批评家们最近倾向于把当代社会的罪恶归咎于电视媒体，[15]而霍加特的著作则含蓄地揭示了这种论点的缺陷，表明了在其他媒体中文明衰落的病态征兆：例如，报纸、杂志和通俗小说都有可能促成理性的衰落，增加社会的反常，等等。

---

* 比尔·莫耶斯（Bill Moyers，1934— ）：美国记者和公共评论家，曾任白宫新闻秘书。

** 劳伦斯·格罗斯伯格（Lawrence Grossberg，1947— ）：美国著名文化研究和通俗文化研究学者。

我们在这方面可以追寻到其他一些途径：霍加特把城市的性质说成是逃避，这或多或少体现了布鲁斯·斯普林斯廷的魅力；自我提升广告一定会使人想起美国生活的诸多方面，从日间谈话  节目，到《自我》杂志，再到当地购物中心书架上随处可见的自我陶醉的较高档的文化修养词典。本书甚至也预见到了后现代主义的时髦作品，霍加特评论了商业文化虚假、下意识、“令人精疲力竭的设想”——在我的经验中，在今天被认为麻木的学生中，这种态度无处不在。霍加特对“武断”（opinionation）的评论肯定会触动众多教育者的心弦，并且确实在近来有关教育学的著作中得到了回应：“很多人都设想，他们对几乎每个一般性问题的看法都有分量，而大多数问题即便对不健全和懒散的头脑，都完全可以或者应当可以进行解释。”从学生评价表，到最近美国有线新闻网的即时民意测验，武断是一个明显比霍加特所能容许的更为矛盾的过程，既有潜在的民主性，又有压迫的局限性。然而，在文化研究在一切流行事物里发现“进步性”的当前（以及在我看来表面的）趋势中，我们最好还是记住霍加特最初的、极为悲观的阐述。

当然，存在着很多差异。最值得注意的是，本书里反复提到英国人对国家的玩世不恭态度，在美国却令人不安地缺乏。仍然持续存在的社会和阶级顺从的程度，也表明英国社会完全不同于美国。当然，在方法论上，认为我们可以仅仅接受文本中的这些观点，并把它们应用于一种完全不同的社会语境中，这是不恰当的。霍加特的整个研究计划详细说明了文化与社会之间的内在联系，提醒我们不要犯这样的错误。

三

《识字的用途》当然也不乏批评者（我认为，其中很多人都会乐于承认，他们的批评是从理查德·霍加特协助开创的一种文化研究规划内部发起的），而我现在要着手考察的就是批评者的论点。我将勾画出本书招致批评的三个领域：它的文化悲观主义，它对生产领域的忽视，以及它对性别问题的失察。在这么做之前，值得思考一下霍加特本人对某种针对《识字的用途》进一步的批评所做出的回应——这种批评认为，该书提出了一种对工人阶级感情用事的观点。

感情用事的指责有时会与前文提到的各种更加实质性的批评
xxii 联系起来。把无产阶级浪漫化因此与霍加特的这一看法有联系，即他过高评价了“有机的”工人阶级生活，却贬低了商业文化（文化悲观主义）；本书把一种实质上在政治方面失败的生活方式具体化了（因此忽视了生产领域和政治组织）；或者说，霍加特对家庭生活的乐观看法忽略了父权制的作用（性别盲点）。我将分别讨论这些实质性的问题，但在感情用事的指责这一问题上，我认为值得援引霍加特本人的话，他在其中提出了一种富有洞察力的回应：

> 我考虑过这种指责，没有发现任何感情用事；这是一种极其合格的刻画。但是，看来正确的是，它确实满怀热情地谈到了工人阶级生活的某些方面，情感的某些方面，尤其是

> 谈到了女性在维系家庭中的核心地位。我不得不得出一个可悲的结论，即某些知识分子发现很难赞美美好的感情，很难称赞别人在感情上做得对的地方——他们遇到这种情况时，总会本能地伸手去抓“感情用事”的标签。⑯

这种说法过于简单，因为我将在下文就女性主义加以探讨。然而，如果你亲身经历过对工人阶级家庭“令人窒息的关注”，就难免会觉得它也包含重要的真相。

理查德·霍加特本人注意到根据阅读习惯来推断一般文化特征是不够的，他发现了在文化悲观主义的作品中经常被忽略了的一种危险。他本人的倾向显然是在文学方面，因此，像很多从文学背景转向通俗文化的批评家一样，他可能夸大了书面文字的重要性。对大多数人来说，书写远不如它对学者、批评家和从事写作的知识分子来说那么重要；对主要传统是口述传统的工人阶级来说，更是如此了。因此，根据工人阶级阅读的内容来评判他们的文化，暴露出了方法论上的一种根本偏差。其后果很严重，在某种程度上，当霍加特说“人们的生活并不像单纯阅读他们的文学作品所显示的那样缺乏想象力”时，他的确承认了这种危险。

然而，本书中大量使用了悲观主义的隐喻，以至很难发现，xxiii
对文学偏见的承认不仅仅是表面文章。在《识字的用途》中，无产阶级拥有的“道德资本的库存”来自于民间文化，该文化是抵抗“千百万人的辛迪加式平凡”、“闪光的野蛮”、“华而不实和空洞的傀儡世界”、“没完没了下落的纸屑文学”、“虚假的归宿感”、“煮

沸牛奶味道中的精神干腐”的主要防线。霍加特把讽刺性地宽容大众文化的各个方面说成是“防止感染的有效消毒器”。

所做的类比经常与病态和遏制政策有关。正如安德鲁·罗斯*就文化悲观主义更概括地评述的那样，把病态与大众文化紧密联系起来的这种方式，与20世纪50年代期间美国在抨击共产主义时所使用的各种隐喻很契合！[17]在有些地方，霍加特把电视说成“伟大的母亲”，这与“Boob tube”**的标签类似，这表明有必要按照安德烈亚斯·许森***的探讨思路进行一种性别化的反向解读。[18]然而，无论所援引的是母亲、病态，还是（如我们将看到的）美国，《识字的用途》对文化工业的产物都抱着坚决的敌意。（事实上，他的自传说明，在撰写本书时，霍加特及其家人本身才刚刚开始接受20世纪50年代新兴的、有点陌生的消费主义。）[19]霍加特对这种偏见说得很清楚：“我将特别关注变化的令人遗憾的方面，因为这些方面在我要探讨的领域里似乎更明显和更重要。”然而，就那种偏见而言，这肯定是一种明显的软弱辩解。当然，我们必须追问，对谁来说很明显？不幸的是，答案是这样：对英国文学教授来说很明显，他们认为没有理由为那些实际上不过是感觉到的假设辩解。

在这些假设下潜藏着一股强烈的反美潮流如果美国读者没陷

* 安德鲁·罗斯（Andrew Ross，1956—　）：美国纽约大学社会与文化分析系教授。

** Boob tube，电视的俚语。

*** 安德烈亚斯·许森（Andreas Huyssen，1942—　）：美国哥伦比亚大学德语与比较文学系教授。

入把一切欧洲的东西理想化的自责自卑情结，应该会感到不快。当然，我们当中有些成长于英国工人阶级家庭的人，确实非常真诚地从好莱坞电影、爵士乐、摇滚乐、消费主义、美国生活的精彩图景中获得过各种乐趣和可能性，他们会发现这部分内容相当过时，并且完全不足为信。反美情绪在英国文化中有各式各样的重演（朋克摇滚是近来最激进的例子，当时把任何音乐说成“美国的”本身就是十足的羞辱），但霍加特的说明完全不足以把握英国工人阶级（及中产阶级）对美国文化的迷恋，这种迷 xxiv
恋至少从第二次世界大战以来就开始了。（在英国剧作家丹尼斯·波特的一些作品中，尤其是在英国广播公司改编的电视剧《意外之财》[*Pennies From Heaven*]里，可以捕捉到早期迷恋美国的脉络。）极少有美国人意识到，美国作为脱离英国文化约束和限制的重要现象。

《识字的用途》在这方面令人遗憾地有不足之处。虽然霍加特刻薄地提到了“美国人的懒散”（那英国人的懒散就是一种优越的姿态吗？），但他的著作却没有为理解“美国”的吸引力提供任何基础。“二战”后美国作为一切现代、进步和与时俱进事物的发源地的概念曾让西欧工人阶级着迷，正如今天它似乎对部分东欧地区无产阶级有吸引力一样。不需要有太多洞察力就可以看出，这不是欺骗公众的结果，而是因为美国作为高效现代性的理想满足了被传统窒息的民众的需求，美国富足的概念驱散了对战后（对东欧指冷战）匮乏的挫败。在好莱坞电影、摇滚乐、电视剧和广告修辞中，用“美国”来象征这些东西既是“真实的”，也是“意识形态的”——霍加特有关工人阶级是美国文化受害者的看法，无法囊括这一事实。

正是在谈及通俗音乐时，本书最为强烈地暴露出它对美国大众文化本质的敌意。实际上，当霍加特写到“点唱机男孩”（以及“机械式点唱机”）时，他很快就丧失了知情人的感触，而在他缺乏同理心时，他开始更像是一个怒气冲冲的所谓“优质”报纸的主笔，而不是一个与工人阶级文化有联系的人。民族志抓住了这些几乎无法掩盖的偏见，并将其瓦解，最终为我们提供一种关于青年亚文化和风格及其积极受众的丰富文献，它们与对大众文化的这样一种描述相抵触，即一种显然只可能放松行为弹簧的大众文化。从 20 世纪 70 年代以来，媒体和文化研究学者（其中很多都与伯明翰大学当代文化研究中心有联系）一直竭力表明，流行音乐、亚文化风格、大规模出版发行的文学和通俗电视作品，如何以复杂而矛盾的方式对那些行为的根源产生作用。[20]

第二群批评家运用马克思主义来考察《识字的用途》。有时，
xxv 理查德·霍加特说起话来就像一个法兰克福学派的信徒。他对“怎么都行”（anything goes）哲学的批判类似于对“压抑的宽容”（repressive tolerance）概念的批判，而他对“替代性性欲”——色情美女招贴画具有的“制造出来的”性欲——的评论，可以直接拼凑成阿多诺和霍克海默的著名文章《作为大众欺骗的启蒙》。[21]然而，霍加特并不是马克思主义者，而马克思主义对《识字的用途》的批判，是与他的方法最早的和最彻底的决裂之一。

当伯明翰中心自身开始重新阐述文化研究的关键问题时，很多最强有力的新概念正是从马克思主义中产生的。科林·斯帕克斯*的《识字的滥用》一文㉒——非常具有讽刺意味的是，这是霍加特著作最初的标题——是马克思主义对霍加特（以及雷蒙德·威廉斯）进行的重要反击，它注意到了霍加特整部著作中的一个根本性缺失——忽视生产关系，生产关系被边缘化（实际上，几乎不可见），以利于一种暗示自由漂浮的“文化”领域的分析。正是对这个领域的这种概念化，才导致后来的评论家给霍加特的贡献贴上文化研究发展中重要的“文化主义”（而非马克思主义或结构主义）的标签。

霍加特自己说道，马克思主义艺术社会学家 F. D. 克林根德尔**在读了他的排版稿后，私下开始了一系列现在为人熟悉的马克思主义批评。㉓霍加特的回应是，他对生产领域的忽视源于他不想“声称拥有”超出自己经历的“更多的专业知识”，这是令人信服的。（我确信，很多读者都会与笔者一样对此具有某种同感。）但是，这在学识方面仍然是不充分的。这也提醒我们跨学科研究的诸种局限，个人能力在跨学科论证的链条中往往可能是薄弱环节。㉔

毫无疑问，霍加特的阶级概念是有局限的，它只来源于文化标准，或者说是想当然的阶级差别的概念。也有人评论说，霍加特强调“可敬的”工人阶级（而非美国人开始叫的“下层阶级”），也歪曲了这种描述。问题在于，其中缺失马克思主义确立的阶级

* 科林·斯帕克斯（Colin Sparks，1947— ）：英国威斯敏斯特大学传媒研究所所长，斯图尔特·霍尔的学生。

** 克林根德尔（F. D. Klingender，1907—1955）：英国马克思主义艺术史家。

结构分析，造成了削弱性后果：例如，注意一下霍加特如何从文化角度把“怠工”解释为工人阶级态度的一种属性，似乎这不是由劳资之间的经济结构关系形成的。最重要的是，无产阶级取乐的即时性（霍加特对其有很好的描述），需要以对劳动过程的分析
xxvi 为基础。问题不只是工人阶级的劳动比其他类型的劳动更加程序化、更具重复性、更少创造性；[25]问题还在于，对大多数工人阶级而言，对工人生活叙述的结构中没有任何“进步”的概念，没有职业发展的意识。因而，毫不令人吃惊，工人们不会选择把满足感推迟到未来某个努力得到回报的时刻，因为根本不存在这样的时刻。相反，除了（如霍加特说到的）因成年子女离开而能有剩余消费力的时期外，大多数工人都只能指望依靠养老金来消磨匮乏生活的悲惨境遇——这是与其他社会阶层截然不同的反乌托邦式的未来展望。

所以，工人阶级要乐在当下，无论何时何地，只要有可能。霍加特反复提到这一观点，但他却从不解释。以下是一个典型的段落：“如果人们什么都不浪费，精打细算地节俭度日，那么，他们或许能攒下一点钱。他们有可能这样做，但并不确定；而所需的自制力超过了多数人认为值得付出的。这就意味着一种刚够温饱、喝燕麦粥的生活，最终的节余却甚少。”这里忽略了一个看法：工人阶级快乐生存论的精神是如何在劳动过程中形成的。相反，我们只有一种对即时性的解释，其根据是懒惰（缺乏“自制力”）或粗糙的经济学（由于纯粹金钱上的原因，很可能省不下钱）。

在我看来，这个缺点与该书过高估计媒体力量有关，因为它

力图找到一种方法以解释新媒体形式的流行，却不懂得它们何以流行，以及它们回应了什么。因此，“美国”的强权、报业大亨和其他文化企业家，最终替代了一种更加符合社会学的解释。不过，当下的满足不仅是一种广告工具；它也是对单调乏味的劳动的合理回应，是对周而复始的劳动生活的合理回应，那种生活很少有长期改善的希望。也许，我们在这里碰到了《识字的用途》写作方式的一个问题，它的两个部分的顺序是颠倒的。[26]在写完对新传播产业的分析（该书第二部分）后，霍加特才把他对工人阶级生活和文化的思考扩大到前半部分。鉴于这种思考问题的方式，霍加特有关通俗文化的结论不太可能产生于他对社会关系的分析。相反，正如我已提到的，他不得不用关于大众传播的诊断性思考做出大量解释。

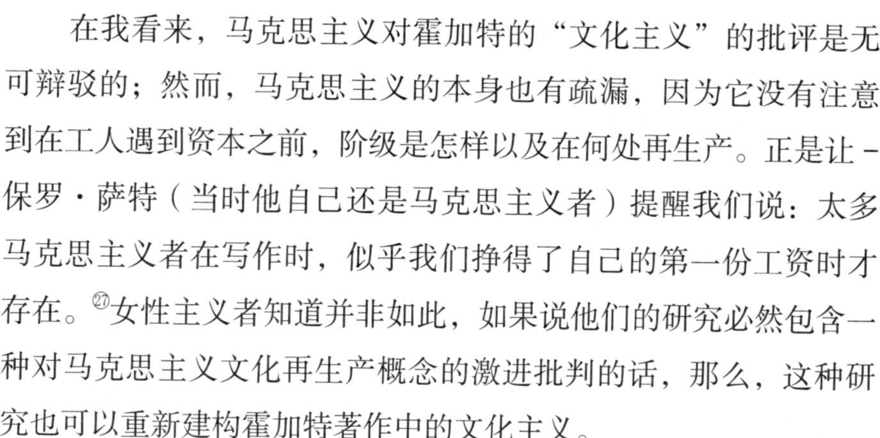

在我看来，马克思主义对霍加特的“文化主义”的批评是无 xxvii 21
可辩驳的；然而，马克思主义的本身也有疏漏，因为它没有注意到在工人遇到资本之前，阶级是怎样以及在何处再生产。正是让-保罗·萨特（当时他自己还是马克思主义者）提醒我们说：太多马克思主义者在写作时，似乎我们挣得了自己的第一份工资时才存在。[27]女性主义者知道并非如此，如果说他们的研究必然包含一种对马克思主义文化再生产概念的激进批判的话，那么，这种研究也可以重新建构霍加特著作中的文化主义。

然而，与其说霍加特忽视妇女在工人阶级家庭中的地位，这肯定是一个更加复杂的问题；很明显，恰恰相反，霍加特的大量分析关注家庭生活（这是一些马克思主义者提出的批评），从而将妇女置于中心。霍加特评论说：“有些女性主义者不满我在刻画那幅图画时赋予妇女的那种重要性，错误地认为这是一种反向的大男子主义。”㉘这正是特里·洛弗尔*的观点，她写道：“在霍加特的《识字的用途》里，工人阶级妇女在北部工业景观中展现出的特征是‘我们的妈妈’，一种充满情感、被浪漫化的严峻而坚韧的形象……”㉙洛弗尔的观点一再被女性主义者沿用，而我认为，最好是引用《识字的用途》中对“奖学金男孩”的刻画来说明：

> 他现在往往更亲近家里的女人，而不是男人。这是真的，即使他父亲不是把书籍和阅读当作“女人的游戏”加以拒绝的那种人。男孩的大部分时光都在家中有形的中心度过，女性的精神支配着那里，他安静地做着自己的功课，母亲也忙着自己的活儿——父亲还没有下班回家，或者与同伴出去喝酒了。男人和男孩的兄弟们都在外面，在男人的世界里；男孩则处在女人的世界里。

这是一段动人的文字，对有幸亲身经历过这般描述的人来说尤其如此；并非因为它是感伤的，而是因为它是真实的。然而，它的设想完全是前女性主义的；因为遗漏了的当然不只是奖学金女孩的视角，更为重要的是我们母亲的视角。这个母亲服侍自己儿子的世界真的是一个女性的世界吗？它对一个男孩的成长来说，肯定是一个绝妙的场所，但如今很难把它想成是完全的母亲的领地。

---

* 特里·洛弗尔（Terry Lovell）：英国华威大学社会学女性研究与文化研究教授。

这让我们回到了之前霍加特就其著作所谓“感情用事”提出 xxviii
的问题，他认为知识分子有时不乐于接受质朴的情感。虽然这对霍加特本人自传性的目标来说可能够了，但它仍然过于笼统，无法当作工人阶级集体精神的指南。卡罗琳·斯蒂德曼*的《一个好女人的风景》是这方面极为重要的一部作品。㉚至关重要的是，她对工人阶级家庭生活半自传性的描述呈现了女儿和母亲的渴望，此外，她还质疑了显而易见的父亲的权力，探讨并批判了霍加特的假设，即工人阶级男性至少是“他自己家里的主人”。对斯蒂德曼来说，霍加特所说的“主人”由于在家庭之外缺乏社会权力必然被去势；这对性别关系来说具有重要意涵。在斯蒂德曼的描述中，使性别显现出来不仅意味着要关注工人阶级家庭的女性，而且也意味着承认跨越性别和阶级区隔的情感复杂性。每个研究《识字的用途》的人都应当读一下《一个好女人的风景》这部女性主义的自传，因为它提醒人们，工人阶级的主体性并不总是像理查德·霍加特所出色论证的那样。

四

《识字的用途》出版后，在经验方面而非概念方面发生了什么变化？本书现在必须重新定位，这不仅是由于理论的发展，也由于英国社会自 20 世纪 50 年代以来发生了巨大变化。但是，虽然

* 卡罗琳·斯蒂德曼（Carolyn Steedman，1947— ）：英国华威大学历史学教授，马克思主义女性主义者。

我在这里说的大多数内容都有关不可预见的环境如何超越了本书所描述的那个世界，但仍然存在着一个更为棘手的问题：这本书是否不适当地（或许浪漫地）把工人阶级对消费主义的态度概念化了，以至读者无法理解，一个不为物质主义所动的阶级，怎么会在本书出版后的几年里被消费欲望所吞没？霍加特非常明确地表达了工人阶级对“物质主义”的敌视；例如，他在评论明显带有贪婪性质的海滨一日游时说：“它对一种强烈物质性的和充满占有欲的生活表现出来的欲望，不及对一种更好、更富足生活初步的、寓言式的和简要的陈述。财物是天然的和物质的，但它们却指向一种很少具有物质性的观点。”

xxix 无论我们如何看待这个问题，都不乏证据表明，英国工人阶级的面貌发生了令人震撼的（有人会说，从撒切尔夫人以来是革命性的）变化。从关于“资产阶级化”的论争（霍加特写作本书时很流行），直到更近的对“后福特主义”和“后工业”社会的描述，很清楚的是，整个资本主义世界的工人阶级特征已然发生了变化——东欧的工人阶级虽然处于不同的历史境况中，但明显也即将迎来这种变化……或者说，至少是体验这种变化。

霍加特写作本书时正值资产阶级化的论调日益盛行，在英国，这一论调在玛格丽特·撒切尔的“财产所有制民主”中得到了完美的诠释。这导致某些作者要么通过经验主义的观察（重工业的转移缩小了工业无产阶级的规模），要么通过对经典马克思主义进行更多概念性批判（例如，安德烈·高兹*的著作[31]），来设想工

* 安德烈·高兹（Andre Gorz，1923—2007）：法国存在主义哲学家。

人阶级的真正终结。在英国的《今日马克思主义》杂志上，可以找到对这些趋势最成熟的描述和分析，该杂志在20世纪80年代晚期将其对英国的阶级特征变化的立场具体化为“新时代”概念。㉜无论我们怎样看待《识字的用途》出版以来所取得的理论进展，肯定无人能够否认，工人阶级的生活已经变得面目全非。80年代的撒切尔主义政治经常被认为是这些变化的主要催化剂，它创造了一种新的无产阶级的景观，这使得现在来读霍加特的文本特别令人伤感。

我们必须把《识字的用途》出版以来出现的主要相关变化中最重要的罗列出来：传统工人阶级城市社区的解体；与此相关的独特的英国青年文化的发展；英国城市里有色人种越来越多的存在和可见度（主要是亚洲和加勒比黑人社群）；从制造业向服务型经济转变；传统形式的阶级斗争再度出现（例如，1978—1979年所谓的“不满的冬天”，以及1984—1985年的煤炭纠纷）；20世纪70年代和80年代大规模失业的增长；消费社会的发展，工人阶级在其中所占的比重日益加大；文化产业方面相关的扩张，它不断吸收人们的闲暇时光与金钱。㉝

这些变化的重要性可能被夸大，却不应被夸大。例如，休闲方式的变化有可能掩盖旧式文化关系的连续性（如果我们只根据“文本”来解读意义，却不考虑人们的真实生活状况，那么我们就会忽视霍加特本书的要点），除此之外要意识到，作为一个整体的工人阶级并没有享受到资产阶级化的成果，也不是每个人都从撒切尔主义的经济政策中受益。对很多人来说，英国已经成了一个后劳动社会，对有些人来说，英国成了一个长期持续 xxx

失业的后金钱社会，由此产生的贫困让他们没有余地购买汽车、录像带、时髦毛衣或去国外度假。[34]虽然如此，这一时期在阶级文化中出现的各种变化（它们部分地，但仅仅是部分地，按地理上的南北分界线形成），给我们提供了一幅工人阶级生活的图景，它在很多重要方面都不同于霍加特的看法。

这种结果令人印象极为深刻，但值得简要地指出英国工人阶级文化今天看起来和感觉起来不同的几个方面。英国很多地方的工人阶级城镇和都市发生了巨大变化。很多连排式房屋（院子彼此相邻的市中心带阳台的房屋）已经市绅化。街角商店现在或许变成了由巴基斯坦人或印度人家庭经营的“7-11”便利店或杂货铺。大多数购物活动不管怎样都是在美国式超市里进行的，工人阶级在超市里学会了买黑面包和切达干酪之外的奶酪。大部分工人阶级现在都拥有私营公司的（其中一些从前是国有的）股份，都购买私营医疗保险，而不是依赖瘫痪的国民医疗保健制度。当然，现在汽车已经遍布工人阶级社区的街头。

英国工人阶级现在有时也像欧陆工人阶级一样喝葡萄酒，他们的一些“工人俱乐部”也已变得很时尚，像现代机场的候机厅。晚上，他们经常看租来的录像带，租录像带的店可能在室内购物中心内，店里以粉彩色装饰。英国工人阶级对色彩和设计的品位发生了变化，从 20 世纪 50 年代俗气耀眼的红色、蓝色和绿色，变成 80 年代柔和的粉彩色调；可以从休闲服饰、店铺设计、工人阶级酒馆和俱乐部的色彩设计中看到这些变化，甚至也可以从英国足球队所穿的更加精心选择、有时甚至是微妙的颜色中看到。

城镇和都市的图像越来越千篇一律：相同的路标，相同的（或相似的）阿戴尔购物中心*，放映相同电影的相同电影院，相同 xxxi
的大型连锁商店。约克郡煤田中心的城市，如巴恩斯利（我曾在那里工作过），现在看起来与我生长的英国南部铁路城镇毫无差别。今天唯一的差别是那些地方的声音——口音。我生长的城市的当地公共图书馆，现在位于一家新建的购物中心内。曾经坐在有烟熏味的“塔克修士”餐馆里喝甜茶、吃油腻的熏肉三明治的各个家庭，现在则在法语名字的法式空间里喝咖啡、嚼法式甜品和羊角面包。（我还记得，那时咖啡和超市被认为极有异国情调——前者因为是欧洲的，所以是中产阶级的；后者因为是美国的，所以来自某种永远丰裕的梦想。最终，两种话语合并成了极为令人兴奋的大型超市——一个庞大的法国版超市，它于70年代输入到我们的城市，既精致又巨大。）

这些发展使得霍加特的分析不只是在经验方面需要更新。斯图尔特·霍尔在很多这些变化中看出了消费主义积极的一面，而这正是《识字的用途》所没有的。在我看来，霍加特在书中非常敏锐地一再试图在物质主义中发现精神性的东西，霍尔则提供了对80年代工人阶级消费主义更为激进的解读，提醒我们注意它进步的一面，他注意到了社会态度与这些变化的某种联系：“20世纪60年代和70年代中出现的变化，是感激和尊重的节奏。人们对特易购**或森宝利***超市没有什么‘敬意’。如果你想要一辆

* 阿戴尔购物中心（Arndale center）：英国著名的购物中心之一。

** 特易购（Tesco）：成立于1932年的英国最大的零售公司之一。

*** 森宝利（Sainsbury's）：英国历史最悠久的大型超市。

手推车，最好匆匆忙忙地进店、挑选、付款……对于在大众市场交易的特点，没有人抱有任何幻想——或者说，没有人需要货币论者的点拨。但至少，在你走近收银台时，没有人要求你整理额发，显得值得被服务。”[35]

然而，我们不应当将新出现的文化实践和态度误认为是对旧文化实践和态度的抹杀——这是文化研究中一个经久不衰的问题，后现代主义文献证明了。文化消费的“新”方式也许会吸收旧的生活方式，这正是霍加特著作的细节依然具有现实意义的一个原因；当代文化肯定不乏关于“我们”与“他们”的态度，人们仍然在搜寻便宜货，即便现在是在汽车后备厢旧货市场，或者在设计新颖的、几近新潮的伍尔沃思*连锁超市的过道上来回奔波。

五

xxxii 在20世纪90年代重读《识字的用途》，不仅会发现文化研究已然长大进步，而且也会发现它在很大程度上面临被人遗忘的危险。当人们在学术研究规划中乞灵于“阶级、种族和性别”这神圣的三位一体时，阶级问题又有多少次真正得到了实质性的探讨？在英国和在美国一样，对阶级的文化分析在理论上仍然是被忽视和不成熟的。理查德·霍加特的著作提醒我们，无论阶级的表现形式如何变化，阶级意识如何丧失，阶级都是核心。如我在

* 伍尔沃思（Woolworths）：创立于1909年的英国最大零售巨头。

前文提到的，霍加特也为一种植根于社会语境的文化研究提供了模式。文化被置于事先存在的社会关系的语境中，而不是相反……虽然这样做并非总会令人满意。这种研究有了更新和更完善的（例如，在皮埃尔·布尔迪厄和戴维·莫利*的研究中），㊱但很遗憾，今天更为普遍的研究提供的文本分析与社会语境的唯一联系是隐含的（通常是精神分析的）"文本中的读者"。

尽管《识字的用途》有其"悲观主义"一面，但它也以某种不仅仅是幼稚快乐的方式提出了愉悦的问题。对愉悦的这种分析开始于探讨它在阶级关系中的根源，以及它在政治分析中的根源，例如，这种分析可能与幽默的矛盾纠结在一起："把幽默感提升为一种主要的美德，可以使任何人对其世界内外的诸多事情变得迟钝。"近来关于"乐观主义"与"悲观主义"的文化研究的论争变得相当肤浅，只是一种骂人的演练，其中一切能够可靠地贴上"悲观主义"标签的论点，连同阿诺德、艾略特、利维斯等人的精英理论，被抛入了一锅概念汤中，由此被推定为不具有任何有用的价值。

下意识的平民主义的回应是非常虚弱的。理解通俗文化不仅要求文本分析，也要求对影响通俗文化消费的话语、意识形态和"情感结构"（借用雷蒙德·威廉斯的说法）进行研究；只需稍加思考就能发现，通俗的东西和进步的东西是完全不同的两码事。在通俗文化中寻找乌托邦的空间时，霍加特本人在评论美满结局时提供了一个线索（理查德·戴尔最富有洞察力地接受了这一线

---

* 戴维·莫利（David Morley）：英国伦敦大学金史密斯学院传播学教授。

索[37]）："对工人阶级民众来说，美满结局……往往是他们周围的生
xxxiii 活、家庭和家人的美满结局……他们知道，生活并非真的像那样；他们也不指望在某个朦胧的未来生活像那样。但是，他们表示，'想到'一种像那样的生活"很好"；而这种态度在我看来有时近乎一种憧憬，是对另一种秩序的一瞥。"这是解读《识字的用途》的一种思路，与一些批评它的人所想到的思路相比，它要远为精妙和细微。

《识字的用途》也是以一种生动活泼、通俗易懂的风格写成的，这种风格是典型的低廉易懂的企鹅出版社平装书的风格，我们很多人初次读到的都是这个版本。拉塞尔·雅各比*最近提醒我们说，抛弃这种风格的写作在政治上有风险，[38]而霍加特的文本在这方面是清晰的描述性报道的典范，并且融入了自传和分析。非常明显的是，倘若文化研究要通过出版产生重要政治影响，就必须重新学习如何进行这种写作。如果做不到这一点，公众对文化和识字问题的关注，就只能留给保守分子和经验主义的词典编纂者。[39]

霍加特著作的"非规范性"尽管范围有限，都已经让位于众多更加精深的关于文化研究应当是什么的著作和再造——这些作品考虑到了前文提到的很多批评意见。不过，存在着一种危险，即在扩大这个领域并使之体制化的过程中会丧失某种东西。为了寻求"规范性"，文化研究工作有时会给我们提供文本解读，这

---

* 拉塞尔·雅各比（Russell Jacoby，1945— ）：美国加州大学洛杉矶分校历史学教授，主要研究知识分子问题和文化史。

种解读只是“旧式”文学批评更加复杂的版本，旧日的“鉴识”和细读被符号学与解构的新工具所取代。[40]随着非规范性让位于专业化，人们应当更容易避免犯这类错误，例如，霍加特忽视生产领域的错误。不过，人们也很容易忽视他的事业——理解文化与社会的关系。[41]例如：当前流行的后现代写作风格（包括对霍加特的策略之一自传的借鉴），似乎不仅使文化研究与广大公众之间越来越远，而且也使非规范性由此成了自我放纵和学术视野狭窄的一种托词。传播学和文化研究未来的任务，不应是培养出一代具有良好的后结构主义基础、文雅的、自我指涉的散文作者。（这些人不管怎样都会直接去音乐电视或广告公司工作。）应当维持和扩大霍加特的跨学科性，同时维护他把生活体验联系起来的努力。

完成这项工作将面对“高雅文化”这个熟识的敌人的反对，也将面对去政治化的、“科学的”、以文本为基础的文化研究新体制的反对。《识字的用途》是一项开创性的研究，但学术界尚未充分认识到，我们还不能说代表了已成为共识的工作。很清楚，在很多学校和很多科系中，现行的通俗文化仍然带着一股的臭气，正如由马克·克里斯平·米勒*的这则逸闻趣事表明的一样：

> “这很好，这很好”，在我找工作的那年初，在我们的战略会议期间，研究生院院长把他那老练的目光投向我的求职信，喃喃自语道。“你在文艺复兴研究方面很扎实，你还研究

* 马克·克里斯平·米勒（Mark Crispin Miller）：美国纽约大学媒体研究教授。

> 电影。这总是好的。”他抬头，以无情的目光看着我，“占有一个传统领域，另一方面也搞些胡说八道。”“……‘胡说八道’？”我带着一丝勉强的笑意低声反问。“是的。你懂的：‘电影研究’、女性主义、‘儿童文学’，看起来不错。作为副业。”㊷

在《识字的用途》出版30年之后，发臭的东西再次出现。显然，认真对待通俗文化的计划还远远没有成功。

安德鲁·古德温

于加利福尼亚

注释和参考文献

① 理查德·霍加特:《一种小丑，生平与时代：1940—1959》(*A Sort of Clowning, Life and Times: 1940—1959*)(伦敦：查托和温达斯出版公司，1990年)，第143页。

② 理查德·戴尔(编):《加冕街》(*Coronation Street*)(伦敦：英国电影协会电视专论，第13期，1981年)。

③ 劳伦斯·格罗斯伯格(Lawrence Grossberg):《文化研究的形成：一个在伯明翰的美国人》(Formations of Cultural Studies: An American in Birmingham)，载《策略》(*Strategies*)，第2卷(1989年)。

④ 例如，可参见斯图尔特·霍尔:《文化研究与中心：一些疑问和问题》(Cultural Studies and the Centre: Some Problematics and Problems)，载斯图尔特·霍尔、多萝西·霍布森(Dorothy Hobson)、安德鲁·洛(Andrew Lowe)和保罗·威利斯(Paul Willis)(编):《文化、媒体、语言》(*Culture, Media, Language*)(伦敦：哈钦森出版公司，1980年)；斯图尔特·霍尔:《文化研究：两种范式》(Cultural Studies: Two Paradigms)，载《媒体、文化与社会》(*Media, Culture & Society*)，第2卷，第1期(1980年1月)；迪克·赫布迪格(Dick Hebdige):《亚文化：风格的意义》(*Subculture: The Meaning of Style*)(伦敦：梅休因出版公司，1979年)，第5—22页；格罗斯伯格，前引书。

⑤ 1987年，伯明翰大学当代文化研究中心由该大学社会学系进行重组，建立了新的文化研究系，由乔治·拉伦(Jorge Larrain)领导。可以在英国伯明翰B15 2TT的伯明翰大学商业和社会科学系与该系取得联系。

⑥ 雷蒙德·威廉斯:《文化研究的未来》(The Future of Cultural Studies)，载《现代主义的政治：反对新国教派》(*The Politics of Modernism: Against the*

New Conformists)(伦敦：维尔索出版公司，1989年)。

⑦ 理查德·霍加特：《一种小丑》，第134页。

⑧ 例如，霍尔，前引书，以及威廉斯，前引书。

⑨ 在梅根·莫里斯（Meghan Morris）的《文化研究中的陈词滥调》（Banality In Cultural Studies）一文（载《街区》[*Block*]，第14期，1988年秋季号）里，提出了创造无止境地在社会上自由流动和脱离历史的“读物”的问题，该文重刊于帕特里夏·梅林坎普（Patricia Mellencamp）（编）的《电视的逻辑：论文化批评》（*Logics of Television: Essays in Cultural Criticism*）（布鲁明顿和印第安纳波利斯：印第安纳大学出版社，1990年）；并收入劳伦斯·格罗斯伯格的《一种原罪：后现代主义、政治与文化》（*It's a Sin: Postmodernism, Politics and Culture*）（悉尼：权力出版社，1988年）。

⑩ 把新法西斯主义、保守主义、自由主义和马克思主义的立场合并起来，在艾伦·斯温格伍德（Alan Swingewood）的《大众文化的神话》（*The Myth of Mass Culture*）（伦敦：麦克米伦出版公司，1977年）的说明中得到了最充分的实现。

⑪ 不过，理查德·柯林斯（Richard Collins）在《重估》（Revaluations）中认为，利维斯的模式事实上与历史唯物主义对文化的说明是一致的，载《影视教育》（*Screen Education*），第22期（伦敦：影视教育协会，1977年）。

⑫ 这方面的重要文本有斯图尔特·霍尔和托尼·杰斐逊（Tony Jefferson）（编）的《通过仪式进行抵抗：英国战后的青年亚文化》（*Resistance Through Rituals: Youth Subcultures in Post-War Britain*）（伦敦：哈钦森出版公司，1975年）。也可参见迪克·赫布迪格，前引书，以及西蒙·弗里思（Simon Frith）和安德鲁·古德温（Andrew Goodwin）（编）的《记录：摇滚、波普和书面词语》（*On Record: Rock, Pop and the Written Word*）（纽约：万神殿出版公司，1990年）第二部分。后者包含了对亚

文化研究的一些重要批判。

⑬ 在尼尔·波斯特曼（Neil Postman）的《娱乐至死：娱乐业时代的公共话语》（*Amusing Ourselves to Death: Public Discourse in the Age of Showbusiness*）（纽约：维金企鹅出版公司，1985年）中可以看到对于批判媒体政治程序的不同看法，尤其是第125—141页；以及托德·吉特林（Todd Gitlin）的《搞笑、讽刺和精明谈话》（Blips, Bites and Savvy Talk），载《异议》（*Dissent*）（1990年冬季号），重印于尼古劳斯·米尔斯（Nicolaus Mills）（编）的《金钱时代的文化》（*Culture in the Age of Money*）（芝加哥：伊凡·R. 迪伊出版公司，1990年）；马丁·A. 李（Martin A. Lee）和诺曼·所罗门（Norman Soloman）的《不可靠的来源：探测新闻媒体之偏见指南》（*Unreliable Sources: A Guide to Detecting Bias in News Media*）（纽约：莱尔·斯图尔特出版公司，1990年），特别是第142—174页。

⑭ 劳伦斯·格罗斯伯格：《电视的冷漠》（The Indifference of Television），载《荧屏》（*Screen*），第28卷，第2期（伦敦：影视教育协会，1987年春季号）。

⑮ 例如，可参见波斯特曼，前引书。

⑯ 霍加特，前引书，第143页。

⑰ 安德鲁·罗斯：《毫无敬意：知识分子与通俗文化》（*No Respect: Intellectuals and Popular Culture*）（纽约：劳特利奇出版公司，1989年），第42—64页。

⑱ 安德烈亚斯·许森：《作为女性的大众文化》（Mass Culture as Woman），载《大分裂之后：现代主义、大众文化与后现代主义》（*After the Great Divide: Modernism, Mass Culture and Postmodernism*）（印第安纳波利斯：印第安纳大学出版社，1986年）。

⑲ 霍加特，前引书。

⑳ 例如，可参见霍尔、霍布森、洛和威利斯（编），前引书；理查德·戴

尔:《轻松娱乐》(*Light Entertainment*)(伦敦:英国电影协会电视专论,第2期,1973年);托尼·贝内特(Tony Bennett)、苏珊·博伊德-鲍曼(Susan Boyd-Bowman)、科林·默瑟(Colin Mercer)和珍妮特·沃拉科特(Janet Wollacott)(编):《通俗电视与电影》(*Popular Television and Film*)(伦敦:英国电影协会/开放大学,1981年);莱恩·马斯特曼(Len Masterman)(编):《电视神话》(*Television Mythologies*)(伦敦:传通媒体/梅休因出版公司,1984年);迪克·赫布迪格:《隐匿在亮光中:论形象与事物》(*Hiding in The Light: On Images and Things*)(纽约:劳特利奇出版公司,1988年);伊恩·钱伯斯(Iain Chambers):《通俗文化:大都市体验》(*Popular Culture: The Metropolitan Experience*)(纽约:梅休因出版公司,1986年);贾尼斯·拉德维(Janice Radway):《解读浪漫:女性、父权制与通俗文学》(*Reading The Romance: Women, Patriarchy and Popular Literature*)(教堂山:北卡罗来纳大学出版社,1984年);赫伯特·坎斯(Herbert Cans):《通俗文化与高雅文化:趣味分析和评价》(*Popular Culture and High Culture: An Analysis and Evaluation of Taste*)(纽约:基本丛书出版公司,1974年);霍勒斯·纽科姆(Horace Newcomb)(编):《电视:批评观》(*Television: The Critical View*)(纽约:牛津大学出版社,1982年);简·福伊尔(Jane Feuer)、保罗·克尔(Paul Kerr)和蒂斯·瓦西马其(Tise Vahimagi):《机械试验模型:优质电视》(*MTM: Quality Television*)(伦敦:英国电影协会,1984年);伊恩·昂(Ien Ang):《观看〈达拉斯〉:肥皂剧与戏剧性想象》(*Watching Dallas: Soap Opera and the Dramatic Imagination*)(纽约:梅休因出版公司,1985年);罗伯特·C. 艾伦(Robert C. Allen):《话语频道:电视与当代批评》(*Channels of Discourse: Television and Contemporary Criticism*)(教堂山:北卡罗来纳大学出版社,1987年);约翰·菲斯克(John Fiske):《电视文化》(*Television Culture*)(纽约:梅休因出版公司,1987年)。

㉑ T.W. 阿多诺和马克斯·霍克海默:《文化工业：作为大众欺骗的启蒙》(The Culture Industry: Enlightenment As Mass Deception)(1944年)，重印于詹姆斯·柯伦(James Curran)等人(编):《大众传播与社会》(*Mass Communication and Society*)(伦敦：爱德华·阿莫尔德出版公司，1977年)。

㉒ 科林·斯帕克斯(Colin Sparks):《识字的滥用》，载《文化研究工作论文集》(*Working Papers in Cultural Studies*)，1970年11/12月。

㉓ 参见霍加特，前引书，第142页。

㉔ 这一观点与本导言中的其他一些观点一样，是由珍妮特·沃尔夫(Janet Wolff)提出的，她在《过度与禁止：艺术研究中的跨学科性》(Excess and Inhibition: Interdisciplinary in the Study of Art)更加普遍地提出了这个问题，该文载劳伦斯·格罗斯伯格、加里·纳尔逊(Gary Nelson)和保拉·特雷克尔(Paula Treicher)(编):《文化研究的现在与未来》(*Cultural Studies Now and in the Future*)(纽约：劳特利奇出版公司，1991年)。

㉕ 例如，可参见哈里·布雷弗曼(Harry Braverman):《劳动与垄断资本：20世纪劳动的退化》(*Labor and Monopoly Capital: The Degradation of Work in the Twentieth Century*)(纽约：每月评论出版社，1974年)。美国的学生可以从阅读本书与霍加特的文本中获得极大益处。

㉖ 霍加特，前引书。

㉗ 让-保罗·萨特:《方法问题》(*The Problem of Method*)(伦敦：梅休因出版公司，1963年)。

㉘ 霍加特，前引书，第143页。

㉙ 特里·洛弗尔(编):《英国女性主义思想读本》(*British Feminist Thought: A Reader*)(牛津：巴兹尔·布莱克维尔出版公司，1990年)，第276页。

㉚ 卡罗琳·斯蒂德曼:《一个好女人的风景：两种生活的故事》(*Landscape*

For A Good Woman: A Story of Two Lives)（伦敦：维拉戈出版公司，1986 年）。

㉛ 安德烈·高兹:《告别工人阶级：论后工业社会主义》(*Farewell To The Working Class: An Essay on Post-Industrial Socialism*)（伦敦：普路托出版社，1982 年），以及《通往天堂之路：论从劳动中解放出来》(*Pathways to Paradise: On the Liberation From Work*)（伦敦：普路托出版社，1985 年）。

xxxviii ㉜对这些论争的概述，可参见斯图尔特·霍尔和马丁·雅克（Martin Jacques）（编）:《新时代：20 世纪 90 年代变化着的政治面孔》(*New Times: The Changing Face of Politics in the 1990s*)（伦敦：劳伦斯与威沙特出版公司，1989 年）。

㉝ 在尼古拉斯·加纳姆（Nicholas Gamham）的著作中广泛分析了文化工业的扩张及其含义。例如，可参见《对大众传播的政治经济贡献》（Contribution to a Political Economy of Mass Communication），载《媒体、文化与社会》，第一卷，第 2 期（1979 年）；以及尼古拉斯·加纳姆和乔伊斯·爱泼斯坦（Joyce Epstein）:《文化工业、消费与政策》（Cultural Industries, Consumption and Policy），载《艺术的国家，还是国家的艺术？伦敦的文化工业策略》(*The State of the Art, or the Art of the State? Strategies for the Cultural Industries in London*)（伦敦：大伦敦议会，1985 年）。

㉞ 人们一次又一次在《新政治家与社会》(*New Statesman & Society*）和工党杂志《新社会主义者》(*New Socialist*）的页面里发现英国共产党及其杂志《今日马克思主义》对“新时代”政治所进行的批判。A. 西瓦南丹（A. Sivanandan）提出了一套较为成熟的批判，参见《一切烟消云散的东西都是坚固的：新时代的废话》（All That Melts Into Air is Solid: The Hokum of New Times），载《种族与阶级》(*Race and Class*），第 31 卷，第 3 期（1989 年）。可以在科林·斯帕克斯的《经验、意识形态和阐

述：斯图尔特·霍尔与文化发展》(Experience, Ideology and Articulation: Stuart Hall and the Development of Culture) 一文里找到（对斯图尔特·霍尔的政治轨迹）相关的批判，载《传播调查杂志》(*Journal of Communication Inquiry*)，第13卷，第2期（1989年夏季号）。

㉟ 斯图尔特·霍尔：《文化隔阂》(The Culture Gap)，载《走向复兴的艰难道路：撒切尔主义与左翼的危机》(*The Hard Road to Renewal: Thatcherism and the Crisis of the Left*)（纽约：维尔索出版公司，1988年）。

㊱ 皮埃尔·布尔迪厄：《区分》(*Distinction*)（马萨诸塞州剑桥：劳特利奇与基根·保罗出版公司，1984年）；戴维·莫利：《"全国性的"观众》(*The "Nationwide" Audience*)（伦敦：英国电影协会电视专论，第10期，1980年），以及《家庭电视：文化权力与家庭休闲》(*Family Television: Cultural Power and Domestic Leisure*)（伦敦：传通媒体/梅休因出版公司，1986年）。

㊲ 理查德·戴尔：《娱乐与乌托邦》(Entertainment and Utopia)，载《电影》(*Movie*)，第24期。

㊳ 拉塞尔·雅各比：《最后的知识分子：学院时代的美国文化》(*The Last Intellectuals: American Culture in the Age of Academe*)（纽约：基本丛书出版公司，1987年）。托德·吉特林的《就大众传播研究而言，谁以什么声音和为什么，向谁传播了什么》(Who Communicates What to Whom, in What Voice and Why, About the Study of Mass Communication?) 一文提供了较为令人信服的分析，载《大众传播批判研究》(*Critical Studies in Mass Communication*)，第7卷，第2期（1990年6月）。

㊴ 如果这还不明显，那么，我要分别提及阿伦·布卢姆（Allan Bloom）的《走向封闭的美国精神：高等教育如何使民主失败并使今日学生的灵魂枯竭》(*The Closing of the American Mind: How Higher Education Has Failed Democracy and Impoverished the Souls of Today's Students*)（纽约：西蒙与舒斯特出版公司，1987年），以及E. D. 赫希（E. D. Hirsch）的

《文化修养：每个美国人需要懂得什么》(*Cultural Literacy: What Every American Needs to Know*)(波士顿：霍顿·米夫林出版公司，1987 年)，E.D. 赫希、约瑟夫·F. 凯特(Joseph F. Kett)和詹姆斯·特雷菲尔(James Trefil)的《文化修养词典》(*The Dictionary of Cultural Literacy*)(波士顿：霍顿·米夫林出版公司，1988 年)。

㊵ 参见雷蒙德·威廉斯：《文化理论的用途》(The Uses of Cultural Theory)，载威廉斯，前引书。亨利·吉罗克斯(Henry Giroux)、戴维·沙姆韦(David Shumway)、保罗·史密斯(Paul Smith)和詹姆斯·索斯诺斯基(James Sosnoski)在《对文化研究的需求：抵抗性的知识分子和对抗性的公共领域》(The Need for Cultural Studies: Resisting Intellectuals and Oppositional Public Spheres)一文里提供了有关这一论争的一种美国观点，载《达尔豪西评论》(*Dalhousie Review*)，第 64 卷，第 2 期(1984 年夏季号)。

㊶ 在理查德·霍加特的《文学想象与社会学的想象》(The Literary Imagination and the Sociological Imagination)一文里最为明确地探讨了这种关系，载《彼此交谈，第二卷：关于文学》(*Speaking to Each Other, Volume Two: About Literature*)(哈蒙思沃斯：企鹅丛书出版公司，1970 年)。

㊷ 马克·克里斯平·米勒：《陷入困境：电视文化》(*Boxed in: The Culture of TV*)(埃文斯通：西北大学出版社，1988 年)，第 5 页。

序　　言

本书讲述的是过去三四十年间工人阶级文化的变化，尤其是 xli
大众出版物对这些变化的推动。我想，倘若要用其他一些娱乐形式，特别是用电影和商业广播来说明的话，那么也会获得相似的结果。

我倾向于认为，有关通俗文化的著作经常都会丧失某些影响力，因为它们没有充分解释“民众”意指谁，没有恰当地把对“民众”生活特定方面的考察与他们经历的更加广泛的生活联系起来，与他们对待娱乐的态度联系起来。因此，我试图提供这样一种场景，并尽我所能描述工人阶级独特的关系和态度。在呈现背景时，本书在很大程度上是以个人体验为基础，并不试图像社会学调查那样经过科学检验。根据有限的体验来进行概括显然是危险的。因而，我在必要的地方，主要是在注释中，纳入了一些社会学家的发现，或者是用作对文本的支撑，或者是对文本的限定。我也提到了一两个其他与我有相似体验的人有不同看法的例证。

可以看出，在以下内容里会发现两种写作方式：一种如上面所述，另一种则是对通俗出版物作更加具体的文学分析。这两种方式乍看起来不容易共存，第二部分中方法的改变肯定会显得很突兀；但我希望读者与我一样，会发现这两种方法相得益彰。

我认为，自己首先是在对来自任何阶层的严肃的“普通读者”或“聪明的门外汉”发言。我这么说并不是指我试图采用什么特殊的口吻，也不是说我避免使用一切技术术语，以及差不多人所共知的典故。然而，我尽可能按我对该问题的理解写清楚，只有在知道很可能被证明有帮助和有启发之时，才使用技术术语和典故。“聪明的门外汉”是一种难以捉摸的形象，而普及则是一件危险的事情：但在我看来，我们当中那些感到为这种人写作是一种迫切需要的人们，必须继续努力去抓住他。因为我们现在的文化境况最显著和不祥的特征之一，就是专家所使用的技术语言与最底层的大众传播机构之间的分离。

理查德·霍加特

1952 年 6 月于赫尔大学

致　　谢

我要衷心感谢以下朋友和同事，他们在本书的准备过程中提 xliii
供了广泛、细致和慷慨的帮助。毋庸赘言，舛误和缺点全都是我自己造成的：

A. 阿特金森、H. L. 比尔斯、A. 布里格斯、J. M. 卡梅伦、D. G. 查尔顿、J. F. G. 哈里森、已故的 F. D. 克林根德尔、G. E. T. 梅菲尔德、R. 内特尔、S. G. 雷布尔德、R. 肖、A. 肖恩菲尔德、E. J. 廷斯利、我哥哥汤姆和我妻子。

我也非常感谢 E. 克莱顿夫人、M. 唐斯小姐、J. 格雷夫斯夫人、F. 尼克尔森先生、V. 沃特豪斯先生、J. 伍德黑德小姐和 N. 扬小姐做的大量秘书工作。

在所咨询过的一些图书馆中，我要特别提及赫尔公共图书馆，该馆工作人员总会欣然提供最实质性的帮助。

我还要对我援引了其著述的所有作者和出版商表示谢意。这些被援引的资料在“注释和引文”中都已分别注明。倘若有什么证明被忽略了，那么，我要向有关的作者和出版商表示歉意，我也愿意在今后的版本中弥补不足。

第一部分

“旧”秩序

第一章　谁是“工人阶级”？

1. 方法问题

人们常说，如今英国没有工人阶级，已经发生了一场“不流 1
血的革命”，它大大缩小了社会差别，以至我们大多数人几乎都居住在一块平地上，这是一块从中产阶级下层到中产阶级的平地。我认为这种说法在适当的语境下是有道理的，我也不希望低估近来很多社会变化的程度或价值。为了重新认识这些变化的范围，尤其是它们对工人阶级的影响，我们只需要再次阅读一些世纪之交以来的社会调查或小说。我们很可能不仅会被工人阶级民众改善自身命运、获得更多权力和财产的努力所打动，尤其会被他们不再感到自己是“下层阶级”的一员，不再觉得其他每个阶级都凌驾于他们之上，在世界的评价中高他们一等所打动。这种感觉还存在，但已经被大大削弱了。

正如本书第一部分力图表明的，尽管有这些变化，但各种态度的改变总是比我们认识到的要缓慢。态度的改变是缓慢的，但显然众多复杂的力量也在带来变化：本书的第二部分将讨论迈向文化上的“无阶级”社会所带来的某些方面的变化。

有必要更明确地界定我所指的“工人阶级”，但界定的困难比避免浪漫主义的困难要小，浪漫主义吸引了所有讨论“工人”或“平民百姓”的人，因而应当首先提及浪漫主义，因为它们增加了过度强调早期工人阶级文化值得赞美的品质及其今天堕落状况的风险。这两种过度强调往往会彼此强化，反差经常被夸大。我们可能会严重怀疑今天的工人阶级生活的品质，尤其会怀疑它似乎在加速恶化。然而，某些更加让人头痛的诱因获得了成功，仅仅因为它们能够迎合那些并不完全值得称赞的既定态度；虽然从外
2 部观察特别令人震惊的当代病态确实存在，但它们的影响力并非总像外部诊断显示的那么大，哪怕只是因为工人阶级民众仍然拥有某些旧的和内在的抵抗力。

毫无疑问，这样一种过度强调，经常都是由极力称赞工人阶级民众的潜力，并伴随着同情他们的处境而被激发起来的。与此相关的是一种更加积极的过度期待，在那些具有强烈社会良知的中产阶级知识分子中经常可以发现这种期待。这类人中的一部分长期以来都倾向于把工人阶级中的每个人看作费利克斯·霍尔特*或无名的裘德。**或许，这是因为他们熟悉的大多数工人阶级民众属于不同寻常和自我选择的类型，在特殊情况下，这类人类似暑期学校的年轻男女，是出生机遇剥夺了其正当知识传承的杰出个人，是做出了非凡努力去获取知识的那些人。自然，我无意以任

* 费利克斯·霍尔特（Felix Holt）：英国女小说家乔治·艾略特的社会小说《费利克斯·霍尔特》（1866 年）中的主人公。他是一个主张改革、政治上激进的人物。

** 无名的裘德（Jude the Obscure）：英国小说家托马斯·哈代的长篇小说《无名的裘德》（1896 年）中的主人公。裘德是一个出身贫苦、向往知识又未能得志的人物。

何方式去限定他们作为个人的重要性。他们是出类拔萃的，按其天资属于非典型的工人阶级民众；他们去暑期学校，参加学术界的会议和演讲，他们属于远离大多数同伴生活的没有知识传承的环境的结果。他们在任何阶级中都会成为佼佼者：他们所揭示的与其说是他们的阶级，不如说是他们自己。

从同情——“如果……他们该有多优秀”，到称赞——“他们很优秀完全是因为……”：我们在这里遇到了田园牧歌式的神话和“巴斯妇”（Wife of Bath）式的赞美。工人阶级最起码是健康的——田园牧歌式的描述如此这般说——比其他阶级更健康；或许粗糙并且未经雕琢，但仍然是钻石；粗糙，但“具有纯正的价值”：不优雅，不知性，但却脚踏实地；可以开怀大笑，宽厚而且直率。此外，他们的谈吐活泼俏皮，机智动人，但总是包含着坚实的常识。这些过度强调的力度各不相同，既有很多重要小说家对工人阶级生活古怪一面的稍微过度强调，也有当代通俗作家俗套的奇思怪想。无论多么轻微，有多少英国大作家没有过度强调工人阶级生活的粗俗特征？乔治·艾略特强调过，尽管她对工人的观察异乎寻常地出色；这种偏见在哈代那里更为明显。当我们进入我们自己更加自觉操控的时代之时，我们遇到了通俗小说家笔下屈尊奉承的小人物，他们戴着鸭舌帽、操着扁平元音，以及他们清洗得很干净的妻子和门前台阶；良好的家世——也很有 3
趣！就连乔治·奥威尔那种犀利和看似不浪漫的作家，也从未完全摆脱透过爱德华七世时代音乐厅的惬意空气去看工人阶级的习惯。从周日专栏作家故作简朴的鼓噪，到那些总是不忘带着赞美援引其酒友“阿尔夫”最新妙语的记者，类似的态度比比皆是。

我想，必须更加强烈地反对这种态度，因为他们所说的话里有可信之处，遗憾的是为炫耀而夸大了。

此外，人们有时必须提防工人阶级运动的史学家所做的解释。主题是迷人且动听的；有大量关于工人阶级之社会和政治渴望的重要而鼓舞人心的素材。然而，读者很容易被导向一种至少是部分假设的误区，即它们是工人阶级的历史，在根本上不是少数人的活动——以及对工人阶级的几乎每个成员产生有价值的结果——的历史。或许，作者对那些素材也没有明确的要求，而这些目标也足够重要。但是，我从这类著作中有时确实得出了一种印象，即作者高估了政治活动在工人阶级生活中的地位，他们并非总能恰当地理解工人阶级生活的草根性。

中产阶级马克思主义者关于工人阶级的观点常常含有前述的每一种错误。他同情被出卖和被贬低的工人，他认为，工人的过错几乎完全是掌控他们的压榨制度造成的。他称赞高贵的野蛮人的遗风，怀念那些“最优秀的”艺术、乡村民间艺术或真正的城市通俗艺术，对他认为今天所能发现的这种种艺术的陈迹具有一种特殊热情。他同情并称赞工人的“无名的袠德”的一面。一般来说，他对工人阶级的部分怜悯和部分居高临下是超越现实的。

说到底，只有一些小说，也许会真正使我们接近工人阶级生活的特质——起码是像劳伦斯的《儿子与情人》那样的小说，而不是更通俗或更自觉的无产阶级小说。在过去20年间，社会学家以他们自己的方式对工人阶级的生活做的一些详细调查也是如此。那些著作强有力地表达了工人阶级的生活，给那些试图了解

其全部细节的观察者造成了复杂性和幽闭恐惧症的印象。我的意思是浸没在一片无边森林里的那种印象，充满了最微小的细节， 4
它们全然不同，却又全都相似；一大堆面孔、习惯和行为，不过它们显然大多没有什么意义。在我看来，这种印象既对又不对：对是因为它表明了工人阶级生活杂乱无序、多种多样、无比琐细的特征，以及那种在外人看来往往令人沮丧的千篇一律的感觉，总是庞大而激昂的人群中的一部分，即便是在最重要的个人问题上全都非常相似的感觉。我认为，如果这种印象导致我们仅仅根据某些社会学著作提供的各种统计数字，根据这么做而不那么做的人数，根据他们说的相信上帝或他们认为自由恋爱“完全正确”的百分比，来建构工人阶级大众的形象，那么这种印象就是错误的。社会学调查在这方面也许会帮助我们，也许不会，但我们显然必须努力超越习惯去发现习惯所代表的东西，透过各种陈述去发现其真实含义（它们也许与陈述本身相反），在习惯用语和礼仪戒律的背后去发现不同的情感压力。

出身于工人阶级的作家也会遇到自身出错的各种诱因，有点不同于但也不亚于出身于另一个阶级的作家出错的诱因。我出身于工人阶级，现在感到既亲近他们，又远离他们。我猜想，再过几年，这种双重关系对我来说或许就没有那么明显了；但它势必会影响到我所说的话。它有助于我更加接近于提供一种体验过的对工人阶级生活的感受，避免局外人的某些较明显的曲解的危险。另一方面，这种情感上的牵连也显现出相当大的危险。因此，在我看来，本书第二部分所描述的各种变化，正趋向于使工人阶级在文化上失去很多有价值的东西，而得到的却少于他们的新处境所应给予的。就我客观判断的范围内，我深信是这样的。然而，在写作中，我发现自己一直不得不抵抗一种强大的内心压力，即要使旧的比新的更加令人赞赏，使新的更应该受到谴责，而不是我对资料的有意识理解给了我理由。想来，某种怀旧情绪事先给材料染上了色彩：我已经做了排除其影响的努力。

在本书的两个部分中，我在自己身上发现了一种倾向，因为主题在很大程度上与我的出身和成长有关，所以我会没来由地对我所不赞同的那些工人阶级生活中的特点过于苛刻。与此有关的是走出阴影的冲动；在最坏的情况下，出于自己对这个阶级的暧
5 昧不明的态度有可能成为“诋毁”自己的阶级的诱惑。反过来，我发现了一种高估我所赞成的工人阶级生活的那些特点的倾向，而这有可能成为一种多愁善感，一种对自己背景的浪漫化，仿佛我在下意识地对我现在的熟人说——看吧，尽管如此，这样的童年还是比你们的童年更加丰富多彩。

当一个作家能够写作并且处于写作过程之中时，当他努力要找到自己真正要说的话时，他就不得不面对这些危险。我想他不大可能取得完全的成功。然而，他的读者就比较幸运了，就像康拉德《黑暗的心》中马洛的听众那样：

> 当然，在这方面，你们这些人看到的比我所能看到的更多。你们看到了我。

读者看到了意在要说的东西，他们也会根据语气，根据无意识的强调和停顿，得以了解说话的那个人。

2. 大致的界定

在确定谁是本研究中的“工人阶级”时，我的问题是：我从中提取大多数证据的通俗出版物，影响的远不止是我非常了解的工人阶级群体；事实上，由于这些出版物往往是“无阶级”出版物，它们会影响社会中的所有阶级。但是，为了讨论这些出版物如何影响人们的态度，为了避免谈论“平民百姓”时几乎不可避免地会产生的模糊性，就必须找到一个焦点。因此，我选择了一个相当同质性的工人阶级民众群体，通过描述他们的环境和他们的态度，试图激活他们生活的氛围和态度。在这种背景下，可以看出通俗出版物更加普遍的吸引力如何与普遍接受的态度相联系，它们怎样改变了那些态度，怎样遭到抵制。除非我理解错了，否则，本书第一部分所描述的种种态度，将为构成“平民百姓”的其他许多群体充分共有，从而使分析具有更广泛的意义。尤其是，我所描述的“工人阶级”的很多态度也可能属于经常所称的“中产阶级下层”。我不知道怎样避免这样的重叠，希望读者能像我一样，感到这种重叠并没有削弱我的论证的主要脉络。

关于态度的环境和证据，主要来自在北方城市的体验，来自 6
20 世纪 20 年代和 30 年代的童年时期，以及此后几乎持续不断、尽管有点差别的接触。

早前我就承认过，工人阶级民众可能不像前一两代人那样，强烈感到自己是“下层”群体的成员。然而，我心目中的工人阶级在很大程度上还保持着一种属于自己群体的感觉，这并不一定隐含着任何自卑感或自豪感；他们反而觉得，在喜好和不喜好的事物上，在“归属”上，他们属于“工人阶级”。这样一种区别并不深入，却很重要；还可以加上其他一些区别，其中没有哪种是明确的，但每一种都有助于做出所需的更高程度的界定。

这里描述的“工人阶级”居住在亨斯莱特（利兹）、安科茨（曼彻斯特）、布莱特赛德和阿特克利夫（谢菲尔德），以及赫斯勒和霍尔德内斯大道（赫尔）。我最丰富的体验与那些住在离利兹几十英里、烟雾缭绕、杂乱拥挤的工人阶级家庭中的人们有关。在那些城镇里能辨别出属于他们自己的地方；在每个城市几乎都能辨别出具有他们自己风格的住宅——这里是背靠背的房屋，那里则是背后有通道的住房；他们的住宅一般都是租来的，而不是自有的。他们现在逐渐搬迁到新的居民区，但在我看来，这并没有影响到我的主要论点，也没有影响到他们的态度。

这些地区大多数就业的居民都是为工资（wage）而不是为薪金（salary）工作，工资按周支付：大多数人都没有其他收入来源。有些人是个体经营者；他们可能为自己在文化上所属的群体成员经营一家小商店，或者为该群体提供服务，例如，当“鞋匠”“理发师”“杂货商”“自行车修理工”或“旧服装经销商”。人们无法通过收入多少来明确区分工人和其他人，因为工人阶级民众在工资方面存在很大差异；例如，大多数钢铁工人明显属于工人阶级，但有些人挣的钱超过了很多不属于工人阶级的教师。但我想，在这里描述的大多数家庭中，按照1954年的情况，主要依靠工资的劳动者每周能挣大约 9 英镑或 10 英镑的工资，这大致算是正常的。

他们中的大多数人都在如今所谓的普通中学受过教育，但这
种学校一般还是被称作“小”学。在职业方面，他们通常都是熟
练工或非熟练工，也许是工匠，也许是受过训练的学徒。因此，
这种并不严谨的划分包括常常被叫作“苦工”和其他户外手工作
业的人们，商业和公共运输工人，在工厂做常规工作的男女，以 7
及熟练技工，重工业中从水管工到从事较艰苦劳动的人们。工头
也被算在内，大型商店的职员和雇员虽然可能住在这些地区，但
在总体上更适合被视为中产阶级的下层成员。

由于本文与文化变迁有关，所以，我的主要界定方法与前面提及的那些方法相比，较少具有工人阶级生活方式的真实特征。言谈能说明很多问题，尤其是很多共同使用的习语。说话的方式、城市方言的使用、口音和语调，大概能说明更多问题。有些 40 多岁的女性声音嘶哑，但很亲切，声音通过过于整齐的假牙轻轻吐出来。喜剧演员经常采用这种发音方式；它使人想到一颗对生活没有幻想或遗憾，却依然善良的心。在那种较为粗糙的工人阶级女孩中，我经常听到一种沙哑的声音，只有在她们中才能听到；在较“体面的”工人阶级中它被称为“普通的”声音。但遗憾的是，我没有足够的知识去从事这种言谈方式的考察。

成批生产的廉价服装缩小了各阶级之间可以立即识别的差异，但也不像很多人认为的那么大。星期六晚上离开城中心电影院的人群表面上看起来可能是一样的。男女行家或者特别留意衣着的中产阶级男女就近的一瞥，即便在今天也足以“辨认”自己身边

的大多数人。

正如将要看到的，日常体验中有数以千计的其他事情来区分这种可以辨识的工人阶级生活，如每月小额分期付款的习惯；或者说，除老人以外的任何人现在都能想起来，几乎每个工人都上了当地医生的“名单”，诸如此类。

以这种粗略的方式把工人阶级区隔开来，不应忽视工人阶级自身内部的大量差异、细微差别、等级差别。对居民来说，各条街道的声望有很大差异。一条街道内的住宅，也有地形、“位置”的复杂差异；这是一座稍微好一点的房子，因为它有单独的厨房，或者在街巷的尽头，有一个小院子，每周的租金要多9便士。居
8 住者之间有等级差别；这家人过得很好，因为丈夫是熟练工，工厂有大批订单；这家的妻子是个好管家，非常注意收拾房子，但对面那家的妻子却是个懒散女人；“亨斯莱特家族”世代相传，属于邻里中的世袭贵族。

在某种程度上，在任何街道集体中都存在着一种专业化的等级制。某个男子众所周知是个“学者”，他有一整套百科全书，人们问到时，他总是乐于引用；另一个人是个好“笔头”，在填写表格时很有帮助；有人在木工活儿、金属活儿或普通维修方面特别“心灵手巧”；某个女人擅长做针线活，在一些特殊场合会被请去。所有这些都是集体服务，然后才是专业服务，即使有些工人可能在白天从事相同的专业工作。然而，即便在我孩提时代就知道的大城市工人阶级聚居区，这种专业化看来也行将消失。一位熟悉约克郡西区较小的城市工人阶级聚居区（如基斯利、宾利和赫克蒙德维克）的朋友认为，这种专业化在那里依然相当强劲。

然而，人们完全可以对各种态度做出概括，这并不意味着工人阶级中的每个人都对工作、婚姻或宗教抱有或践行某一种态度。（也许，我在这里应当补充说，我的体验主要是在新教地区。）我在整本书里所做概括的含义正在于，这就是大多数工人阶级民众认为应当相信或应当做的那些事情。我写的是大多数人，他们随遇而安，与其他阶级的大多数人没有什么不同；写的是某些工会领导人在后悔缺乏对自己运动的兴趣时说到的“冷漠的大众”；写的是歌曲作者用赞美的方式称呼的“普通百姓”；写的是工人阶级更清醒地把自己说成的“一般人”。在大多数人中，明显存在着各种各样的态度，然而也存在着一个代表了很多人的中心。

因此，我将较少关注工人阶级中目标明确、政治的、虔诚的和自强的少数人。这并不是因为我低估了他们的价值，而是因为通俗时事评论员提出的各种诉求主要不是针对他们这类人。如果这一考察的目的是全面描述工人阶级生活的话，那么，我对调查 9
所需的对不同态度的关注度并不高。我把重点放在那些被通俗时事评论员特别利用（我的用词）的因素之上。因此，在大多数人中经常发现的某些品行——如自尊、节俭——尽管也占有一席之地，却没有像其他一些品行那样受到同样的重视，如宽容，或者要及时享乐的态度。

非常严格地划分“旧”态度与“新”态度主要是为了清晰起见，并不意味着一种严格的时间上的连续性。很明显，像态度这种微妙的因素绝不可能归因于一代人或一个十年。在那些所谓的“旧”态度中，有些特征已经存在了很长时间，成了任何时代、几乎任何国家的“普通人”观念的一部分。有些特征在英国从乡村到城市都持续存在，极少有变化；另一些则因城市化的挑战特别强调。然而，在描述“旧”态度时，我在很大程度上利用了大约20年前我童年的记忆，因为在我还是小孩时，我亲身见证了这些态度在那代成年人中达到了最强烈的程度。那是在城市环境和许多艰难困苦中长大的一代人，但在成长时却没有体验过今天人所共知的大众报刊、无线电和电视、无处不在的廉价电影院等等冲击。但显然，这些“旧”态度不仅存在于中老年人中；在很大程度上也构成了年轻人生活的背景。我一直在质疑的是，这些“旧”态度还能像现在这样强有力地持续多久，以及它们正在以何种方式被改变。

相似地，这里所谓“新的”诉求及其所鼓励的态度，在上一代人及其前一代人身上也有许多明显的表现。实际上，后来表明被滥用的这三种观念以及强化这三种观念的那些诉求，在欧洲有着漫长的历史。我的论点并不是说在一代人之前的英国存在着一种仍然多半“人民的”的城市文化，而现在只有一种大众城市文化。我的论点是，出于很多原因，通俗时事评论员提出的各种诉求在今天比以前更坚持、更有效，采取了一种更全面和集中化的形式；我们正朝着创造一种大众文化的方向前进；至少在某些方
10 面，“人民的”城市文化的残余正在被摧毁；新的大众文化在一些重要方面还不如它要取代的、往往很粗俗的文化那么健康。

因此，“旧的”和“新的”态度之间的差别虽然不可能一目了然，但似乎足够坚定有效。特别是，它应该足够坚定，以便一开始就要明确，当我说到“旧的”态度时，我并不是要借助某种相当朦胧的田园生活传统来更好地抨击当下。

简单回顾某个家族的历史可能会获得更加清晰的年代背景，而我自己的家族历史或许很适合。人们普遍承认，在 1830 年前后，英国城市化未来发展的主要模式就已经很明朗了。我的家族在这一进程中出现得相当晚。我的祖母嫁给了一个表兄，那时他们家还在乡下，住在离利兹 10 多英里远的一个村子里。在 19 世纪 70 年代的某个时候，她和她年轻的丈夫被吸引到这座不断扩张的城市，到南边的钢铁厂服务。她开始在亨斯莱特的大片新砖瓦房里养育一个成长中的家庭——生了 10 个孩子，但有几个“夭折了”。在整个北部和中部地区，同样的事情正在发生，村庄失去了它们的年轻人，城市以粗糙的廉价住宅污染了周围的农村。他们没有足够的医疗、教育和其他社会设施；他们的街道没有足够的清扫和照明，充塞着很多家庭，他们的生活模式在很大程度上依然是乡下的。很多人早逝（我每天去中学途中经过的一个铁路调车场的院子里静静地竖立着纪念霍乱流行的牌匾）；“肺结核”造成了巨大损失。

我祖母经历了所有这一切，经历了第一次世界大战，直到第二次世界大战几近开始；她学会了成为一个城市居民。然而，她身上的一个线条和她的很多态度，都表露出了她的乡村背景。她的住宅在 1939 年仍然是按每周 9 先令的价钱租来的，从来都不属于真正的城市。后厨房的天花板下悬挂着报纸包裹着的自制干草药；架子上总放着一个装药用鹅脂的罐子，以防有人“胸口不舒服”。她总是精力满满，说话中气十足，幽默中偶尔带着乡下人的特质，有一种她的孩子们所没有的力量，孩子们有时对这种幽默具有某种复杂的和城市化的“敏感”（温和的神经质）。她叫你

“小牛头”，没有刻意使用古语；她的话充满精辟的格言警句，诸
11 如“莽撞无礼的孩子妈妈管不住”；她在紧急关头会使用很多迷信的口头禅和古老疗法。有时，在谈及邻居生了个私生子时，她会带着粗鲁的笑声讲述工人阶级居住区（我想是谢菲尔德，她在那里住过几年）的丑闻轶事，在那里的小教堂布道坛背后很流行乱搞。她只是断断续续地上过一所女子学校。在我六年级时，她没戴眼镜就读了我带回家的很多书籍。我尤其记得她对 D. H. 劳伦斯的反应；她很欣赏劳伦斯的作品，对那些作品并不感到震惊。但谈到劳伦斯对性行为的描写时，她说：“他搞得大惊小怪。”

对我们家族来说，她是第一代城镇居民，因此只是部分的城镇居民。其间，第二代人，她的孩子们，正在长大成人。他们的成长经历了《第三次改革法案》*、一系列《教育法案》、各种《住宅法案》、《工厂法案》和《公共卫生法案》，也经历了布尔战争；** 最小的孩子刚好在第一次世界大战时到了服兵役的年龄。男孩们上“寄宿”学校，然后进钢铁厂，或者由于我们有白领倾向，进入更体面的行业，当杂货铺帮工或者在城里的商店当推销员，尽管这被认为只上升了一个阶层。女孩们则一个接一个地被淹没在需求不断变化着的缝纫女工的队伍中，那些女孩过去和现在都是利兹作为成衣中心之优势地位的基础。

---

* 《第三次改革法案》（Third Reform Act）：指英国议会 1884 年通过的《人民代表制法》。该法案扩大了下议院选民的基础，增强了农民的力量。

** 布尔战争（Boer War）：英国人和布尔人为争夺南非殖民地而展开的战争，一共有两次（第一次从 1880 年至 1881 年，第二次从 1899 年至 1902 年），最后以英国人取胜而告终。

这一代人——我的父母、叔父和姑妈——确实保留着一些乡下的习惯，现在还带着一丝怀旧之情，带着对他们父母的崇敬，因为他们的父母“懂得所说和所做的中哪些是正确的”；与其说这是血脉中的某种东西，不如说是记忆中的某种东西，是对记忆消逝的遗憾，因而有点自觉地要守住它。更重要的是，他们那时对待自己父母的态度常常是令人愉快的，他们属于更新的世界。那个世界可以提供很多有利条件：更便宜、更多样的服装，更便宜、更多样的食物；几便士一磅的冻肉，几乎不用花钱的菠萝罐头，街角小店廉价的罐装开胃菜、炸鱼和薯条。乘坐新式有轨电车既便宜又方便，街角小店有包装好的非处方药。

第二代人出于自身考虑而子女较少，尤其是他们感受到了城
市生活组织化带来的压力：他们很高兴“男孩们的生活机会”有
所改善，但他们却开始担心他能否获得奖学金。“男孩们”和他姐
妹，指我的表兄妹、我的兄弟和姐妹，以及我自己。我们从一开 12
始就完全属于城市，属于有轨电车和公共汽车，属于复杂精细的
社会服务网络，属于连锁商店、电影宫、* 海滨旅行。对我们来说，
乡村毕竟不是家乡；甚至也不是“父亲”和“母亲”健康成长的
地方。它是一种偶尔会想起的背景，一个有时会去造访的地方。

* 电影宫（the picture-palaces）：指 1910—1940 年间英国建造的精心装饰的大型电影院。

第二章　人物景观——一个场景

“紧紧抓住的根是什么……”

1. 口述传统：抵抗与适应：刻板的生活方式

13　人们就现代“大众传媒”对工人阶级的影响撰写了大量著作。然而，如果我们倾听一下在工作和在家里的工人阶级民众的声音，那么，很可能首先打动我们的，与其说是50年来通俗报纸和电影的证据，倒不如说是那些东西对普通言说微乎其微的影响，是工人按照口述传统和当地传统被它们吸引的程度，是在言说和附会中对言说的导向。那种传统无疑正在弱化，但如果我们要理解工人阶级的当下处境，那么，当它还有非凡的生命力时，我们一定不能宣告它已经死亡。

这些例证都是在一个有意挑选的短时期里收集的，第一个例证来自一所明亮、粉彩色调的、摆放着弧线家具的儿童诊所的候诊室。几个单调乏味和衣着不整的母亲带着孩子在等候，交谈漫无目的，但很快就谈到了她们的习惯。在三分钟之内，两个女人使用了以下语句：

“不管怎么说，她都表现得很好”（指营养良好的孩子）。

“如果没有，就是没有”（指不具备通过奖学金考试所需的智力）。

“是啊，它们都是些不错的闹钟，对吧？”（用来叫孩子们早起）。

“你不能躺在孩子那儿。”

“对呀，饥饿是最好的调味品。”

不久后，家庭主妇上午在见面的几家商店中，说道：

“她意味深长地看了我一眼。”

“我们没有填饱肚子；因为没有足够的食物”（肉食短缺，尤其是英国牛肉）。

“你听说过那个校长吗？他变得怪怪的。”

“我今天好好打扮了。我把伪君子戴上了”（指上衣的假 14
领）。

围绕着生活的基本特点——出生、婚姻、交媾、孩子、死亡——旧说法最密集。谈到性生活：

“与有夫之妇私通没人会注意”（关于某些已婚妇女随意的性习惯）。

“拨火不看壁炉架”（女人不需要漂亮也能愉快地做爱）。

“我宁愿吃顿好的”（对肉体过于引人注目的妇女的驳斥评论）。

“你的用心会让一个男人受用一辈子”（就性生活和家务而言——对一个病卧在床、感到有点自怜的年轻妻子说）。

“不，他们不会为一条面包打开烤箱”（中年母亲对盼望第一个孩子的年轻妻子说，后者认为只要有一个孩子就很幸福）。

这些话多数都是一种更强大的言说传统的残余；例如，“伪君子”的说法显然基于弥漫在日常生活中、自然而然的道德感。我没有证据表明这些说法是新创造出来的。在上次战争期间，士兵创造出了一些说法，但几乎没有一个进入普通言说。有个时期，人们会周期性地从流行的无线电广播节目里提取出一种说法；我们用那些说法已经20年了，从“你听见我说话了吗，妈妈？”，到“好的，捣蛋鬼！”对其他人来说，较年轻的工人阶级民众似乎越来越多地使用一些笼统的词语，加上他们继承的一些更老旧的说法：最受称赞的事物是“可爱的”，最不喜欢的事物是“可怕的”；特别受赞赏的是“极好”，或者如最近所说“很棒”（虽然最后这个词属于较新的“无阶级的”词语之一）。

在中年人里，依然固执地坚持一些旧说法，比我们通常认为的那些年轻人更加固执。他们的坚持不是以一种活泼或生动的方式，而是以一种刻板的方式：各种说法使用起来就像使用计数器，“咔嗒-咔嗒-咔嗒”。如果只听他们的语气，我们可能会得出结论说，他们使用词语完全是死记硬背，单调而且毫无意义，词语与过日子的方式完全没有联系，词语被使用，但不知何故却没有关联。如果我们只注意它们的主题——接受死亡，嘲笑婚姻却又接受它，接受命运的安排——我们也许会勾勒出一幅完美图景，即朴素又健康的旧态度仍然没有受到影响。真相介于两个极端之间：如此固执地坚持老旧言说形式，并不表明早期传统强有力与

充满活力的延续性，但传统并未完全消亡。在一个现今难以理解 15
的世界里，传统被人们回味，被当作一种固定的、在很大程度上仍然可信的参照物。格言警句被用作一种安慰；人们会说“啊，好的，好坏轮着转”，这种说法还有很多变体。这不足为奇，在这种说法影响的层面上，它并不矛盾，这些口头禅经常相互抵触，在所有冗长的谈话中，它们都会被用来证明相反的观点：它们没有被当作知识建构的组成部分。

迷信和神话也同样如此。经验世界的每一个点，尤其是重要节点，都被画上“意味着好运”和“意味着厄运”这两种颜色。人们每天都会不自觉地借助这些区分。把鞋放在桌子上，在梯子下行走，把盐撒落在地，把某些花卉放在室内，烧烤“蔬菜”，圣诞节前把冬青树摆在家里，打碎镜子，送一把刀却不收下硬币，把餐刀交叉放在桌上，这些都是不吉利的；送一只黑猫在面前经过，穿反袜子，圣诞节和新年让一个深肤色的人先进入家里，在倒霉事之后触摸木头，所有这些都是吉利的：新娘在婚礼仪式前一定不能看见新郎，应当穿着——现在一般也是这样——“某件旧衣服，某件新衣服，/ 某件借来的衣服，某件蓝色的衣服”。婴儿在洗礼时应该哭，因为这意味着好运；出生日和婴儿的身体特征还会唤起任意一句押韵的口头禅，如“你下巴上的一个酒窝 / 你的生活带来的”。梦也不容忽视，并非由于它们有助于解释过去的某件事，或者表明某种潜在的担忧，而是因为它们预示着：它们“与现实相反”；倘若你在梦中哭了，那就意味着某种令人愉快的事。然而，你必须真的哭了，而不只是梦见你在哭，醒来时眼睛却是干的。

迷信尤其与任何影响到健康的事物紧密相连。“我不信医生”依然是一种普遍的说法，支持这种说法的是一大堆旧时的谚语和现代的例子，大多不足为信。我这代人可能是用硫黄和糖浆来治疗儿童时代大部分偶染小恙的最后一代人，但配方仍在沿用。还有一些更奇怪的做法。我知道最近有城市里有两个用马鬃和牛排来除疣子的实验：用马鬃缠住牛排埋在地下，然后疣子就会干瘪
16 至最终脱落。几年前，利兹的一些服装厂流传着一个说法，说是用自己的尿液洗澡对肤色有好处。人们依然普遍相信，幼儿身体虚弱可能是由于头发太长和太浓密；头发的“好”以损害身体为代价。每种单独的活动，无论多么微不足道，都有关于它的民间传说：因此，在惠斯特牌戏*中，有些妇女总带着一枚在她们出生那年发行的硬币，有人只用红色铅笔记分，有人不穿黑色鞋子。

这些神话大多存在了很长时间，有些正在缓慢消亡；但不时也有新的神话产生。我特别注意到了那些有关外部世界重要人物的神话：在工人阶级较为基本的民间传说中，与他们的喜剧艺术不同，重要公众人物更有可能被抬高，而不是被贬低。关于某个影星是如何死的（她试图站在冰柜里减肥，结果被冻死了），或者关于王妃是如何生活的，都有神乎其神的故事。民间流传说，斯大林“注射了药剂”要活到 150 岁。这种过程有时会以另一种方式进行：据传，“他们”下令在生产的每 10 个避孕套中就有一个要刺个洞；“他们”把溴化物放到军人的茶里，以减少性冲动。

---

* 惠斯特牌戏（whist-drives）：桥牌的一种原始形式。由两方组成，每方有两位玩手，共同玩一副纸牌。玩时以 4 张牌为一圈进行，最后所发的一张牌为王牌，第一圈中各方所赢得的每个点都被算作 6 分。

从某种意义上说，其他阶级也相信以上的一些，特别是有关幸运和厄运的例子。到底在哪方面可以认为工人阶级民众相信这类传说呢？他们会重复一些说法，但经常都带着一个有所保留的开场白：“他们说……”，他们并不从理智上去审视那些传说；但在某些场合下，他们会轻易嘲笑那些传说是“老妪的故事”。但一般来说，他们都会注意听从传说的指引。他们会说，“哦，全是迷信”，会看贬低那些传说的通俗杂志的文章；然而，他们口头上还是把它们捡起来再传下去，这种情况年轻人和老年人几乎都一样。哪份工人阶级的杂志没有星座运势？变化非常缓慢，人们不会为这种自相矛盾而困扰；他们信，也不信。他们继续在重复老口头禅，按其许可行事：口述传统依旧很强大。

工人阶级生活的其他许多方面也是如此。很多中年工人阶级夫妻的世界在很大程度上还处在爱德华七世时代，他们的起居室从装修时起或者从其父母那里继承过来时起就没有什么变化，除了偶尔增加一点装饰品或椅子。年轻夫妻“成家”时喜欢购买所 17
有新东西，家具推销员经常竭力劝说他们靠分期付款购买超出他们所需的新家具。然而，家具本身虽然号称时髦，也可能使用了新材料，但在布置一个“真正温馨”的房间时，家具必须体现出与消费者的祖父母所购买的老式家具相同的设想。购买陶器、去游乐场、创作流行歌曲也大抵如此。

这不完全是一种消极抵抗的力量，而是某种虽不明确却积极的东西。工人阶级天生就有很强的适应新事物的能力，能够适应新事物或者从新事物中汲取其所需，忽略其他事物。

工人阶级的生活即便现在也属于一种普遍存在的文化，这种文化在某些方面与一切附属于上层阶级的文化同样，是刻板的和程式化的。工人阶级男子会为七道菜的晚餐的正确进餐方法大伤脑筋：工人阶级民众中的中上阶层男人，肯定同样会通过交谈（节奏，不仅仅是话题或成语）、手脚的使用、点酒或买酒的方式暴露他的外来背景。回想一下工人阶级生活中的某些常规：就服装而言，坚持穿周日套装，在圣灵降临节*为孩子新买"最好的衣服"，在圣灵降临节上午巡游，向亲戚展示这些服饰并接收礼金，使用"俱乐部支票"来复杂地添置新衣：或者是各种繁文缛节，从简单的"寒暄"、葬礼时站在墓地入口向去世的邻居"致敬"，到"皇家上古秩序兄弟会"**和"独立共济会"***的各种仪式。还有50年前海滨明信片的俗套风格：一年中的多数时候，"体面的"工人阶级民众几乎都不会寄明信片，但在节假日，他们很可能会"放松一下"，给朋友寄几张明信片——明信片上展现了胖岳母和胖警察，瘦小男人带着臀部宽大的老婆，啤酒瓶和尿壶随处可见，不断重复啤酒、臀部和厕所的幽默，这些东西几乎毫无变化。

因此，对待工人阶级民众的许多态度并没有深刻地影响到他们。他们受影响的程度远小于人们根据今天对待他们的态度来

* 圣灵降临节（Whitsun）：也称五旬节，为纪念耶稣复活后差遣圣灵降临而举行的基督教庆祝节日。教会规定每年复活节后第50天为圣灵降临节。在英国，规定每年该节的假日为5月份最后一个星期一。

** 皇家上古秩序兄弟会（Royal and Antediluvian Order of Buffaloes）：创立于1822年的社会慈善组织，实际上与"皇家"并无关系。

*** 独立共济会（Independent Order of Odd Fellows）：创立于18世纪的社会慈善组织。

假定的。在关于“反应迟钝的广大平民百姓”的讨论中，可能存在着某种预见性的真理。但是，迄今为止，工人阶级民众并没有像那句话使人想到的那样受到严重影响，因为就他们中的很多人 18
“并不在那里”，他们生活在别处，凭直觉、习惯、言词活着，借助神话、格言和仪式活着。这使他们不会受到当下态度的某些最坏的影响；在其他方面，这也使他们很容易成为那些态度的对象。就他们受到现代环境的影响而言，他们会受到使自己更开放、更不设防的自己古老传统的影响。

2.“没有比家更好的地方”

我们越是关注工人阶级的生活，越是努力触及工人阶级态度的核心，就越能肯定那个核心是个人意识、具体意识、地方意识：它首先体现在家庭观念中，其次体现在邻里观念中。这种情况仍然存在，尽管多数情况对它不利，不过其存在部分也正因为此。

在为工人阶级女孩和家庭主妇出版的杂志中，经常会使用“原罪”一词。这个词今天很少用在较为复杂的文学作品中，除非某些作家要特别使读者回想起“人的形而上状态”。但是，工人阶级杂志并不在形而上的意义上使用“原罪”一词，他们没有想到人类堕落的本性和人对上帝的责任。“原罪”是指让女孩婚前生子而后却不娶她，“原罪”在于使自己陷入这样一种境地，“使自己陷入困境”（几乎没有人会想到堕胎，堕胎实际上绝不会被宽恕），“原罪”是指冒险与其他男女厮混而破坏自己的婚姻，“原罪”是指破坏别人的婚姻。“原罪”是指一切违背家庭观念、违背“保住一个家”的重要意义的行为。在几乎其他一切事情都受到外界支配的地方，一切都是不确实的，很可能会在最意想不到的时候把你打倒，而家却是你自己的和真实的：最热烈的欢迎仍然是“就当在自己家里一样”。

工人阶级民众出于一些很好的理由，总是讨厌“在济贫院终了”，那些理由中最深刻的是家庭生活不可剥夺的品质的观念。寡妇会像女佣一样“劳作至死”，也不接受舒适的孤儿院为她孩子提供的位置。如果她死了，家人们，其中一些人可能早先没有为她做任何事情，也不太愿意照料孩子，却会分走这些孩子。我母亲留下 3 个孩子，一个 1 岁，一个 3 岁，一个 5 岁；在她挣扎了 5
19 年之后去世时，我记得一个从前不认识、相距较远的姑妈说，“孤儿院现在不一样了”。她的话不起作用；我们当时被不同的家庭成员分别带走了，他们每个人都比姑妈穷。

坚守家庭隐私源于这种感觉，并得到了这一认识的强化：邻居虽然是“你的同类”，在你遇到麻烦时会给予帮助，但他们总是准备说些闲言碎语，而且可能是刻薄的闲言碎语。“邻居们会怎么想？”他们通常会认为 2 加 2 等于 6；他们的闲言碎语可能“没有恶意”，但无意识地严酷无情。他们也许能通过两家共用的薄薄隔墙“听见所发生的一切”，但你可以关上前门，“过自己的日子”，“管好自己”——也就是说，家庭的直接成员，包括已婚的子女，加上住在附近街道的他们的亲属，再扩大到少数几个“说来就来”的朋友。你想要好邻居，但好邻居并非总是“来往”：如果她那样做，她可能遭到“冷遇”。半长的花边窗帘挡住了大部分微弱的阳光，但确保了你的隐私：用擦洗石擦洗得发黄的窗台和门阶，进一步确保了你属于一个“体面”的家庭，你相信每个星期都要为家里“彻底清扫”。

在家里面，一叶兰已被挪走，让位于衣衫褴褛的乡村少年吃樱桃的图画，羞怯的穿裙子的小女孩的图画，或者是牵着两条俄国狼狗或一条阿尔萨斯牧羊犬的戴阔边帽的大姑娘的图画。连锁商店的现代主义风格，所有糟糕的外饰和喷涂的清漆，正在取代旧的桃花心木；五颜六色的塑料、镀铬饼干桶和鸟笼出现了。这不只是要和邻居们保持一致；这些什物对家庭的价值观有帮助，充实和富有。因此，很多活动房屋现在都有由房东提供的用铅条嵌边的彩色窗玻璃：在老房子里，深深的窗台可以增添一些外部色彩，摆放一排多彩的旱金莲花，甚至更耀眼的天竺葵。

回想多年的生活经历，我认为，一个好“起居室”必须提供三种主要的东西；群聚、温暖和充足的美食。起居室是家庭温暖的心脏，而对中产阶级访客来说稍微有点乏味。它不是社交中心，而是家庭中心；起居室或前厅很少招待客人，如果有前厅的话：你不会在任何接近中产阶级的意义上来招待客人。妻子在自己直系亲属之外的社交生活在晾衣绳旁，在街角小店里，偶尔会去拜访住得不太远的亲戚，有时或许会跟丈夫去酒吧或俱乐部。丈夫 20
有自己的酒吧或俱乐部，有他的工作，有他的足球比赛。在所有这些地方，丈夫的朋友可能并不知道他的房子里面是什么样子，可能从来就没有“登门造访”。壁炉边是留给家人的，无论他们住在家里还是附近，还有那些“与我们有点关系”、顺道来聊聊或只是坐坐的人。男人和妻子的大部分空闲时间通常是在壁炉边度

过的；“待在家里”仍然是最普遍的打发空闲时间的方式之一。

那是一种杂乱而拥挤的环境，一个远离外界的洞穴。没有电话铃声响起，夜里也很少有敲门声。这群人虽然受到了限制，但并未隐遁：这是一个群居的群体，大部分东西都是共享的，包括人：“我们的妈妈”“我们的爸爸”“我们的艾丽丝”，都是正常的称呼形式。独处、独自思索、静静地读书都很困难。有收音机或电视，有零星的事情，或者断断续续的谈话（但很少有持续的交谈）；熨斗砰地放在桌上，狗一边挠痒一边打哈欠，猫喵喵叫着要出去；儿子在炉火旁吹着口哨用毛巾擦干身子，或者把他当兵的哥哥寄来的家信弄得沙沙作响，那封信放在壁炉架上他姐姐的结婚照后面；小女孩突然哭起来，因为她累得根本爬不起来，虎皮鹦鹉叽叽喳喳地叫着。

在一些比较细心的家庭，这种整体性还体现在壁炉边做地毯上。把修剪过的旧衣物准备好，大致按颜色分成组，然后逐一在结实的布条（麻袋布）上串起来。图案是传统的和简单的，通常是一个中心圆形或菱形，其余部分则是一水的深蓝色（除了边缘以外），或者是那种混合再生毛织物通常产生的灰蓝色；我们大多数人多年前在军毯上见过这种颜色。这块地毯将取代壁炉边很久以前制作的那一块，价格不比一块麻袋布贵多少，除非大家决定它的中心要生动，色彩要浅淡。那样的话，比如说，可以用大约半个克朗买一磅的红色帖片。

已婚的儿女要花几年时间才能离开母亲的壁炉边，这值得奇怪吗？直到子女的需要使他们不再可能在晚上来探望母亲——需要很长一段时间，期望子女健康成长的母亲才会这么想——儿子或女儿无论有无子女，他们每晚都会到来。女婿往往会在下班后直接来访，坐在桌旁吃饭，而家里常常没有准备。他可以加入祖父母的行列，他们是永久的居住者（虽然大多数老人都不喜欢 21
“把我丢在家里”的观念，这么做只是最后一招；他们更愿意年轻人及其孩子与自己在一起）。

温暖，“像躺在地毯上的虫子那样舒适而安逸”，是头等重要的。按照大多数国外的标准，70 年来的廉价煤确保大多数人都学会了大手大脚用煤。好家庭主妇懂得，她必须“保持旺盛的炉火”，很可能会更加关注这一点，而不是购买品质更好、暖和的羊毛内衣：炉火是共享的，看得见的。

“一张好餐桌”同样重要，这仍意味着一桌丰盛的菜肴，而不是一桌均衡的饮食。因此，许多家庭似乎很少买足够多的牛奶，沙拉也不受欢迎。围绕着这张桌子汇集了一整套态度，其中一些是明智的，有些则是迷思。“家庭烹饪”总是比其他任何烹饪都好；咖啡馆的食物几乎都掺假。糖果点心店知道，倘若他们在橱窗上写“家庭自制面包和蛋糕”的字样，生意会更好；在某种意义上，这种说法可能仍然是对的，尽管大型电烤炉可能已经取代了店铺后面家庭厨房里曾经的火炉。对咖啡馆的不信任因人们负担不起而加深，但对廉价的工厂小吃店也经常出现同样的抗拒。丈夫抱怨那里的食物“没有什么内容”，而妻子必须“打包”，这通常意味着打包一堆夹着“好吃的东西”的三明治，她还要准备一顿热腾腾的晚餐。

“好吃的东西”是食物的关键词：某种实在的东西，最好是肉类，味道鲜美。增加味道靠大量使用酱汁和腌菜，特别是番茄

酱和辣腌菜。我常常注意到，在婚姻生活令人兴奋的早期，我的亲戚们经常在喝茶时煎炸食物——排骨、牛排、腰子、薯条。相比之下，领取养老金的贫穷老人有时会假装做一顿可口的饭菜，在温水里融化一便士的“奥克斯奥”牌浓缩固体汤料*蘸着面包吃。自从肉类开始变得便宜以来，人们越来越依赖肉类，任何经历过物资匮乏年代工人阶级妻子，都非常了解那些便宜、有营养又可口的肉类。对味道的强调最明显地表现在提供茶点的需要，即使不是每天，也起码是周末。有各种各样特别受欢迎的佳肴，通常是副产品——黑布丁、猪蹄、肝、炖蹄筋、牛肚、香肠、“鸭子”、猪肠（在特殊场合也有非常流行的猪肉馅饼）；还
22 有鱼贩们的佳肴——小虾、鱼子、腌鱼和贻贝。我们家一周大部分时间都过得很简朴；早餐通常是面包和牛油，晚餐是不错的简单炖菜；下午茶时给工人提供一些可口的东西，但花费只有几个铜钱。周末时，我们像其他人一样铺张，除了非常穷的人之外，周日的下午茶是最丰盛的。到那天晚上 6 点钟，房子后面就会堆起很多空的三文鱼罐头和水果罐头盒。菠萝是最受欢迎的，因为在那个水果罐头依现在来看价格异常便宜的年代，几个便士就能买到菠萝罐头（经常有人说，那实际上是经过调味的甘蓝）。桃子和杏较贵，是某个场合才有的——生日或几英里远的亲戚突然来访时。三文鱼罐头美味可口，尤其是红色的中段；我觉得它比新鲜三文鱼“可口”得多。

* 奥克斯奥（Oxo）牌浓缩固体汤料：一种加了香料、浓缩肉汁等调味品的固体汤料，食用时加水调和，类似于中国的鸡精。

在肉类短缺的年月里，广大民众会接受那种较新的加香料的肉制品。我认识一个五口之家，他们买的买四磅重的罐装肉饼；有个女婿不吃新鲜肉，只吃一种类似“斯帕姆”牌的罐装肉，或冷吃或油炸。那种食品比煮火腿或炸鱼和薯条便宜，很受他们青睐。

对实在和美味食物的坚持不难领会到——“吃饱喝足，你就不会抱怨”；你必须确保重体力劳动者有足够的食物和蛋白质，并且尽可能提高食物的可口程度。毫无疑问，效果不如目标那么好。在我还是小孩子时，我姑姑和叔叔都才三四十岁，好像都镶了假牙。这仅仅是因为疏忽吗？（他们也因鞋子长年不合脚而受鸡眼困扰。）我还记得一个经常谈论的话题是，某个人便秘，某个人“胃灼热”：我们像买柴火一样定期买小苏打。这可能是一种奇怪的想法，但我经常被不同阶级的肥胖的明显差异震撼，比如说，中年工人阶级女性的肥胖与富裕的中年商人的肥胖的明显差异。一个苍白无光，另一个则紧致圆润、光泽锃亮；一个使我想到了几加仑茶、百磅重的面包、很多盘炸鱼薯条；另一个则使我想到了车站旅馆里的牛排。

我几乎可以无休止地回想起另外一些特定的细节，它们赋予这种家庭生活一种可以辨识的特质；洗衣日的蒸汽、苏打水和碎
肉味，或者炉边烘干衣服的味道；星期天混合着烤牛肉味的《世 23
界新闻报》的味道；在厕所里断断续续阅读一张旧报纸；星期天下午，靠偶然造访亲戚或去墓地来消磨时光，墓地大门两边是卖花小贩的货摊和出售昂贵墓碑的作坊。像一切有稳定中心的生活一样，它具有一种强大的控制力：工人阶级本身往往对这种生活

充满感情。即使今天在集市和海滨售货亭出售的大量烙画、有华丽饰边的纸牌和手帕上，仍然写有“家，甜蜜的家”，或“家——我们抱怨最多、也待我们最好的地方”。

正如我说过的，这种描述和本章后面的描述性段落，大多是基于20年前的记忆。例如，我很少谈及工人阶级民众消费能力的提高，也很少谈及节省劳力的设备在家庭中的作用，等等。这主要是因为今天我们中的很多人以为，这些变化对我们的态度的影响大于它们的实际影响。因此，似乎有必要首先强调，工人阶级生活的基本模式中有很大部分仍然如故。

在很多方面，这都是一种不错和宜人的生活，是一种建立在关心、友爱、小群体意识基础上的生活，即使不是基于个人意识的生活。它是精致和无序的，然而却有节制；它不是小家子气、媚俗、变化无常或“女性化的”。父亲是家庭内部生活的一部分，不是在几里之外花大部分时间挣钱养家的某个人；母亲则是劳动中心，总有太多的事情要做，她的心思几乎完全围着起居室的生活转（卧室只是睡觉的地方）。用她的话说，她的“一个希望”是，她的女儿和儿子们“很快就能找到一位好小伙或好姑娘，建立他们自己的家庭”。

虽然家庭生活显得杂乱无章，却也可以看出有设计，有一种单纯、无意识却仍然强烈的家是什么的意识。拿它与今天可以在很多咖啡馆或小旅店里找到的那种公共空间相比——墙上的涂料有一些不祥的阴影，沿着墙壁中央有相互冲突的色彩条纹；冷漠丑陋的塑料门把手；烦琐而毫无意义的壁灯座；不会引来任何人的金属桌子，过分鲜艳的色彩已经斑驳：一切都很俗丽并且蹩

脚。材料不一定会造成这种效果；但当它们被那些排斥整体感、
对新材料毫无感觉的人使用时，失败是显而易见的。在家里，新
事物被吸收到本能谋求的那种整体之中。旧传统正在被蚕食，就 24
像在其他很多地方里一样。但是，对家庭之重要性的强烈意识确
保了这种变化在缓慢进行：反对主要的家庭破坏者——酗酒——
的世世代代，帮助建立了对新的潜在破坏者的坚强抵抗。

3. 母亲

> 我懂得她那双经过磨洗和酸涩粗陋的双手
> ……这非凡的
> 砍伐之声，手势的证明……

书写一位工人阶级的母亲要冒各种特殊的风险。我们知道，倘若只根据20世纪30年代出版的大量纪实小说，母亲在大多数对工人阶级童年的描写中都占有令人尊敬的地位。她的男人看来多数时候都对她不上心，却喜欢购买铭刻着“没有母亲就没有家”的装饰品，而在她已经“走了”多年之后，他们还会充满爱意地说到“我妈妈”。

然而，对于这样一位母亲在家庭中天然占据的地位，我们除了赞美还是赞美。我主要想到的是中年早期或者中年的母亲，那时她已经完全确立了她在家里的母亲角色，那时是她充分发挥自己所能的时候了。那时，她成了家庭的轴心，因为家庭实际上是她的整个世界。是她而不是父亲，把家凝聚在一起；她艰难地给

在服兵役的儿子或在外工作的女儿写信。她与住在附近的其他家庭成员保持着密切联系，与祖父母、兄弟们、姊妹们、表兄弟和表姐妹们保持着密切联系；她不时会去他们中的某人或某个邻居那里坐一个小时。她把外部的政治世界甚至外部的“新闻”世界都留给了丈夫；她对丈夫的工作知之甚少；她外边的朋友通常都是丈夫的朋友，因为从结婚后她就放弃了自己的朋友。

到目前为止，这是过于粗浅的描绘，然而有必要首先确定大多数工人阶级母亲的生活封闭的、缺乏远见的性质。生活压力如此巨大，以至那些有特殊烦恼或者想象力天生贫乏的母亲可能产生一个自成一体的世界，一切与家庭无关的东西都无法渗透那个世界。

这是一种艰辛的生活，人们认为在那种生活中，母亲从起床到睡觉都“忙于家务”：她要煮饭、缝补、擦洗、洗衣、照料孩子、购物、满足丈夫的欲望。即使在今天，这往往都是一种很少有现代设备辅助的生活，诸如真空吸尘器和电动洗衣机，但与更繁华的地区相比，要处理的污垢更多。窗帘很难保持“漂亮的颜
25 色”，哪怕经常用多莉蓝[*]或乳霜洗涤；壁炉和炉灶可能需要涂石墨并努力“养护”。到处都是从附近工厂和铁路线悄悄冒进来的烟尘煤灰，大多数妇女都“无法忍受满是灰尘”。

一些空闲时间可能被织补和修补所占据，可很少为孩子们做新衣服。即便在服装厂工作，也很少有母亲受过缝制成衣的培训。不管怎么说，缝纫机很贵，工人阶级民众不大可能购买，哪怕是

* 多莉蓝（dolly blue）：19 世纪中期开始广泛使用的一种洗衣用的荧光增白剂。

靠分期付款，他们更乐意购买显然能给全家人带来愉快的物品。成衣便宜漂亮。丈夫的衣服在劳动中经常磨损，因而要不断地缝缝补补，间或买些新衣服，由于衣服很便宜，但并不经济，很快就会出现磨损。

部分因为丈夫在上班，也因为人们完全指望妇女来照料这些事情，所以在公共场所长时间等待，在医生那里“打吊瓶”，带着患眼疾的孩子去诊所，在市政厅查询分期付款的电费账单的，都是母亲。

所有这一切都变得越来越困难，因为在大多数情况下，或者直到前几年，在经济上很少有回旋余地，只能勉强“维持平衡”；用于家务的钱通常都只“保证有”一便士左右。这样拮据地持家需要相当高的技巧，经常会遇到困难，但又必须去做，否则家庭很可能会陷入困境。妻子很快会把这种事看作理所当然——无疑，婚姻就是如此——她必须“成功”做到收支平衡。朗特里*多年前指出，在孩子们长大到领取养老金期间，通常都有一个好一些的时期。但是，总的来说，这是一种“拮据”与“算计”的生活。我经常注意到，一些更幸福的妻子，其丈夫所挣的钱只比街坊的平均收入多几个先令，而在其他方面，他们与其他人的生活方式一样。如果丈夫是体面人，多给妻子一两个先令，那么她就可以省去很多精打细算；突然需要一个电灯泡、修鞋或男孩的童子军服装，都不会引起她的严重忧虑。部分因为难以得到大数目的现

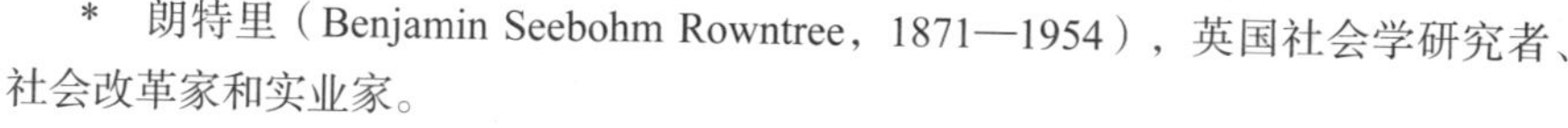

* 朗特里（Benjamin Seebohm Rowntree，1871—1954），英国社会学研究者、社会改革家和实业家。

钱，部分因为家庭主妇往往对由于债务缓慢攀升而将自己置于尴尬境地视而不见，所以只能可怜地无法专心实施她精心设计的应对策略。我认识一位家庭主妇，她现在每周在杂货店花费大约 8
26 英镑，在那些较宽裕的日子里，她每周都可以付清这笔钱：但是，20 世纪 30 年代的习惯却无法改变，她永远无法清偿债务；她更喜欢依靠“结算”制，而不是直接付款。在我祖母家里，我们并非“靠救济”为生，但与我们周围的很多人一样，我们也“有点短缺”。在 30 年代初的几年里，周五晚上我要去排队为家里购买食品杂货；每周的账单在 15 到 20 先令之间，而我们总会把有些账目转到下一周。在我懂事的青少年时期，我经常对那些爽快付清债务的人有一种病态的嫉妒，每周听见“奶奶说她要把 5 个先令留到下周”这类话时会难为情。最近，我听说一个女人，她在屠夫那里慢慢累积起了大约 1 英镑的债务，她突然意识到数目很大。她一下子想不出办法找到 1 英镑的闲钱，就不再买肉了。但是，她的家人依然到屠夫那里去记账，所以她一定会发现难以度过 1952 年的冬天，那时肉类还不太丰富。同时，屠夫很高兴她来也愿意做出安排，但他知道她不会来了。任何类似的店主都可以提供很多其他的例子。充分就业和福利国家做了很多安排尽力改变了这种局面，但效果没有人们想象的那么大，旧习惯依然存在。

通常情况下，妻子必须靠自己来运作这种有限的每周财务系统。这正是小店主之间仍然存在激烈竞争的原因，他们要愿意减一便士，或者自愿补足其中的小部分；这些事情会决定销售。两便士一磅的肉或许显得无足轻重，但却能引起一周计划的剧烈波动；突然要求为男孩参加学校夏令营“做准备”，为女孩参加主日学校的音乐会“做准备”，或者为一个即将结婚的堂兄“准备”一件礼物，都有可能引起波动。总有一些俱乐部、服装店和花哨小商品店，无论它们是否接受代理商的检查，都比城里的大商店便宜一先令，支付一小笔钱你就可以先拿走商品。它们的原材料几乎都不如那些只需多花一先令的商品：礼物是劣质的并且有破损，镀铬很薄，很快就剥落了。俱乐部或支票交易往往成为一种习惯，上门代理商擅长说服顾客不断“赊账”，因此在很多情况下更多的钱每周以这种方式流失，而不是真正被节省下来。这一循环仍在持续：如果家里突然缺钱，那么通常都是母亲缺钱，她会“节衣缩食”。

生活一周复一周，很少有可能节省一整笔钱来“以备急需”。 27
壁炉架上可能有一个铁盒子，用来存放供节假日用的积蓄，但这并不常见。除了“国民医疗保健制度”，* 或许还有来自俱乐部的某些东西以外，她们没有银行存款，没有病假工资，而这些都是杯水车薪。你也许还会看到家庭主妇每周二九点差一刻时在邮局外面排队，等候领取家庭补贴。如果“主人被解雇”了，那就可能是真正的不幸。照顾好挣工资的人，尤其是在饮食方面，这种旧习惯依然在起作用；强调为了所有人的需要而“齐心协力”也是如此：否则，这艘船很可能会迅速沉没。如果妻子能够“凑合”或者“应付过去”，她就会很开心；倘若她能有一些余钱供周末的额外需要，她就会非常满足。

在这方面，像在家庭生活的大多数方面一样，妻子在传统上

* 国民医疗保健制度（National Health）：英国的公立医疗服务制度，由国家用税收来购买医疗服务，覆盖了绝大部分英国国民。

负有责任；丈夫在外面挣工资。他希望回家时有饭吃，有他自己的放松方式。在我看来，这可以解释妻子经常被期望要负责采取避孕措施的原因。大多数非天主教的工人阶级家庭都承认避孕明显很方便，但夫妻双方都羞于去诊所接受咨询，除非他们濒临绝望才会被迫去那里。丈夫的羞怯和认为这实际上是妻子的事情，经常使他指望妻子照顾这事，他“不会为此事操心”。她在婚前几乎不会被告知任何事情，而她从工厂或附近的年长姑娘和已婚妇女那里得知的信息千差万别。她必须尽早接受建议，否则孩子的数量就会超过她或丈夫想要的。当她这样做后，她对各种可能性的认识很可能仅限于体外射精、众所周知的避孕膜和避孕套等方式。丈夫们往往不喜欢避孕套——“它们夺走了快感”；她在购买避孕套或避孕膜时可能会感到尴尬，而且这两样东西都很贵；体外射精可能是最常见的做法。

但是，使用这些方法中的任何一种都需要严格的控制，而很多妻子都难以持久地控制。她恰好这次忘记了，或者“情不自禁”，或者避孕套太便宜破了，或者丈夫在俱乐部待了一夜后提出尴尬的要求。因此，人们认为，头一两个孩子之后的所有孩子都是“不请自来的”。我倾向于认为，比如说在中产阶级中，“不请自来的”孩子很可能在父母 40 岁左右时降临。他们在 20 多岁和
28 30 出头时已经有了两三个孩子，此后的避孕措施一直很有效。也许，到他们 40 岁时，他们感到较为安全，变得粗心大意。就工人阶级而言，模式似乎不同：除非流产，否则第一个意外的孩子很可能在其他孩子之后仅仅一两年就出生。人们通常会“哲学地”接受这一点；毕竟，“你们结婚是为了什么？”这是一种“哲学上

的”接受，但却是一种没有太多同情的接受；“孩子是个麻烦”；孩子意味着更多的工作和更少的钱。但孩子会得到同样的溺爱和令人窒息的关注。

很明显，工人阶级母亲生了两三个孩子之后，会在 30 岁时过早衰老，失去大部分的性吸引力；她会在 35 岁到 40 岁之间迅速变成胖胖的家人所称的“我们的妈妈”。她比其他阶级的女孩更早步入社会，16 岁就开始围着男孩打转，很可能在 18 岁就“经常被追求”。那时，她会随意使用一些廉价的、范围有限的化妆品——唇膏、“胭脂”和较便宜的香水、粉饼和面霜。她可能会在婚后一段时间内继续这种简单的化妆程序，但很快就会完全终止，除了在特殊场合会涂上很厚并且粗糙的“脂粉”之外——这种“脂粉”用在没有充分准备的脸上会有点像小丑的妆容——有些人在度假时看见那样的脸时，会把其当成是工人阶级粗糙的证明。

到 45 岁或 50 岁时，各种疾病就开始了：在较贫穷的时期里，人们会说她现在“还过得去”。* 可能有风湿病，或者是由于 20 岁时未被发现的脱垂引起的经常性背痛。在交谈中经常一再出现的最大担忧与生长有关，它被设想成某种巨大并且在蔓延的癌组织；或者是“结石”，它被想象为非常坚硬的鹅卵石。我记得在某个周五看到一位中年母亲提着一个装满了的购物篮，经过“亨斯莱特节”**（集市），明显“有病”而且忧心忡忡。她被草药摊前一个大

---

* 还过得去（nobbut middling）：英国北部的老百姓最爱用委婉语，常把病得很重说成“还过得去”。

** 亨斯莱特节（Hunslet Feast）：1850 年首次在便士山老教堂前的小广场举行，它由 19 世纪初的戏剧表演演变而来。

块头、叫卖声震天、衣着粗俗的女人所吸引。踌躇片刻之后，她走到跟前低声说出了自己的问题。有人卖给她 6 先令一包的某种结晶体……“别在意医生对你说的话，亲爱的。每天两次用温水服下，它们会清除结石。你再也不会有了。它会全部随马桶冲走，亲爱的。”

很少有时间去“治疗”；如果情况变糟了，她会到诊所去打
29 吊瓶，但由于等待时间过长，或者不想老是麻烦医生（而且对他到底能提供多大帮助有点疑虑），多数时候什么都不做。不时也会尝试推荐的成品药。工人阶级居住区的大多数医生都知道，他们通常无能为力。他们的中年家庭主妇患者对自己的照顾很糟，工作太久或者太辛苦，不知道如何放松，睡眠不足，饮食严重失衡。她们指望一直这样“坚持下去”，但经常都是胡乱应付，因为各种需求复杂而沉重，但必须以某种方式满足。妻子的心底里总有这种想法，虽然可能是不自觉的：如果丈夫“有什么意外”，她就不得不“靠自己”来维持生计，寻找某种“杂活”以补充自己的养老金。

在我母亲独自抚养我们三个孩子的岁月里，因为她患有急性支气管炎，她从来没有足够的体力到外头做事。她靠“监护人委员会”弄来的每周 20 多个先令（其中一部分是在指定的杂货店使用可兑换的优惠券）勉强度日，持家技巧令人吃惊。对旁观者而不是对她来说，令人惊讶的是：我相信她曾经是一个快活的年轻姑娘，但到此时，她已经丧失了大部分心气。她对自己的处境已无态度可言，虽然她会很高兴接受一双旧鞋或一件外套，但她却不会要任何人的怜悯或者钦佩；她对自己的处境毫不多愁善感，

从不假装自己不是在勉强度日。那是一场令人无法释怀的挣扎，毫无快乐可言，三个小孩子总是渴望得到更多的食物和快乐，超出了她所能给予的，他们不是——偶有例外——好的同伴。她抽“忍冬草牌”香烟来排解——偷偷地，以防“他们”发现：我哥哥受过训练，如果他从店铺回来发现家里有客人，他就会一言不发把两便士一包的烟放到抽屉里。小房子很潮湿，蟑螂泛滥；在恶劣天气里，厕所一片污泥。食物不丰富，但在那种情况下，比很多母亲能提供的食物都更有营养。我母亲很坚定，很有智慧，足以抵挡住我们对炸鱼和薯条、喝茶的所有要求，除了可可之外，我们喝不到别的东西。我们每周都接连吃便宜的蔬菜炖肉：我记得（我当时 6 岁左右）有人带着一小盒什锦饼干到家里来，我们个个眼睛发光。喝茶时，我们偶尔会有涂着加糖炼乳的面包。全家人每周的零用钱是 1 便士，所以我们每三周会轮流一次。我们
通常都会被告诫买些可以大家共享的东西，而我们一般都会反对。30
我们总会“打扮得漂漂亮亮”，全年都穿戴整齐，在圣灵降临节会穿新衣服；我记得最后一套是给两个男孩买的水手服配哨子。

有一次，我母亲刚取出钱，就小小犒劳了一下自己，那肯定使她想到以前的快乐——买了一两片煮火腿还是一些虾。我们像麻雀一样盯着她，在喝下午茶时一直围绕着她，直到她勃然大怒，把我们吓了一跳。没有任何补偿；她不想给我们这些，也很难做到慷慨，我们得到了一些吃的，但我们觉得我们无意中碰触到了一些尚不能理解的事情。

这是一种极端情形，尽管符合传统。我们必须避免有关那些实际上过着这种日子的人（有男人，也有女人）的英雄主义。这

是一种艰难的生活，工人阶级老年妇女脸上的皱纹往往是最富有表现力的——但它们却是辛苦所致。我们不应该试图为这样一张脸增添一种魅力；它自有其风姿，无需任何人为的光彩。仔细看上去，它常常是一张具有鳞状肌理和皱纹的面庞，脸上布满污垢；双手的手指瘦骨嶙峋，覆盖着皱纹密布的皮肤，手上也深嵌着污垢：经常在冷水中洗涤衣物的岁月造成了这副样子。那张脸有两条明显的线条——从鼻翼两侧直到凹陷的嘴唇；它们显示出多年的“算计”。或者要注意到，许多工人阶级老年妇女都有一种习惯姿势，透露了她们生活背后的岁月。D. H. 劳伦斯谈到过他母亲的习惯姿势：我祖母的姿势是用手指不停地敲击椅子扶手，同时她脑子不停地琢磨某件事情；很多年来，她都要用极少的东西做到大量的事情。有些人的一只手沿着椅子扶手有节奏地滑动，仿佛要把一切抹平，使之可用；还有人双唇抽搐或不停翻动。这些姿势中没有哪种能叫作神经质的姿势，也没有哪种是严重担忧的征兆；它们有助于大脑的盘算。

今天，倘若我听见有人随意使用“悲伤”和“不幸”这样的词，它们通常听起来都有点陈旧；它们要为特殊事件保留。对我祖母来说，它们与“关心”和“艰苦”一样都是常用词，就像今天我认识的很多人说的“讨厌”和“尴尬”一样常用。当我祖母
31 说到某人“从她嘴里夺走了面包”时，她并没有夸张也不只是在比喻；她是根据一种未曾中断、仍有现实意义的传统在说话，她的言说在这种时候具有盎格鲁－撒克逊人诗歌的某种基本特质：

> 我能唱出一首关于我自己的真实的歌……在艰辛的日子

里，我常常经历苦难，我的胸中怀着沉重的悲伤。

工人阶级母亲如此坚持着。她偶尔会像男人一样“善待”自己。正如茨威格博士指出的，她最大的乐趣是以某种方式“被伺候”；有可能是女儿和父亲照管一天的家事，也可能是去一日游，中间吃顿大餐；也有可能只是被父亲带去看电影。但总的来说，她不断地劳作，直到变成祖母，然后又有需要帮助的新请求。

有些人日渐忍耐，把这一切当作一种严苛的仪式，把她们的辛苦变成了一种可怕的荣誉勋章；有些人则得过且过：对大多数人来说，不同程度上都存在着一种稳定和忘我的日常生活，一种献身于家庭、超越了骄傲的自我的日常生活。任何模糊的怜悯都无关紧要，在它背后是骄傲地认识到，所有的事情都围绕着她们展开。这可以使最没有前途、最没有吸引力的年轻女子步入中年，她处在家庭和家人当中时，引人注目地“在那里”，在所有的烦恼之下，她也有满足。丈夫或许是“一家之主”，但她不是门垫；如果她以自己的方式成为一位“好母亲”的话，那么她和他都懂得她的价值与美德。在真正的流行艺术中，唠叨的妻子仍然是主要的反面角色之一。

然而，我们不禁要问，所有这一切被传播到了多远，传到夜晚走在街道上的少女们了吗？为了填补离开学校到结婚之间的空白，她们似乎每周要到电影院去看三次“音乐剧”和“浪漫剧”，读幻想的爱情故事，连续到“皇宫”“麦加”“洛迦诺”或“公共浴室”去跳舞。她们的工作只会涉及其人格的很小一部分，她们似乎对任何事情都没有兴趣，对工会活动毫无兴趣，对家庭也不感兴趣。她们中的多数人肯定是轻浮、粗心和愚蠢的吗？

我将在后面的章节中讨论这方面的问题。这里的重点是另一个方面，即种种事情为什么并不总是像最初显示的那么糟糕。像这样的女孩只有短暂的花季，她们没有任何责任而有一些闲钱的
32 时期只有几年。考虑到各种阻力，她们中从事健康的户外活动的比例高得惊人。对大多数人来说，有如此方便和持续提供的活动就足够了，这些活动都是室内活动。这些女孩常常对自己的工作感到厌烦；很多人都懂得如何轻而易举地赚到她们口袋里的钱。她们似乎很快就被封闭在青春期白日梦的蛹中。她们选择要做的每件事似乎都是都市的和琐碎的；很难把注意力长时间集中在不属于梦想的事物上。

然而，即使对家庭很少有明显的正面反应，却极少有任何对家庭的反叛。家是“没问题的”（这个形容词是用来表示你认可、但对它毫无热情的某种东西）；你住在家里；你通常不会离开家；如果你能在夜里出去，你也不会想到家或者待在家里。但在我看来，青少年的这种快乐的生活——在很多方面都是快乐的——并不被认为是最终的“真实”生活，不被认为是生活的真相。人们享受这种生活，并不感到后悔；这种生活很少影响人们的意识，真正的生活是结婚成家。在某种意义上，它肯定是学校绝不会有的那种“生活”；在这个时期，通过闲谈和工作中的交谈，你懂得了很多生活的真谛和意义；你会过得愉快。但除了娱乐，真正的生活就是婚姻：对男女来说，工人阶级生活中的主要分界线是婚姻，而不是换工作或城市，也不是上大学或具备职业资格。对女人来说，婚姻是这种暂时自由的终结，也是“省吃俭用”常态的

开始。对大多数人来说，这种模式被认为是理所当然的；自由时期像蝴蝶飞舞，轻狂却短暂。一旦某个女孩找到了她要嫁的男人，就会使用这个含义丰富的说法，“现在我要稳定下来”。

一旦决定嫁人，她就开始利用自己的老根底。她有一些沉痛的教训要吸取，在最终安定下来之前，她一定会有一些尴尬。较粗心者会拒绝吸取教训，继续抽烟和“看电影”，任小孩们邋里邋遢地到处乱撞。多数人都学会了一种节奏，这种节奏超越了舞曲和电影中的恋人。看那个女孩，鉴于她的品味受到浮华和琐碎侵袭的程度，她应该具有一种惊人的风格感，但她却购买不少丑陋的物品，因为它们的风格能够重现起居室的风格。观察一下她照顾婴儿的方式；不是那些更明显的特征，不是对卫生和琐事的漫不经心，而是把孩子抱在臂弯里，或者在炉火边给孩子洗澡时对孩子的接纳。

她离开学校前通常都受过一些训练，在家里帮助做点清洁，33
照看弟弟们，把自己家或邻居的婴儿推到外面去。但这可能算不得什么，而在做了六七年必要的琐事之后，令人惊异的事实是，她能很好地继续做下去。那是因为琐事从未断过，而只是无意中被掩盖了。那些一直工作到孩子出生或孩子出生后还去工作的年轻妻子，如果祖母或幼儿园照顾孩子，她们通常都不会反对婚姻生活的需要，反倒会延长一个她们知道肯定是有限的时期，这时她们可能有闲钱用于小小的奢侈——相对频繁地买两先令四分之一磅的煮火腿，或者每周两三个晚上吃炸鱼薯条。这个时期过去也就过去了：大多数工人阶级的女孩并不为失去自由而发愁；她们认为自由只是暂时的。

按“受过教育”的标准，她们对待自己的孩子的方式的确不当；我所说的标准通常是指现代育儿书籍所提倡的标准。长期持续的工人阶级传统不仅放纵孩子，也放纵年轻人，一直到他们结婚。婴儿被爱和关注所笼罩，见不得他们哭泣，一直喂到他们的小肚子发痛，然后再喂一些6便士一包的可疑药物；即使在今天，很多婴儿都离不开“橡皮奶嘴”，甚至是蘸着糖浆的“橡皮奶嘴”，躺在不断摇动的奢华婴儿车里，母亲几乎不会把他单独留下，父亲下班回家也陪着他，祖父母独自留下照看，一直到很晚。后来，虽然有时可以指望女孩在家里帮点忙，男孩可以去“跑跑腿”，但考虑到母亲要做的事很多，闲钱又太少，孩子们被要求做的事实在是太少了，而业余时间挣钱经常被认为是为了他们自己的钱袋。孩子们多长时间洗一次餐具？多少次给他们买过于昂贵的礼物——最好的自行车和近乎标准尺寸的手推车？父母期望并鼓励孩子，哪怕是青春期的孩子，不要做事或给钱支持家里。工人阶级的女孩在结婚时所知道的操持家庭的大部分知识，一般都是无意中吸取的。她可能“挣了很多钱”，而且要花很多钱去养家，但她付给母亲的钱可能少于她的花销。如果说这是一种盲目的自私的话，那也是一种得到父母原谅和支持的自私；即将到来的生活长着呢，那种生活你无能为力；你必须让他们“趁能享受的时候享受”；毕竟，“你只有一次青春”。

4. 父亲

34 在我看来，工人阶级男人像其妻子一样，差不多往往可以从身体上辨认出来。他常常矮小黝黑，年过30岁脸上就布满皱纹，变成菜色。面部和颈部的骨骼结构清晰地显现出来，使人想到小猎狗。一般来说，这些身体上的标志很早就会显露，并且会保持一生。因此——委婉地说——如果我或者我的某些出身于工人阶级的工作上的熟人，戴上那种看上去与“世家子弟”相匹配的鸭舌帽和围巾，或者如果我们敞开衣领，那么，帽子和围巾的位置或颈部周围的骨骼结构，就会使我们看上去不像喜欢运动的中产阶级，而像在休息的工人。

理解工人阶级父亲在家里地位的出发点在于，他是家里的老板，是“自己家里的主人”。传统上他就是如此，他和妻子都不想改变这种传统。她在别人面前经常称他为“某先生”或“主人”。这并不意味着他是绝对的统治者，也不意味着他在所有事情上自行其是。这经常都伴随着一种细心，一种帮忙和“体贴”、做“一个好丈夫”的意愿。在懒散或麻木的人中，这有可能助长一种不容忽视的自私或近乎残忍。无论是哪种情况，人们都会把他视为主要的养家糊口者和重体力劳动者，尽管这些假设在今天并非总是正确。他是与外界联系的主要纽带，也是家里的经济来源。

在他的举止中经常有一种中产阶级的妻子觉得难以忍受的粗野。妻子会说她很担心因为某事出了差错，“主人”回家来“会发怒”；他会厉声“骂你”，在有些情况下甚至会“痛殴”你，尤其是在他下班回来的路上喝了两品脱酒时。或者中年妻子会对年轻妻子说：“他对你很好，不是吗？”这意思是说他不大可能在言语或行为上粗暴，或者是说他不会几乎每天晚上都把他妻子撇下不管，或者是说如果她在操持家务时钱不够，他不会“袖手旁观”。

这在一定程度上是人际关系和表达方面的一种农民式的粗鲁，显然未必表示妻子缺乏爱意或者无能为力。男人会吼叫也会保护你；他身上有公鸡的影子。因此，粗鲁的男孩也常受人爱慕；人们对他们摇头，既骄傲又沮丧，人们会说，“他是个真正的小伙子”。

35 因此，人们实际上并不指望丈夫帮助做家务。如果他帮着做了，妻子会很高兴；但如果他没有帮忙，她也不大可能怨恨。“说到底”，家里的大多数事情都是女人的工作：“哦，那不是男人的活儿，”女人会说，并且不想要他做太多那种事情，担心他被认为有女人气。或者，“他对家里从来都这么好。简直像个女人”，这么说是最高的褒奖；如果他真的帮了很多忙，那他是代替女人做了本应属于女人的活儿；家务不属于共同的责任。

如果他决定要帮忙洗碗或者带孩子，那么，这是一种积极的乐于助人的行为。在很多情况下，妻子不仅“从未梦想过”让他帮忙洗涮，而且也不觉得他在家时她能“洗洗涮涮”。晾晒衣物经常会犯难，特别是在雨天，这就更需要一个复杂的系统，即要把潮湿的衣物放在炉火周围的晾衣架上，当丈夫要“料理炉火”时，又要把衣物取下来放到篮子里或镀锌盆里。

很多丈夫把家里的所有钱财事务都看成是一种共同关心的问题，他们在周五晚上把工资袋交给妻子，由妻子支配。但根据我的经验，还有一个特点是工资袋是丈夫的，他每周给妻子一笔固定数目的钱以维持家用。有很多家庭的妻子不知道丈夫挣多少钱。这并不一定意味着丈夫对她不好。她会说“哦，他很理解我”，或者说“他对我很好”，意思是她没有被亏待，但这个说法本身暗示工资分配由他决定。妻子经常要负责用这笔固定的钱更换陶器、家具，等等；比较体贴的丈夫就会接受建议，许诺从下一笔加班费中拨一笔钱。经常见到的是，妻子只能在幻想中分享丈夫的加班费。有时，她觉得无法与丈夫讨论家庭经济问题，甚至涉及是否有可能送孩子去文法学校这样的问题。特别是如果要决定一个孩子在16岁之后是否还可以继续上文法学校，会有这样那样的讨论，但这通常都不是精确讨论财务方式和方法，不是讨论削减这个或减少那个。

如果他是靠领失业救济金为生，无论他是因身体不好、运气
不好或懒惰而失业，同样的假设自然也适用，夫妻双方都认为他 36
必须有自己的零花钱。这牵涉到自尊；“男人的口袋里不能没有钱”；他由此会感到不是个男人，感到“受制于”妻子，低她一等，而这种情形是违反自然的。他必须有钱买烟和啤酒，也许还会偶尔小赌；即使失业的男人，每周花费的钱很多情况下看来都会超过中产阶级专业人士。每天15支廉价香烟看来是常事，而这些花销每周要13个先令左右；对一个失业和领取失业救济金的男人来说，每周一英镑零用钱是我现在最常听说的数字。人们觉得，香烟和啤酒这类东西是生活的一部分；如果没有它们，生活就不成其为生活；极少有其他什么重要的利益会使这些乐趣变得无关紧要，值得放弃。我想，正是由于人们认为这些东西是最起码的生活必需品，所以很多家庭，甚至是丈夫工作不错、钱包里有很多钱的家庭，都维持着原有的安排，即妻子用一部分家用，在买日用品时买丈夫每周抽的烟。

我注意到，父母通常都迁就女孩，但是，尤其是她们在校读

书时，父母期望她们比兄弟们多做家务。男孩很快就会有“男人不一样”的感觉，等他长大成人时，他会感受更深。离开学校后，这种态度很快得到了强化；他很可能是第一次与父亲亲近，发现父亲也愿意和自己亲近：他们现在分享真实的劳动世界和男人的快乐。

所有这一切在很大程度上依然是真实的，而且必须放在第一位，但它也过于强烈地暗示了丈夫是自私的，把所有的麻烦都留给了妻子。基本的设定是，男人是家庭的主人。这个设定的某些说法，即使不那么过头的说法，都貌似对妇女很不公平。然而，有很多丈夫都很体贴而且乐于助人，他们把大部分空闲时间都用在了家里，做工和修补。即便如此，还是可以感觉到父亲占有一种特殊地位。有些事情，困难的和男人的事情——如砍柴——只有他能做；有些事情如果不会破坏秩序，他也会做，如自己收拾好去上班，或者偶尔给在床上的妻子倒一杯茶。

在一些较年轻的丈夫中，有迹象表明他们的基本态度发生了显著的变化。有些妻子迫切要求这种变化，发现她们的丈夫准备
37 修正他们从其父辈那里继承来的观点。毫无疑问，在这方面和在其他方面一样，教育的改善悄悄但又普遍地在那些愿意接受影响的人中促成了一种不同的态度。特别是，某些年轻专业人士与中产阶级下层的丈夫在战后学会了帮助妻子，部分替代了他们的阶级无法再负担得起的仆从，他们作为榜样可能会影响到一些夫妻。如果妻子外出工作，有些工人阶级的丈夫会帮忙洗碗，或者在下班早而又不太累时轮流照顾孩子。但是，很多妻子下班回家后像丈夫一样劳累，却“动手”做所有的家务，而得不到丈夫的帮助。

没有多少工人阶级的丈夫会帮助妻子推着婴儿车上街。这仍然被认为“很柔弱”，大多数妻子对此观点都会有同感。

如果妻子有一种自觉的愿望的话，她可能不需要一个做这些事情的丈夫，而需要一个以往意义上的丈夫，一个以往意义上的“好丈夫”，“稳重”和“能干”的丈夫，他不大可能使她突然陷入贫困，如果开始裁员他很可能被留用，他会定期把钱带回家，他还会慷慨地给出自己的奖金。

在情感上，他最大的贡献就是不柔弱也不“女人气”地欣然赞同，按照幸福的婚姻生活就是“相互迁就”的理念过日子。很多丈夫，也许大多数丈夫都是这样做的：工人阶级民众有一大堆关于婚姻的玩笑，但不反对婚姻。他们不会像某些更有自我意识的人那样受到矛盾心理的困扰，那些人一想到他们最终会达到其父母所达到的资产阶级的满足就感到震惊，而他们要花很多年才会意识到，他们喜欢结婚，甚至很喜欢婚姻的平凡职责和日常所需。工人阶级的男女仍会承认婚姻是正常和“正确的”，在 20 岁出头的时候就会这样想。一个丈夫在 21 岁时挣多少钱，他在 51 岁时可能也能挣到；他可能会娶一个正好出身于自己阶级的女孩，他们开始“拥有自己的家”，安居乐业。

5. 邻里

家是私密的，但客厅外的前门却通往街道，当你走下一级台阶，或者在一个温暖的夜晚把台阶当成座位时，你就成了邻里生活的一部分。

38 对访客来说，他们对这些大规模的无产阶级居住区感到沮丧可以理解；一条接一条整齐的街道，统一规格的劣质房屋，被小巷、墙间过道（小巷）和庭院的阴暗模样所分割；破旧，肮脏，总是迷迷蒙蒙；一间在暗灰色阴影中的书房，没有绿色，也没有蓝天；比城市的北部或西部，比“更好的另一端”要暗。砌砖和木制部分都很粗劣；隔很长时间才对木结构重新油漆——房东不像自住业主那样担忧房产的保值。最近的公园或绿地距离有点远，门口是散发出的酸味和溅满污物的砖块，半英里远处有一块空地，叫作“荒野”。令人回味的名字：那是一片6英亩的渣石荒地，周围是工厂和肮脏的酒吧，在其边缘有一个很大的红砖小便池。

房屋修建在大型工厂与服务设施之间昏暗和低矮的峡谷地带；哈蒙德夫妇[*]把它们叫作“工业棚屋”。货物运输道路从周围的路堤上经过，与很多卧室的窗户齐平，把男人们的劳动产品运往南非、尼日利亚、澳大利亚。高架桥与铁路线和低处的运河交织在一起；煤气厂建在它们中间的某个地方，酒吧和粗俗的卫理公会[**]小教堂竖立在各处的空隙之中。这个地区的绿色植物尽力蔓延——几乎到处都是——哪怕是在其成长受到妨碍的小块土地上。被煤烟熏黑的野草从鹅卵石之间钻出来；酢浆草与荨麻在荒地角落粗糙和被踩踏过的小土堆中顽强地生长，没有被“狗屎”、香烟

* 哈蒙德夫妇（the Hammonds）：指英国记者约翰·哈蒙德（John Lawrence Hammond，1872—1949）和其妻芭芭拉·哈蒙德（Barbara Hammond，1873—1961），他们共同撰写过很多社会史和政治学的著作。

** 卫理公会（Methodism）：基督教的一个教派，主张圣洁生活和改善社会，注重在普通群众中进行传教活动。

盒、炭灰所阻；繁茂的接骨木、色彩黯淡的女贞和石楠属的柳兰，在一些“背面”或在公共浴室背后被围墙隔开的空间里扎根。那个地区整天整夜的噪音和气味——工厂的汽笛声、火车的转轨声、煤气厂散发出的臭味——都会提醒你，生活就是轮班和打卡。孩子们看上去喂养不当，衣着不合适，他们似乎需要更多的阳光和绿野。

但对局内人来说，这些都是小世界，每个世界都像村庄一样相似而又界限分明。往下去，在一直通往城市的主路上，老板们的汽车 5 点钟就呼啸着驶往 10 英里外的山坡上改建过的农舍；男人们涌向他们所在的区域。他们像那里的所有居民一样，对那个区域很了解——自然地穿过一条墙间过道，或者经过那里的一个公共厕所；他们把这里当作一个个部落来认识。皮特街当然是我们的一条街；毗邻的亲王街肯定不属于我们，它在另一个教区那 39
边。在利兹的我那个街区，与我所有的同时代人一样，我在 10 岁时就了解我们周围所有街道的相关情形，也了解一个街区在哪里变成了另一个街区。我们打群架是街或街区之间的部落之争。

同样，每个人几乎认识每个人，了解隐私的细节——这家人有个儿子“出人头地了”或者移民了；那家人有个女儿误入歧途，或者远嫁他乡并且过得很好；某个靠养老金独自生活的老头在城里卖马肉的店里买马肉，抽 6 便士的混合烟草；某个老家庭主妇是个讲究的人，每周擦洗两次窗台和台阶，双膝有一些老茧，甚至还要擦洗直到肩高的砌砖；某个年轻女子几年前在马戏团年度巡演后生了一个黑孩子；某个女人的白痴孩子据说能跑腿了；某个老妇人出于“某种考虑”总是乐意照顾残疾人；某个男人是一

个技术特别熟练的工人，一段时间来干得很好，所以每个夏天都带着家人到黑泽*度过挥霍的一周，并且先于其他人买了一台电视机；他们每周都要预订帝国剧院的座位，他家儿子比他的所有同伴得到的冰淇淋都要多，在圣诞节和生日时通常还有更多昂贵的礼物。

这是一种极具地方特色的生活，一切都非常近。我说过，房子临街而建；与郊区或新居住区相比，街道本身很窄；两排房屋之间只隔着鹅卵石小路，商店也不太远。你定期需要的东西可以顺路走两三百码到主电车道上的商店去，或者进城去：日常服务设施就在路对面或者在街角附近，实际上，每条街道都有自己的街角小店，通常是普通杂货店或烟报店。烟报店的橱窗有一堆零碎的东西；如果晚上一直亮着灯，孩子们就会把它变成聚会场所；侧面墙上贴满每周 6 便士的整版广告，成了那个地区的交易市场，其中充斥着“品相甚佳”、“廉价甩卖”、“几乎全新”的物品：“蓝色球鞋，几乎全新，10 先令”，“男孩花呢外套（适合 14 岁），12 先令 6 便士；3 英尺沙发椅（价值 12 英镑），4 英镑——适合 7 岁之后”。

街角小店是家庭主妇的俱乐部，因为它是那个地区商品品种最多的小店，如果不与邻里搞好关系，杂货商很难生意兴隆。新来者可能会在柜台后面的架子上钉一张告示，是当地承印零星印
40 刷品的商人制作的，“请不要赊账，因为拒绝很可能是冒犯”，但无论这种告示是否还在墙上，大多数杂货商都必须很快开始“赊

---

* 黑泽（Blackpool）：英格兰西北部的一个城市。

销”。很多家庭主妇都记得在经济萧条期间，她们的杂货商多么的慷慨：他知道她们没有足够的钱付清每周的账单，他可能要等待几个月；但如果他不为她们服务的话，就不会有任何客户，所以他一直坚持下去并渡过难关，或者一段时间之后关门大吉。如今，他继续提供几乎每周 7 天的服务，而周日上午是最繁忙的；如果发现他关门了，可以绕到他家门口去。

他可能诚实，也可能会玩弄点小伎俩，但他与顾客的关系不同于中产阶级地区的那些店主。在中产阶级地区，店主的地位往往比顾客低，至少在举止上要如此；他挣的钱可能比很多顾客挣的都多，但他会充当她们的仆人，称她们为“夫人”。在这里，店主属于他自己的阶级，虽然他的收入有时可能会高于邻里的平均水平。在这种情况下，由于他具备邻里的品味和习惯，他就成了一个幸运的人，属于“境况较好的人”之一；他住在同样的房子里，送自己的孩子上同样的学校，穿同样的衣服，但却有钱存下来或者用于额外的娱乐。

工人阶级男子除非弄到市营住宅，否则就很有可能一辈子住在自己所在的区域，甚至会住在结婚前一晚“拿到钥匙”的房子里。如果他是个普通劳工，几乎就没有必要搬家，如果是熟练工，也许就更没必要了，因为他的技能很可能属于附近几家工厂或乘电车只有一站远的某个有空缺职位的行业。他不太可能是这个地区唯一从事该工作的人。他更有可能改变工作地点，而不是改变居住地：他属于一个地区，而不是一家工厂。他也许有一个教书的堂兄，娶了一个诺丁汉的女孩并在那里定居；他也许有一个兄弟，战时在苏格兰遇到一个女孩，把她带到了这里。但是，一家人大多住在附近，而且“一直”住在附近：每逢圣诞节他们都会去祖母家里喝茶。

他也很少旅行，尽管过去50年间交通发生了巨大变化。有游览车观光、足球观光，或许还有一年一度的假期，偶尔也有火车旅行，去四五十英里外参加某个家族旁系成员的葬礼或婚礼。在结婚之前，他很可能去过欧洲大陆，或者骑自行车去过英格兰一些较远的地方；他有可能在战时当兵或服兵役期间去过很多地方。但在婚后，如果我们撇开刚才提及的情况，那么他旅行的速度和
41 范围与30年前没有太大不同。对他来说，汽车没有缩短距离；火车丝毫不比75年前更快。诚然，如果他不得不旅行，他通常都会乘公共汽车，但问题在于，他通常很少需要去一两英里之外。他仍然会推着手推车或旧婴儿车穿过半个城，运送一张从熟人的熟人那里廉价得来的旧餐桌，这恰好说明了工人阶级男子的日常生活的地方性。搬运要花费大半个晚上，但这似乎是正常的过程。这会使人想到德伯家的苔丝从一个山谷搬到另一个山谷，对她来说，似乎是从一个国家搬到另一个国家。反差没有如此强烈，但在这种情况下的工人更接近于苔丝，而不是市法务官，市法务官会跑到7英里之外打高尔夫球。对很多工人阶级民众来说，乘公共汽车穿过半个城市去见亲戚，仍然是一件值得认真考虑和很折腾人的事情。

公共交通给他们的体验往往是闹哄哄的。如果一个人乘车去上班，他可能会乘拥挤的工人列车去；或者他会乘同样拥挤的电车去看足球比赛。如果妻子去城里购物，她通常会在其他很多邻居都有空的时候去——也就是周六下午；如果一家人去海边，他

们会乘坐挤满人的“观光车”，或者乘“银行假日”* 列车。工人阶级男子只有在他们因病不上班，而其他人照样要工作时，才有可能享受到安静的交通工具。

生活都集中在熟悉的一条条街里，集中在他们复杂而活跃的群体生活中。例如，想一想家庭与家庭之间要处理的大量财务安排，保险托收员、服装俱乐部、“酒馆”、圣诞节俱乐部、“圣诞雪球”、各种各样的“抽奖”。每周给一个认识多年的人 6 便士，他骑着自行车来，穿着旧雨衣，还不忘问问风湿病怎样了；每周给隔壁第二家那个女人 1 先令，因为她从彩色商品目录中挑选了一盏镀铬灯，或者因为她拿“支票”给某人买一套衣服。支票计划可能由城里或 50 英里外的一家事务所管理；这些人知道，管理者是杰克逊夫人，一个多年的邻居，她在经营事务所，并且“把它说得很好”。

有男人们的共济会式的组织，如“皇家上古秩序兄弟会”和“独立共济会”，其会费和支付有一套复杂的系统。有很多惠斯特
牌戏比赛，由不同的组织来安排；它们似乎特别吸引 35 岁以上的 42
家庭主妇，她们的孩子都已能独立生活，或者丈夫已经过世，留下了孤零零的她们。她们都愉快地出席，间歇交谈，享受着有机会获奖带来的微微兴奋。通常都有某个目光敏锐的女人，她竭尽全力想获奖，设定了一种令人不自在的速度，如果她的同伴愚蠢到不跟牌的话，她就很可能会“责备”她们。当她们回家时，你肯定总会听见有人说，“你看见那个穿深蓝色衣服的女人了吗？她不是很厉害吗？哎呀，我是来找伴的，喜欢玩……我受不了这些

* 银行假日（Bank Holiday）：在英国，银行假日指法定的假日，涉及各行各业。

厉害女人。”有由单个街道安排的“加冕礼”聚会和“胜利日”聚会。一个村子也可能有加冕礼节，大体上仍然作为一个整体活动来安排；在城市里，自治市议会要在公园组织活动，而工人阶级也会参加。但他们从来不觉得这真的是属于他们的表演；这也许是某个组织的民众项目，而不是一种真正的公共行为：因为在这些城市里，人们必须根据街道来考虑问题。

我们可以透过孩子匆匆一瞥的双眼更加贴近地看一看。比方说，他是个 11 岁的男孩，到烟报店去买周六的杂志，买《魔法师》或《热刺》。在那里，他经过一家商店，店家从不抱怨顾客买价值几便士的糖果，在那里，某个小伙的父亲在周末前最后一次换班后只穿着衬衣在门口抽烟；在那里，有个破木栅栏可以逗出来大蜘蛛；在那里，杂货店的铃铛在有人买完一小罐醋出来时会叮当作响。

他会认识各种各样的光线：在阳光明媚的下午一直照射到底楼窗户上的阳光，11 月份投射到石板和烟囱上的雾灰色，3 月份多雾的夜晚，一帮帮人聚集在晃来晃去和有划痕的煤气灯的浅黄色光线里。还有气味：周六夜里男人们的啤酒味和“忍冬草牌”香烟味，他的那些成年姐姐们的廉价脂粉和乳液味，炸鱼和薯条味，圣灵降临节新衣服的新鲜浆洗味，无处不在的狗、猫和人尿味。最吸引人的是一个充满噪音、光线和气味的场景——在阳光明媚的周日上午 11 点到 12 点钟之间，所有的门都打开了，大多数台阶都站满了人；几乎家家都散发出烤牛肉的香味，收音机与家庭的噪声相互混杂，你可以听见一家人的谈话声、笑声或争吵声。但此刻很少有争吵；几乎所有人都感到悠闲，娱乐和美食就要到来了。

如果是几年前，他还会认识“手风琴”（手摇风琴或街头钢 43
琴）；它们是由一些衣衫褴褛的老头儿从城里一个仓库按日租来的，在无线电台的“轻松节目”和“卢森堡电台”* 开播之前，它们为工人阶级的家庭主妇提供了早间音乐。它们演奏起来有一种反复无常和明显不确定的风格，音乐在旋律有规则的摇摆中流泻；每种曲调都被转化为一种喜庆的汩汩声和笛声，被转化为放荡调情和咯咯声的流动，每个乐章结束时有一种特殊的轻佻回旋。如今听到《巴伦西亚》或者《我把心留在了阿瓦隆》，无论怎样演奏，我仿佛都听到街头钢琴演奏出来的琴声一样。街头钢琴已成过去，但手动的小手推车或旋转木马依然回转，由巨大的铃声招揽生意；而那些收破烂的人还在大叫用金鱼换旧衣服和果酱瓶。

男孩有着更为奇特的口腹之乐，没有那么多普通太妃糖和硬糖，甚至也没有甘草果子露、花生和茴香丸子，每代男孩都会秘密传授的东西——从药房买 1 便士的甘草棒或一些肉桂根，2 便士的碎蝗虫，一份“带面糊的”炸薯条，最好用盐和醋浸泡一下，用一张报纸包着吃完，最后舔一舔那张报纸。夜晚漫步在人行道上，这样吃，真是美味。

还有邻里的动物生活：成群的家养宠物，最有趣的是杂种狗，虽然猫的数量比狗多。椋鸟占据着城里的公共建筑，但麻雀在这里到处都是，偶尔还有鸽子突然落在鹅卵石上；在公共垃圾箱里

* 卢森堡电台（Radio Luxembourg）：开办于 1933 年的一家商业广播电台。

可以发现老鼠，瓢虫也有办法出现在后花园的淤泥堆里；在院子尽头也许有一个橘子箱养了几只兔子，或者有精心排列的板条箱，用来给相思鹦鹉栖息。

偶尔有一些特别令人兴奋的事情——街上的出殡或婚礼，冒着火的烟囱，送煤工的马摔倒在结冰的鹅卵石路上，厨房烤炉里未遂的漏气，一家人在吵架，两边隔了 6 个门都能听见。对一个男孩来说，这其中最吸引人的就是街头游戏，用灯柱代替村子草地上的树木。大约在 5 岁到 13 岁之间，与你一起玩耍的是同性别的伙伴。随着岁月的流逝，游戏有所变化（如“打板栗游戏”），或者完全由男孩们凭直觉跟着节奏而改变。有一段时间，每个人都玩“弹石游戏”，按照年龄和杀伤力来排列其弹石的威望等级；弹
44 石突然被淘汰了，每个人都想要一支 3 便士的玩具枪。偶尔有新的娱乐活动流行起来，如 30 年代的溜溜球，但通常都只是暂时的。除了球或棍，游戏一般都不要求任何设备；它们会利用容易获得的材料，利用灯柱、石板和房屋两端的平地。铁环和羽毛球几乎完全消失了，而抽陀螺现在也不那么流行；但“打圆场球”、*“捉人游戏”、越过信号旗的跳房子游戏，以及绕着灯柱跑或出入于壁橱区的许多游戏，如“牛仔和印第安人”，仍然很流行。女孩依然喜欢跳绳，化妆打扮游戏几乎是她们特有的——穿着成年人丢弃的服装，佩戴旧饰带，在街上走来走去，像“一场婚礼”。有时几个男孩开始在后院里劳动，用几块木板和旧婴儿车上拆下来的轮

* 打圆场球（piseball）：一种类似于圆场棒球的游戏，起源于 18 世纪，流行于英国北方。

子做成一个“转向车”：然后，他们顺着人行道或附近的柏油路快速行进，在接近电车轨道时采用木制手刹制动。

各种押韵的歌谣流传下来，用来为游戏伴唱——“伊尼－米尼－迈尼－莫”，“1-2-3- 闹起来”，“补锅匠－裁缝－士兵－水手”，“我喜欢咖啡，我喜欢茶。我喜欢坐在黑人的膝盖上”。除此之外，有些歌曲只能在某些场合下唱——投票歌，“投票，投票，为先生投票……”；临时“篝火之夜”的集合歌；在家门口唱了几首圣诞颂歌后以降调吟唱：

圣诞节要到了；鹅要长胖了，
请放一便士在老人帽子里。
如果没有一便士呀半便士也行，
如果没有半便士呀——上帝保佑你。

或者是

我们祝你圣诞快乐；我们祝你圣诞快乐；
我们祝你圣诞快乐，还要祝你新年快乐。

至于“郊游”，那些花一些铜钱或者离开熟悉地方的娱乐活动，其顺序几乎完全是由季节确定的。有些郊游会带着果酱瓶到约 1 英里远的一条肮脏小溪去钓棘鱼和红喉潜鸟；采黑莓也带着果酱瓶，甚至离家更远，要经过有鲸骨拱顶的教堂；到附近的大黄和芜菁地里去采摘，或者搜寻小鸟巢。那些能从自己母亲那里

弄到几个铜钱的人就去公共浴室；或者偶尔乘有轨电车去城里有点偏僻的地方，据说那里的儿童游乐场很不错，然后在那里待上
45 一整天，吃几个三明治，喝一瓶汽水。在秋天，所有的日子都可以在看着大摆“筵席”中度过，并设想筵席有可能延续下去。

因此，日复一日，周接一周，常常感到沉闷和灰暗，但也有种种刺激可以缓解。有一种节奏，却是砖块世界的节奏，各个季节的节奏或大型宗教节日的节奏都只是次要的。在每个周末，或许是周五晚上跟随母亲沿着购物街购物，街头熙熙攘攘，热闹非凡，人们尽情挥霍，有轨电车咣当咣当地迅速驶过。接下来是整个周末，有周六的电影，小教堂的音乐会，加上主日学校教室里的一顿热腾腾的晚餐；周日的早餐有熏肉和煎蛋，有重要的周日下午茶。然后，在整个一年里，有吃薄饼的忏悔节，选举日（这一天像假日一样），耶稣受难日的十字面包，秋天的“盛宴”，恶灵节之夜，以及为篝火之夜进行的数周乞讨和募捐活动。那是一种真正的城市篝火，很少用木材，近年来人们几乎没见过来自树木的木材，篝火用的是旧床垫和椅子——如今变成了在有些人的俱乐部轮流举行——还有被分期付款购买的现代沙发所取代的马鬃沙发。火焰熄灭时，可以在篝火边烘烤土豆。

因为对所有年纪的人来说，这样一种生活可能具有一种特别吸引人的整体性，所以，在 25 岁之后，一个工人阶级的人可能很难搬到另一个区，甚至很难搬到另一个同类的区。我们都听说过工人阶级民众在新廉租房安置方面的困难。大多数人都本能地反对有意识计划的群体活动；他们习惯了一种群体生活，但这种生活开始于家庭，为了回应密集拥挤的邻里的共同需要和娱乐活动

而向外发展。在这些砖块和水泥的荒地中，他们最初感到过于暴露和寒冷，患上了场所恐惧症；他们没有感到“那是家常的”或者“邻里的”，而是感到“一切都太远”，远离自己的亲戚和商店；他们不太重视园艺，除非他们已经习惯于管理小块园地，但并非总是如此；他们渴望建造鸡舍，也养狗养猫。

在那些挤满公共图书馆各分馆阅览室的老人身上，我们可以看到这种家庭和邻里之情最可悲的一面。他们常常是独居的人，他们的家人都已长大并离开了他们，他们的妻子已经去世或者卧床不起，他们也不再工作了。如果幸运的话，他们可能仍然住在 46

自己的旧房子里，或者寄居在儿子或女儿家里；有些人靠养老金在公共公寓或者老区公寓楼里的一个房间勉强度日。即使是那些住在自己区域的人也非常迷茫，尤其是在工作日，因为街道上只有婴儿和一些忙碌的、似乎还和善的家庭主妇。较古怪的人和一些精神不健全的人常常一道出现在火车站。很多人每天都到阅览室去，那里很暖和，也有座位。这一切使人悲伤地回想起那些隐蔽的河口，河流中的小垃圾最终冲到那里，堆积成一层漂荡着的浮渣——老树枝、碎纸屑、枯叶、火柴盒。但是，阅览室本身有一种干净的和救济院的气息（我想到的是那些老阅览室，许多还保持着那个味道）：报纸凄凉地环绕着墙壁，被紧紧夹住，报纸体育版被仔细粘住了，为的是拦阻赌马的人；各种杂志放在黑色橡木书桌上，书桌对面暗绿色的灯投射出一道窄窄的亮光，以致整个房间在肘部以上的高处到傍晚时都处在持久的阴暗中。

阴影有助于软化很多布告的要求，布告是白底黑字，所有禁令和大多数强制性的要求与墙上的报纸交织在一起。我知道的主

要有 8 条禁令，文字长度各不相同，从字母 9 英寸高、4 英寸宽的“肃静”，到“任何人都不许把读物带进本室阅读，读者只限阅读本室陈列的出版物”。布告的语气从简略的断语，到啰唆的禁止。过一会儿，气氛就变得如此压抑，以致你开始想到，“不许大声交谈”是公事公办的一种温馨，是一种合理的考虑，因为有那么多常客在自言自语。

格格不入的人和被遗弃的人的特殊庇护所，也是面容空洞、眼神迷离、寒酸和忧伤的人的特殊庇护所。一个专注于自己偏执狂仪式的怪人，坐在一个清瘦的未婚兄弟和一个年迈鳏夫之间，这位兄弟有战争津贴，由一个已婚的姐姐照料，鳏夫住在廉租房或者一间一直闻得到陈年老茶和煎锅味道的房子里。他们从街上走进来，走到水龙头下用冷水冲洗了一下，把围巾缠绕在没有衣领的脖子上，然后径直走了；他们走了一小圈后又进来，注视着其他在做事的、属于某个地方的人。如果撒满纸张的广场上的椅子过于寒冷，过一会儿他们就会进来，走到他们一直期待着的温
47 暖处去。有人偏重于某个栏目的新闻，持续不断地虔诚阅读；有人——鬼鬼祟祟，担心被发现，或者有一种泰然自若和厚颜无耻的技巧——谋划着如何赢得足球彩票，或者囫囵吞下一块难吃的三明治；有人漫无目的地翻着书，或者茫然地盯着一页书看上十几分钟；有人只是坐着，什么都不看，挖着鼻孔。他们生存于生活的边缘地带，彼此每天见面，却毫无联系。他们受困于一点点衣物、一些基本需求和持续短缺，与他们曾经有过的唯一的那种生活脱节，那种生活是他们在无意识上接受的；他们没有任何自觉的社会交往的技巧。

通常会有人进入这块没有所有权的胜地，它似乎成了一个保守党俱乐部，而他就是城里的资深议员。他穿着破旧，却轻松快活，顺着过道走向他最喜欢的椅子，一边点头微笑，尽管无人回应，他却丝毫不感到不安。他接受了他的境遇，自认为是个幸福的人。大多数人心里都憧憬着这样的生活：温暖的炉火、丰盛合口的饭菜、听你说话的妻子、买香烟和啤酒的钱、一点小小的"地位"。难怪阅览室的到访者会激起尊重；他们中的一些人在一定程度上已经放弃了自尊，以致既无法讨厌他，也无法轻视他。

第三章 “他们”和“我们”

1.“他们”：“自尊”

48 想必，大多数群体的力量都来自排他性，来自意识到外人不属于“我们”。排他性在工人阶级民众中是怎样表现出来的呢？我已强调过家庭和邻里的力量，认为这种力量部分产生于一种感受，即感到外部世界是陌生的，常常不会伸出援手，那个世界把大部分筹码都堆放在自己一边，很难满足它的要求。借用工人阶级常用的一个词，那边界可以叫作“他们”的世界。“他们”是一个复合性的人物，是乡村农民大家庭关系的现代都市形式的主角。“他们”的世界是老板们的世界，无论那些老板是单个人，还是如今越来越多的政府官员。在不同场合下，“他们”可能是来自其他阶级的任何人，而不是工人当作个体的那些阶级中的少数人。如果一个全科医生靠自己对病人的关爱而获得成功，他作为全科医生就不是“他们”中的一员；但他和他妻子作为社会存在却属于“他们”。一个牧师可能是“他们”的一员，也可能不是，这取决于他的行为。“他们”包括工人阶级遇到的警察、公务员或地方当局的雇员——教师、督学、“法人”、地方法官。从前的经济状况调查官、“监护官”和职业介绍所的官员，都是当地的显赫人物。尤其是对非常贫穷的人来说，这些官员构成了一个影子般但数量众多和有权势的群体，几乎在每个问题上都会影响到穷人的生活：世界被划分成“他们”和“我们”。

“他们”是“处在顶端的人”，是“上层人士”，那些人给你发放失业救济金，召唤你，让你上战场，罚你的款，在 30 年代让你分家以免经济状况调查津贴减少，他们“最终会抓住你”，“不能真的相信”，“谈吐上流”，“其实都是骗子”，“绝不告诉你任何事”（例如，关于一个住院的亲戚），“把你关进牢房”，“只要可能就把你击倒”，“传唤你”，“全都沆瀣一气”，“把你当垃圾一样对待”。

英国官方采取过大量暴力行动，尤其是在 19 世纪上半叶里。 49
但总的来说，特别是在 20 世纪，工人阶级民众对“他们”的感知却与暴力或残酷无关。这不是某些欧洲无产阶级的“他们”，不是秘密警察、公开暴行和突然失踪。然而，由于某种原因，在工人阶级民众中有一种感觉，即自己常常处于一种劣势，法律在一些情况下多半是用来对付自己而不是别人，各种清规戒律更偏重针对自己，而不是针对其他群体。人们常说，他们在街头赌博是一件有风险的事情；如果他们在“佣金代理商”那里开一个账户却没有危险。如果他们在庆祝时喝醉了，往往是在公共酒吧里，被拘捕的危险比在家里喝酒的人更大。他们与警察的关系在很大程度上不同于中产阶级。他们的关系通常都很好，但无论好坏，他们大多认为警察主要是监视自己的人，警察代表着监视他们的官方，不是以帮助和保护他们为职责的公职人员。他们与警察关系密切，知道有时可能存在一些横行霸道和微小腐败的现象。他们

说了很多年，并且还在说：“啊，警察总是很在意自己。他们一直都抱成一团，地方法官老是相信他们。”

一般来说，对待“他们”就像对警察一样，主要态度与其说是畏惧，不如说是不信任；伴随着这种不信任的是，对“他们”会为人们做什么事不抱幻想，遇到问题时，“他们”用来安排人们生活的方式太复杂——那种复杂方式显然没有必要。工人阶级民众多年来一直在职业介绍所、健康保险诊所和医院排队等待。如果事情出了差错，无论是否有理，他们都会责怪专家，作为报复——“要是那个医生懂得该怎么做，那个孩子就不会流产了。”他们怀疑，公共服务并不是那么便捷有效地为他们提供的，反倒是为那些能够打电话或邮寄正式信函的人提供的。

因此，他们经常接触的都是小官员，是那些穿制服和领养老金的低级官员。此外，这些人与警察一样，对其他阶级来说可能是仆人，但对工人阶级来说就像“他们”的代理人，是不可信任的，哪怕他们可能和蔼可亲。如果他们情绪不好，他们就会对工人阶级民众显示出小官员的所有傲慢态度，显示出卑微的穿制服
50 者的粗暴无礼；他们可能成为“老板的人”。所以，当要求工人阶级民众当领班或士官时，他们一般都犹豫不决。无论动机如何，他们马上就会被认为是站在“他们”一边的。有些小官员的态度具有双重性。他们对待工人阶级往往很尖刻，因为觉得与工人阶级隔开更安全；他们内心里明白再怎么做都难以隔开，不愿退让。他们对中产阶级的顺从可能掩藏着一种敌意；他们想成为其中的一员，却意识到了那是不可能的。

由于所有这些都很容易使工人阶级妇女感到不快，所以

她们通常都比男人对小官员更加恭敬。男人更有可能反抗，他们的“反抗”往往表现得非常粗野。如果受到逼迫，他们很容易认为，要阻止“该死的喋喋不休”只有靠狠狠“揍他”。

或许，没有哪个地方能像典型的英格兰北部地方法院那样很好地说明“他们”和“我们”的划分。它常常有一种酸腐、经过擦洗的、乡土清教主义和禁欲的气息，刚进门就会闻到石炭酸的臭味，经过依然有男女标识的厕所，走到被高大狭窄的窗户光线照亮的油松木做成的大长椅旁。警察在高级官员的注视下感到紧张不安，但在法庭中的工人阶级民众看来，警察看上去就像雇工，气势汹汹——更气势汹汹的是，此刻在他们自己的地盘上，他们还取下了头盔——他们成了法官象征着的无名官方的帮手。法庭的书记官也许是那种喜欢“把人要得团团转”的人；法官席上的人似乎是从注重中产阶级安全和地方重要性的遥远世界向下俯视。聆听一系列案件时，我常常发现自己很佩服法官的成功，他能看穿工人阶级证人的不是和谁推诿，从真正人性化的角度看待案子。他们不得不默认法庭的大多数判决，因为除了庞大的官方机器外，与案件有关的工人阶级民众几乎什么都不懂，那架机器以某种方式控制了他们，他们却无法理解那架机器。

就对待“他们”的这些主要态度而言，也许还要加上一两种次要的，但一再表现出来的态度。首先是“奥利克”* 精神，即“你看，我又不是绅士”的态度；占着马槽的迟钝的狗** 拒绝接受高于

* 奥利克（Orlick）：英国作家狄更斯的小说《远大前程》中的人物，其主要性格特点是凶残无情，以伤害弱小者为乐，是邪恶的化身，最终要遭受牢狱之灾。

** 狗占马槽（dog-in-the-manger）：英语成语，意指占着茅坑不拉屎。

自己反应水平的一切东西，这种态度抛弃了体面地利用官方的努力，把官方和其他东西一样贬低。或者说，这是工人阶级某些形
51 式的恭敬特有的卑鄙伎俩，明显的“摆弄”另一个阶级的人，随时准备说“先生”，但他们却认为——在实践中非常明显——这完全是一种蔑视游戏，可以依靠中产阶级讨厌把事情闹大的特点蒙混过关。或者说，这种态度在自尊心降低时就开始增长，结果就是一系列的“他们应该”。就像原始时期的国王一样，“他们应该”在需要时带来雨水，如果雨水来得不合时宜，他们就要受到责怪；毕竟，“那就是‘他们’的职责所在”。“他们”应该在你遇到麻烦时关心你，应该“为此做点什么”，应该“提防再发生那种事”，应该“把他们全逮起来”。与之形成鲜明对比的是一种更普遍的态度，那种态度工人阶级民众不到万不得已不会利用“他们”：如果事情出了问题，人们会觉得，那就忍忍吧：不要落入官方之手，如果必须找人帮忙，就只“相信自己人”。

在我看来，对“他们与我们”的态度在35岁以上的人当中最为强烈，他们对20世纪30年代的失业，以及那些日子里关于“他们”的一切仍记忆犹新。年轻人即使在工会中不活跃，现在都生活在一种不同于其父辈成长时的氛围里：至少，这种氛围具有一种不同的情感温度。从根本上说，这种区隔依然存在，其尖锐程度几乎没有变化。年轻人对老板们的世界可能没有那么大的敌意、蔑视或恐惧；他们也不大可能恭顺。然而，这并非因为他们比自己的父母更能应对那个世界，并非他们以自己父母所没有的一种方式来对待外部的大世界：他们经常表现出完全不理睬那个世界，在心里“排除”了其重要性；他们已然进入了自己的世界，如今

得到了大量有娱乐性、讨人喜欢的物质生活的支持，超过了他们父母所懂得的东西。当他们必须突然面对另一个世界时，如婚后的很多情况，他们经常会一直尽力忽视它，或者采取类似于其父母的那些态度。在幼儿诊所问一问，现在有多少工人阶级母亲能够被说服充分利用这些服务。我知道有些人不愿“靠近”诊所，甚至连他们的橘子汁也不愿喝；他们不信任官方提供的任何东西，宁可去药房，哪怕价格更昂贵。

在所有这些背后隐含着一个我们今天强烈意识到的问题——即每个人都被指望有一种双重眼光，一重眼光关注自己作为个人的职责，另一重眼光关注民主政治中作为公民的职责。我们大多 52
数人，或多或少还有知识分子，都发现难以把这些世界相互联系起来。由于工人阶级民众非常牢固地扎根于家常、个人和地方之中，由于他们很少接受更加全面思考的训练，就不大可能把两个世界汇聚到一起。如果他们认识到这一点，便会局促不安；第二个世界的复杂性不能随意渲染，它过于庞大，大大“超出”了他们的眼界。他们要尽很大努力把它纳入自己的理解范围，通常是用简单化的方法：除此之外，他们像其祖父母说过的那样接着说：“我不知道世界会变成什么样子。”

在与官方打交道时，工人阶级民众的一种传统宣泄方式比这种态度更加积极。我是指他们的揭短技巧，他们通过泼冷水和取笑来指责官方。警察有时会成为一种麻烦；他们可能会发出一些毫无意义的吵闹声。我的印象是，这种反应不如过去那么强烈。毫无疑问，这种变化的部分原因是工人阶级民众的社会地位得到了很大提高。这也可能是前面提到的“排除”的一种表达方式，表达的是一种“我们一直都过得很好”的感觉；我们对“他们”一无所求，对他们也没有感到特别怨恨。这种态度可能受到今天提供的大量娱乐活动的鼓动。那些娱乐活动属于这样一种类型，即它们使其消费者不大可能把讽刺性的强烈抗议包含在揭短的技巧中。

在服兵役时，旧的态度在某种程度上一直存在着，“他们”和“我们”之间的界限在那里仍然很明显、很正式。在那里听到的大多数揭短的歌曲至少有40年之久。我还记得一些歌词，例如，“离开，离开。当我离开时，就有了好工作”，“当这场血腥的战争结束时”，以及“我不想当兵”。

在对外部世界压力的反应中，不止有一种活力，还有一种显而易见的尊严，它采取了坚持“保持自尊”的形式。一想到“自尊”和“自立”的观念，它们就开始衍生出另一些相关的观念：首先出现的是“体面”的观念，它本身以某种静默的形式四处扩展，从技术工人的骄傲，到一些人的正直，他们除了决心不让自己被环境拖垮之外，实际上一无所有。处于核心的是一种决心，即要坚持人们可以正当地引以为傲的东西；在道路上布满如此多
53 绊脚石的世界里，至少要坚持“自尊”。“至少，我要让自己有自尊”；有能够说这种话的权利，虽然只能谦卑地说，却能弥补很多东西。它不断在很多方面起作用，如讨厌“接受教区救济”，为保住病假工资而担忧，为避免葬于教区墓地而支付大笔保险金，节俭和崇尚洁净。我认为，在某些以工人阶级为题材的作家中有一种倾向，认为所有那些以节俭和洁净为目标的人是中产阶级下层的模仿者，在某种程度上是自己阶级的叛逆者，渴望摆脱自己的

阶级。相反，人们会认为，那些没有做出这种努力的人往往比那些做了努力的人更诚实、奴性更少。然而，洁净、节俭和自尊大多产生于一种关切，即不放弃，不屈从于环境，而不是产生于往上爬的焦虑；在那些完全无视这些标准的人当中，无所顾忌、慷慨大方和无忧无虑的人，在数量上少于懒散邋遢和得过且过的人，后一类人的家庭和习惯反映出他们缺乏内心的控制力。甚至连渴望孩子“上进”和尊重“读书识字”的价值，最主要的也不是产生于想进入另一个阶级的势利愿望。它更多地与这一想法相关，即减少穷人必须面对的众多困扰，仅仅因为他们很穷：

> 我见过精疲力竭的他，精疲力竭的他：你要把心思放在读书上。我见过他从劳役中解放出来：看哪，没有任何东西能胜过书本。

“差距多么小，机会多么少”，为的是使木筏漂浮起来，能够“直面人们”。因此，重要的是具有那种产生于尊重自己的独立感，因为那是任何人都无法从身体上夺走的东西。人们会说，“我辛勤劳作了一辈子”，“我不欠人任何东西”。除了几件家具外，他们一无所有，但他们从未指望拥有更多东西。因此，有各种各样明显残存下来的稀奇古怪的事情，尤其是在那些现在超过 50 岁的人当中。我熟悉几个家庭，他们选择使用投币系统来保持供电。他们用这种方式付费更多，却经常发现自己家处于黑暗中，因为没有人有先令；现在他们有足够的收入，可以轻松按季度付账。但是，他们无法接受让一笔债务超过一周以上的想法。（服装俱乐部“抽奖”和杂货店的账单经常都以另一种类型出现——它们看起来不像是欠“他们”的债务。）

54 这里也存在着“紧紧抓住”的根源，即人们无论到了何种困境，当他们有了自己的品味和自由去做出各种姿态时，都会坚守曾经谈到过的那“一点点东西”。无疑，这些东西现在被安排得更好，但在我小时候，我们那个地区曾经被监护人理事会一位采访者的笨拙行为震惊了，他向一位老妪建议说，由于要靠施舍度日，她应该卖掉一个从未使用过、但总在展示的精美茶壶。人们到处说，“想想看”，对此不必做进一步分析。每个人都明白，那个人的过错在于麻木地冒犯了他人的尊严……“哦，不需要理由；……/……不让天性超出天然需要，/ 人的生命廉价得如同草芥。”

我们可以理解工人阶级民众何以常常显得不愿“面对”社会工作者，似乎要推诿，准备提供的答案都是事先设想好的，为的是拖延而不是澄清问题。在“我要保持自我”这种说法背后，可能有一种受伤的自尊。人们很难相信，来自另一个阶级的访客，在任何时候都能通过想象了解一个人艰难生活的所有细节——有一种不想“自我暴露”的焦虑，保护自己免受恩惠。

“掌握一门手艺”仍然很重要，这不仅仅因为直到现今熟练技工几乎总能挣到更多的钱。有技术的工人可以比没有技术的工人更坚定地说，他“跟下一个家伙一样好”。他摆脱了首先受到大规模裁员冲击的那些人的愤怒；他还残留着一些出师于熟练工的骄傲。他也许从未认真想过搬家，但其思想深处却有这一想法，即他可以自由地带着工具离去。那些渴望自己的孩子“做得对”的父亲，仍然试图让孩子去当学徒。

2.“我们”——最好的和最糟的

在关于工人阶级态度的所有讨论中，人们就群体感说得最多的，与其说是作为具有“创造之道”的个人的感受，倒不如说是作为群体中的一员的感受，其成员的水平大致相同，很可能一直都如此。我暂时避免使用“共同体”这个词语，因为它的言外之意似乎过于简单地具有褒义；那些言外之意可能导致低估工人阶级群体较严格的紧张状态和约束力。

工人阶级民众确实具有强烈的群体成员意识，同样确实的是，这种意识包含一种设想，即它对友好、合作、邻里关系来说很重要。“我们都在同一条船上”，“相互争斗毫无用处”；“团结就是力量”。人们的思绪可以回溯到上个世纪的各种运动，回溯到数百个 55
“友好的”社团，回溯到各个工会的格言：工程师联合会的格言是“团结和勤劳”，全国煤气工人联合会临时委员会和劳工总会在19世纪晚期选择的格言是“爱、团结和忠诚”。后一句格言中的“爱”使人想到团结的这种意义从基督教背景中获得的那种力量。

在我看来，友好群体的传统所具有的力量，最初来自一直存在着的证据，即我们生活在紧密、群聚、亲密的条件下，实际上全都处在相同的地位。例如，你必定会与同一个院子里共用一间厕所的人们亲密相处。“亲爱的”这个词语一直是最常见的打招呼的形式，不仅是自己阶级的人们，电车和公共汽车售票员、商店店主，都会自发地使用它，它还表明了其他一些意思。要“友善地”或“得体地”称呼某人，就要给予高度赞扬；一家俱乐部由于是“真正的社交场所”而受到称赞；推荐出租房或海边“寓所”最重要的理由是它们“适合交际”，这个理由比过度拥挤更重要；一座教堂很可能会以同样的标准来评价。他们会说：“埃尔希在万圣教堂结婚了”，他们从附近几个教堂中挑选出这座教堂，而没有选择要求他们成为教区居民的教堂——“它是一个非常友善的教堂”。当地一场圣诞节晚会的报道将要结束，“这是一个令人愉快的夜晚。每个人真的都很友好。”良好的睦邻关系不仅在于“彼此平等相处”，而且也在于“乐于助人”或“随时准备帮忙”。如果一个新地区的邻居看起来缺乏恰当的邻里关系，那么，新来者就会认为她“完全无法住下去”。

群体的温馨感会施加一种强大的控制力，当个人在经济上或地理上脱离工人阶级时，还会不断被挂念着。我注意到，如今住在别墅里的白手起家的人们——干得很好、拥有几家当地小型连锁店的杂货商；打零工的建筑工人，他们进步得如此之快，竟至于要建造私人“半独立式住宅”的商业区——他们都愿意在足球比赛时加入到人群中。如今他们驱车赶来，穿着富丽堂皇的哈里斯花呢服装，但他们中的很多人仍然要到台阶上去而不去看台。我想象，他们很喜欢回顾各个阶层中的某些平易近人的东西，就像在军队舞会的军士酒吧里经常看到的被委任的军需官那样。

这并不是一种非常自觉的共同体意识；它的世界远离了某些
56 有社会目标的运动的“服务团体”。它的主要力量不是来自相信需要共同改善彼此的命运，这种信念导致了合作运动这类组织的出现——实际上，它先于这种信念，相比之下更为根本。它主要源于这种认识：由于生而亲密地生活在一起，个人不可避免地是群体的一部分，这种认知可以赋予温馨和安全感，群体中缺乏变化，常常需要“求助于邻里”，因为不可能经常购买各种服务。它始于这种感受：生活是艰难的，“我们这类人”通常都会受到“不公平的待遇”。在大多数人中，这种感受没有演变为自觉意识到要成为“工人阶级运动”的一部分：“消费合作社”的观点今天在工人阶级的大多数人中并不那么典型，比不上那些为几条街道服务的小型私人街头店铺。这种态度在大量正式习语中得到了表现——“要有福同享”，“要相互帮助”，“要助人渡过难关”，“我们必须齐心协力”，“要同舟共济”。然而，在大多数情况下，这些说法实际上只是在特殊场合、歌舞会上、节庆里说说而已。

缺乏施展抱负的机会有助于团结。在 11 岁之后，当奖学金男孩和女孩离家去文法学校上学时，其他人则日渐盼望着从 15 岁开始真正的生活，盼望着与年龄较大的男女群体一起生活，从学校毕业后的头几年，那些群体构成了他们所知道的最强大的教育力量。一旦开始工作，大多数人都没有职业感，也没有感到有晋升的可能性。工作的分布是平行的，而不是垂直的；生活没有被看成是一种攀登，工作也不是主要兴趣所在。仍然有对于优秀工匠的尊重。但是，坐在旁边板凳上的人没有被看作是真正的或潜在的竞争者。因此，不难理解对“慢慢来——别让另一个人失业”这种态度所怀有的强烈情绪。在工人阶级民众的职业态度中有一些恶习，但那些恶习不属于“积极能干的人”或“机灵鬼”，也不属于“城市可资利用的成功微笑者”；人们不信任的是“精明的人”。

一个人无论做什么，其视野都可能有局限；不管怎样，工人阶级民众马上会补充说，金钱似乎不会使人更快乐，权力也不会。“真实的”是人情和可以陪伴之物——家庭和家人的关爱，友谊和能够“自得其乐”：他们说，“金钱不是真实的东西”，“如果你一直为额外收入而烦恼，生活就不值得过了。”工人阶级的歌曲常常要求得到爱心、朋友、美好的家；他们始终认为，金钱无关紧要。

57 也有例外情况：有些人一直固守被马修·阿诺德嘲讽过的那句话——“要永远记住，亲爱的丹，你应当期待当一天那家公司的经理。”在一些更渴望得到尊重的人中，这表现为催促男孩们“上进”的方式，要通过奖学金考试，要注意自己的“书写技巧”，因为办公室里的先生们喜欢“一手好字”。还有一些目光敏锐的小个子男人，有人心怀善意地认为他们执迷不悟，他们“从不放过一分钱”。他们夜里和周末都要加班加点，总在别人享受美好时光时为赚点额外的小钱而焦虑。这些人通常都不往上爬，也不会脱离自己的阶级；他们兴奋地在自己阶级内部四处奔波，收集那些总是随处可见、不值一提的琐事。

对单身汉的态度可能也和对待其他事物一样表现得很宽容，这种宽容扩大到了群体内部既定的例外情况。邻里中偶然出现的单身汉有可能与某个寡妇一起居家度日，或者住在已婚的姐姐家里。在大多数夜晚，通常都可以在当地酒吧或夜总会的某个固定角落见到这样的单身汉，因为他可能很安静地待着，其习惯很有规律。或许，某种羞怯使他成了单身汉；他在某些方面是一只孤零零的鸟儿，但不能说他很孤独。他在邻里中受到尊重。人们没有认为他是个随心所欲的人，因此不是一个潜在的唐璜。相反，他多半显得是一个年龄不确定、没有恶意的大叔，是一个“始终都有礼貌”和“轻言细语”的人，据说对他母亲或姐姐很好。在这种态度中，不时会有一丝乐趣，在它背后似乎有某种感觉，即某某老者一直有点害怕与女人有婚姻所需的肉体关系。但是，这表达出的通常都不是一种奚落；这样的单身汉也不可能被认为是自私、怪异或反社会的。人们感到，有些男人是生就的单身汉；因此，他们成了邻里生活真实的一部分。

有少数人意识到了自己的阶级局限性，并在从事教育活动——以便“为自己的阶级工作”或者为了“自我提升”——人们对他们的态度往往是模棱两可的。对“学者”的尊重（如医生和教区牧师）在某种程度上仍然存在。我记得，在我获得奖学金后不久，我在一家工人夜总会里坐在一个中年单身矿工身旁。每当他付钱买加热牛奶的朗姆酒时，他都会从找回的零钱中给我半个克朗的硬币。我试图谢绝，他却说：“拿着，伙计，把它用到你的教育上。像所有矿工一样，我只会浪费这些该死的东西。”另一方面，人们经常都对“读书识字”不信任。这对你有什么好处？你当个职员就会更好（也即更快乐）吗？或者当个教师呢？像有些人还在做 58
的那样，那些拒绝让自己的孩子接受奖学金的父母总是不考虑这一事实，即孩子们靠人提供衣食还有很长时间；在背后，他们对教育价值的解释很含糊，但却强烈怀疑。这种怀疑从群体感本身中获得了某种力量：因为群体要寻求保护，它会阻止其成员可能出现变化、离开群体、变得与众不同的倾向。

我想到了这个群体竭力反对变化的观念。它所做的还不止于此：它对其成员施加了广泛的、有时是苛刻的要求顺从的压力。通过教育、以这种或那种方式变得与众不同的那些人，往往都会得到体谅，我并不想使人想到，对一切彻底脱离群体或其态度的人都有一种强烈的无意识敌意。实际上，工人阶级群体的显著品质之一，是对某些事物的一种广泛宽容；但它却是这样一种宽容，即只有主要阶级的设想被共享时，这种宽容才会直接起作用。

这个群体是封闭的：它可能多年来都认为，某个最初来自 40 英里远的小镇上的人“不是我们中的一员”；在很长时间里，我见过这个群体无意识地、麻木地残酷对待一个外来的妻子——尽管在很多事情上也很仁慈。这个群体常常目睹某种无法想象的残忍，很少加以阻止，这有可能导致极大的不幸。“我不知道她说这话是什么意思吗？”“呵，别让那些事传出去”，“别让其他人知道得太多”，这些都是常见的说法。想知道邻居们会说些什么，在这里与在其他地方一样常见；或许更常见的是，在这里有它自身的方式。由于见识有限，工人阶级民众的关注和被关注，经常都会在一定程度上导致错误地、低下地理解邻居的所作所为。工人阶级妇女最为人所知的是在她整天打扫的地方当“临时保姆”；但如果她在夜晚被人带回家，她很可能要求隔开几条街的距离。如果邻居发现她和一个男人一起回家，他们会怎么说呢？

这个群体不喜欢来自内部的冲击或攻击。很少有要与邻居比阔气的竞争欲望，但向邻居看齐的压力同样很大。因此，很久之前，广告商并不非常了解他们的价值观，经常将这样的吁求用在普通人和不走极端的人们身上：“任何体面的男人都会……”，“这是不自然的”，“我喜欢他；他一直都没有变化”。如果你想成为这个群体的一员，就一定不要试图“改变人们的生活方式”，如果你
59 用自己不一样的行为方式暗示了对他们生活方式的批评，你就不

会讨人喜欢；如果你违反了禁忌，就会受到冷遇：

> 要知道，有一种叫作大众思想的东西。如果你认为自己和身边的人一样，你就完全正确。但你如果不这么认为，如果有人发现你带着一本书［比如带进工厂］或诸如此类的事情，你就不对。很难挡住别人的嘲弄。

所有阶级都要求某种程度的一致性；在此需要强调这一点，因为有一种强调上层阶级和中产阶级一致性的倾向，并且认为工人阶级不那么一致。

超越群体观念的行为，“举止优雅”，“摆架子”，“自高自大”，“装腔作势”，“认为自己对别人太好”，“势利自负”，“看不起别人”，“举止像傲慢女人”——所有这些都让人讨厌，而且不容易分辨出来。真正的“纨绔子弟”就像在50年前一样会被认为非常搞笑，而“真正的绅士”（他对你说起话来“就像现在我对你说话一样”）仍然有可能受到称赞，尽管他明显属于“他们”中的一员。这两种人所激起的强烈感觉，都不如摆出“高雅”架势的人，因为后者认为他们比工人阶级的气色更好。“喂，那你最不喜欢的是什么呢？”威尔弗雷德·皮克尔斯*问道。“神气活现的家伙。”掌声雷动。“真是好极了！你能告诉我最喜欢什么吗？”“好得像邻居一样的家伙。”掌声更多。“……也非常正确。

* 威尔弗雷德·皮克尔斯（Wilfred Pickles，1904—1978），英国演员和电台主持人，出身于建筑工人家庭。

把钱给她。”

无论其出身如何，格蕾西·菲尔兹[*]和威尔弗雷德·皮克尔斯现在几乎都不具备工人阶级成员的资格。但是，这两个人依然热情“友好”，因为他们在精神上仍然属于工人阶级，并且以工人阶级的才智和态度征服了“有钱阶级”。工人阶级民众会说，“南方人都喜欢威尔弗雷德·皮克尔斯，”意思是说喜欢皮克尔斯的人不属于工人阶级：这里有他们所重视的某种骄傲，那种粗鲁和“率直”的特点，也会被其他阶级所赏识。他们的“喜剧”已经向优雅堡垒发起了进攻；“祝他们好运！”

我们经常听说，英国工人阶级温文尔雅，几乎比所有国家的工人阶级都温文尔雅，如今比他们自己的父母和祖父母更加温文尔雅。毋庸置疑，在过去 50 年间，城市中纯粹暴行的数量已经有所减少，夜晚街头时有发生的粗野行为，尤其是在周末要避免去的场所的粗野行为，也有所减少。在很多城市的一些地区，导致
60 警察成双成对执勤的流氓行为和粗暴行为几乎绝迹了。除了非常偶然的情况外，我们再也听不到有人赤手空拳在荒地上打架、在酒吧里用破瓶子打斗、帮派团伙经常在游乐场骚扰女孩、醉酒的人太多。

为失去所有这一切而遗憾，认为它们的衰落意味着工人阶级失去了某些嗜好，温文尔雅不过是一种被动性，这种看法也许是一种欺骗性的和愚蠢的古风。然而，经常都很粗鄙野蛮的同代人，

---

* 格蕾西·菲尔兹（Gracie Fields，1898—1979），英裔意大利演员、歌手和喜剧演员，出身于卖炸鱼和薯条的小商贩之家。

也可能很温文尔雅：我再次想到了我的祖母，她见证过今天几乎会震撼所有阶级女性的各种野蛮行为，她自己经常也极其粗糙。但是，与她的很多同代人一样，她在有些事情方面却具有一种令人钦佩的温文尔雅和细微的辨别力。或许，我们关注的温文尔雅，与其说是一种新特点，倒不如说是一种旧气质，它在今天更明显，有可以起作用的更大空间。它必定经历了数代人的发展，是人们在多个世纪里非常融洽地共同相处的产物，没有受到在他们之上的权力更强烈、持续不断的侵扰，人们感到——无论他们的困难多么严重——法律一般来说是公正适用的，官方也并非腐败得不可救药。我没有忘记上个世纪“饥饿的40年代”的经历；但我也想到了俄国的农奴，甚至想到了今天意大利人对待公务员的态度。无疑，所有这一切都孕育了一种合理性，一种非常平静的设想，即暴力是最后一道防线。

因而，如果我要进一步把注意力引向贯穿工人阶级生活的粗糙和迟钝的性情，那么，我这么做并不是要推断其他阶级没有自己的粗糙和迟钝的形式，也不是要否认人们通常就温文尔雅所说的这一切，而是要恢复过去20年间逐渐失去的一种平衡。必须怀着非同寻常的关注来选择证据，一定不能包括简单看来被其他阶级所使用的粗鄙。因而，工人阶级交谈中的言谈举止较生硬，与其他群体相比，较少采取委婉的说法：他们进行争论经常都会采用一种粗鲁的方式，以致陌生人往往会认为，在最坏的情况下斗殴会随之而来，在最好的情况下则是关系的永久结束。我发现，即便在今天，如果我没有被误解的话，我也必须以一种“没有润饰的”方式来改变进行讨论的习惯；简言之，猛烈抨击意味着回

家——但并不意味着真正的伤害。工人阶级言谈的措辞和节奏都不具有舒缓和修饰的品质，这种品质在不同程度上是其他阶级特
61 有的。他们的言谈模式更接近于他们即刻感受到的情感模式，无论是吵架时的恼怒，还是兴奋，如某一天工人阶级家庭主妇外出在海上偶然发出的尖叫，这会使坐在私人酒店前的花园里的人们感到惊愕。当然，也有一种“直言不讳”的傲慢态度，在与来自不同阶级的其他人一起时，它会使一些工人阶级民众夸大自己言谈中较粗糙的因素。

但是，无论工人阶级的生活发生了怎样的变化，它仍然比其他多数人的生活更接地气。我已经充分描述了遍地污秽、闭塞和家庭生活的艰难；我们也必须记住，男人以及一些妇女劳动生活的物质条件常常都很嘈杂、肮脏和气味难闻。我们自己心里都明白这一点，但要获得切身的认识，只有在我们不得不经过利兹的那些深邃山洞时，那里有引擎不停发出的叮当声和敲击声，火花从巨大的门道飞溅而出，可以看到男人们肩头都变黑了，他们在抛掷和拉伸灼热的金属块：或者是经过赫尔那块广袤地区，永远弥漫着煮鱼粉的味道，弥漫在拥挤不堪的住宅里。繁重、粗糙、牛马般的劳动仍然在那里延续着，干活儿的都是工人阶级民众。这些条件都不会产生悠闲轻柔的语调，也不会产生冗长的谈话。

因此，吵架在很大程度上成了所有工人阶级邻里生活的一部分，成了很多工人阶级家庭的一部分，它们很容易被误解。可以理解，它们也成了邻里生活的一部分：在狭窄的梯级街道上，有薄薄的界墙，吵架无论如何都难以保持私密性，除非它们以非常克制的声音进行。吵架肯定不会悄无声息地进行，因此，它们成

了邻里的兴奋点之一。孩子们听见“某个老人正在街上吵架”，会尽可能靠近，聚集成一群。如果吵架持续时间太长，或者吵闹声超过了某个邻居的忍耐力，他就可能一直锤打界墙，或者用拨火棍敲打炉门。

错误的是据此认为，工人阶级民众天生喜欢吵架并且吵个不停。有些争吵是肮脏的和令人痛苦的，有些家庭因“老是吵架”而闻名，这些吵架大概不会被认为是最体面的事。很多家庭——或许是大多数家庭——偶尔都会吵架。所有这一切都不会被下意识地看作给邻里带来了坏名声。大家公认，吵架不时会发生——或许与喝酒花钱的数量有关，或许与女性分担家务劳动有关，或 62
许与“另一个女人”有关，但吵架也会爆发为强烈、急剧、嘈杂的大战。在我的体验中，与喝酒有关的吵架最常见，最不常见的吵架是与“另一个女人”（或男人）有关。

请允许我在后一方面的问题上暂时岔开一下：据我所知，那些风流韵事一般来说都会涉及一个40岁上下的男人，略比他的熟人显得潇洒漂亮，尽管干的是同一类活儿。他妻子丧失了身体上的吸引力，所以，他要另觅新欢。然而，他“交往甚密”的那个女人本身很可能已经结婚，年龄与他妻子大体相仿——对陌生人也不怎么具有身体上的吸引力。两个人很可能在某个有名的地方成了酒友。妻子很快就会得知正在发生的事情，激烈的吵架接着就会爆发（在不止一个场合，我都会想起一次非常严重的事态——某个清晨，那男人在一块荒地上遭到受伤害的丈夫“暴打”）。这种事态中最奇特的是，有时两个女人会变得很友好，并建立起一种关系，把丈夫和两个女人联结在一起，不仅没有相互排斥，看来还得到了滋润。

我所见证过的多数争吵，都没有被认为是令人震惊的事件。这类争吵发生在真正的贫民窟，伴随着男人之间醉酒后的斗殴，或者更糟的是男女之间的斗殴，最糟的是女人自身之间的斗殴。这样的事件实际上会惊动普通工人阶级的邻里。

我还记得，在我们的邻居中，我们都认为自杀是一种普通的常见事件。人们时常听说某某人已经“了结了她自己”，或者“解决了他自己”，或者“把她的头放进了煤气炉”，因为煤气炉是最方便的自毁工具。我不知道，在我所谈及的这种群体中，自杀发生的频率是否超过了中产阶级群体。自杀并非每个月、每个季度都会发生，也不是所有的自杀企图都成功了；但它发生得十分频繁，以至于成了生活模式的一部分。当然，在工人阶级中，自杀与吵架相比更难隐瞒；大家很快就会知道。我想强调的事实在于，人们不会觉得自杀只是个人的事情，也不是局限于相关家庭的事情，人们觉得它与普遍的生活状况密切相关。有时，原因在于某
63 个女孩“自己陷入了困境”，由于这样那样的原因难以自拔：正如经常见到的那样，对那些把自己的头放到炉门里的枕垫上的人来说，生活已经变得忍无可忍；他们生了病，治疗看来没有任何效果；他们失业了；或者说，无论他们做什么，都会债台高筑。这种事发生在不久之前。他可以接受自杀——令人同情，但很少使人想到责备——它是生存秩序的一部分，这一事实表明，生活是多么艰难和可怕。

例如，这能完全说明很多工人阶级男子在没有女人在场时的言说方式吗？或许能部分说明；但人们在此必须留心特殊的诉求。

乔治·奥威尔指出，工人阶级男子随意使用下流词语来表达天然的功能，他认为他们很下流，但并非不道德。然而，下流有各种程度和性质，这类谈话常常属于单纯的下流，没有别的意思，不过是以一种麻木、重复和粗鲁的方式为了下流而下流。也有各种不道德的行为；这种男人可能使用简短直接的词语说到性欲，起初是在观看餐馆歌舞表演和夹杂着性内容的印刷品的暗示之后的一种释放。然而，他们如此不加选择地使用那些词语，如此突出地谈论性欲，以致经常表露出一种冷漠无情的感觉。听听他们谈论自己的性经历和打算；你可能会感到被令人厌烦的动物性、小巷里发情的杂种狗的特性所窒息。这种品性多半要归咎于一种摆脱了虚伪自由的麻木不仁。每个阶级都有表现自己的残忍和肮脏的形式；工人阶级民众的这些表现形式，有时属于一种平白无故降低了品位的粗俗。

3.“忍受各种事情”：“自己活，也让别人活”

我谈到过一个世界和一种生活，其主要线索几乎都是可以预料的，谈到劳作对男人来说很可能无趣，对女人来说是经年累月的“不得已”，谈到大多数人都没有感觉到普遍的生活模式可以，或者确实应该做出某种改变。

总的来说，看来引人瞩目的解释是，我们没有被要求成为这个世界上了不起的实干家；我们的生活中很少出现辉煌的光彩，也很少要求有更加引人瞩目的英雄行为，它的悲剧也不具有戏剧性或修辞性。至少，那个世界似乎鼓励我们接受的就是这种观点：目光短浅地干繁重活儿。

当人们感到对自己处境中的主要因素无能为力时，当他们感
64 到不必绝望、失望或者怨恨、它只不过是一种生活的事实时，他们对那种处境采取的各种态度，使他们能够在其阴影下过着一种还过得去的生活，这种生活与更大的处境毫无持续的紧张感。这些态度把处境中的主要因素转移到了自然法则的领域，转移到生活必须从中获取的天赐、天然、几乎不可改变的物质材料上。这些态度很少粉饰，具有宿命论或全盘接受的特点，普遍处于悲剧层面之下；这种情况非常类似于应征入伍者无法进行选择的情形。但在某些形式方面，他们却拥有尊严感。

最低限度就是承认生活很艰辛，对它无能为力：忍受它，不要使处境恶化：“是怎样就会怎样”，“就算不喜欢，也必须忍耐”，“事情就是这个样子”，“以卵击石没有什么好处”，“修不好的东西只好将就着用”，“日子得一天天地过”。很多这些说法里，都有一种阴郁呆滞的宿命论语气；对我们这样的人来说，生活始终都像这样。但是，在大致同类型的说法中，真正单调的说法却很少：在多数情况下都有一种乐观忍耐的语气：是的，“日子得一天天地过”；但也有“你得以自己最好的方式与我们相处”，“笑着忍耐吧”，“我还好，少说点，很快就会好起来”，“啊，再过一百年还是这个样子”，“所有这些事都是上天打发来考验我们的”（在这里跟在其他一些地方一样，与宗教的联系显而易见）；“六点钟的天并不都是黑的”，“我们除了短缺一无所有”，“更糟的事发生在海上”，“我还好，我们为希望活着”。所有这些必定会起伏不定，艰

难伴随着平顺、曲折与动荡：“呻吟毫无益处”，“尽力而为……挺住……坚持下去……”，“不要自寻烦恼”。你可能希望得到意外之财，或者是突如其来的惊喜，但这事不会真的发生；你得继续生活，“过自己的日子”，“要让自己坚持下去”，“生活要由你去创造”。“做出改变，取得成功”，你会“好起来的”——在最没有希望的条件下要匆匆谋取生存空间时，他们都会像列兵所做的一样。

与其说这是藏而不露的快活，倒不如说是对毫无期望之事的态度，一半是恬淡寡欲的快活，一半是听天由命的“低层次”快活。T. S. 艾略特在某个地方说过，禁欲主义有可能成为一种傲慢自大，拒绝在上帝面前谦卑：更确切地说，工人阶级的禁欲主义是一种自卫，防止在人们面前完完全全低声下气。也许你对生活感到无能为力；但你无论如何总能做点什么。如果工人阶级家庭主妇在一段时间里发现自己每周可以从操持家务中省下一先令以备不时之需，那就可以说她“相当愉快”；副词改变不了形容词，却会使形容词变得绝对。

所以，要宽容，要“自己活，也让别人活”；这种宽容既是由 65
宽厚仁慈培育起来的，因为所有人都处于同样低下的境遇，它也是由那种境遇造成的更大的非理想主义培育起来的。更大的无望助推了对于道德愤慨的反应迟钝：毕竟，制造难题毫无益处；实际上，这类说法很多：“但求生活安宁，其他怎么都行”。宽容与前面说到过的保守主义和顺从并行不悖；它们之间极少发生冲突。它们共同存在，在不同时期、出于不同目的而被利用，人们在任何时候都本能地知道它们的相关性。它们不但没有矛盾，反倒会相互强化。

因而，强调宽容的重要性主要源于无所期待、没有狂热、没有理想主义的群体感，源于大多数人基本接受了自己的大部分生活条件。工人阶级民众在实践之前通常都会怀疑各种原则（更清楚地说，有时这会变成一种有强大推动力的、注重实际的“现实主义”，它事实上是一种自命不凡，掩盖了对令人不安的探究的厌恶——“咱们接着干活儿吧。所有这些理论都会让人一事无成”）。大多数人都可能认为，你会撒谎，而不是使人失望或者受伤；你由此会反对原则，但那是某种外在之物，而人们就活在此时此刻。你必须与他们和睦相处，要“关系融洽”，“管好自己的事”，就像你希望别人管好他们的事一样。生活从来都不完美：要避免极端；大多数事情“在某种程度上都不错”，或者说，“只要你不要做得过火就行”；还有，毕竟“要视情况而定”。你可能有各种看法，但绝不应“强迫人们接受它们”。有看法不要紧，人却很重要：不要根据惯例而应根据事实来评判，不应根据信条而应根据性格来评判。“你无法改变人性”，“世界是由各色人等组成的”；你应该“面对现实”，“无论你到哪里，都有好坏之分”，“无论你到哪里，人性都一个样”，“无论你到哪里，人都是人”：“每个人都有生存的权利”。

所有这一切都为普遍缺乏爱国精神、不信任公共的或官方的事务提供了支撑。“惧怕自由”有可能促使中产阶级转向独裁主义；它对工人阶级产生的影响却不同。他们在骨子里仍然觉得，公共的和普遍化的生活都是错误的。这种不成熟的国际主义可能与反犹太主义共存，也可能与反对罗马天主教的强烈情绪共存（正如以其“最糟糕的”形式表现出来的独裁主义一样）；但是，这种不宽容只是偶尔出现，而这两个世界通常都不会相遇。

我们知道，顺从的压力本身并非表现在复杂的观念网络中，而是表现在复杂的偏见网络中，那些偏见力图把一种死板的规矩 66
强加于顺从之上。它们从清教主义[*]的残余中汲取力量，清教主义曾经非常强烈地影响过工人阶级，而它仍然相当严格地支配着很多工人阶级的生活。在大多数情况下，清教主义本身不承认工人阶级生活条件艰苦的事实，直到现在还有一定影响力，在某种程度上还留在一些人的记忆中，在他们身上可以发现对宽容的理解更加宽泛。通过考察对待酗酒的态度，我们可以更好、更充分地理解对性的态度。

一方面，喝酒与抽烟一样，被公认是正常人生活的一部分，或者说至少是正常男人生活的一部分。“男人需要自己的那杯酒”；这有助于使生活变得有价值；如果一个人不能有一点像那样的乐趣，那活着到底是为什么？对男人来说，喜欢喝啤酒是很“自然的”事。与前一代人相比，女人如今似乎更愿意喝酒；甚至直到我的青春期时，喝“混合饮料”[**]的女人都被认为近乎轻佻。然而，在有了孩子以后，喝酒的女人通常都不太多；周末是她们重要的“放松”机会。允许男人喝多少啤酒而不加反对，要取决于他的情况；这需要有一笔较多的零用钱。人们可能认为鳏夫比大多数人都喝得多，因为他没有妻子，也没有可以回去的舒适的家。无儿无女的夫妻可以经常喝酒，因为他们不必同自己的孩子抢饭碗，

* 清教主义（puritanism）：基督教新教派别之一的价值观，主张过一种简单、实在、在上帝面前人人平等的信徒生活。

** 混合饮料（gin-and-it）：由杜松子酒和苦艾酒混合而成的一种混合饮料。

但没有孩子的家庭并不那么温馨。拖家带口的丈夫喝酒应当“适度”，那就是说，应当知道自己何时喝够了，总该“酌量”。有些场合——节日、庆典、优胜杯决赛、旅行——所有人都认为可以多喝一点。可以理解的是，某些情景有可能“驱使任何人喝酒”。总的来说，强调的重点是双重的：既强调喝酒本身的正当性，也强调要意识到，一旦“达到限度”，很可能接踵而至的是完全崩溃——卖掉家具会使一个表面上的家彻底破碎。

显然，后一个方面在 19 世纪和 20 世纪头 10 多年间为禁酒运
动提供了力量。很容易看出，只要“酒鬼”占了上风，即便一个
衣食无忧的家庭，也可能在一个月内沦落到勉强度日都很艰难的
地步。在经济上，工人阶级家庭在很大程度上一直都是漂浮在社
会海洋上的木筏。所以，至少直到 20 世纪 30 年代早期，“禁酒运
动”的势头依然非常强劲，那时我每隔一年左右就会签署两次戒
67 酒承诺书。当时我的年龄在 10 岁到 12 岁之间，我和在主日学校
结识的其他人一起签署了承诺书；我们隐约感到，这事影响到了
我们在圣灵降临周“宴请”时得到席位的资格。我有一个酗酒的
叔父，这条脉络最远可以追溯到 19 世纪 70 年代，我们周围的很
多家庭都有同类人物。我们那时还没有唱过以下这些歌，如“请
不要再卖酒给我父亲”，“今夜不要出去，亲爱的父亲”，“父亲，
亲爱的父亲，现在跟我回家吧”，我自己特别喜欢唱的歌是：“我
的酒是清水”（其中的几句歌词是这样：“快乐的迪克，你很快就会
知道，/ 如果你住在杰克逊街的贫民窟 / 我的酒就是清水，/ 我的酒
是清水，/ 来自水晶泉”）。我们听到的这些歌来自长辈们的娱乐消
遣，他们在孩提时代就学会了这些歌：但我们看出了其中的要点。

我们知道，过量饮酒，即使花的钱比一个家庭能够负担的每周三先令要少，都意味着迅速贫困，“赊欠”增加，直到家庭最终破裂，很快就明显变得衣着不整、母亲忧心绝望、失业、吵架的力度和次数增加。家庭主妇仍然会经常这样说，“谢天谢地，他从来就不是酒鬼”。现在很少有酒后暴力行为，更不用说各种各样的酗酒，但喝酒仍然被认为是对工人阶级丈夫的主要诱惑。因此，适度喝酒“没事儿”，很“自然”。不同的家庭有不同的限度，一旦越过限度，灾难就会随之到来。另一方面，无论酗酒有多么危险，完全不喝酒的男人都有点不正常——大多数工人阶级民众都不会要求多数男人像那样滴酒不沾。

我的一个朋友是独生子，住在附近街上，似乎没有父亲；他母亲是个裁缝，经常能让他穿得不错，他的零用钱也比我们所有人都多。他每周要去看几次电影，一般都会拿出一便士买些炸薯条。我直到10多岁时才发现，他母亲是个妓女，在市中心操业。她用来抚养孩子的钱超过了裁缝的收入。（我想，她丈夫已经彻底消失了。）还有，她很担心让孩子“受苦”，因为他“没有父亲做后盾”，她所能想到的保证孩子不受苦的方式，就是给他提供经济上的优势，这种优势对男孩来说非常重要。人们早就说过的很多话，也许有助于解释她何以很少想到自己会卖身；这里我特别在
意的是要指出，她没有受到排斥，除了一些人说过她“给街道带 68
来坏名声”以外。大多数人都像对待其他人那样向她点头或者同她说话，即使她们从来都没有想过去卖淫，对他们来说，实际上都会对那种想法感到恐惧。他们常常说，“她毕竟要活下去”；他们理解处境的压力，也能看出有些人是如何被引上这条道路的。

人们没有因此“与她们反目”：尽管我从这些人那里听说过很多对于别人不道德和肮脏行为的评判，但我却没有听说过对这个女人的道德评判。

几年后，在同一地区的另一个“辖区”，她和一个有六个孩子之家的小女儿成了朋友，孩子们在母亲去世后由父亲抚养长大。他们住得与前面说的那个女人相距不远，经常受到负面评论。但是，这种情况更多使人想到的是：父亲对孩子们的照料不如邻居们可能认为的那么好，哪怕是在他处于艰难的情况下，而不是因为有个女孩出去卖淫。

后来，我在一家长途运输公司当了一段时间夜间调度员，那工作是从一个年轻人手里接过来的，他住的地方与我们相隔几条街。每天晚上大约有四趟来自纽卡斯尔的大卡车和拖车卸下一些货物，或许还有一个路边“妓女”，再装上货物驶往伦敦。在上夜班的其余时间里，除了警察、守夜人和某个偶尔晚到的妓女外，只有我一个人待在市中心的小街上。在接手这份工作时，我的前任告诉我，有时在夜里 11 点半左右，一个名叫艾琳的妓女会来找他，她喜欢要一杯茶。她是个好人，如果她不太累的话，她有时会在背后运家具的货车里“把你掀翻”。我只见过她一次，她大部分时间谈到的都是她的脚很痛。她对自己的职业几乎完全没有自我意识，就像是在卖报纸，她觉得这事稀松平常，很麻木。我猜想，我那副拼命读书的大学生面孔使她离开了，因为她没有做出任何表示，我在那里时她再也没有回来过。后来，我偶尔在夜里经过城里，常常看见她在浏览高档街角小店的橱窗。这个可怜的女孩一定要有顾客——来自更好居住区的年轻人、商务旅客、为证明自己已成年的学生、落魄的推销员、有钱并且喝了啤酒的年轻劳工，或者是那些跟随着大型工程从一个城市到另一个城市的无家可归的劳工——但我从未见过她跟某人在一起。我记得，她对我说过一个在舞台上的姐妹——“她看上去很可爱”。看来，有
些面容姣好的工人阶级女孩在源源不断地加入到巡回表演的合唱 69
队中。

在讲述这些小插曲时，我无意使人想到，工人阶级民众在性问题上比其他阶级更加放肆：我认为，无法确定他们是否更加放肆。但是，性问题确实显得流于表面，与其他社会群体相比，工人阶级大概较为容易、也更早获得性体验。正如社会工作者有时指出的那样，流于表面伴随着对性问题的某些方面感到强烈的羞怯——羞于“理智地”进行讨论，羞于被人看见裸体，甚至羞于为性行为脱衣服，或者是羞于在性行为方面很老练。即使在今天，似乎很少有工人阶级父母会告诉自己的孩子有关性问题的任何事情。他们知道，孩子们很快会在街头巷尾学到一切。然而，他们并非故意要把这个问题撂到一旁，因为他们知道街头团伙会替他们做这件事；实际上，如果他们发现自己孩子的言谈或行为“很肮脏”，他们很可能会极度难过。我想，他们避开这个问题，部分原因在于他们不是好老师，既不擅长也不喜欢解释，他们更喜欢道听途说的知识，喜欢借用格言和谚语；另一部分原因是羞于把性问题提到意识和“理智的”层面上。这种情况也同样适用于那种人，他们在某种合适的语境中会像自己的同伴那样随意谈论性问题，也会与自己完美的、“言语干净的”妻子谈论。

但是，10 岁以后的孩子，尤其是男孩，在自己的群体里和

后来的工作中会向年龄大的孩子学习。就男孩而言，重点不可避免地既与性体验的乐趣有关，也与性体验可怕的和令人兴奋的危险有关；特别是在早期阶段，重点集中在手淫的快乐和危险之上。对很多人来说，手淫很快会让位于某种真实的男女间的性体验。很明显，这可能正是工人阶级男孩的性生活模式与公立学校男孩的模式不同之处，比如说，公立学校的男孩在18岁前大多生活在全是男孩的群体里。从13岁起，工人阶级男孩的谈话会非常频繁地涉及性冒险的经历，会说到某个女孩如何容易“触摸”或者“上手”等等。到18岁时，那些渴望这种事的人可能已经有了大量的性经验。我读大学时在假期里同一群砌砖工一起干活，他们很快探听到我是童男的信息，此后就以一种友好的方式认为我不是个男人，而是另类的僧侣，只专注于书本而不是宗教。他们都声称要“经常干那事”，尽管我敢肯定其中有很多夸大其词。已婚男人与其他人一样都乐意参与经常性的关于性问题的交

70 谈，还时常哀叹自己失去了自由，但哀叹的方式是人们可以料想到的。

总之，人们会如何概括这些男人对待自己不合常规的性体验的态度？我或许应当补充说，当然还有很多男人，前面说到的情况并不适合他们。他们在自己的性生活方面几乎没有罪恶感或原罪感；他们很重视性生活，但这并不是因为他们在大城市芸芸众生中感到失落和默默无闻。这要归因于其他人对待他们的态度。他们没有沉湎于20世纪20年代大量听说的关于某些群体行为放荡的夸耀之中。然而，他们确实隐约感到，“科学发现”使这一切变得更加合法，加上使用廉价避孕用具，也使这一切变得更容易。

他们并不是愉快的、毫无道德感的野蛮人，在梅尔维尔 * 从未听说过的马克萨斯群岛上的某个贫民窟自娱自乐。他们随意对待自己的性生活，但不是通过性生活来嬉闹玩耍，与 T. F. 波伊斯 ** “苹果熟了”的乡村风味的都市版不同，也不像过去伟大性爱者的当代版。在某些方面，他们对待滥交行为的态度确实源远流长。但对他们来说，滥交完全是非常不足取的偷偷摸摸的行为。在大多数情况下，这种行为看来在婚后不会延续，也不会强烈影响到良好婚姻关系的可能性。

虽然我自己在这方面可能会陷入一种浪漫的错误中，但我的印象是，女孩比男孩更容易完全逃避这种支离破碎、滥交的性体验。心甘情愿去体验的同样的女孩的名字会一再被提到；耽于享乐的人很快就出名了。当然，女孩在玩乐中会失去很多东西；她们很容易“陷入其中”。

对我来说，令人惊讶的是，那么多女孩都能够不受影响，既保持着对性行为的懵懂无知，又对整个氛围保持着一种不可亵渎的神气，那种氛围在 19 世纪中叶的中产阶级年轻女子身上并非不合适。令人惊奇的是，在没有明显的过分拘谨，也没有显而易见挣扎的情况下，她们中的很多人怎么能穿过当地小伙子，或许还有工作中谈论性问题的呼啸山谷，然后成功接近她们将要嫁与的

* 马克萨斯群岛上的梅尔维尔（Marquesas Melville）：美国作家赫尔曼·梅尔维尔（Herman Melville，1819—1891）年轻时因对社会不满而于 1839 年开始了 5 年的海上流浪生活，其间曾在马克萨斯群岛与有食人风气的土著部落一起生活过一段时间。

** T. F. 波伊斯（T. F. Powys，1875—1953）：英国小说家，代表作有《韦斯顿先生的好酒》。

男孩，却在精神和身体上从未有过接触。她们最大的亮点就是暗暗保证自己要出嫁，她们要“为一个男人守护自己”，这不仅仅是在一种算计意义上的守护。

因此，我的经验使人想到，大多数女孩都不会从一个男人转向另一个男人，并在这个过程中获得碎片式的体验，但她们
71 很早就开始求爱，一直持续到早早结婚。有些女孩 15 岁以后还会“陷入困境”，但她们属于例外情况。很多女孩婚前都有过某种性体验，但通常都是与她们最终要嫁的男孩在一起；她们没有滥交。她们也没有受到庇护：从 16 岁起，她们在很多方面都被认为是成年人；她们遇到“倾心”的男孩就开始求爱。她们可能对性行为近乎一无所知。她们对男孩怀着浪漫的感觉；他不断进逼；等到结婚似乎没有那么重要，她们屈从了。他也许会采取预防措施，但有部分男人不会采取措施，他们毫无准备，或者很不老练。如果怀上了孩子，结婚会比预期的来得快，但女孩不太可能感到自己上当受骗。我的印象是，大多数婚前失去贞操的女孩都是这样失去的——在环境契合时，与她们真正喜欢的男孩在一起——而不是为了“寻求开心”故意从一个男孩换到另一个男孩。

总的来说，一旦他们“稳定下来”，忠诚就被认为是双方的事，很少有不忠的行为。女孩不大可能认为自己期盼结婚是不道德的。她们会遵循一种思路，这条思路很快会使她们接受自己母亲的态度和习惯，即成为“体面的”工人阶级家庭主妇。与此同时，也有人会承认：“它没有危害任何人。这很自然，不是吗？”

第四章　人们的“真实”世界

1. 个人的和具体的

从一个方面看，紧紧抓住一个非常鲜明地划分为“我们”与 72
“他们”的世界，是大多数工人阶级民众观念中较重要的总体特征的一部分。与“他们”的世界达成共识，最终要涉及各种政治和社会问题，最终会超越政治和社会哲学走向形而上学。我们如何面对“他们”（无论“他们”是谁）的问题，最终变成了我们如何看待自己的地方世界中所有不明显和不熟悉的事物的问题。工人阶级把世界分成“我们”与“他们”，这种划分成了他们遇到抽象或普遍的问题时难以应对的一种征兆。

他们很少或者根本没有接受过处理观念或分析问题方面的训练。在过去40年间，那些在处理这类事情方面显示出才华的人，越来越多地被排挤出了自己的阶级。比这两个原因更重要的事实在于，大多数社会阶层的人不会在任何时候都对普遍观念感兴趣；在工人阶级中，大多数人——由于他们多半不会受到其他重要利益的诱惑，比如挣钱，甚至也不会受到由其劳动所产生的智力活动的诱惑——都会坚持自己群体的传统；这是一种个人的和地方的传统。

因此，关于政治，他们具有的一种有限的现实主义观念告诉他们，在他们所能看到的范围内，他们在政治中“没有未来”。他们会补充说，“政治从来不会对任何人有任何好处”；他们在这方面会利用一些更值得信赖的设想，但把它们应用得过于宽泛。当然，有个别的例外；在大多数人中，对政治的关注度偶尔有所增强。但总的来说，大多数工人的观点都是非政治的和非形而上学的。在他们所能看到的范围内，生活中重要的是其他事情。他们似乎可能对一些普遍事物有看法——对宗教，对政治等等——但这些看法通常都被证明多半是一堆未经检验的、口传套话，他们铭记着一些普遍化的说法、偏见和半真半假的说法，并通过警句短语抬高到座右铭的地位。正如我在前面所说，这些短语经常自
73 相矛盾；但它们没有经过思考，没有理智地考虑过。它们具有一种催眠和决定性的效果，成了揭示真理的声音，是更无懈可击和彩色爆竹格言的声音：

“他们都在议论——他们一辈子从没干过一天活儿。”
“当然，所有政治都是骗人的。”
“你找不到比英国制造更好的东西了。”
“一直都在进步。”
“所有美国人都爱自吹自擂。”
“你来到这里才知道英国人是最棒的。”
“英国是世界上最重要的国家。”
“有一条对富人有利的法律——”

“在它们（政党）之间没有选择余地。”

很多与这些格言类似的说法每天都在不加质疑地被重复，就像数十年来被不断重复那样。从任何严格的意义上说，那些声称英国优越的观点并不是“爱国的”；它们表达了一种沿袭下来的民族优越性的假设。尤其是在过去 10 多年间，尽管人们不断谈到英国国际地位的变化，但大多数工人阶级民众对此仍然毫无了解。他们也没有明显意识到过去 20 年间在时空关系方面发生的巨大变化。他们对于不断要求他们培养“双重眼光”的回应，并不是针对这种发展进行调整，而是对它的防范。能够适应并能转化为他们自己说法的东西，就适应并且被转化了；无法适应和转化的，就被忽视，并用一种方便的格言把它们封闭在真空里。其他阶级有自己的逃避形式：我并不是说只有工人阶级才会面临这种问题，或者只有工人阶级才在逃避这种问题。

他们受到大量抽象概念的围攻；他们被要求服从“国家需要”和“社会需要”，要学习做“好公民”，心存“公共利益”。在大多数情况下，这些要求都毫无意义，不过是一些说法而已。他们认为，这些对于责任、奉献、个人努力的普遍要求与他们无关。他们知道，自己属于社会底层；在正常情况下，他们都在按自己的生活方式过日子。当更大的世界、社会、“他们”的世界需要大批民众时，他们才感到为什么很快就会告知他们去哪里和做什么。除此之外，地方的和具体的世界才是可以理解、掌控和信任的世界，

适应当地山谷的需求
那里的一切都可以通过步行接触到，
他们的眼睛从来就没有凝望过无垠的天空。

74 随着外部世界变得越来越现代化，家庭和邻里比以前更被认为是某种真实的和可以辨识的东西。很难对现代生活的集中化评价过高：很容易过高估计迄今为止降临到大多数个人身上的匿名感。家是在宏大的抽象概念的阴影下开创出来的；在家的内部，人们再也不需要意识到那些外部力量，而是家这座土丘之下的獾。家和以前一样是一种安慰，也许更让人宽慰的是，回到当地熟悉的群体，同“我们中的某个人”相遇。

其他人也许过着一种“赚钱和花钱”的生活，或者过着一种“文学生活”或“精神生活”，甚或过着“平衡的生活”，似乎有这样一种东西存在。如果我们要用这种说法来描述工人阶级生活的某种本质特征，那我们必须说，这是“密集而具体的生活”，这种生活主要强调的是亲密、感觉、细节和个人。毫无疑问，世界上任何地方的工人阶级群体都是如此。我记得一个身材矮小、不讨人喜欢的英国列兵，他在意大利与一位非常走红的歌剧明星交上了朋友。他很快就每天晚上在她家里的桌上吃饭，并培养起了对纯正的本地菜肴的广泛知识和品味。她是一个工人阶级女孩，碰巧生就了一副好嗓子。他走进她那杂乱无序的家，似乎他就属于那里；当然，他这么做，超出了他所属的那个军官食堂的世界。这再次表明，我们应当着手考察迄今为止由剧烈的都市化造成的工人阶级态度的变化：那个意大利家庭仍然有 3/4 的人是农民；而那个英国人在很多方面都是一个地地道道的城里人。

在机器的喧闹声中，在工厂里从事日常工作的女孩之间，持续不断地进行的交谈非常有地方特色、非常个人化、非常亲密，以致这种交谈使女孩们形成了一个紧密、包容的群体。交谈几乎都是最基本的，有时很粗糙，但经常都很豪爽；交谈的主题都属于生存中的重大主题——婚姻、孩子、与他人的关系、性生活。男性工人群体的情况自然也差不多。他们都在做工人阶级民众总要做的事情，无论他们发现自己在哪里，无论他们的处境看起来多么没有指望；他们要用自己强大的传统动力使生活更加具有人情味，尽力使之符合人性，不只是使生活可以忍受，而且也积极有趣。在某种程度上，任何阶级的大多数人都是这样，但这种态度尤其受到了工人阶级生活性质的激励。工人阶级民众极少对理 75
论或运动感兴趣。他们通常都不认为自己的生活会导致地位的提高，也不会实现某种经济目标。他们对人非常感兴趣：他们对个人行为、人际关系具有小说家那样的痴迷——尽管不是为了把它们变成一种模式，而是为了他们自己。他们会说，“她不是很古怪吗”，“想象一下像那样说话吧”，“你认为她这么说是什么意思”；甚至连最简单的逸闻趣事都要讲得富有戏剧性，带着大量反问句、补充说明、意味深长的停顿和声调的变化。

然而，工人阶级民众以自己的方式在某些事情上得出结论时相当敏感。他们时常草草对人们做出评判，这些评判不是依靠来自外部的概念，而是基于这样的假设，即存在着一些确定、重要、可取的品质；这些品质包含在如下一些说法中：“我照他本来的样子对待他”，“你知道你在哪方面懂得他；他没有‘说一套做一

套’”；友好、正派、打交道时直率和开放的品质。

在某些领域里，这种直觉判断的能力得到了很好的发展。在这些方面，无论是对个人还是对人际关系，工人阶级民众经常都很敏锐，他们的评论也很简洁。他们几乎完全是“在实际中”、而不是根据书本发展出这种品质：他们能敏锐地识别面孔，分辨声音，眼睛和耳朵有时很清楚，也很可靠，超过了那些靠阅读和讨论来过滤自己感知的人。他们喜欢用眼睛和耳朵来“估量人”：他们会说，“我不喜欢她”，“她的声音很假”；或者说，“他有一双可以完全看穿你的眼睛”，意思是说那双眼睛把你变成了一件东西，忽视了坦率和友好的价值。

我有意把这种说法的特点说成是良好的直觉判断。在做出这种判断时，人们都要冒险再次复活高贵野蛮人的幽灵，他是淳朴、未被宠坏的苦力之子，具备精细的鉴别感官（比那些疲惫的久经世故者所认为的更少陈腐）。工人阶级民众可以对某些领域里的高超技能迅速做出印象式的判断：在这些领域之外，或者说，如果在正确的旗号下欺骗性地接近他们，他们可能就像婴儿一样。人们有可能把“无辜者的堕落”的标签赋予工人阶级民众特别容易受到欺骗的那些活动，他们被欺骗完全是因为骗术沿着一条他们暴露出来的线路去接近他们——那就是说，因为用一种个人的、友好的和家常的方式去接近他们。在数以千计针对他们的广告中，
76 在一些工人阶级报纸和杂志的编者按中，在深受欢迎的占星家的口吻中，我们都可以看到这一点。那些不太出名的服装俱乐部都懂得，如果他们在交易的每个阶段都有很强的个人品质的话，他们就会取得主动权；那些挨家挨户推销劣质廉价商品的人也懂得

这个道理。在这方面，更招摇的家具店引起了异乎寻常的兴趣，特别是因为存在着一种明显的悖论。乍看起来，那些家具店肯定是所有时髦商店中最讨厌和最缺乏品味的。在装饰方面抛弃了所有已知的价值标准：没有明显的设计或模式；各种色彩争奇斗艳；所有的新东西都搭上了，仅仅因为它们是新的。有日光灯管和仿造的枝形吊灯；塑料、木头和玻璃全都被粘贴、钉在一起；发光广告一个接一个明亮地闪烁着，发出微光或者泛着红光。布置得几乎不是居家的环境。也没有表面上优雅的人站在门口，交替地把手帕塞进袖口，或者调整一下领带，看来不属于“我们”。他们也没有这样的意思。他们穿着整洁的成衣，脚穿发亮但却廉价的鞋子，头发涂满发乳，随时随地地微笑，（像同样讨厌但却更浮华的汽车推销员一样）意在表现出一种气质。人们连同家具一起在购买关于教育和高雅的建议。

如果一切都是这样的话，那么，他们就很难在工人阶级民众那里获得成功；他们可能会给人留下印象，但也可能被“拒绝接受”。然而，尽管他们明显非常聪明，“真的受过教育”，尽管他们坚持把每个年轻妻子都称为“夫人”，但他们也是——这是他们最有效力的品质——“永远都这么和蔼友善”。不错，在某种意义上，几乎所有店主的目的都是要讨人喜欢，可能会影响到尊重或友善；情况还不止于此。这是持续有效利用对待个人和家庭的方法，所有的亲切友好都因为绅士们竟然出人意料地如此优雅。经营者意识到，工人阶级民众会被他们展示的丰富繁盛和光彩夺目弄得眼花缭乱，会受到吸引，也有点敬畏。因此，他们推销员的推销方式通常都非常口语化，这可以理解；不是游乐场推销员说的“喂，夫人”，而是说“我知道这是什么感觉，夫人”，或者说“我上周刚见过一对像你们这样的年轻夫妻”；所有这一切都是一种善解人意的儿子的口吻，他做得很好，很有教养。这完全不像我认为的那么刻意和自觉；它并不是全新的，或者说不限于这类商店。但是，这类商店——专门针对工人阶级消费者的巨大、表面光鲜的事件——在这种方法方面非常专业。那些指导者感到了工人阶级对于大都市郊区的敬畏和被它吸引，感到可以借助温馨和友好的
77 言辞接近他们。工人阶级坚持个人化的东西，因为他们能够理解它；在这里，在追求自己钱财之外的世界这个方面，为他们制造了一匹漂亮的特洛伊木马。

有两种机构——职业体育和王室——进一步说明了这个普遍问题，尽管这两种机构产生于外部世界，却在很大程度上控制了工人阶级民众的兴趣，因为它们可以轻而易举地转化为个人的和具体的术语。

在工作中，体育活动与性问题竞相成为交谈的主要内容。人们阅读流行的周日报纸大多是为了报上全面的体育报道，就像阅读它们关于每周的犯罪报道一样。有关体育活动的交谈从谈论名人开始，经常会谈及他们的教名和他们的绰号，如“吉姆·莫特松”、“阿瑟·琼斯”和“威尔·汤普森”；要谈论比赛的技术细节，在谈到很多个赛季前的比赛历史时，经常伴随着对于非凡技艺的回忆。男人们谈论他们熟悉的个人，至少是运动场上的人物，在有些情况下会引发出能让他们得到尊重和赞赏的品质。他们的态度并非像“饱满的精神寓于健康的体魄”这类说法所能使人想到的。以下这段话摘自一本劝诫年轻人的书，其中的文字

与他们的世界格格不入，这不仅仅因为他们通常都是观众，而不是参与者：

> 把你的身体当成发动机——远比任何人造机器都更奇妙——你会发现，可以从清洁、加油、润滑和测试中获得无穷的乐趣，就像在真正的赛车比赛中获得无穷乐趣一样。

工人阶级的体育爱好者钦佩猎人、斗士和蛮勇者的品质——展示力量和肌肉、速度和胆魄、技巧和机灵。伟大的拳击手、足球运动员和赛车选手自然会成为英雄——传奇英雄的现代修订版，他们把身体天赋与充分而灵巧地运用身体结合了起来。

我不知道这是否有助于解释对裁判员的普遍不信任；至少是在橄榄球联赛中普遍存在的不信任。我并不想简单地假设，如果情况变得很糟，裁判员就会“站在他们一边”。我是指一种根深蒂固的感觉，即裁判员是某个私立学校的校长或主日学校的训导官，穿着整洁的短裤和运动上衣到处跑，一边唠叨一边吹口哨。这似乎只是一种模糊的和无意识的感觉；它通常不会产生什么更积极的反应，只是愤怒地叫喊“别管他，裁判”，或者“你就不能给他一次机会吗”；但它是无处不在的。

在那些地区，尤其是在举行橄榄球联赛的地方，主队也是当 78
地群体生活中的一个重要因素。他们被真正骄傲地称为“我们的小伙子”，其中的很多人可能就是当地的男孩——从前曾是大型煤矿的工人或大型钢铁厂的工人。我记得，亨斯莱特橄榄球队几年前把奖杯从温布利带回了家乡，球队把奖杯放在大型游览车顶上，从火车站一直到市中心。他们在邻里的所有主要街道上从一个酒吧走到另一个酒吧，在每个地点都免费喝酒，一群小伙子紧跟着，准备在就寝时间之后冒险在户外待很久，以目睹他们本地优胜者的兴奋。

在现今围绕着君主制的所有宣传压力中，要接触到工人阶级对皇家的真正态度，其困难程度非同一般。我们知道，工人阶级民众并不是特别有爱国心：他们具有岛国特性，厌恶法国、厌恶美国；但如果提到这个问题，他们很快就会说，全世界的工人阶级民众都一样。他们仍然是坚定的反军国主义者；回忆过去的日子，兄弟们因为没有工作或者要逃避某种麻烦而去当兵，不得不付出巨大牺牲，这些记忆在应征入伍流行起来时才刚开始消逝；从那以来的 17 年里，通常都有一些家庭成员在服兵役。

贵族现在也很少出现在工人阶级的民间传说中。它甚至再也没有多少力量激发起敌意，尽管对一些工人阶级妇女来说，贵族依然还保持着某种讲究派头的吸引力。但从总体上看，工人阶级民众，特别是男人们，完全没有把“上流社会”包括在他们现在的生活图景之中。他们中的大多数人都会说，当他们懂得贵族的所作所为时——传统的活动，而不是那些仍然属于“光彩年华”*的活动，它们依然还有某种趣味——他们“没有时间去做所有这些事情”。

那么，君主制又怎样呢？此外，作为一种制度，它几乎也没

* “光彩年华”（Bright Young Things）：20 世纪 30 年代英国讽刺幽默小说家伊夫林·沃的一部小说的名称，后来改编成了电影。

有被工人阶级想到；他们在原则上不是保皇主义者。大多数人对它也没有怀恨在心；他们很少有热情。他们要么不理睬它，如果他们感兴趣的话，那种兴趣便是针对那些可以转化为个人性的东西。由于他们都是“人物作家”和剧作家，他们更感兴趣的是王室的一些个别成员，而不是议会制政府中不那么有趣的人物。

我没有想到那个时期，通常是在青春期，一些女孩在这时发
现，王室有一种类似于她们在电影明星身上发现的魅力；我也没 79
有想到伦敦的人群在某些特殊场合的热情。我主要想到的是 25 岁以上的外省工人阶级女性。她们的男人要么对王室完全不感兴趣，要么隐约怀有敌意，因为王室向他们展示了一个“粉饰和荒谬”的世界。工人阶级妇女中的一部分人也会谈到王室，谈论方式与她们谈到所有贵族成员的方式一样。王室的要人可能不得不握很多次手，做很多其他事情，但他们都被照顾得很好；他们不像我们在钱财方面有困难；他们疲倦时不必去应付孩子；他们被人“尽心尽力地服侍”。这是对那些无聊的新闻稿或专栏作家的故事做出的反应——某个公主会给丈夫织补短袜；或者某个王妃会亲自照顾小王子。这种情况在任何一次大型王室活动季里都会出现很多次，这种反应明显是在揭露：“你打赌她会。”

同时，他们经常会把王室与其顾问、政府、其他贵族区分开来。把王室成员看成是单个人，卷入了一架被“他们”操纵的庞大机器，过着一种艰难的“真实家庭生活”，这种能力如今使很多工人阶级妇女对王室很有好感，使她们像其他阶级的妇女一样，对王室的“家常”活动更感兴趣。“那是一份糟糕的工作，”人们会说，“他们跟我们一样受人摆布。”因而，她们对期望君主去做

的所有事情都感到非常同情，感到她和她丈夫应该得到他们所能得到的一切善意：“她是个好姑娘，”她们会补充说。王室的其他成员都有自己的位置，就像那种有趣的小说里的人物——“他们说她是个下贱东西”，“他们说他让她过着狗一样的日子”，“她喜欢她的那点开心事，她真是那样。”因此，她们需要关于王室家庭生活最详尽的细节，她们的杂志也会慷慨地为她们提供那些细节；《银星》杂志上有一首关于王太后的诗，说那些细节是“温馨的家常方式”。

2.“原始宗教”

在有些工人阶级居住区，仍有很大部分人要去教堂或礼拜堂做礼拜。很多小教派在这些地方似乎比在其他地方更活跃——在各种坚固的福音堂中，在无轨电车沿线改建的店铺里。值得注意的是，有些形式的通灵术似乎很吸引中年寡妇，这是可以理解的。
80 在这些教派的信徒中，通常包括一些同时属于教会或较大的不信国教团体的信徒。

因此，在家庭这个词的引申意义上，大多数家庭中至少有一个成员——如果不是父母，或许就是姨妈或未婚的表姐——可能会成为教堂或礼拜堂的常客。在某种意义上，人们仍然觉得教堂或礼拜堂是邻里生活的一部分。人们仍然会谈到“我们的礼拜堂”，很多通常不去做礼拜的人都觉得，那里的事情就是邻里的事情，因此，去那里就像去参加周年纪念仪式、集市、音乐会、圣灵降临周开始的游行，或者去看圣诞节哑剧表演。“在皇家剧院看不到比这更好的东西，”最近的这类活动，我已经听说过上百次了。

尽管如此，我的印象是，在我所了解的大多数地区，这种有限的归属感甚至也在衰减。今天，大多数工人阶级民众既不去教堂，也不去礼拜堂，除了在特殊的家庭场合之外，从前父母要求上主日学校的命令已经被取消了。在一些地方，人们公认的成年标志之一，除了男孩开始穿长裤或者允许女孩使用化妆品，就是可以像爸爸那样拥有不去主日学校、在家里读《世界新闻报》的自由。在工人阶级中，似乎很少有人在青春期后回归教堂。如果旧的联系被切断，就不大可能重新建立起来。

尽管工人阶级的成年人通常不会有规律地到任何做礼拜的场所去，但他们并没有有意识地反对神职人员。他们对教区牧师的态度可能有点冷嘲热讽；牧师却与老板们是一伙的。但是，这种态度通常都是一种令人愉快的玩世不恭，背后没有任何主动的敌意。他们会说，“如果你能参与其中，那就是一桩好买卖。祝他们好运。”我们骨子里都是捣蛋鬼，这其实是一种假设，机遇是件好事：如果我有机会，我也可能做同样的事。

然而，他们一直在教堂与礼拜堂里举行婚礼和葬礼，给孩子洗礼，送孩子去主日学校。他们仅仅是赶时髦或者为了安全吗？当他们在逼仄的角落祷告时，像他们通常承认会做的那样，这只是一种权宜之计，还是一种潜在的迷信急剧高涨？部分说来，这是毫无疑问的；但并非完全如此。像其他阶级一样，工人阶级民众以自己的方式受到了那些似乎有宗教主张倾向的观念影响。他们的经验通常认为，以宗教为业在“现实”生活中完全行不通，

经常被用来掩盖一种不可避免的复杂冲突。然而，他们在人生的
81 某些重要时刻或个人遇到危机时到宗教机构去，不完全是为了获得一种救助手段；他们在某些方面仍然相信内心深处的东西。至少，中年人是这样，我在这里主要想到的是他们。

首先，他们相信人生的目的性。人生有某种意义，必定有某种意义。人们不要为定义它而过多操心，也不要追问关于其性质的抽象问题，不要追问随着这种结论而来的含义；但很清楚，生活就是这样。他们说，“我们来到世间就为了一个目的，”或者说“一定有某种目的，否则我们就不会在世间”。认为有目的的观点预先假定，上帝必定存在。他们坚持G. K. 切斯特顿*所称的“生存的沉默无言的确定性”，以及莱因霍尔德·尼布尔**所称的“原始宗教”。同样简单的是，他们坚持乔治·奥威尔所说的“那些事情（如自由意志和个体存在）我们都知道如此，尽管所有意见都反对它们”。

同样可以肯定，他们认为人死后有一种生活，他们通常称之为“来世”。在这个问题上，他们也持有莱因霍尔德·尼布尔所说的“对所有重要健康的人类生活的基本乐观主义”。看看当地报纸的“悼念”专栏吧：经常提到“来世”，经常认为“来世”解脱了“尘世”的艰苦劳作，过着一种更悠闲、更幸福的生活；走向了“幸福的解脱”、“有福的解脱”、“更好的生活”，还补充说：“先

---

* G. K. 切斯特顿（Gilbert Keith Chesterton，1874—1936）：英国作家，代表作有小说《男人与星期四》。

** 莱因霍尔德·尼布尔（Reinhold Niebuhr，1892—1971）：美国著名神学家，新正统派神学的代表人物。

行”或“先走一步”。这些说法通常是从报社印制的目录卡中挑选出来的，看来只不过是商业化为多愁善感提供的又一个例证，但对卡片上各种说法的选择要由消费者的需求决定，那些说法只是按某些套路写出来的，并非在情感上被感受到或者在习惯上被接受。

工人阶级的母亲往往把“天堂”看成是一个获得安慰和某种回报的地方。很少想到对罪孽的惩罚，因为她们这类人在今世都是被亏欠的人。她们并非一直都“做得对”，但上天会体谅她们的处境：她们只要求——并且期盼——“公平”。

对这样的母亲来说，天堂的生活被设想为对家庭生活中快乐一面的再创造，上帝是自己父亲（如果他是“一个好爸爸”）的延伸，是更能解决各种问题的人，不会受他无法控制的家庭以外的力量的困扰。最重要的是，天堂将成为“重回正轨”和得到安慰的地方。那里的事情更顺遂；有时间坐下来好好休息。对带领她跳这场舞的“坏家伙”来说，有一种适度的和可以理解的“矫形外套”。那里有重新团聚，与那些已经先行、此后非常想念的人重逢；与生气勃勃的妹妹重逢，她因为在磨坊劳动加重了结核病， 82
被夺走了性命；与 19 岁就“走了”的聪明的驼背儿子重逢。

因此，非常看重“合适的”葬礼、“体面的葬礼”、“风风光光地把他送走”；不喜欢“违背自然的”火葬。重大保险涵盖了他们好好安葬自己的花费，或者支付了参加某位亲戚葬礼的黑色礼服的费用。较细心的家庭在孩子出生时就购买了小额保险。我现在还在支付每周一便士的丧葬保险，这笔保险是在我刚出生时由我母亲购买的：它会为我的葬礼花销提供大约 15 英镑。有时，保险成了把钱存入银行的一种形式，一位亲戚的去世会成为全面更新衣柜的周期性机会之一。在“体面的”葬礼背后，也希望不要在邻里面前“炫耀自己”，希望不要在这种重要的公共场合显得很张扬。在它背后也有一个设想，即尸体和伴随它的东西一定不能以一辈子常见的破烂状态下葬。不开玩笑地说，葬礼是他们所有人最大的圣灵降临节。像很多老年工人阶级妇女一样，我祖母有一套为她去世准备的华丽寿衣和被褥，到她生命快结束时，她会不时提醒我们它们存放在何处。但这个独特之处可能是她那种乡村背景的直接遗风。

同样，在葬礼上安排一顿美食、“用火腿给他陪葬”的习俗，不完全是为了一顿美食而利用保单的一个借口。这被认为是一种合适的办事方式，一次难得的家庭聚会，不需要像过去那样省吃俭用。我们有可能被吸引去注意喝茶时的轻松气氛，去听持续几个小时的闲聊，认为这不过是一顿丰盛晚餐上的家庭闲聊。聊天当然会发生，还伴随着大餐和众多的人，就像在婚礼上一样。然而，尽管葬礼上聚会的外在特征在很多方面类似于婚礼，这些相似之处却是最不重要的方面。

工人阶级民众坚持在教堂举行婚礼或葬礼是基于信仰，虽然很少认真考虑过，但在大多数情况下信仰都确实存在。他们持有的信仰中一部分是基督教的基本教义，但并未经过检验。他们常常认为，那些信仰与日常生活没有太大关联。生活被认为是一件完全不同的事情，是一件艰苦和非理想主义的事情；如果你试图“按宗教去过日子”，你很快就会发现那是“一场傻瓜的游戏”；很
83 快就会“结束”。他们知道，自己和其他人经常做错事，但他们这

么说通常意味着对他人做错事；罪孽和原罪的感觉对他们来说完全是陌生的。如果他们的某个成员明显受到宗教教义的影响，他们马上就会说，“哦，他成了宗教狂”，会把他看成是无害的怪人或准疯子。他有时是这样，但并不总是这样，他们很少能从中看出差别。他们很容易体谅那些信仰宗教的人，那些人特别真诚地要在道德上践行自己的信仰。救世军被普遍认为对那些有点癫狂的人有一种吸引力；但是，他们按其社会救助计划“做了很多善事”，为此受到尊重：《救世报》* 依然在酒吧里出售。

就他们对基督教的看法而言，他们认为它是一个道德体系；他们关心的是道德，而不是形而上学。在“我不相信它”这个常用说法里，动词通常都当作“同意”或“赞成”履行义务来使用，因为要点几乎一直与道德有关。然而，他们坚信基督教是最好的道德形式。他们会认为科学已经取代了宗教，但我们都应当努力“按照基督的教诲去生活”，而不觉得矛盾。在某些方面，看来他们似乎接受的有关宇宙的一切都来自“科学家”；但他们会正确地拒绝接受这样的观点：科学家对于运用其发明成果没有道德上的责任。我没有想到这一事实，在恐惧之时——例如，对氢弹威力的恐惧——他们像其他很多人一样，可能希望惩罚科学家。我想到了这个方面，即无论科学发明取得了怎样的进步，无论科学家可能拥有怎样的声望和近乎魔法般的力量，工人阶级民众都会坚持认为，在参与行动和运用那些发明这两个方面，都存在着一种直接的道德责任。

* 《救世报》（*The War Cry*）：救世军的官方报纸，1879 年创办于英国伦敦。

我已提到过，对道德责任的这种感受，他们主要是通过基督教来理解的。基督教就是道德；前面使用过的“基督的教诲”这个说法，是在赞成宗教的谈话中最常听到的说法。基督是一个人，他提供了如何生活的最好榜样；人们今天无法指望能够像那样生活：但这个榜样还在那里。他们喜欢说到“可以践行的基督教”。

重点始终都在于，对他们来说做什么才是正确的，尽他们所能去做，像人们所做的一样；人们是指那些没有看出“全部教义”之要点的人，但他们必须一直在群体中与他人和睦相处；那些人
84 必须学会如何合作，如何在交换的基础上生活，如何给予和接受。如何对待他人背后的设想，与其说是我们都是上帝的孩子（尽管这种说法的一种形式在此属于背景），倒不如说我们“全都在同一条船上”。就像格雷厄姆·格林的《布莱顿硬糖》中的酒吧女招待艾达那样，他们没有过多想到原罪和恩典、善与恶；但他们确信，对与错之间存在着某种差别。我认为，我看出了这种立场的局限性，但我可能没有感觉到它表明了格雷厄姆·格林所发现的那种痛苦状况；在这种情况下，他们或许会采取几种很不值得称赞的态度。

说到这里，围绕着宗教作为我们对他人尽义务的指南的意义，作为公共生活良好准则之智慧宝库的意义，各种古老的说法汇集到了一起。如果要问任意几个工人阶级民众他们通过宗教理解了什么，那么，非常容易理解但并非毫无意义的是，他们很可能会以下面这些说法中的一种来回答：

“要行善”，

“要有起码的礼貌”，

“要助人为乐”，
“要做好心人”，
“己所不欲，勿施于人”，
“我们在世间要互相帮助”，
“要帮助你的邻居”，
“要学会明辨是非”，
“要体面地生活”。

这就是孩子们坚持要上主日学校的主要原因。次要原因为人熟知：父母们喜欢自己有一个安静的周日下午，有时会强迫孩子在放学和下午茶之间去做有益的散步以延长这种安静；或者是母亲整个上午都在辛苦做饭，太累了；或者是父亲在看完周日报纸后要打盹儿。但是，所有这些原因背后的观念是，主日学校有一种潜移默化的影响，它有助于孩子避免“染上坏习惯”。

不言而喻，各个礼拜堂都把自身的成长归功于这种相同的道德倾向；各个教堂都与特权、上层阶级和仪式有联系；各个礼拜堂都有一些并非牛津大学培养的牧师，它们广泛利用了非神职的传教士——那些传教士自己的宗教经常都有强烈的现实说教成分。他们是“我们中的一员”，具有崇拜者所称的“语言天赋”，但怀疑者则认为是“饶舌的才能”。传教士和信众都没有太多时间举行仪式或几乎任何“形式”的仪式；装饰必须简单明了，如仪式的 85
安排，还有牧师与其信众之间被规定的恰当关系。所有这一切热情早已渐渐消退，但很多工人阶级民众今天都能不时使旧火焰产生出火光。他们有时喜欢沉溺于一种怀疑，怀疑某种与罗马天主

教会有关的危险，他们觉得，那是一种与“所有那些摇曳的香火、烛光和物品”不无联系的品质。

“很多祈祷都毫无用处”（虽然有些老年人，尤其是妇女，即使不去任何教堂，仍然经常祈祷）：你可以独自接近上帝，像那些“总在追随”代理主教或牧师的人一样：“一切之中皆有善”，你不需要到礼拜堂去成为一名基督徒。他们说，“虽然我不去教堂，但我像你一样是一名基督徒”。这话往往意指相反的意思：“即使你去教堂，还不是和我一样？”人们推测，经常去教堂的人也许比那些从不去教堂的人更缺少美德。如果他是常去教堂的某个人，那他完全可能是个伪君子——而那些不自诩却尽力而为的人，很可能更接近成为一个基督徒。说到底，尽你所能做一个“平凡体面的”人——这的确就是基督教的意图之所在。

尽你的全力，但要记住外面的“真实世界”，那是一个劳作和债务的世界。生活会创造这个世界上最美好的事物，要尽你可能“应付”；在你脑袋背后的某个地方也许就有“基督的教诲”：当你想到它时，你就会赞美它；但是，在谈到过日子本身时，那“你就会明白……”无论如何，这些“更深层次的问题”看来并没有给那些有时间、金钱和爱好去追寻它们的人造成太大的差别。

因此，工人阶级中的大多数人不仅显得不狂热，而且也不理想化；他们有自己的原则，但却不愿将原则赤裸裸地暴露出来。他们的方法在很大程度上是经验主义的；他们是坚定的实用主义者。这种态度与其说来源于对权宜主张的屈从，不如说来源于一种接近个人眼界的感觉，对期望过高的愚蠢行为的感觉，尤其不是来源于一般职业的感觉。“我喜欢公平交易”可能看似一种对世界的不恰当指南，也可能是自以为是，但是——经历过艰难生活的中年人会真诚地说——它可以代表战胜艰难环境的一次引人瞩目的胜利。

3. 通俗艺术的例证——《佩格周刊》*

这种对人类状况隐秘细节的最重要兴趣，是理解工人阶级艺 86
术的首要指针。首先，工人阶级的艺术在实质上是一种“展示”（而不是一种“探究”），是对早已为人所知的事物的呈现。它开始于这一设想：人类生活本身是迷人的。无论它有多么精彩，它都必须涉及可以认知的人类生活，必须从准确逼真开始；它必须以一些简单但却严格的道德规则作为支撑。

这里有吸引力的来源，即《汤普森新闻周刊》亲近、细致的潜移默化的吸引力。正是这一点，而不只是间接感受到的势利，才使针对中产阶级的系列广播节目得以在工人阶级民众中流行，因为这些系列节目反映了日常生活的细节。正是这一点，才有助于确保最通俗的报纸的新闻报道属于下层阶级想象或虚构写作的领域。工人阶级民众特别喜欢的报纸、周日闲聊耸人听闻消息的报纸、休息日的各种报纸，都不懈地从整个不列颠群岛收集它们所能发现的一切合适素材，为的是造福于几乎整个工人阶级的成年人群。诚然，无论是新闻报道还是小说，他们的兴趣往往都会

*　《佩格周刊》（*Peg's Paper*）：20 世纪早期英国的通俗女性杂志。

由于“唔－啊”[*]的因素而得到提高——如一个非常“普通的”女孩证明是被男电影明星撞倒在地；一个很有魅力的年轻寡妇被证实用砒霜解决了两任丈夫，并把他们扔到地窖的石板下面——这很容易使人想到，最通俗的文学就属于“唔－啊”这一类。人们首先应当考虑摄影方面的细节；主题不是使人想到逃避日常生活，反倒是假定日常生活在本质上是有趣的。无论有没有犯罪、性或名声显赫所提供的“刺激”，重点最初是在人物和细节上。德·鲁热蒙[**]谈到过数百万人（尽管他心里特别想到的是中产阶级），他们“吸入了……一种浪漫的气息，在这种气息的迷雾中，激情似乎成了最大的考验”。正如我们将看到的，工人阶级的文学作品中也有很多东西为这种观点提供了支持；但就更加纯粹的工人阶级出版物所坚持的观点而言，这并不是要说的首要问题。对它们来说，激情并不比稳定的家庭生活更有趣。

英国广播公司的一些节目强调了这个问题。要注意到“针对
87 家庭的”节目有多么流行，不单是“家庭最爱”（“致好邻居”）这样的节目，也不单是家庭系列节目和特色节目，如《戴尔太太的日记》[***]、《阿切尔一家》[****]、《休格特一家》[*****]、《戴维森一家》、《格罗夫一

---

*　“唔－啊”（ooh-aah）：英文中表示惊奇、赞叹等意思的感叹词。

**　德·鲁热蒙（Dennis de Rougemont，1906—1985），用法语写作的瑞士作家。

***　《戴尔太太的日记》（*Mrs. Dale's Diary*）：英国广播公司的系列广播剧，开播于 1948 年 1 月，1969 年 4 月停播，每周日下午播出。

****　《阿切尔一家》（*The Archers*）：英国广播公司的长篇系列广播肥皂剧，开播于 1950 年 5 月，最初为“乡下人的日常生活故事”，到 2009 年，已连续播出了 16900 集。

*****　《休格特一家》（*The Huggetts*）：1948 年推出的反映英国工人阶级家庭生活的三部曲电影，导演为肯·安纳金（Ken Annakin）。

家》[*]、《哈格里夫斯一家》；但真正普通的家庭节目经常都是创作的，非常像更老旧的报纸，很多细节都只与这一事实有关：它们都涉及普通民众的普通生活。我所想到的节目有威尔弗雷德·皮克尔斯的《一展身手》和理查德·丁布尔比[**]的《走你的路》。它们没有特定的形态；它们并不打算成为音乐厅意义上的“艺术”或娱乐节目；它们只是“把民众呈现给民众”，并因此受到喜爱。那些仍然在利用处理工人阶级生活的音乐厅“喜剧”传统的节目，如诺曼·埃文斯[***]的《翻越花园墙》和阿尔·里德[****]的出色讽刺剧那样的节目，都是如此。为了成功，那种节目没有必要具有一种专业艺术的形式；如果它们真的是家常的和普通的，就会是有趣的和流行的。

我已经提到过，人们通常认为，有些杂志——例如，那些主要是工人阶级妇女阅读的杂志，以及人们经常谈及的“《佩格周刊》一类的东西”——提供的只有纯粹的幻想和耸人听闻。这并非事实；在某些方面，较纯正的工人阶级杂志比那些风格新颖的杂志更可取。它们在有些方面很粗糙，但常常不止这些；在它们要迎合的群体中，它们仍然对生活的质地有一种感觉。我称它们为“旧式杂志”，因为它们都继承了《佩格周刊》的传统，反映了工人

---

*　《格罗夫一家》（*The Grove Family*）：英国广播公司 1954—1957 制作和播放的第一部家庭生活肥皂剧，剧名以英国广播公司的制作小组的名称命名。

**　理查德·丁布尔比（Richard Dimbleby，1913—1965）：英国记者和播音员，他于 1950—1955 年主持了英国广播公司的系列家庭服务节目《走你的路》（*Down Your Way*）。

***　诺曼·埃文斯（Norman Evans，1901—1962）：英国广播艺术家，在广播剧《翻越花园墙》（*Over the Garden Wall*）中扮演主要角色。

****　阿尔·里德（Al Read，1909—1987）：英国广播喜剧演员。

阶级生活的旧形式：事实上，它们中的大多数采用现在的刊名已有 10 年到 20 年之久。

几乎所有杂志都是由三大商业机构出版发行的：联合出版社*、纽恩斯集团和汤姆森与伦格集团。然而，作者和插图作者看来对自己读者的生活与态度有深入的了解。人们想知道的是，出版商是否从外界吸取了自己的大部分素材片段，就像诺丁汉的长袜制造商曾经做过的那样。大部分素材都是传统的——就是说，它们反映了读者的态度；但是，那些态度绝不像人们最初可能认为的那样是荒谬可笑的。与那些报纸相比，最近排名靠前的一些杂志就像头脑敏锐、年轻聪明的儿子一样，与其感情脆弱、迷信、守旧的母亲相比，具有很多最新的主张。

通常都可以根据纸张、质地粗糙且常有气味的新闻纸来分辨
88 那些旧杂志——那种气味至今还能唤起我的强烈感觉，因为那也是旧式儿童杂志和连环画的气味——是那种有点潮湿和发霉的气味。也可以根据它们的内页版面设计来分辨，其中只有几种类型有可能被用到；封面通常都很“单调”，在有限范围内色彩很醒目——几乎全是黑色加上蓝色、红色和黄色的浓重阴影，很少有中间色。它们一般都卖 3 便士一本，刊名有《隐秘》、《红星周刊》、《福星》（它现在并入了《佩格周刊》）、《奇迹》、《神谕》、《魅力》、《红字》和《银星》。它们显然是专门为青春期的女孩和年轻的已婚妇女设计的；因此，《红字》2/3 的读者都在 35 岁以下。

---

* 联合出版社（Amalgamated Press）：1901 年由记者和企业家阿尔弗雷德·哈姆思沃斯（Alfred Harmsworth）创办的以出版发行报纸杂志为主的出版公司。

有些内容是针对老读者的。其读者人数在每百万人中占 1/3 到 3/4 之间不等，其中大多数都在 50 万人以上。数据多有重叠，但读者的总数仍然很可观，他们几乎全部来自工人阶级。

在排版方面，这些杂志都非常相似。很多广告分散在所有小单元、封底和正文最后几页的大部分版面中；封面和正文第一页通常没有广告。在彩色封面之后，内封页面一般都有一些定期的编者按语；要么是主要的连载故事，要么是每周的“戏剧性长篇小说”便由此开始。广告通常遍布整个杂志群，涵盖的商品种类有限。有些化妆品广告仍然会利用一种贵族式的诉求，配上盛装参加舞会的贵妇照片。相同的疾病经常出现在专利药品的广告中，以致草率的概括者也许会从中得出这样的结论：英国工人阶级先天患有便秘和“神经质”。有很多治疗残疾的广告，称那些残疾有可能使女孩变成“丑小鸭”。这是以“科学家告诉我们”的方式出现的，但其前身仍然是那种“吉卜赛人告诉我”的方式。因此，偶尔也有以这种方式出现的印度秘传药物——“约翰逊夫人多年前从孟买的印度护士那里知道了这一秘方。从那以来，成千上万的人有理由感到高兴，他们信任她那一套。”有针对已婚妇女的洗衣粉广告，也有针对孩子的头痛粉或加州无花果汁广告。但一般来说，广告的设想都是：已婚女性读者都很年轻，非常想赶上未婚女性，因而要使用化妆品和洗发香波。邮购公司要刊登花哨的楔形鞋广告、尼龙内衣——我猜 89
想——这是针对年轻女性的，而紧身胸衣则是针对老年妇女的。除了特殊群体以外，对所有群体来说，广告似乎是针对没多少闲钱的年轻已婚妇女，有大量广告（相当大一部分是在这些杂志上）

邀请她们成为某个大型服装社或激增的普通信用社的代理，主要来自曼彻斯特地区，通常会在所挣的1英镑中给代理人2先令、一本厚厚的目录和免费便笺纸。

杂志正文的主体由各种故事构成，也散布着固定的和临时的特写。杂志没有政治、社会问题，没有任何与艺术有关的内容。这既不是仍然声称对各种事件很敏感的通俗报纸的世界，也不是那些偶尔对“文化”激动不安的女性杂志的世界。经常有一些对美好事物的暗示，并有著名影星的签名；也有一些非常家常的居家建议：有半个页面的某位“阿姨”的建议，或者是某个护士关于个人问题的建议——被人嘲笑为“玛吉阿姨的建议”那类东西；事实上，那些建议通常是很实用的。尽管这是真的，但我的意思并不是说，这其中从来就没有一种非精神意义上的气息。但是，建议在总体上是实际的、合理的，当某个问题非记者所能解答时，提问者就会被告知去找医生或咨询机构。有算命栏目，根据是星座或出生日期。

小说很容易划分成连载小说、每周的长篇小说和短篇小说（大概只有一页的长度）。长篇小说和连载小说往往都有令人惊奇的情节，如一个年轻男子被证明真的很富有，或一个女孩发现自己赢得了选美比赛，尽管她总以为自己是个不起眼的女人。连载小说的情况尤其如此，它们必须有“戏剧性”，并且设置成一周接一周逐渐增加的一系列悬念冲击。因此，它们往往会涉及所谓狂野的激情和谋杀。有放荡的英俊男人，通常被称为“雷夫”。但较有趣的是那些“迷人的婊子”耶洗别们，因为这些放荡的无耻女人显然更让人害怕，就像大多数节目预告给她们取的绰号那样。

这类女人在外省城镇起家，没有报道说她们拥有一段“可怕的过去”，也没有报道说在她们100英里远的从前的家里有某种“可怕的秘密”；或者是她们除掉了那些年轻漂亮的女孩，因为她们追求的那个男人真的很有吸引力，她们把那些女孩捆绑在船舱的行李箱里，从划艇上掀到水里去；或者是她们把电热水壶变成了致命武器：“她看起来并不邪恶——然而她的出现就像一个祸害”—— 90
“她是魔鬼自己钻进最美天使坯子塑造成的女人。”

反对这类文学作品的强有力的例证众所周知，我无意轻率地提及这种例证。人们应当记得，它适用于所有阶级的通俗文学作品。当有人说那些小说中的一部分提供了不道德或邪恶的刺激时，他能进一步提供证明吗？能把它们同这类通俗作品的一般趋势区分开来吗？德尼·德·鲁热蒙指出，这种类型的小说，尤其是当它为中产阶级写作时，通常都会设法权衡事情的两个方面，即坏人虽然在事实上从来就没有取得过胜利，但他们却在情感上获胜了；例如，在婚外恋成为主题时，那些故事都暗含着一种情感上的背叛。它们都“抓住不可解除的爱情枷锁，并（暗含着）在‘心灵上’女性作为情妇的身份要高于作为妻子的身份”。德·鲁热蒙继续说，“因此，婚姻制度表现得相当糟糕，但这并不重要……因为中产阶级（尤其是在欧洲大陆）完全明白，这种制度再也不是以道德或宗教为基础的，而是牢固地依托于经济基础”。德·鲁热蒙也强调了爱情/死亡主题的魅力，强调了婚外恋关系只有在死亡中才能找到某种解决办法。

在我看来，这种故事与“旧”杂志的大多数“耸人听闻的”故事之间有一种差别。在这里似乎很少有对明确假设的情感

背叛；之所以耸人听闻是因为反面人物引人注目——“非礼举动”——依然能感觉到背后有某些重要的东西，它们在家庭和婚姻生活良好的意义上超越了个人的激情关系。因此，没有利用爱情与死亡的主题，因为这会完全扼杀积极的、真实的家庭与婚姻主题。招致通奸关系的坏人让人感到有趣，很少是因为他提供了对一种关系的替代性享受，那种关系虽然是被禁止的，但却是被渴望的，而是因为他对人们认为重要的东西发动了令人震惊的攻击。他是一个可怕的人，而不是一个伪装的英雄。他通常都不会在情感上获胜，不同于我所列举的德·鲁热蒙描述的那种更加复杂深奥的文学作品里的情形；实际上，这是一种极其简单的文学作品。

这些小说显然更不同于后来的很多性与暴力故事的版本，也不同于在某些周日报纸上连载的故事。在那些故事中，作者试图——当强奸或暴力正在发生时——提供一种温和的刺激，由此
91 把整个故事包裹在空洞的道德说教中。它们甚至与两先令一本的性与暴力小说相去甚远。它们完全没有任何性刺激，没有旨在唤起性刺激的任何描述；我认为，这不仅因为女性通常都不像男人那样容易对这种刺激产生反应，而且也因为这些故事属于截然不同的世界。工人阶级妇女杂志中的这些故事，既不属于中产阶级的世界，也不属于更加时髦的周日报纸的世界，不属于晚近小说的世界，甚至更不属于可以把非法关系当作“有趣”、“时髦”或“进步”来谈论的那种环境。如果一个女孩此时确实失去了贞操，或者一个妻子犯了通奸罪，那你就会听说，“那天晚上我的感觉就是这样”，或者“我犯了滔天大罪”：虽然这里明显有一种令人震

惊的战栗，但你会感到堕落感和罪孽感同样很真实。

人们读了很多这类故事之后，最强烈的印象就是它们极度忠实于读者生活的细节。短篇故事所占的篇幅与连载故事或长篇故事所占的篇幅一样大，看来它们主要是忠实记录源自普通生活的有趣或令人担心的琐事。连载故事有可能演变成令人惊叹的豪华世界，它仍被叫作“英国的豪华古宅”，或者会表现某个王公或酋长：但经常都是读者生活于其中的那个世界，在细节描写方面相当准确。那个世界也有相当比例的犯罪——如汤普森夫人被怀疑入店行窃时的困窘等。我翻开《银星》杂志：封面内页上有一部长篇小说《可耻的书信》，开头写道：

> 当斯特拉·凯打开15号大门时，前门开了，她母亲兴奋地招着手。
>
> “什么事情让你弄得这么晚？”她低声说。“你还记得那些香肠吗？哦，好孩子！”
>
> 斯特拉看着母亲那张涨红的脸和最好的花围裙。
>
> 来客人了！正当她突然要说出关于他们的全部消息之时！她不得不打住了。

对《秘密》杂志的典型模仿就如其每周一诗《母亲夜嬉》，是关于父母每周去看电影的描写：“那是星期一晚上，在3号门，妈妈和爸爸正在喝茶。实际上，可怜的爸爸在妈妈的催促下几乎就没有喝，‘弗雷德，快点！’”

《神谕》杂志封底的一篇短篇小说《英雄归家》开头写道：

“在罗珀路的街角小杂货店做买卖的大多数妇女，都相当厌烦听到博尔松太太孩子的事情，但她们却无法非常恰当地告诉她，因为她那么乐于助人，那么容易在紧急关头随叫随到。”一篇典型的
92 《福星》杂志的单页故事开头写道：“莉莲·韦斯特瞥了一眼厨房墙上的钟。‘天哪，’她想，‘这些天我那么快就把家务做完啦！’”故事接着讲道，她决定不再管自己已结婚成家的孩子，以免讨人嫌然后她如何在实现自己的大多数需要方面找到了新的快乐。“玛丽是个普通女孩，在工厂里干普通活儿”，另一个故事的开头写道，并且顺便概括了几乎她们所有人的出发点。

插图有助于营造同样的气氛。一些较新的杂志专门使用袖珍相机拍摄的摄影插图。“旧”杂志仍然使用风格简洁的黑白插图。精细的黑白线描插图的在使用，特别是在一些更时髦的出版物中；与它们相比，在一些外省报纸上还能看到漫画，是当地某个人 30 年前画的。所以，它们大多数都用素描（连载小说或长篇小说的主要插图有时属于例外）；它们在技法方面并不高明，细节几乎完全没有浪漫色彩。女孩们通常都很漂亮（除非故事重点是讲相貌平平的女孩也能找到好丈夫），但她们的漂亮都很单调乏味，就像通常都很漂亮的工人阶级女孩那种样子。她们穿着短衬衫和连衣裙，或者是舞蹈表演服。可以看到工厂的烟囱竖立在某个角落，还有房屋和街道，依次排开的路灯柱向后延伸到远处；有公共汽车、自行车、当地的舞厅和电影院。

如此去接近读者生活的细节，或许只是为了浏览一个实现愿望的故事的前奏，那个故事与可能发生在来自那个世界的某人身上的惊人事件有关。有时情况就是如此，故事中偶尔也有社会层

面的提升，所以，人们可以感到，非常美妙的是成为别墅或上层阶级住宅群中的一员。然而，在通常情况下，所发生之事可能发生在任何人身上，环境则是大多数读者所处的环境。

如果更仔细地看看那些故事，我们立刻就会联想到与“股票反应”相反的情况：每种反应都有其在表现上固定的对立面。我匆匆浏览了对一场审判的描述：嘴是“设定好的”，脸“由于兴奋而紧张”；战栗直抵脊椎骨；主人公展现出“极强的控制力”，带着“严肃的神情”面对抓捕他的人；他注视着自己的女友成了“痛苦的心”的受害者，如同“悬念凝聚在空气中”。然而，这表明了什么？作者使用陈词滥调，读者似乎也需要陈词滥调，他们难道没有探究过经验、没有通过语言去认识经验吗？确实是这样。
但是，我要重复说，这些都是最初的陈述；是对已知事物的形象 93
呈现。它们的读者可能很难把握住可以称为严肃文学的任何东西；但还有更糟糕的套路，尤其是在今天。如果我们认为它们是忠实的，但戏剧化地表现为人所熟悉的生活形式和价值观，那我们就会发现，更有用的是要追问它们所体现的价值观是什么。仅仅嘲笑它们毫无益处：我们首先需要认识到，它们会用所有陈词滥调来为一种实在、恰当的生活方式辩护。圣诞节和生日贺卡诗的陈词滥调可能就是如此；这就是人们非常细心挑选那类贺卡的原因，通常就因为那些诗句“可爱”和“恰当”。这些故事所呈现的世界是有限的和简单的，基于一些公认的和长期坚持的价值观。它通常都是一个幼稚和浮华的世界，情感的源泉在强烈涌动中发挥着作用。但它们真的会起作用；那不是一个腐败或狂妄的世界。它大胆使用各种词语，但面向更加成熟的观众写作的严肃作家理所

当然地发现，今天很难再使用那些词语，其他很多作家都非常了解，以至于不会使用那些词语。正如我在另一个相关地方提到的，它使用的词语有“罪”、“羞耻”、“过失”、“邪恶”等，每一种表现都有意义。它完全接受这一观念并有其主要参照点：婚姻和家庭要以爱情、忠诚和快乐为基础，这是女人生活的正确目标。如果一个女孩“有罪”，这并不是说那个女孩“对自己有罪”，与另一类作家所说的不一样，也不是说她在人际和社会关系之外的某些关系方面有所欠缺，而是说她糟蹋了拥有体面的家和家庭的机会——这种情况印证了我在前文里就工人阶级信仰中道德的重要性所说的话。这类连载小说较常见的结局之一是，对那个女孩来说，要么再找这个男人让他负起责任，要么找另一个男人，虽然他知道所有情况，却准备娶她并成为孩子的父亲，爱她和孩子。人们可能会意识到不信任“另一个女人”、耶洗别、家庭破坏者的力量，那个女人要破坏一桩现存的婚姻或刚刚开始的一场求爱。如果那个目光色迷迷的男人想要破坏婚姻，他也会遭到冷遇；在此之前，他得到特许比那些放纵的女人更加放纵。

与这种基本模式相反的是，各种刺激会产生出大胆的安慰，并与之不可分割地结合在一起。我认为，刺激不会吸引读者去仿效，多半也不会以一种病态的方式梦想它们。它们与读者的生活有着同样的联系，就像从坚实平地上飞起来的风筝与地面的关系
94 一样。在所有杂志上，普通生活的基本模式通过连载小说和短篇小说来来回回地编织起来。这就是主要设想的模式：

不要因为某个朋友离开你而糟蹋今天；不能说全能的上

帝都剥夺了你。生命太短暂，不要愤怒，不要悲伤……

或者：

幸福由
无数琐事构成
常在不知不觉间流逝……

按这种观点，这实质上仍然是亨利·伍德夫人*（《东林怨》、《丹斯伯里家》、《哈里伯顿夫人的烦恼》）的世界，是弗洛伦斯·L. 巴克利**（销售了百万册的《玫瑰园》）的世界，是玛丽·柯雷丽***（《撒旦的悲哀》——对我姑妈来说是“经典”）的世界，是塞拉斯·K. 霍金****（《常春藤》、《她的班尼》、《他父亲》）的世界，是安妮·S. 斯万*****（《分裂之家》）的世界，是鲁思·拉姆******（《任性的沃德》、《不太像淑女》、《还是个年轻妻子》、《有体贴入微的乔和他如何成名》）的世界，以及其他很多作品的世界，这些作品通常由伦敦圣教书会出版，并作为奖品在主日学校的上层阶级中颁发。这个世界如今正在被新杂志的世界取代。顺便提及，我

* 亨利·伍德夫人（Mrs. Henry Wood，1814—1887）：英国小说家。

** 弗洛伦斯·L. 巴克利（Florence L. Barclay，1862—1921）：英国浪漫派小说家和短篇小说作家。

*** 玛丽·柯雷丽（Marie Corelli，1855—1924）：英国小说家。

**** 塞拉斯·K. 霍金（Silas K. Hocking，1850—1935）：英国小说家，卫理公会牧师。

***** 安妮·S. 斯万（Annie S. Swan，1859—1943）：苏格兰作家、记者。

****** 鲁思·拉姆（Ruth Lamb，1829—1916）：英国小说家。

不知道它在苏格兰能否坚持得更久：一本非常简朴但很吸引人的3便士周刊《人民之友》仍在刊行；谢菲尔德的一本类似的杂志《电讯周刊》，我相信仅仅几年前才停刊。有些“旧”杂志通过努力创造出新杂志的魅力而保存下来，经常与旧式耸人听闻的夸张形式有关联。紧张和扣人心弦的新连载小说在海报上进行预告，使用了大量插图，它们把旧式的平凡故事和新式的特写结合起来。

但是，一些新杂志继续在增加它们已经很惊人的发行量。它们在很多方面都体现了与“旧”杂志相同的态度，尽管它们针对更大量的读者，以致无法将自身定位于某个社会阶层。它们在表现手法上相当精明，大概比“旧”杂志更能提供较专业的关于家庭问题的文章。“旧”杂志中有一些粗糙之处，将它们剔除不应感到遗憾。我没有强调它们的质量，因为我关注的是要表现与工人阶级生活更密切的联系。然而，在我看来，新杂志的精明经常扩大到了它们的态度，而变化并非总是为了有益。精明很容易变成一种花言巧语；看重的是金钱和威望（在新闻中，要在人名后面
95 的括号里写上薪水数目或获奖金额），大部分“被深深吸引的”注意力都在公众人物身上，诸如工业巨头的同性恋妻子，或电台明星和电影明星；有顽皮欢快的家庭生活，也有主要是调皮捣蛋或异想天开的行为举止。

“光面杂志”* 旨在成功地吸引想变得聪明、新潮的年轻女性，

---

* “光面杂志”（glossies）：流行杂志大多用亮光纸印制，故以“光面杂志”来指代流行杂志。

她们不喜欢显得老派。“旧”杂志也许想赶上“光面杂志”，但这样做的费用会非常高；它们大概仍然有数量足够大的读者群，因而是按相当老旧的形式为了盈利而印制的。我想，当实际情况不再是这样时，它们要么按照“光面杂志”指明的方向真正做出彻底变革，要么就消亡。

第五章　富足的生活

对我们这个阶级来说，每件事都只有同一种意义——当你为面包和纳税而挣钱时——那就是生活。

1. 直接、当下、愉快的：命运和运气

96 从具体的和个人的转向直接、当下和快乐。正如人们看到的，强调需要“保持快乐”源于这一设想：在物质方面，生活必定是没有回报和艰难的。要具体说明这种态度，就不应再使它听起来过于温和软弱：工人阶级民众在很多事情上都会感情用事，但他们的快乐主要是由他们非感情用事的品质养成的。他们不信任大班领导，但通常都以一种幽默的怀疑态度对待他们和他们的自命不凡；他们经常都会说：“我们当然知道。”他们会愉快机灵地对付大班领导和他们说的大话；他们会说，“我才不信那一套”——但他们并不是真的“拿这个来反对‘他们’”。他们对外部世界经常都很幽默，而他们的幽默几乎都是揭露性的幽默。他们的快乐大多建立在不动声色的心口不一上，就像他们渴望“使自己快乐起来”那样。这有助于他们带着某种尊严去应付各种问题。这也能

使他们在把幽默感提升为任何人都能感受到的主要美德时，对自己内心世界和外部世界的大多数东西都不甚上心。这有助于使他们在紧要关头变得睿智、可靠、稳定、实际和沉着；如果他们没有充分考虑到这种对立面的张力，那么，所有这些品质就有可能变成缺点。

今天有很多节俭的工人阶级民众，一直以来都有。但总的来说，工人阶级生活的直接性和当下性都很重视及时享乐，这个特点妨碍了为未来的某个目标打算，也妨碍了按照某种理想来筹划。他们认为，“生活不是玫瑰花床”；但“明天自有明天的忧虑”：在这方面，工人阶级长久以来都是快乐的生存主义者。即使是那些比通常人多花了时间担心事情如何“发展”的人，也确实会认为，他们的生活在某种程度上是直接的和当下的，这在其他阶级中并不常见。 97

很多时候，妻子仍然会在四点半带着钱包“悄悄溜出去”喝下午茶。架子上的东西很少，那是为特殊场合准备的。然而，这不一定是那种意味着贫穷、勉强糊口的生活；它也不完全是懒惰和健忘：它是生活氛围的一部分；他们一般都是走一步看一步。工资袋里的钱每周进进出出。没有股票、股份、债券、有价证券、不动产、营业资产。有人留下几百块钱作为一次性的支付款仍会被说成“富有”。小账本零乱地放在一个装饰物后面，通常记的都是“还清”；例如，还清早就积欠的一笔债务——购衣支票、上周的房租。储蓄或提前支付的形式在传统上都是为了特定目的，如预防死亡或疾病的保险；或者通常是为了周期性的短期用途，如与圣诞节或假期有关的支出。对一般储蓄种类的不信任仍然很常见：

你很可能“明天就倒下了”，那么，所有“绞尽脑汁和痛苦”的储蓄为你做了些什么呢？从这种说法里可以看出不信任的真实原因，以及由此产生的重视有钱就花的真实原因。如果人们什么都不浪费，过着精打细算的日子，那么，他们也许能节省一定数量的钱。他们可能会省下一些钱，但也不一定；所需的自制力会超出大多数人认为值得的程度。这意味着一种刚够温饱、喝燕麦粥的生活，最终几乎没有什么盼头；生活“不值得过下去”。

这有助于说明花钱方面的两个特点，这是其他阶级的成员觉得特别难以理解的。首先，一旦工人阶级民众的应付款项已经付清，他们就会把剩下的大部分钱花在“奢侈品”上。这种事情经常发生，即使家里的钱可能比很多年份都多，或者可能比几个月以来都多。其次，就花钱的习惯而言，使局外人困惑不解的是，工人阶级民众会把自己的收入进行分配，按先后次序安排事项。

因此，与中产阶级相比，更换必要家庭设施可能排在最后；被单通常都很破旧，有很多补丁，毛巾数量不足。这不完全是由于缺钱；买一个梳妆台上相当精致的相框或者买一件新饰品，所
98 需的钱可以多买两条毛巾。“丰盛的饭菜”通常都意味着提供充足的肉类，尤其是为了作为一家之主的那个男人。这是普遍的想法，无论丈夫是干重活儿，还是干轻活儿。据我所知，很多工人阶级男人如果回到家里发现只为他们准备了一块而不是两块排骨，他们就会“摔东西”；或者说，如果有冷的煮火腿，他们就要求得到1/4磅。“享乐”——如抽烟和喝酒——被赋予了类似的重要优先权。享乐是生活的核心组成部分，不是其他很多承诺兑现以后才被允许的事情。在这种粗糙的经济模式中，每个项目的重要性因家庭

而异；颠倒这种模式本身的人并不常见。

生活日复一日、周复一周地过下去：季节变换，假日和雇主的被当作重大节庆，还有偶然的特殊事件——家庭婚礼、乘游览车观光、葬礼、优胜杯决赛。必须做一些规划；为期 12 周的在圣诞俱乐部购买礼品和额外物品，或许要在某个俱乐部提前预付圣灵降临周的服装钱，然后，在有些情况下还要为度假存钱。但一般来说，最显著的特点是生活的无计划性，随时会遇到麻烦或者要享乐；计划大多是短期的。

在社交方面，几乎每天和每周都没有计划。不记日记，不订婚约，也很少收寄信件。如果某个家庭成员外出了，会在星期天有点痛苦地整理每周的信件。除非家里有特别的事，否则生活在外的亲戚或非常亲密的朋友可能只靠圣诞贺卡联系。但如果他们返回到本地生活，关系又会继续，仿佛从来就没有中断过一样。如果从前的近邻偶然在城里相遇，就会好好地闲聊一阵，这种闲聊看起来就像是前辈们闲聊的延续。

很可能没有哪个日子最适合少数“顺道来访”的客人。经常来访的客人在离开时可能会说，他会在星期二再来看他们，但人们并不认为这是一种约定，反倒是一种暗示，表示那时之前他无法再来看他们。大多数其他“顺道来访”者的出现，就像行星一样是可以预测的。

所有这些事情都促成了工人阶级民众对生活的看法，从某些 99
方面看，这种看法就像一种享乐主义，认为只要避开了大的忧虑（债务、酗酒、疾病），只要有适当机会“过得很开心”，生活在很大程度上还是可以接受的。但这是一种温和的享乐主义，人们有一种更加根深蒂固的感觉——即巨大而遥远的回报并不属于他们。乍听起来，“干吗操心”似乎使人想到一种不值一提的态度；但只有那些希望多操心的人才会想出这种说法，并经常这么说。类似的其他说法也是如此——“凡事往好处想”；“笑口常开”；“你的那点幻想对你有好处”；“如果没有一点乐趣，生活就不值得过下去”；“要充分利用每一天”；“我们没有多少钱，但我们确实懂得生活”。反过来说，人们讨厌吝啬和小气——“我讨厌吝啬鬼”；“他像个讨厌的小气鬼”。

因此，快活、睿智、“风趣”的人仍然会受到极大尊重。他在劳动时开玩笑，时间过得快了两倍；他会“逗你开怀大笑”；他“非常有趣”。或者说，他在市场上卖东西给你，你知道他是个难缠的人，但你还是“禁不住要笑起来”。在较粗俗的漫画和风景明信片中，他是个高大、肥胖、圆脸的中年男子，拿着一杯啤酒。他是真正的工人阶级主角，是个快活而不浪漫的主角。他是个大约40岁开外的男子，受到过一些批评，懂得如何接受批评，而不是一个英俊的年轻男子。工人阶级总很喜欢“喜剧演员”，就像他们最大的音乐厅的名字表明的那样。他们喜欢那些“一本正经的爱尔兰人”，充满一种傻傻的乐趣，也喜欢那些无拘无束、开朗乐观和粗鄙的妇女，如已故的内莉·华莱士。*

甚至还残留着一些更加粗俗的习气。我最近在赫尔的街上买了一份两便士的大幅版面报纸，叫作《比利的说谎者周刊》（第20版），它在那个地区另一边的一个城市印制。它被证明是与滑稽明

* 内莉·华莱士（Nellie Wallace，1870—1948）：英国杂耍戏院明星、喜剧女演员。

信片一样属于相同世界的遗迹。一则模拟的分类广告写道：

> 豪宅
>
> 真正像家一样舒适自在的地方。床下的弹簧闪亮，超大的卧室（只需要每周腾空）。充满趣味的床单和毯子……

另一则广告写道：

> 招聘：为我们研究室测试泻药的男子一名。这是一份坐着干的轻松工作，按照排泄量发奖金……

还有洗涤剂广告：

> 一切灰尘、污渍、颜色、纽扣和衣服的痕迹都会消失！这种气味会使你惊异，就像刚割下来的干草——被马吃下之后散发出来的味道。

整张报纸的通栏标题则是："笑吧，该死的笑！" 100

"笑吧，全世界与你一起笑"；埃拉·惠勒·威尔科克斯*的诗句悬挂在无数工人阶级客厅的墙上，人们没有接受她写这些诗句时的语气，但依然强烈地表达出了一个群体的态度。

---

* 埃拉·惠勒·威尔科克斯（Ella Wheeler Wilcox，1850—1919）：美国作家和诗人。

众所周知，工人阶级民众喜欢赌博。这主要是对必须“忍受各种事情”的反应，是对意识到逐步改变的努力不可能产生很大效果的反应，还是对希望一夜暴富、摆脱枯燥劳作、不劳而获产生的反应？像有些作者提到的那样，在那些要求一定技巧的赌博形式中，也有一种很少能获得的自我表现的发泄式快乐。掌握了赌球或赌马“方法”的人会受到尊重——其“方法”的结果通常都不会经过仔细检查。他令人钦佩，某种程度上很像钦佩优秀足球运动员那样，因为他“让它变成了一门科学”。无论是否需要技巧，所有赌博形式的背后都有一种纯粹碰运气的刺激，其中的重点不在于担心是否会赢，而在于更为重要的“乐趣”——无论输赢——都要“尝试”。我强调这一点是因为我认为，人们可能很容易认为工人阶级民众更多地是从情感上参与赌博，而不是实际上参与赌博。但在我看来，有确切的事例表明，大多数偶然的赌博（虽然在过去20年间“赌球”确保了这样的赌博至少每周都有一次）都没有被非常认真地对待。根据统计数据很容易想到，几乎每个工人阶级家庭每周都会受到鼓惑，带着神经质的渴望想在“赌球”中获胜；到周三晚上，铺着报纸的客厅桌子成了狂热活动的中心，每周的其他时间则沉迷在幻想中，想着用所有那些赢来的钱干什么；周六把他们暂时投入到深渊中，但他们很快又滋生出对下一周的希望。

首先，我们应当记得早已提及的几百年来对于运气和命运的信念，这种信念残存在星座预测的传说中，它们甚至成了时髦报纸令人瞩目的基本特征，它们也残存在大城市集市上的算命者以及海滨的电动算命机中，残存在每个地区丢弃的茶叶和掌上读本中，残存在福尔沙姆[*]的《梦之历书》中，残存在广泛流传的关于四叶草、火把琼[**]、康沃尔小精灵，以及小精灵的同伴杰克南瓜灯[***]的广告中。

对命运的信念残存在《老摩尔年鉴》[****]中，它声称“正常年净销 101
售量达 300 万册”，并将自身的年代标注为“1699—1956 年”。其神秘的封面说明并展示了“预言式的象形文字雕版图”，它看上去从最初发行以来几乎没有变化，尽管它现在包含了预测足球比赛的公告。里面有很多印制精美的各种预测，根据不同日期、生日和星座来预测，还包括艾森豪威尔总统那样的名人。

在这方面的经验中，反复出现以及非常频繁使用的词语就是“运气”。人们相信并赞叹运气；你或者与生俱来就有运气，或者没有；运气像智慧或眼光一样是天赋的特质。当然，也有幸运的事件和特征，诸如遇到黑猫或拥有黑发：运气可以循环。但基本的设想是：运气是某种与生俱来的东西——工人阶级民众会说，某个在中奖的人“多半是生就的运气，而不是富有”；“当然，他很有运气”，意思是说他具备那种特质。就连那些并非生而“有运气的人”，也不时会有“新手的运气”，或者碰到或者“撞上了”运气。当然，类似的说法在社会的所有领域都在使用，但使用的频率并不相同，含义也不完全相同。对工人阶级民众来说，运气

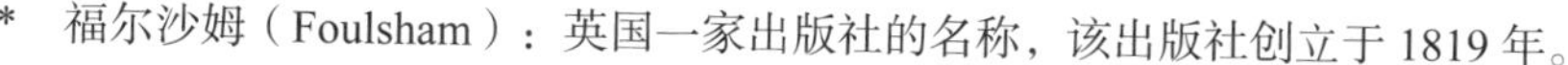

* 福尔沙姆（Foulsham）：英国一家出版社的名称，该出版社创立于 1819 年。

** 火把琼（Joan the Wad）：英国康沃尔郡民间传说中的神话人物，是小精灵的女王，据说她点燃火把就表示好运和安全。

*** 杰克南瓜灯（Jack O'Lantern）：用南瓜或甜菜雕刻成的灯笼，外表的图案通常是怪物一般的脸孔，内部放置点燃的蜡烛，是万圣节必备的饰品。

**** 《老摩尔年鉴》（*Old Moore's Almanac*）：英国从 1697 年以来出版的占星术年鉴。

显得与扎实努力、头脑或美同样重要和自然；它是你必须承认的一种属性。他们愿意赞赏其他那些特质，但也非常重视纯属偶然带给你的运气。也许可以部分使用前面说过的话来解释，它是指这一事实，即在物质方面非常有限的生活中，人们希望天赐好运。然而，它也植根于一种延续了很多世纪、依然受到欢迎的超自然信仰，不是作为尚未到来的回报，而是因为它会使生活变得更加有趣。

于是，赌博和下小赌注泛滥。在任何一群工人阶级民众的口袋和手提包里，很可能有大量各种各样的现期票券，有幸运抽奖票、车间抽奖券、大型赛马的全套彩票、俱乐部彩票。几乎可以围绕任何事情组织起各种赌博，期望每个人都来参与。对那些持道德异议的“怪”人，则给以补贴，但这种补贴更多来自于普遍相信“宽容”，而不是理解怪人的想法。这很自然；因为他的情况并不代表整体。当组织者对某个反对者说，“哦，为啥不试一下，只是为了一乐罢了”，或者说“找点娱乐”，他们是要表明，这
102 个方面对他们和对持反对态度的人来说同样重要。至于他们怀疑因吝啬而拒绝参与赌博的人，他们会说，“他不想娱乐。他就怕输钱。”

有一则赌球公司的广告，从其绘画风格和画内装饰来看显然是针对工人阶级的，画面展现了一个小伙子被女孩们唾弃、她们坐上别人汽车离去的情形。小伙子在第二幅和第三幅画中出现时，看上去像个初出茅庐的学者，鄙视寻欢作乐，过着艰苦的日子，在家里填写“赌球”彩票，然后把它寄出去。在第四幅画里，他赢了好几千块钱，开着时髦跑车绕过街角飞奔，旁边坐着第一

幅画里在他身边的一个女孩，而其他几个小伙子则痛苦吃力地在人行道上行走。我并不否认，某些潜在的“赌球”顾客可能受到这类态度的影响。但对很多人来说，这一切看起来相当离谱。它完全是一个贪婪社会的广告，那个社会把金钱关系看得重于一切。然而也有可能是，赌博的新特点——其常规性、集中性、提供巨额奖金、持续性和高强度宣传推广——都会逐渐引起态度的改变。我没有亲身体验过大赢一把对获胜者的影响，也没有体验过邻里对他们的态度。现在，对我所认识的几乎所有人来说，参与依然是一种冒险，是一种碰运气的姿态。如果走运，结果有可能“挺好”、“有点好”或“令人愉快”，也可能“无伤大雅”。人们可能购买某些东西，或者做一些意想不到的事情，比如过一个真正不错的假期，或者买一台电动洗衣机，或者把未婚的女儿安排到商店工作。人们可以尝试一下一直在幻想的那种奢侈。但是，人们不会每周都焦急地渴望机会出现。

2.“世上最大的一叶兰”：“巴洛克”之旅

美好的生活不是一个简单的“事事忍受”、“尽最大努力”的问题，而是有“额外”的空间真正创造“生活”的问题。大多数工人阶级民众都不会向上爬；他们并不埋怨自己的普遍水平；他们只想允许多得到一点虚饰。他们早就懂得这一点的重要性。正如我在前文提到的，人们通常都不指望那些挣了一点钱的工人阶级孩子把钱交出来贴补家用；那点钱很有可能是“他们的一点儿外快”。对成年人来说，外快很可能只是明显很重要之物中偶然

103 的、非常少的部分——例如，一周当中晚餐上的炸鱼和薯条。但是，它们给生活增添了多样性、色彩或某种快乐；它们属于生活中自然涌现出来的东西，那种生活在很大程度上是一种强加的常规，按时上下班，或者说是一家人吃饭、洗涤和收拾。工作的常规很少改变，几乎完全是从外部强加的，而对自由和个人行为的态度则呈现为一种特殊的情形。

所以，“你的那点儿幻想对你有好处”；“当你外出时，你是出去享受”；“你想要一点真正的生活”；“你做起事来像个 8 岁小孩”。在所有这些今天还被大量使用的说法里，有一个音符从“巴斯妇人”以来在英国工人阶级的生活中从未沉寂过，它回响在莎士比亚笔下的粗人奎克莉夫人和朱丽叶的保姆那里，回响在摩尔·弗兰德斯[*]和19世纪的音乐厅中。它现在已经丧失了某些古老的品质，但保留下来的喧闹粗朴的味道却超出了人们通常的想象。

我自己对这种残存的古老精神的最好说明，是我在 20 世纪 40 年代末认识的一名女佣。她代表了较为粗糙、《布朗大妈，站起来》[**]那种类型的女人。她的服装看起来就像是从二手服装店一件件捡来的，而且很不干净。她穿着破旧邋遢的上衣和裙子上街，披着一件从前的军用防毒斗篷；头从斗篷里伸出来就像《麦克白》中某个女巫的头。她准有 45 岁左右，因而她那张脸不能再叫作年轻；但还不太老或者并未“饱经沧桑”。脸上布满皱纹，却不憔悴；它刻下了艰苦劳作、保养不够的痕迹，那些皱纹是“勉强度

* 《摩尔·弗兰德斯》（*Moll Flanders*）：英国作家丹尼尔·笛福的小说。

** 《布朗大妈，站起来》（Knees Up, Mother Brown）：20 世纪 30 年代在英国流行的一首歌曲的名称。

目”、顽强、为自己奋斗和高于一切的故作勇敢造成的。她的左眼有一种恶狠狠的眼光，下唇撇向右边，因而虚张声势在总体上获胜了。但那是一种不善交际的虚张声势，即使是在精神最放松时。她的头发是一种肮脏的鼠灰色，从一顶旧毡帽的两旁散乱僵直地垂下来，她把那顶帽子用力紧套在头上，与头很不相称，用一枚很大的发卡固定住帽子，发卡的平头末端雕刻着一个黑人小孩的头像——我猜想，那是某一天在海上的遗留物。她的鞋子已经开裂，溅满泥污，完全没有弄干净；她的线织长袜在膝盖以上绕着圈挂着。她的声音沙哑，是多年在空地和后院“呼叫”（把“a”发为如“shall”中的音）和“咆哮”造成的。像那些认识她的人只需稍加思索就会想到的一样，她不是寡妇：她丈夫在精神病院住了大约 12 年，在此期间她独自一人照顾家庭。她实际上的婚姻生活开始于在家里的 3 天假期，结束于五六年之后，那时“他们已把他带走”。所以，她 40 岁出头，还要照顾 5 个人，或者更准确 104
地说是 4 个人，因为 18 岁的大儿子在当兵。然后，有一个 14 岁的女孩，她“聪明伶俐”，获得了当地文法学校的奖学金，一个 10 岁男孩看起来很像她，一个 7 岁女孩遗传了好几种疾病，还有一个 4 岁女孩，已经面色苍白，一直在感冒。

他们全都坚定地站在母亲身后，非常快乐，就像她一样。她具有杂种母狗的神气，我这么说丝毫没有毁谤她的意思。她为孩子们努力奋斗，但这从来都没有“使她泄气”，尽管她经常在孩子当中发脾气。她没有屈从或顺从，也没有想赢得怜悯；她对影响自己孩子的很多事情都很粗心，并且拒绝为生活操心或认真对待生活。她请求雇主“不要向济贫委员会的人提及此事”，但不索取也不以在某种程度上因感激地接受而提醒人们进一步馈赠的方式来回应馈赠。如果有人给她一件衣服或一点食物，她会接受并简短表达谢意，如此而已。毫无疑问，她经常感到雇主手里有余钱与己无关，但她显然毫不羡慕他们的生活方式。她精神饱满地为之干重活儿的年轻的中产阶级家庭主妇干重活儿，即便无心尖刻和喧闹，也很快会知道，在施与方面，任何社交上的自命不凡或企图都是不相宜的。真相在于，她与她为之劳作的那些人相比，有一种更加充实的生活。因而，如果她休了一天假，她不会想到把所有能找到的家人都带到最近的海滨胜地去，那地方虽然不远，却不会去那里度过一天喧闹而愉快的日子，尽管结束时所有人都有炸鱼和薯条。

我可能有点把她浪漫化了，而她肯定不具有典型性。但是，她具有工人阶级的某些品质，我现在的描述有点超出了生活，就像在漫画中一样——他们的能力不允许自己被改变，但接受还是不接受，都有他们的意愿和他们自己的方式；他们有精力坚持要求得到某种地位和享受，他们的娱乐和消遣方式是传统的，即使在环境显得异乎寻常地令人气馁时。

这是一种态度，它要求做一些有趣的事情——装饰艺术、唱歌、“自由”行动——一种散漫、极具观赏性、洛可可式的奢侈。它喜欢那些可以称为“巴洛克”的事物（不一定意味着一种历史
105 联系），正如兰伯特小姐和马克斯小姐说明的那样。它喜欢繁复的装饰，喜欢所有那些丰饶和蔓延伸张的东西，使人想到由色彩的极度丰富和铺张所表现出来的富丽堂皇。它喜欢东方，因为东方充满异国情调和复杂精致。香水应当来自东方；礼拜堂多年来

偏爱集市而不是义卖（如这张最近的海报："赫尔地区希望与禁酒联盟乐队——五一节庆典——东方场景——五月皇后：希拉·帕格迈尔小姐"）。电影院有时会追随剧院给自己取一些令人迷惑的东方名字，一般都会使人想到一种或东方或欧洲的华丽，但却从不害羞。电影院和剧院的门卫看起来都像理想王国中的将军；"广场"、"宫殿"、"阿尔罕布拉宫"、"帝王"、"大使馆"、"君主"等模铸的虚假门面，沿着主干道一字排开，彼此竞争。通俗杂志小说的夸张常常触动相同的心弦；东方君主深受人们喜爱。

我现在回想起，要给前面提到的一个问题做出更加清晰的界定。在室内，家里的基本陈设都覆盖着各种物品，其主要魅力在于它们强烈的色彩和对华丽的暗示。老旧的形式看起来往往都近乎怪诞，而新样式却显得低劣；但传统并没有被打破。墙纸或许是商店里贴有"最新样式"标签的那种，但依然具有一种刺目的图案和色彩。老式花盆和装饰贝壳从壁炉架上消失了，只有少数年轻夫妇才想要鲜艳的剪贴毯；但替代品同样鲜艳。不难猜到，工人阶级民众一旦不再需要购买实用家具时，就会回到霓虹灯商店销售的经过高度抛光和精美的物品上。我们已经看到，在同样硕大的碗状容器里繁茂的一叶兰已不见了，它曾经靠阿司匹林和淡茶饲养。但是，它的后继者在窗口空间说着同样的情感话语。外面箱子里的花朵仍然是提供"一点色彩"的最佳东西。塑料便宜货和茶壶的造型像乡下村舍的长背靠椅，很容易配上复杂的花边纸桌垫、复杂的花边半窗帘、钩花的桌布、构思奇特的生日卡和圣诞卡、彩色柳条购物篮和供喝茶的"花式小蛋糕"（造型和色彩奇特的小蛋糕）。

很多古老的工人阶级的业余爱好都有相似的特点。在制造一件物品时，兴趣点不在色彩搭配的合适或设计的统一性上，而在于为了复杂精细而复杂精细。或者更确切地说，更复杂精细的特点既通过在一个物体上的多次重复使人想到丰富性，也显示了一
106 种确定的技巧。通常都很少感到材料本身最佳的可能性，也很少考虑物品的用途。想一想线条与空间图案的粗犷怪诞，火柴盒上的国会大厦，作为圣诞礼物交换的公爵夫人的摆设、茶壶和扑克牌。

在户外，尤其是在城市更多的公共场所，20 世纪更加清晰的线条在邮局、电话亭、公共汽车站给人留下了深刻印象。但在工人阶级购物和娱乐场所，旧风格——以其时髦形式——继续存在；例如，它存在于大型家具店、有杏仁蛋白软糖出售的超级电影院、服装橱窗陈列廉价男装和旅行用品的方式中。有一个工人阶级的市中心，就像有一个中产阶级的市中心一样。它们在地理上连接在一起，相互重叠，它们有着并行不悖的生活；但它们也有独特的氛围。中心属于所有群体，每个群体都会获得自己想要的东西，由此形成了自己的中心——分别有最喜欢的街道、受欢迎的商店（如“伍莱商店”——伍尔沃思商店——显然是工人阶级民众最喜欢的地方）、有轨电车站、市场的不同部分、娱乐场所、喝茶的场所。

在工人阶级自己的区域中，在那些鹅卵石铺成的凸凹不平的街道里，汽车直到最近都很难开进去，那个世界依然是 50 年前的样子。它凌乱、肮脏、奇形怪状，但在总体上却是一个没有生气的巴洛克世界。商店橱窗里是一堆乱七八糟、杂乱无章的零碎物

品，每件都值不了几个铜钱；柜台和上方空间的每个空余处都挂满了专利药品的广告卡。外墙有一大堆五颜六色的小广告。其中有数百张广告显示出不同的破损程度，有些广告在原有广告的主要部分上堆叠起来的厚度达 1/4 英寸。

在工人阶级仍然还记得的那些城市里，在他们区域开行的有轨电车明显大大多于要开往“上等住宅”区的电车。电车奇异的“埃米特”[*]外形的电车，噪音非常大，使得两三辆车合在一起的声音听上去就像一个小型游乐场，电车内部有很多小广告，电车在夜里奇妙的双重环形灯光——这一切都使它们成了典型的工人阶级的交通工具，载人的敞篷货车。

所有这些都是巴洛克式生活的特殊行动背景。大多数工人阶级的取乐都很容易成为大众快乐、过度拥挤和杂乱无章。每个人都想在同一时间享受乐趣，因为大多数嗡嗡作响的声音都会在一个小时之内竞相爆发出来。特殊的场合——婚礼、去看童话剧、
去集市、乘大型游览车观光——都是这种场合的呈现，也呈现出 107
必须展示出来的一种真正特殊的华丽光彩。婚礼多半都试图一下子抓住与上流社会生活理念相联系的某种富丽堂皇。大蛋糕无疑“很好”，但精致的白色婚纱可能只是对那些要花费上百个几尼[**]的真正婚纱的拙劣模仿。伴娘们全都穿得很相似，以致小小的臂带、网状长手套和大礼帽也一样；但表面处理不佳，也不那么合身。饮料免费享用，而且品种丰富——尤其是有波尔图葡萄酒。

---

* 埃米特（Emmett）：英语人名，其含义为“努力工作”。

** 几尼（guinea）：英国的旧金币，一个几尼值一英镑一先令。

与家具一样，游乐场有一种强烈的现代意识。有趣的风格化的马几乎都不见了，那些神奇的机械管风琴也不见了；每年都会出现更大和更吵闹的中继系统设备，以及越来越具有康尼岛*风格的彩灯。但是，新材料同样要适合于对色彩、噪音和运动的极度复杂性以及异国情调复归的老要求。在大型度假营地也要满足同样的要求；如果仔细观察那里的公共大厅内部，会看见屋顶的钢梁和裸露的波形纹；但你必须窥探一大堆杂乱的人造树、半仿木结构、耀眼的巨大枝形吊灯。

最能说明这一切的是乘“大型游览车”旅游的习惯。工人阶级民众特别喜欢乘坐“大型游览车”一日游，并且把它变成了自己特有的——那就是说，典型的——欢乐场合的类型之一。有人甚至以这种方式在连续出行中度过一周假期。在炫耀和快乐方面，“大型游览车”旅游今天还在说着这样的话语：

啊，我真喜欢待在海边。

那些公共汽车有时来自某个大城市的车队，但通常是某个当地人拥有的两个车队中的一个，它们成了公路上的超级电影院，装饰得过分漂亮，内外的风格都很炫耀，尤其是当它们属于某个专门从事工人阶级民众一日游的小公司时；它们有很多镀铬的部件，顶上插着小旗帜，有好听的名字和大音量收音机。夏日里的

* 康尼岛（Coney Island）：美国19世纪晚期出现的大型游乐城，位于纽约布鲁克林区南端。

每一天，大城市外的主干道满是嗡嗡叫着驶向海边的旅游车，经常挤得满满的，因为这是一种快乐，它对想要短暂休息和想有很多陪伴的母亲们特别有吸引力，而中年妇女则穿着自己最好的服装，外出去酒吧、夜总会或街头游览。她们的头发在前一天晚上就已经卷好了；她们把自己裹进不是每天都穿的嘎吱作响的紧身胸衣，穿上装饰着花朵的夏装和新奇的鞋子。我记得有一年，除 108
了确实非常暖和的日子外，时尚是穿毛皮衬里的女式短靴，这种短靴的上沿有厚毛皮围绕着，但衬里并不那么厚实。当工人阶级妇女在打扮时，会把所有零零碎碎的装备聚集在一起，这些东西会赋予她们一种有点凌乱和穿得过于讲究的样子——戴在脖子上的各种饰物，某件最有价值的珠宝，如胸针或刻着浮雕的贝壳，别在紧身胸衣中央，还有一个紧紧抓住的手提包。

“大型游览车”滚滚驶出，穿过旷野驶向海边，经过出现在包车旅游团前端的路边客栈，到达驾驶员知道的一个有咖啡和点心的地方，或许还有一顿丰盛的鸡蛋加熏肉的早餐。然后是到达时的一顿丰富午餐，人们接着成群结队地散开。但是，彼此隔得并不太远，因为他们知道自己在城里的地方和自己的那片海滩，他们在那里感到很自在。在斯卡伯勒，他们把北边留给了一两周来一次的中产阶级下层，并占据了数百栋红色小别墅的房间。他们把南端半死不活的爱德华七世时代的优雅（但它没有海滩；大海成了平坦空地和庄重的悬崖花园的极佳框架）留给了中年专业人士、约克郡西区的生意人，他们的生意很好，开着自己的“路虎”车来到这里。他们沿着韦斯特伯勒走到港湾附近半英里长的中央装饰品街，这个季节在那里到处都可以看见来自利兹的犹太人，他们载着花哨的小装饰品，与铺着低级瓷砖的炸鱼和薯条酒吧争夺空间（“炸鱼、薯条、茶、面包和黄油——自带食品不提供茶”）。在这里，又有同样的喧嚣，同样熙攘的巴塞洛缪集市，但比他们习惯了的自己家里的购物区更杂乱和更多彩。他们愉快地经过各个商店；或许会喝一杯；坐在躺椅上吃冰淇淋，或者舔食硬薄荷糖；很多响亮的笑声——笑约翰逊夫人坚持把衣服塞进灯笼裤里戏水，亨德森夫人假装与躺椅服务员“离开”了，或者在女厕所排队等候。接着是为家人买礼物，一顿丰盛的下午茶，在回家途中停下来喝酒。如果男人们在那里，如果那的确是男人们的旅行，那就很有可能停几次车，在车后面有一两箱啤酒供途中喝。在旷野中间的某个地方，男人们的聚会全都一涌而出，不断欢闹，对膀胱的容量开各种吵闹的玩笑。司机在载着一群兴奋、闷热、唱着歌的人返回城里时，完全知道人们对他的期望；就他

109 的角色而言，他获得了一大笔小费，那是在经过城里街道的最后几英里时收集起来的。

在所有这些行为中，有“尝试”，有放纵，引起轰动。那是一种短暂的轰动，但却很好，因为生活中的大部分内容都是单调和受控制的。人们有时需要做出一种姿态，哪怕在经济上没有理由允许这么做。总之，像这样的姿态应当使人想到财富和与之有关的光彩——大型游览车是“豪华公共汽车”；童话剧喜欢“铺张华丽的表演”；有“非常奇特”和“风格各异”这样的说法——也就是说，按人们朦胧觉得时髦人士过日子的风格去做——说得很对路。我认为，与其说这就是德·鲁热蒙所说的“对富裕环境和异域冒险的朦胧渴望”，倒不如说是一种对于显得真实、暂时的富裕

环境的尽情享受，是更加彻底的享受，因为他们没有过多的渴望，知道那是暂时的。它较少表现出对于过多的物质生活和满怀占有欲的生活的欲求，是一种对更好、更丰富的生活基本的、象征的和简要的表达。财产是粗糙的和物质的，但它们却指向一种很少与物质有关的观点。

在过去50年里，其他一些阶级在很大程度上改变了自己品味的外在表达方式，但工人阶级民众在总体上很少受到影响。他们一点都不喜欢斯堪的纳维亚人的朴素；给他们留下深刻印象的是某些时髦装饰风格更正式、不讲究但很好、很实在的使节气息——不过，还是认为它有点冷酷和严肃。在现今所有中产阶级的风格中，最接近他们自身气质的，就是在与上等人的郊区生活有关的起居室情节剧里通常表现出来的那种风格——绚丽的印花棉布和一些发亮的黄铜饰品。尽管如此，它们却在所有风格中最接近于19世纪繁荣的中产阶级风格；在大量的零碎物品中，在各种波形曲线和雕饰中，在各种新奇的图案中，恰到好处并毫不掩饰地表现出来的富有：一种“大杂烩”，其统一的原则是那种复杂精细和色彩缤纷的富足感。

3. 通俗艺术的例证——夜总会演唱

工人阶级的歌曲和演唱的某些特征，比其他事物更能说明他们与古老传统的联系，也能更好地说明他们吸收和改编新素材以满足自己既定兴趣的能力。这里要谈到的是大型铜管和银管乐 110
队、地区乐队和工厂乐队，以及一年一度的节庆和比赛。它们已经活跃了一个多世纪，今天已难以自我维持，但在全国仍然有大约 15 万名演奏者，在西北部，主要是在兰开夏郡，有 200 多个乐队。人们或者会谈到约克郡西区为众人推崇的合唱团；也许还会谈到有百年历史但仍很活跃的礼拜堂清唱剧传统。在圣诞节前几周，我们常常要在我那个原始卫理公会教堂的主日学校筹划扩充合唱队，演唱最受欢迎的歌曲《弥赛亚》。我们从主日学校放学与回家喝茶的那段规定时间内经过街道时，我们注意到三条街外卫斯理教会前面光秃秃的砖墙上的告示，他们宣布也要再唱《弥赛亚》，在“荒野”另一边的普通卫理公会教徒为了有所变化正在试唱《马加比的犹大》。两个合唱队都聘请了两三个专业或半专业的主唱歌手，有时费用很高。让全市有名的小号手都参与演出，因而争夺小号吹奏者的竞争非常激烈。但整个演出的核心是唱诗班，它由礼拜堂成员组成，在一个小男孩看来，它是由一些胸部硕大的女人和狂热的老头按照阶梯排列起来的；他们沉着有力地唱着《哈利路亚合唱曲》，显示出放声演唱的传统多年训练的结果。我记得有一次，站在后面的主日学校合唱队显得焦躁不安，因为一个年近八旬的老头演唱起来就像受到激励的长老，他显得过于激动，竟把两首《哈利路亚》唱了很多遍，他的声音响彻巨大空旷的教堂。他颇感羞愧和窘迫。随着岁月的流逝，一些孩子也接受了这种传统。我想，即便在今天，你也会在来自亨斯莱特的任何中等规模的工人阶级群众中找到 50 个人与你一起演唱《哈利路亚合唱曲》。

然而，与各种乐队和清唱剧唱诗班相比，流行的世俗音乐更广泛地代表了工人阶级的趣味，在此会提供一些主要例证。我想

到的不是过去30年间出现的爵士乐及其各种变体，而是那类歌曲，虽然它们都不属于我想从中分离出各种元素的纯粹贮藏库，但它们印制在一些文具店和伍尔沃思商店出售的歌曲集上（《麦格 111
伦农唱片歌曲集——第190版》《热歌杂志——30首真正的抒情歌》《最畅销歌曲排行榜》《劳伦斯·赖特[*]的100首歌曲》）。它们包含了一些歌词，但从20首到100首歌中，没有任何一首歌有音乐，新歌和老歌都混杂在一起。紧接着《求主同在》的很可能是有关英国的最新抒情歌，然后是《镀金笼中的鸟》，接着是一首新情歌，或来自查令十字街[**]和美国的关于儿童的一些歌，如《我看到亲吻圣诞老人的妈咪》。我也想到了“工人娱乐时间”和“劳动的奇迹”中展现出来的某些特质，而不是其他一些面向工人的电台音乐节目里无休止的、温热葡萄糖水的特质，它们不属于人民，而属于为人民做各种事情的世界。尤其是，我想到了在酒吧和夜总会里偶尔演唱的歌曲和音乐会。但我将限于讨论夜总会里的演唱，因为有关公共场所的快乐会唱人们在其他地方已经写得不少了，现在很难把我们的真实反应与啤酒商的广告劝诱分开。在工人夜总会里，各种习惯还没有被利用来支持具有热情、常识和诚实饮酒的工人好小伙的有益的神话形象。

这些夜总会独立运作，但每一家都隶属于“工人夜总会”和“机构联合会”，它们都成立于近百年前，目的是提供娱乐活动，它们也是供工人们交谈、阅读和进行某些教育的场所。它们的教

---

* 劳伦斯·赖特（Lawrence Wright，1888—1964）：英国通俗音乐作曲家和发行人。

** 查令十字街（Charing Cross Road）：英国伦敦著名的书街，街上有连锁书店、多样化的主题书店，以及一些专卖旧书的二手书店和古董书店。

育功能在形式上依然很活跃，尽管还不止于此；它们也实施了一些公积金计划，开办了自己的康复医院。它们今天都成了面向大批工人的酒吧兼夜总会。夜总会成员中的工人远比人们通常了解到的多得多。现在有超过 3000 家独立的工人夜总会，会员总数超过 200 万人，其中大约 20 万是女性。会员费每年 10 先令，会费管理权归属一个由选举产生的委员会，日常管理由一个全职领薪水的理事负责。会员们很自豪的是，自己的夜总会并不是“为了牟利者的利益”而经营的。

工人到自己的夜总会去喝酒，在那里喝啤酒通常比在酒吧要便宜一点。但这并非唯一的吸引力：他经常会在夜总会度过一夜，而且花费非常少，尤其是在一周的中间。他可以交谈、玩飞镖、

112 打台球、玩扑克或玩多米诺骨牌；他可以在“抽奖”中抽取奖票；他可能会获得半品脱或一品脱啤酒。很自然，周末晚上他可能会喝得更多，就那些夜晚而言，有一种弥漫性的“玩得痛快”的气氛，夜总会将安排一场音乐会。在周末，特别是周日的音乐会，很多妻子都要参加，通常是作为客人；她们发现夜总会“非常适合交际”。

大多数会员似乎都是有家室的男人；几乎所有人都在 25 岁以上，其中的大多数人明显有点苍老。但我怀疑，这是否表明了夜总会正在失去自己的控制力，是否表明它们只对上一代人有吸引力。反过来说，这表明它们要吸引并一直吸引年龄较大的人群，吸引那些经历过求婚阶段和结婚初期的人。很多年轻人都是会员，有些人还是常客；但从 18 岁到 20 岁出头，年轻人经常会外出追求女孩或“演奏爵士乐”，并且很可能把夜总会看成是有点老派的

地方，尽管他们可能偶尔会随便去一下。在婚后的头几年里，尤其是在孩子出生之前或妻子上班时，夫妻俩有可能经常去看电影，这在他们恋爱期间起着非常重要的作用，使人想到有钱的时髦青年可以获得真正时尚的乐趣。相比之下，夜总会可能显得有点单调乏味；老旧地区的很多夜总会都在条件较差的楼房里，内部不像大多数酒吧那样经常翻新。到一对夫妻安定下来面对婚姻生活更为艰难的事实时，丈夫就很可能常常泡在夜总会还会一起去看电影，但已不那么频繁；他们很快就像其他大多数同龄夫妻一样。由于很少有明显的变化，他们已经接受了自己社群内适合自己年纪的各种传统。最重要的是，无论有什么变化，结婚几年生活稳定；这些岁月有时延续到了今天，但接着通常都是安顿下来，保持自己的传统特点。

周末音乐会的规模各不相同，从非常简单的活动到那些使人想到综艺剧场的“节目单”。在风格方面，它们属于一种较老旧的场景；（某些类型的）歌手现在也出现了，但一般来说，音乐会具有一种歌舞表演时代杂耍表演的味道。这似乎是一个巨大的影子世界，有半专业的男女表演者，他们通过定期在夜总会的音乐节目中表演，轻松地为自己的正常工资增加额外收入，随着他们有了名气，在城里从一家夜总会转到另一家夜总会，如果他们特别优秀，就会在方圆30英里的各个工业城市里逐步建立起一个圈子。 113
一张典型的节目单可能会宣称：

弗雷迪・埃姆斯（谢菲尔德）	男中音
比尔・威尔逊（唐克斯特）	钢琴演奏

重返的流行歌星艾琳·约翰逊（利兹）　　女高音

有一些喜剧演员，偶尔也有一个口技表演者，但重点在歌唱上，有独唱，也有合唱。在领取报酬的音乐会明星背后，在对“自由轻松”之夜的特殊要求背后，是那些可以信赖献上一首曲子或一首歌的个人，他们没有报酬，但按惯例要给他们提供酒，有时由店主承担费用，有时由“送人上场”或“派人串场”的会员付费。大多数夜总会都有一两个知名的好嗓子，还有乐于“效劳”的人。如果它们的会员中没有钢琴师，他们总会找到某个人愿意在大半个夜晚为了几个先令和酒前来演奏。大多数时候，音乐都会连续不断地倾泻而出，一首曲子连着另一首曲子；钢琴师凭听觉弹奏，极少因为缺乏合适的曲调而犹豫。与此同时，交谈声和笑声、偶尔的叫喊声和碰杯声不断出现，钢琴曲主要是适合这一切的一种背景。偶尔有人会站起来走向钢琴，大概受到了其朋友们的怂恿。有人叫道“请守秩序”；服务员停止了叽叽喳喳的谈笑；客人安静下来，面朝钢琴——而歌手则做出了自己的贡献。

歌唱的方式很传统，并且有固定不变的特点。它意在表现出强烈的个人情感，但远没有低吟浅唱的风格那么以自我为中心的个人性和落魄；它旨在使人想起一种深刻感受到的情绪（例如，对所爱之人背叛的感受），但这种情感却没有歌手表现出的那种向内生长的特性。跟随着歌手，特别是跟随着新近来自美国的特殊风格的行家，人们陷入了个人噩梦的世界；在这里，人们仍然会认为，有关个人经历的深刻情感完全是某种体验，在某种意义上是共享的。歌唱的方式因此也更加开放。在另一方面，它不完全是运用童话剧歌手的那种公共方式，童话剧歌手在第三幕结束时，所有聚光灯照在她身上，她必须“把她已获得的一切东西都付诸”“嫉妒”。她的方式是情绪化的，但环境——巨大的礼堂、坐在阶梯座位上的数百名观众——要求用一种非常宽阔的画笔，简化成大胆的、漫画式的情感笔触。因此，人们体验到了这种“过山车”式的演唱风格，在大型公共场所，这种风格被工人阶级表 114
演者用来进行独特的表演。在此刻，嗓音要陡然提升和陡然下降，以配合一段表达丰富情感历程的歌词。所有这些当中的某种方式都属于夜总会和酒吧的演唱风格，但却缩小了规模，变得更为家常；“过山车”式唱法适合用在一间大小适度的房间里。每个情感乐句都会被扯出来拉伸；它是摇滚创作在歌词上的对等物，在其中，甜蜜和缠绵被拉到了惊人的长度并配合着连续沉重的打击乐；在重音上升到下一个重音并超过顶点之前，每个情感乐句结束时都有一次停顿。整体效果通过一种鼻音的特质得到增强，尽管比歌手采用的鼻音更微弱。最直接的可以辨认的特征是“哦”（“er”）扩展到在情感上很重要的词语，我认为，这种结果部分是因为需要从节奏的摇摆中抽取出每一丝情感，部分是希望强调情感表现的模式。结果就像这个样子：

> 对我 – 哦 – 来说，你是 – 哦 – 唯一的一个，
> 没有别的任何人 – 哦 – 能够同我 – 哦 – 分享一个梦 – 哦，
> （停顿，随着钢琴的颤音导向下一个重要乐段）
> 有些人 – 哦 – 会说 – 哦……

在合唱进行中，由于歌唱属于我所说的“开放性的”，所以，伴唱可能不自觉地加入进来，而不像今天大多数其他形式的合唱。然而，情感随后很快就会消散，所以，他们暂时拥有一种温馨感和共同的人情味。

类似的考虑无意识地引导着钢琴师。如果有人再次向他提出要求，像他经常喜欢的那样把啤酒放在钢琴上，他就必须明白演奏的准确风格。这不仅涉及懂得已经确定的歌曲以及如何演奏，而且也要知道哪些新歌正在流行，更重要的是，尽管保持了它们的主线，但要懂得如何演奏，以便把它们转变成已被接受的风格。在演奏这种转换时，新旧风格要相得益彰。新歌曲做出了自己的独特贡献，但已经成了情感上统一整体的一部分，其中包含了 50 年来的各种歌曲。钢琴师需要懂得如何把每一段旋律转变为一系列简单的旋律音程，转换成一种非常强烈的情感节奏类型，要懂得如何在长音符上逗留，如何在每一节结束时编织出一些形式上的颤音（还要为歌手的下一个音符提供“前奏”），要懂得如何控
115 制强音与柔音踏板，与乐谱的要求并不一致，而是为了保持情绪的激荡；他需要处理一切微妙之处，造就一种宽广有力的节拍。虽然我对音乐懂得不太多，但在我看来，这与老式华尔兹舞曲的节拍有很多共同之处：用比喻来说，它是“痛哭”的节拍，是温馨和亲切的节拍，是沉重怀旧的节拍。我认为，这种风格在某种程度上被改变了，在一些地方改动非常大，借助了 20 世纪爵士乐的节奏；我怀疑，它是否受到了各种新近风格的极大影响。在偶然聆听时，它也许显得是“摇摆”占了上风，但这可能是一种误解。这种由“摇摆乐”体现出来的情感模式，相当接近旧式的、

源于华尔兹舞曲风格的情感模式：实际上，“摇摆乐”已被改变并被同化了；现代“摇摆乐”歌曲和老式华尔兹舞曲的曲调轻而易举地共存。在较时髦的酒吧里经常运用的这种风格是个例外；他们力图以“时髦风格”提供的音乐来吸引年轻夫妇。但在很多场所，由来已久的风格一直很少有变化。就在几个月前，我听了一位盲人钢琴师的演奏，这次是在西区工业城的一家酒吧里。他在角落里演奏，持续了很多个小时，与上等酒吧的噪音浑成一片。在间歇期间，他把手伸向他们放了啤酒的那个地方。他弹奏了 70 年前唱的歌曲，以及最新的美国音乐剧的热门曲调。毫无疑问，他在享受演奏，但人们并不认为他是一个个人主义者，不是一个个体演奏者；相反，他是一个参与者——一个受人尊重的重要参与者——在参与一场集体活动。在整个场景后的远处，人们正好能看见已经离去的几代民歌手和民间音乐家的轮廓；这个格外沉默的盲人倾吐着他所知道的人们想听的音乐，尽管环境中大多是时髦和华而不实的特质，但对整个体验来说，那是某种动人的和原质的东西。

英国城市流行歌曲最好的时期似乎是从 1880 年到 1910 年，那时，每个音乐剧场大明星都有跑腿的男僮，也有伯爵们唱他或她的特色歌曲。很多不属于工人阶级的人现在都还记得那些歌曲，但通常都被当作某种离奇有趣的东西。他们有可能影响时代的声音，并感到他们正在参与一种怀旧的、喜剧的、有趣的、过时的娱乐活动。

然而，这些歌曲中的一部分仍然在夜总会里演唱，全都没有复杂世故的乖巧。人们显然知道它们是旧式的，但由此产生的反 116

应是“在说到一首曲子时，你无法回避那些老歌”，这是确实的。同样确实的是，在任何时代，人们记得的好歌很少出自许多无关紧要的歌曲。使它们全都混杂起来的是出自同一时期的美国歌曲（诸如《凯瑟琳，我会再带你回家》，或斯蒂芬·福斯特*的《美丽的梦想家》）、第一次世界大战的歌曲、20世纪的歌曲。整个晚上的表演将包括可以追溯到过去20年的大部分歌曲（用已被接受的风格来表演），但也会包括少数真正早期的曲子。

这些早期的曲子可以简单地分成最重要的两组——表达严肃情感的和逗笑与嘲弄的；前者在今天看来还保持着较强的控制力。这些歌曲仍然能影响大多数听众，能使一些女人潸然泪下；感伤的歌谣（它们的年代各不相同）有：《如果你是这世上唯一的女孩》《忍冬草和蜜蜂》《穿过黄金的银线》《当你的头发变成银白色》《为了旧时光》《亲爱的老朋友》《小洋娃娃的白日梦》《镀金笼中的鸟》《黄昏时的一首歌》《小湖中的百合花》《皮卡迪的玫瑰》《丹尼少年》《世上没有玫瑰花》《我的老荷兰人》《矿工的思乡梦》《你让我爱上了你》以及《如果那些嘴只会说话》：

如果那些嘴只会说话，
如果那些眼睛只会看，
如果那些美丽的金色长发
在现实中就存在。

---

* 斯蒂芬·福斯特（Stephen Foster，1826—1864）：美国流行歌曲作曲家。

我只能牵着你的手
就像你取我的名字时那样，
但那只是一幅美丽的图画
放在漂亮的金色画框里。

当工人阶级完全因为自己是工人阶级而拒绝消沉时，当他们满怀信心时，那些厚颜无耻、颐指气使、没有生活乐趣的歌曲，就成了工人阶级的歌曲。这类歌里有些是快乐的浪荡子的歌，如《喂，喂，谁是你的女朋友》（“那不是我在布莱顿看见你带着的女孩……”）、《昨夜你和谁在一起》（“哦，哦，哦，我对你感到惊讶……”）、《把我放到女孩们当中》（“帮我个忙，帮……”），以及《伸出你的手，你这淘气孩子》。还有欢快、粗俗和破旧类型的歌:《两只可爱的黑眼睛》《我是克伦威尔漫游过的一片废墟》《你从哪儿弄来的那顶帽子》《我的老头儿说“跟着那货车”》《普通老熨斗》《我可爱的嫁妆》，以及《哦，哦，安东尼奥》。还有 117
一些无聊的歌曲，它们完全是在为欢快的集体吼叫找借口，如《塔－拉－拉－砰－叠》《是的，我们没有香蕉》《菲利克斯》，以及《马儿，翘起你的尾巴来》。在过去二三十年间，这类歌曲有所增加，如《我得到了六便士》《滚啤酒桶》《兰伯斯小路》《奔跑吧，兔子》（从第二次世界大战以来）、《梅尔兹老了》（《母马吃燕麦》）和《一堆椰子》等歌曲。

因此，工人阶级群体依然在唱自己的祖父母们唱过的歌。他们不唱在那之前的歌；最古老的经典作品可以追溯到大城市音乐中心的全盛期。他们不喜欢唱《我的宝贝儿逗留在海上》或《约翰尼在集市上待得太久》，他们把《棕色小壶》和《城里有家小酒馆》留给童子军和学生们去唱。我记得笼罩着一家酒吧的那种寒意，那时，我的一个熟人给刚刚“表演”了《心碎的乡下人》的那个人买了一杯酒，邀请他带领我们大家齐唱《克莱门坦》，好像有两个警探突然暴露了身份。

随着岁月的流逝，有些歌曲已经失传，但许多老歌仍然保留在曲目中。老歌和新歌传唱的确切情况各不相同。在有些地方，你听说的不过是他们“有时喜欢的一首老歌”；在另一些地方，老歌可能占了晚上演唱歌曲的1/4。然而，虽然新歌几乎在每个地方都占大多数，但如果每首新歌要被接受，就必须满足对于旋律和情绪的某些普遍要求。这两个方面要协调，但我猜想，旋律、曲调的适合较难达到：数百首歌曲都可能有最无与伦比的歌词，但只有曲调迷人，它们才会流行起来。如果满足了这两项要求，歌曲才可能是——或许应当是——极为简单朴素的。

那些没有满足这两项要求的歌曲不大可能被接受，无论“锡盘巷”* 多么努力地大肆宣传它们。有时，在宣传和发行上的巨大努力，会确保在其他地方完全被忽视的某首歌曲确实会在一两个星期内引起些微兴趣；然而，当压力缓解时，处在行业环境中，它便无法长久维持下去，就会淡出人们的视野。重要的公共事件——战

---

* “锡盘巷”（Tin Pan Alley）：最早是美国纽约曼哈顿的一条街，在19世纪末到20世纪初，街上聚集了大量音乐出版商和歌曲词曲作者，一度左右了美国的流行乐坛。后来，这个词传到英国，伦敦西区的丹麦街也出现了“锡盘巷”。这个词原本指叮叮当当的钢琴声，用来嘲讽廉价立式钢琴的声音像敲击锡盘的声音。现在这个词一般用来指流行音乐界。

争、加冕典礼——会使作者们兴奋地试图创作出相关的歌曲；战争年代的歌曲集充斥着完全不考虑振奋人心的爱国主义歌曲，它们的作者要追求另类的《英格兰将永存》。不太重要的公共事件为有趣或活泼的歌曲创造了机会，或者为那些无聊歌曲创造了机会。118
发掘最近 10 年的纸本歌曲集，你会发现埋藏在里面的少数有关国民服兵役和斑马线的欢快歌曲。它们已经夭折；它们既没有旋律，也没有普遍性的情绪使之获得成功。

在美国，他们创作了有这样一些标题的歌曲，如《他们在天堂需要一位歌手，所以上帝带走了卡鲁索[*]》，以及《今夜的天堂有一颗新星》(在鲁道夫・瓦伦蒂诺[**]去世之时)。我不知道它们在美国的遭遇，但在英国，它们似乎很少在工人阶级民众中取得成功。我想，这不只是由于缺乏恰当的旋律，而且也由于它们缺乏相当普遍化的情感。它们表达情感的形式并非与众不同;《宝贝男孩》是一首美国歌曲，但在英国却非常流行，它的开头是夺走那个小男孩的天使们的想法，因为她们很孤独。但“宝贝男孩”并不是某个特定的男孩；他是一个象征性的男孩，歌词里包含了这个男孩多年前的恳求，“求求您，列车长先生，别把我赶下火车”，那孩子后来哭着说，“橱窗里的那只小狗值多少钱？”(至少，英国人会坚持把这当成是一个孩子的恳求，虽然全部歌词都使人想到正在说话的是一个前往西部加利福尼亚的美国成年人)。

当时正在写作的《橱窗里的那只小狗值多少钱》和《哦，我

* 卡鲁索(Enrico Caruso，1873—1921)：意大利著名男高音歌唱家。

** 鲁道夫・瓦伦蒂诺(Rudolph Valentine，1895—1926)：意大利裔美国著名男演员。

的爸爸》(改编自一部瑞士轻歌剧，被演绎成了一首异常哀婉的小号独奏曲)，成了完全进入经典的最新歌曲。它们进入了最近二三十年幸存下来的歌曲中，如《山上的牧羊人》、《在拱门下》、《牧场之家》、《我们会再相见》、《心碎的乡下人》、《我梦想着白色圣诞》、《嫉妒》、《你弹风琴时我唱〈玫瑰经〉》、《姐姐和我》、《亲爱的，爱已言尽》(曲调和情感相得益彰，以致在这里毫无民族性的麻烦)、《大师，请奏乐》、《请吧，詹姆斯，一个人的晚餐》(同样，后面两首歌的曲调和情感都跨越了社会阶层的差别)、《纪念品》、《再见》、《挥手再见，祝我好运》、《欺骗之心》(我认为，一位当代歌手的这张唱片非常流行，是因为它把“过山车”的粗糙要素与歌手的个人风格结合了起来)，以及《纸娃娃》。我第一次听《纸娃娃》是由一位美国歌星以“激情”方式演唱的，它似乎完全不适合移植到英格兰北部地区；但两三年之后，我在赫尔的一家酒吧里听到一位当地的业余爱好者演唱，它已经被非常出

119 色地转化了。“我宁愿有一个纸娃娃来呼唤自己 / 也不愿要一个毫无用处的现实生活中的女孩”，这两句歌词在美国版中是以强烈的速度和打击乐来演绎的，最后的“女孩”一词则是一个拖长腔调的有力重音。在约克郡，整首歌的速度降低了一半，节奏被拉到了常见的起伏模式，“女孩”一词被变成了英格兰北部标准的以“呃”(er)音结尾的呻吟声。

有时由格蕾西·菲尔兹演唱的《我要给圣诞老人写封信》，特别值得当作某类歌曲的例证来聆听，它能很快创造出自身的商机并将其保持下去。旋律像主题一样，大多与传统保持一致；在夜总会里，钢琴师的演奏充满最受欢迎的颤音，并在各种情感之间“快

速移动”。

显然，这些歌曲产生的效果，是在某个坚定的、局限于惯例的群体范围之内。我们可以撇开更明显的各种机构和属性的惯例，因为它们众所周知。更重要的是旋律运动中的陈词滥调，如那些宣称我们正在逼近一首失恋歌曲极度悲哀部分的曲调：或者是以某种方式在两句歌词之间奏出六个音符，此举立刻表明这是一首有关童年的歌曲，即使你进入夜总会只有一会儿。

然而，这些特质说明的不只是呆板的歌曲作者的想象力贫乏；也说明了其听众的一种特征，类似于同《隐秘》和《魅力》里的故事有关的讨论那样。这些都是一些严格意义上的传统歌曲；它们的目的是尽可能直接地向听众呈现一种已知的情感模式；与其说它们是凭自身能力的一种创造，不如说它们开启了情感领域的传统符号结构。隐喻并不意味着充满了复杂的暗示；它们是一种固定的和有目的的传播的一部分；它们大多数在歌名方面极少改变，但在它们自身的领域内却可以辨别。在态度方面，它们没有我们在一些伊丽莎白女王时代的歌曲中看到的那种精妙和成熟。但是，既然早期的农民听众都能产生良好的反应，是否也值得注意到，今天的工人阶级听众在经过近百年的艰辛、经常是丑陋的都市生活之后，还应当像早先的农民那样强烈地坚持那些主题，它们虽然简单却绝不值得称赞？《舞会结束之后》是一首伤感的歌；它甚至不像民谣那样的民众的歌，而是被民众接受了的商业歌曲；但他们已经按自己的方式接受了它，因而对他们来说，这并不是一件本来就很糟糕的事情。

主题也是传统的，而其根本则是爱情、家庭和友谊。首先， 120

爱情是温馨的和个人的，是对这个世界物品短缺的一种补偿，是尽管有麻烦也要继续做的“同一件事”，“真爱”比金钱或众多情人都要好（如《镀金笼中的鸟》）。对背信弃义的爱情、在妒忌中丧失的爱情、被失信的恋人遗弃的孤独者，人们都有一种强烈的兴趣（《心碎的乡下人》《亲爱的，爱已言尽》《嫉妒》和近乎“经典的”、出自《丑角》*的《始于乱七八糟》）。以家庭的力量为主题的（《我会再带你回家，凯瑟琳》《家》）——“尽管命运会抛弃我 / 甜蜜的梦永远会带我……回家，我或许不需要再说什么”。与此有关的是母亲的形象（《穿过黄金的银线》《她是一个旧式母亲》《我的那个旧式母亲》《她是我亲爱的母亲》），她要么是闲坐家中，代表着家所承载的一切，要么已经去世，深情地在天上俯看着自己依然深爱的人们。因而，有一个分支主题讲述在国外或远离家乡的孩子、孤儿、处于伤感境遇中的孩子（《姐姐和我》《我要给圣诞老人写封信》）。

友情包括邻里关系、忠诚、与忠实伙伴一起变老，它表明，这些东西像爱情一样，比金钱或名声更好。《忠实伙伴》这首“布尔战争”中最受欢迎的歌有时依然有人在唱：

忠实伙伴，忠实伙伴，从我们还是小家伙起，
就分担彼此的悲伤，分担彼此的快乐。
忠实伙伴，当男子汉气概刚刚出现，

* 《丑角》（*I Pagliacci*）：由意大利作曲家莱翁卡瓦洛（Ruggero Leoncavallo）作曲的二幕歌剧，1892 年在米兰上演。

忠贞的人可能会出现，
当危险威胁到我亲爱的长者
忠实伙伴就在那里站在我一边。

与此相应的还有《为了旧时光》、《亲爱的老朋友》，以及（对妻子来说，既是妻子，又是忠实伙伴）《我的老荷兰人》。从友谊比财富更好的主题起，很容易走向幸福与快乐之必然性的主题，哪怕很穷，就像在相对晚近的《在你经过时播撒一点幸福》中那样。由此，就完全进入了第二个重要的歌曲类型，即厚颜无耻和无聊的歌。

然而，大多数歌曲都是伤感的，尤其是悲伤的和怀旧的。在诺埃尔·科沃德*的《私生活》里，阿曼达对埃利奥特说：“奇怪的是，廉价的音乐多么强有力”，而它的确如此，这不仅仅是对工人阶级民众而言。然而，有些曲调却令人愉快，如果它们在演唱中没有过度扭曲的话，那么，它们感动听众的方式，几乎就能与意大利歌剧咏叹调的方式一样丰富。像那些歌剧一样，这些歌曲具有有限而大胆的情感储备，没有细微差别；但内心的源泉会产生作用。用塞西尔·夏普**的话来说，不能过于简单地把它们当成
“有害的杂草——平民百姓低贱的街头音乐”。的确，它们是平民 121
百姓的，但通常并非华而不实。它们涉及的只是重大的情感状态；它们偏重于直率和胸怀宽广。它们背后的道德态度并不是卑微、

* 诺埃尔·科沃德（Noël Coward，1899—1973）：英国演员、剧作家、流行音乐作曲家。

** 塞西尔·夏普（Cecil Sharp，1859—1924）：英国民俗学和传统舞蹈研究者。

精于算计或者“宽泛”的；它们依然只是与更古老和更优美的文化打交道。它们不是愤世嫉俗的或神经质的；它们经常放纵自己的情感，但并不羞于表现情感，也不谋求变得世故。我想，这可能是人们仍然依恋如此多老歌的一个原因；它们产生于一个较容易释放情感的时代。

正是情感表现的这种统一性才造成了在不同类型的歌曲之间转换的极大自由。因此，宗教的——或者说被认为是宗教的——歌曲很流行，而歌手可以从一首关于爱情的歌曲转换到宗教歌曲，对那些可以称为“经典的”歌曲来说也是如此，在她身上或合唱队中毫无不协调感；情感氛围提供了一种无所不包的统一性。我们可以把这叫作“格蕾西·菲尔兹转换”，因为菲尔兹小姐是这方面最著名的典范；她可以从后院喜剧歌曲成功地转换到一首“古典的”或“古典宗教的”歌曲，如《失落的和弦》(“在风琴旁坐了一天 / 我心生厌倦又局促不安……”)，或是《天佑这个家》(它拥有家与上帝的关系——“天佑这个家，主啊，我们祈祷 / 使它日夜都安全……保佑家中炉火闪耀 / 袅袅上升的炊烟如同祈祷词”)；《圣城》《圣母颂》和《主祷文》也是如此。在后一种类型里，也出现了《哦，为了鸽之翼》(由一位少年高音歌手录制的唱片曾经非常流行)、《通宵达旦》《破旧的十字架》，而比其他任何赞美诗都更属于工人阶级的是《求主同在》：人们在足球比赛和其他大型公共场合都要唱这首歌，许多工人阶级母亲只要求在自己的葬礼上唱这首歌。我母亲也这样要求，几年后我祖母也一样；对她们俩来说，这首歌具有极为重要的暗示意义，暗示像父亲般的上帝，像家一样的天堂，属于她们生活的漫长的劳作日子，都渐渐趋于

结束。

正是这种音乐，我的一个亲戚把它说成是“使你想要捐出你所有钱财的音乐”（令人钦佩的工人阶级的睿智——她从来就没有省下过任何钱财）。然而，她归入这组歌曲的还有《丹尼少年》，她所接触到的柴可夫斯基的几首曲子，甚或还有这样一首歌（一首世俗歌曲，但人们却怀着巨大的类似宗教的情感来演唱），即《此时此刻》。宗教歌曲确实提供了其他歌曲无法提供的某种感受，一种模糊的但却强烈的被提升的感觉，一种神圣感。但是，这只 122
是主要的普遍情感的一种附加物，那种普遍情感是它们与其他一切成功的伤感歌曲所共有的，那些歌曲使人潸然泪下；同一种情感充溢着他们所有的人。不难理解为什么电影院的空中楼层会聚集起弦乐队和庞大的天使合唱团，在拱形的上层区域合唱《我将与你同行》《你永远不会独行》《我相信》《我的朋友》，或者演唱《我行走在你身后》，它们都很容易被接受；或者说，为什么回音室会变得如此流行——因为它既使人想到这个世界之外的某种东西，也使人想到在浴室里这样歌唱的共鸣，会使我们所有人都觉得我们拥有优美的嗓音。相似地，这显然是使人想到团结与友谊的“密集和声”广泛流行的原因，也是更加黏着的现代歌唱风格轻而易举成了我称之为早期情感“摇滚”之接替者的原因。古老的歌唱传统无疑正在被削弱：但现在，它依然不只是一种古老风格的残余，它在某种程度上依然在重塑自我，依然积极地从新歌曲中撷取它需要的东西。

但是，工人阶级民众能以什么方式接受、“相信”这类歌曲？我完全可以提到在情感上极大的屈从，过于充分和直接地相信歌

曲所唱的内容，每双眼睛里噙满的泪水能使群体团结起来。

这是一种过于简单的看法。在某种意义上确实可以认为，这些歌曲是被严肃对待的，似乎因此意味着它们不是故意被“取笑”，也不是被当成过时的古雅来欣赏。《如果嘴只会说话》是一首非常好听的歌，我想象，人们多半在这个方面很欣赏它，即我们的祖父母喜欢它；有可能还增加了一些怀旧之感，因为它说到了某个时代，那时，爱情和家庭可能更容易把爱情和家庭当作恰当的情感范围。这使人想到，在某种情感的下面，唤起它的却是某个优秀的老头或老妇，人们说起他们时会说：“啊，真遗憾，今天再也没有他们那样的人了。”

在另一方面，信仰，严肃对待，并不是一个毫无限制的问题。它要靠这种意识来维系，即像这样的歌曲，无论新旧，都是“非常伤感的”；这种意识本身表现在有关感伤的揭露性歌曲的乐段里。在某种滑稽歌曲中，工人阶级民众有意夸大了他们通常接受的那些情感。《我就在那里，在教堂等你》是一个例子，而《我一生中从未这样大哭过》则是另一个例子。这种类型的其他歌曲耗
123 费了自身的大多数篇幅，以及所有常见的情感活动，去描述被抛在身后的家庭和妻子——而最后那句歌词透露出，丈夫自愿离开了，别梦想他会回来。但是，对此的各种限制是凭直觉来确定的：我曾经听说一个年轻人为了消遣而模仿一首流行的感伤歌曲，他不仅没有使同伴发笑，而且还在同伴中引起了强烈的感觉，尽管没有表现出来：觉得他的过错在于鉴赏力失效。实际上，他很拙劣，而不是粗俗；与其说他深刻地嘲笑了情感，倒不如说他毁灭了情感。

“一颗情感丰富的心”可能经常都是温柔的和多愁善感的，但并非可以被嘲弄。大多数这些歌曲都以自身的旋律、自身的歌词、必须以演唱它们的方法，表现出“情感丰富的心”。它们触动了古老的心弦；它们使人想到人们依然喜欢怀念的价值观。外边的生活，周一早晨的生活，都可能成为一个死气沉沉的事件。与此同时，人们觉得，“当你开始认真对待时”，这些情感都是对的。这些歌曲在那时很温馨并给人鼓舞，毫无疑问，在整个工作周不动感情的平庸之中，它们的情感仍然处在记忆中的某个地方。

第二部分

为新的让位

第六章　放松行为的弹簧

通过这种方式，最终可以在世界上建立起一种道德唯物主义，它不会腐化，却会使灵魂失去活力，并且悄无声息地放松其行为的弹簧。

德·托克维尔

1.引言

127 到目前为止，我主要关注的是一些古老因素在工人阶级生活中持续存在的方式。在我看来，最显著的特点似乎是，鉴于目前从其他领域对工人阶级民众提出的所有要求，古老的态度无论是好是坏，确实得以幸存下来。我所需要的只是再次回顾威尔弗雷德·皮克尔斯先生的巨大成就。以我的品味来看，他的方式过于“豪爽”，过于明显地“把所有朋友聚在一起”，“表面粗糙，心地善良”。在我看来，他似乎纵容了北方的工人阶级，因为他附和了他们自己的观点，即没有人能在粗俗的巧妙应答和不受影响的坚定智慧方面打败他们。但是，他的成功大部分基于这一事实：他的节目“尝试”提供了一个论坛，工人阶级可以在其中表达和称赞自己仍然崇尚的价值观。这些节目的范围简单并且有限，尽管这样一档节目可能偏重于鼓励自命不凡，但对为节目鼓掌的人们来说并非毫无意义。“坦诚交易”、“做好邻居”、“看到光明的一面”、“开诚布公”、“伸出援手”、“不要自高自大或者太有进取心”、“忠诚”；所有这些都比商业价值——傲慢、野心、超过熟人、为表现而表现、炫耀性消费——健康得多，工人阶级民众现在不断受到诱惑去接受它们。他们的坚持不懈不只是形式上的，也是心里面想到的。

我现在要转而谈谈当代生活的一些特征，它们似乎要鼓励工人阶级民众采取不同态度或者改变旧的态度。要关注出版物和娱乐节目的某些发展可能产生的影响，当然就要从社会、政治、经济变化极为复杂的相互作用中分离出一个单独的部分。所有这些都有助于改变态度，其中一些无疑会变得更好。我会特别关注变化的令人遗憾的方面，因为它们在我所考察的领域里似乎更加明显，也更加重要。

然而，始终都必须记住第一部分中的证据，我也会在相关之 128
处努力回忆它们。因为所谓的“旧”态度和现在要讨论的态度，可以同时在相同的人身上找到。在社会生活的许多方面，态度变化的进展都非常缓慢。它们被整合到现存的态度中，初看起来似乎只是那些“旧”态度的全新表现形式。因此，如果没有自觉的约束，个人就可能处在不止一种“精神气候”中。虽然“旧”秩序的性质在中年人那里可能更直接和明显，但新诉求显然也会触动他们。反之，某个乍看起来几乎就是非常典型的本世纪下半叶的年轻人，也会显露出使人想起其曾祖父的各种态度。由此可见，

更强大的当代方法的成功，部分取决于他们使自己认同“旧”态度的程度。

在详细考察现代生活的一些相关特征之前，不妨在“精神气候”中选取几个典型的要素，探究它们能在多大程度上将自身联系起来，或者能将自身与确立已久、往往是有价值的设想联系起来。在旧的“宽容”与“自由”观念的当代形式之间，在旧的群体感与现代的民主平等主义之间，在当下生活所需的旧观念与新的“进步论”（尽管乍看起来这似乎是矛盾的）之间，可能存在着怎样的关系？“宽容”在哪些方面有助于新演艺人员的活动？怀疑论和不顺从以什么方式使自身变成了被玷污的幽灵？由于生活艰难，“尽可能享受好时光”的观念能够开辟通往温和的大众享乐主义的道路吗？群体感有可能变成一种傲慢和油滑的顺从吗？对这些传统美德的更大自觉，能发展成一种破坏性的自吹自擂吗？可以看到，这种探究主要会涉及可以叫作自我放纵的各种诱惑。也会关注一种玩世不恭的趋势。与玩世不恭相关的可能是一种失落感，尽管这只会影响到少数人。然而，少数人却很重要，因此，我会单独谈到失落感，尤其是当它影响到“背井离乡”之时。

在某些方面，自由、平等和进步这三个紧密相连的观念，仍然在滋养着大多数人的各种设想，无论那些人是否属于工人阶级，
129 这些观念在诸多方面更适合 19 世纪中叶知识分子的主张，而不适合我们自己时代的主张。例如，对今天的工人阶级民众来说，进步观念提出的诉求的性质是什么？无论其他阶级的情况如何，可以确定，在工人阶级的大多数体验中，尤其是在过去半个世纪，进步仍然显得是一种无可争辩的有效观念。作为一种设想，进步

很容易与工人阶级民众传统的满怀希望和实用主义联系起来。更具体地说，社会、政治和物质进步的结果对工人阶级的影响，明显超过了它们对中产阶级的影响。正是在上个世纪后半叶和本世纪开头几年间，这些变化的影响第一次有力地深入到了工人阶级民众的心中，它们体现在扩大选举权、大大超过从前所知的物质享受的可能性、《教育法案》的影响和其他很多方面。随后的几十年，见证了工人阶级民众的生活标准得到了真正的和重要的改善。到20世纪中叶，我祖母和母亲已经不那么担心养家糊口的生活了。她们生活所需的一切都相当简单，与过去相比，一些生活必需品和服务已经多了很多。正如我所想到的，在我看来，像有些作者做过的那样，把工人阶级对进步的态度仅仅称为唯物主义的一种形式，往往会低估它。他们需要那些商品和服务不是出于一种占有的贪婪，不是出于得到技术社会辉煌产品的欲望，而是因为缺乏那些东西造成了很难过上他们所称的那种“体面”生活，因为没有那些东西，生活就成了一场艰难而持久的战斗，为的只是在精神上和经济上“使自己免于陷入困境”。因而，有了更好的盥洗地方和更好的设施，就有可能让家里保持干净，让她们感到“得体”。我们再也听不到有人说工人阶级群众散发着非常难闻的味道。一种真正的进步显然是可能的，也是一个值得追求的目标。

因此，进步的观念仍然支撑着工人阶级民众大多数正式的共同言说。但是，通俗时事评论员把这一观念推向了超过一切合理限度的地步。由于很多明显的原因，通俗时事评论员总是发现，大概一直都会发现，进步的观念是一个惬意的观念。今天，复杂而拥挤的商业社会的压力导致这个观念被扩大了，直到变成一种无限的、与物质有关的“进步论”。

“时间在前进……”电影评论家以非常兴奋和急切的声音说
130 道，隆隆的鼓声和高昂的喇叭声表明了这一事实本身的好处。“让这个伟大的世界永远跟随着变化的响亮节奏”，广告撰稿人以最鼓舞人心的语气大声喊道，他们发现丁尼生*的隐喻最好地表达了自己经常希望唤起的那种情绪。通俗报刊的主笔过分夸大了地平线、新曙光、宽阔的公路、前进的运动（前进和洪流）以及高瞻远瞩者。

据说，一个时代受到的最大影响不是某个原创性思想家的思想，而是经过简化和扭曲的筛选之后从其思想中收集起来的东西。我记得，第一次遇到这种评论是在一篇关于马基雅维里的思想对伊丽莎白女王时代英国之影响的文章里。今天，普通读者的人数比知识分子读者多很多倍，并且不断地获得同一类信息，这种情况的适用性或许更加广泛。然而，重要的是要记住，那些影响工人阶级民众的思想，通常都不是作为思想才影响到他们，那些思想没有从理智上被接受，也没有经过仔细的审查。甚至在每个人都被指望有“观点”时，情况也是如此。看来，思想要被接受，而不是作为被接受的标签（“他们认为，这在当今完全是相对的”；“他们认为，那完全是你腺体的问题”），在思想看起来像旧标签一样令人感到安慰时，就要紧紧抓住它们（“啊，不错，那全都是运气的问题”；“那好，是什么就会是什么”）。

---

* 丁尼生（Alfred Tennyson，1809—1892）：英国 19 世纪著名诗人。

通俗时事评论员使用得最多的思想，是那些有助于使读者接受其态度的思想。在本章讨论的三种观念中，每一种都会在合法性方面极大地促成很多工人急需的那些改善。我认为，被渴望和被期望的改善不只是出于物质原因。目前情况的讽刺意味在于，这些被滥用的思想，现在正在引诱已经在身体上和物质上获得解放的工人阶级要具有一种主要是物质性的观点。

各种诱导，尤其是当它们出现在大众出版物里之时，都是为了自我满足，也是为了所谓的“快乐主义的－群体的－个人主义”。我的意思并不是说这些趋势是全新的。如果不是我们都倾向于选择轻松的道路而非艰难的道路，倾向于证明懦弱有理的一半原因，而不是在懦弱使人振作起来之前给人冲击和损害的铁的事实，那么，这些力量就不会取得成功。

尽管如此，当代社会以特殊手段发展出了相互宽容和满足于 131
“平凡”的技巧。由于摆脱了传统的约束力，或者按照流行的看法，传统的约束力被证明是不恰当的，因而，各种通俗读物以及它们用于说服的巨大新机器占据了剩下的开放领域。它们在所有阶级中都找到了自己的顾客。这一点再怎么强调都不为过；朱利安·邦达*的一段话提出了这个必须警醒的问题：

我们谈到了我们“民主”社会的坏品味。我们的意思是说，那个社会的品味已经变成了民众的品味，或者说至少像我们通常对民众的期望那样（即对知识分子的价值观、情感

* 朱利安·邦达（Julien Benda，1867—1956）：法国哲学家和小说家。

> 宗教漠不关心）。我们这么说既无意诅咒、也无意奉承任何特定的政治统治。我们很乐意跟一个18世纪的女人说：“我把所有那些思想平平和浅薄的人叫作‘民众’：法庭里全是这些人。”

然而，工人阶级民众在某些方面很有可能比其他一些群体更容易受到通俗读物之侵袭的最恶劣影响。今天，经过教育体制的大量筛选之后，那些从事大量本质上无趣的工作、仅仅提出很少批判性和智力要求的人，在政治和经济上比以往任何时候都更加自由。他们比从前有了更多可以消费的钱；有很多人比从前更能在回应的最低共同标准层面上使自己做好准备。在生活的很多方面，大规模生产带来了好处；在文化方面，大规模生产的坏处使人更难分辨出好的东西。“野蛮的必需品”、劳动生活中更为紧迫的困难，已经大大减少。工人们更加自由，但他们也有自由在那个巨大名利场叫嚣放纵。很难在这样的人群中找到一条路，尤其是由于演艺人员都擅长阻止这种破坏性的想法，而在这种想法之外可能还存在其他更安静的地区。

然而，在很多重要方面，这些趋势正在遭到抵抗。在私人生活领域，人们在很大程度上仍然可以利用旧的刺激手段，这种能力也影响到他们对来自外部的各种声音做出反应。在以下章节里，我随意援引了一些与我早先的警告类似的说法，其中一些说法已经有上百年之久。警告给予的安慰很容易被夸大，而危险的错误是据此认为，所有这些外部力量不会产生任何内部的影响，因此，我的主要论点就被破坏了。但是，那些旧的警告提醒我们不要过

快见证毁灭；它们在某种程度上给予了鼓励，成了一种暗示，因 132
为所有阶层的民众都坚持认为，自己的大部分生活很少与直接涉及的正在削弱的外部力量有关，所以，力量削弱的过程比预想的要缓慢得多。

2. 宽容与自由

> 因此，绝大部分人，即使不是全部，都不可避免地有各自的见解，除非有确切和毋庸置疑的关于其真实性的证明……在我看来，尽管有各种意见分歧，所有人都要维护和平、人类的共同职责和友谊……我们应该善待彼此的无知，并努力以一切温和公平的方式消除这种无知；不要立刻把别人看成不怀好意、固执和刚愎自用，因为他们不会放弃自己的见解，也不会接受我们的见解。
>
> 约翰·洛克

> 宽容并非不宽容的对立面，而是它的伪装。两者都是专制主义。一个以为自己有权拒绝给予信教的自由，而另一个则给予这种自由。
>
> 托马斯·潘恩

首先，有益的是回想一下那个群体的态度，其中包括非理想主义的宽容、实用主义、顺其自然的生活、善意的人道主义、不喜欢按原则提出反对意见（而不是出于明确和可以确认的“人类”

理性）。人们认为，有些事情是正派人不能做的，而且它们很容易为人所知。如果看来要求有更多的判断，那么，对“道德话题”（它可能明显具有一种健康的特征）的怀疑就会起作用，并且会转向一种适当的、模糊的对立面——“你不仅要自己活，也要让别人活”；几乎所有事情都要“恰到好处”；“只要你心安理得，你相信什么都没有关系”；“我们都不会有相同的想法”。

这里的问题是：一种几乎不受限制的内在自由的概念，当其通过越来越多的表层渠道传输给工人阶级时，就已经融入并吸收了旧的宽容观念，使这种观念比以前走得更远。我并不是要谈论工人阶级民众今天所具有的社会自由的意识，这种意识体现在，人们再也没有那种认为贵族阶级举足轻重的严肃感觉，还有工人阶级女孩拒绝从事家政服务，哪怕那里的条件有时可能比工厂更
133 好。我没有谈论对于已经增加的政治和经济自由的正当感受，虽然所有这些都与我想到的问题有关。相反，我想到的是传播自由概念的方式，是模糊但仍然很强烈的设想，即旧的约束力终于被解除了，“科学”已经完全排除了宗教的主张，心理学已经证明了终极的“心胸开阔”是有道理的。

通俗读物以一种谄媚的脆弱情感强化了旧的说法，即“毕竟只有人类”才会提出，“科学家告诉我们”说，“禁止是错误的”。人们一直都会安慰地想到，天生自由也就是天然的善；现在我们都知道这一点。这个想法很快就变成了自由的观念是一种正当的理由。它通常是摆脱什么的自由，而从来不是为了什么的自由；自由本身就是一种善，而不只是努力按照其他标准去生活的理由。人们可能很容易发现，这种观念在一个以前没有感到如此

自由的阶级中是如何传播的；人们可以理解在面对这一情况时遭遇到的抵抗，即人们认为自由不是绝对的，不是“存在”，而只是“存在的基础”。应该保持这种态度，才符合大众娱乐机构的利益。

因此，自由的概念可以扩大，直到变成根本就不“是”任何事物的自由，当然也很难反对任何事物。一个人有不去选择的自由，但如果他利用自己的自由去选择与众不同，那么，他就很可能被说成是“心胸狭窄”、“偏执”、“教条”、“不宽容”、“好管闲事”、“不民主”。坚持“进行比较”的任何人都非常讨厌；他破坏了团结。流行媒体——尽管它们营造出安全或虚假论争的特殊性——讨厌真正的论争，因为论争会疏远、分化和隔离大批读者、购买者。

因此，可能出现的不是对非政治性自由的肯定；也不只是在失望和迷惑中将它简单应用于“拒绝参加”的喊叫，以及今天使每个人深受困扰的普遍化；而是深刻拒绝在小范围的已知生活领域之外做出承诺。“怎么都行”与“自己活，也让别人活”有关，但把问题大大向前推进了；思想开放已然变成了一道巨大的鸿沟。与其说宽容成了对人类弱点和日常生活困难的一种仁慈默认，不如说是一种软弱，是对超出直接能力范围的问题逐渐丧失做出决断的意愿。听听人们今天所说的关于宽容的古老格言吧；伴随它们一起出现的新格言，与其说激发它们的灵感是一种仁慈，不如说是拒绝承认任何人都可以因为任何理由受到评判，包括我们自
己在内。“每个人都有权表达自己的观点”这种说法既可以表示 134
优点，也可以表示弱点；但在今天，当人们不断被“思想开放”

和“心胸宽广”的诉求包围时——为开放而开放，不要因为要求与人发生分歧造成的不快而过于宽大——他们便懂得了重点之所在。对那些有某种力量并准备在必要时运用宽容的人来说，宽容是有意义的；对那些优柔寡断、精神冷漠的人来说，宽容只不过是一种伪装，表示经过思考达成协议的“不要打击我”。真正的宽容是活力、信念的产物，是对获得真理的困难的意识，是对他人的尊重；新的宽容是软弱的和不情愿的，是对挑战的恐惧与怨恨。

在这种情况下，人们几乎会接受所有事物而不加以反对。想想那些耸人听闻的出版物最近的一些发展情况。有时，人们会被这些情况稍微吓一跳：“啊，他们现在什么事都会做。”他们说道，嘴角带着一丝尴尬的微笑。这种说法并不是谴责，而是一种默认和接受；这是一种表明了存在于很多人身上的道德意志变得麻痹的说法，遵从了他们认为绝对不要抨击自由的设想。支持这一说法的观点是：“它毕竟没有任何实际的害处”，“处在他的位置上，你不是也会做同样的事情吗？”“人总得活下去啊”，“不错，赚到钱了，不是吗？”“是的，它至少会使你高兴”，“你期待什么呢？——他们也要有谋生的机会”。“只要做得不太过分，一切都会很好”变成了“只要你有时间和意愿，就很好”；“只要你心肠不坏，你相信什么都没有关系”，这句话伴随着更富于暗示性的“问题不在于你做什么，而在于你做事的方式”这个说法。与宽容有关的说法已经加入了其他一些穿着类似外衣的说法；新说法贬低了旧说法，它们共同披着仪式的统一外衣，不愿意承认自由可能包含着对它的惩罚。怎么都行，没有任何尺度。

3."现在人人都在做"或"一伙人都在这里":群体意识与民主平等主义

我们已经看到，工人阶级民众强烈的群体意识如何将自身表现为对于一致性的诉求。群体是温馨和亲密的；群体做了很多努力，以使生活变得更加有趣和更易于管理。但是，群体拥有一些聪明的方法，能够从内部开始对付嘲笑其价值观的那些人。

我认为，对群体的重要性和显著正确性的这种意识正在被联 135
系起来，逐渐助长了一种羽翼未丰的民主平等主义，这本身就成了真正的通俗时事评论员们进行活动的必要基础。确实存在着一种强大的压力，尤其是来自广告撰稿人的压力，要向所有阶层推销他们那种商业活动所依赖的各种形式的个人主义，强调"更胜一筹"、"取得成功"、"保持清醒"的美德胜过其他一切价值。但是，我几乎看不出有证据表明，它们迄今为止在工人阶级民众那里取得了什么显著的成功。有时，广告撰稿人会越过界限，制造出旨在影响工人阶级主体的广告词（而不是受这些设想影响很深的少数人），虽然对各种设想的诉求更具有其他阶级的特点。但从总体上看，广告商的目标的精确性是令人敬畏的。迄今为止，他们已进行了大量实践，并且每年都有更多自信。

指出现今的这种现象，并不是要去发现它似乎是人类天性中的某种新东西，不是去发现我们所有人有时、有些人多数时候都喜欢感到我们正在走全世界都在走的道路，不是去发现我们的行

动得到了普遍赞同的支持。人们也不应忘记西欧平等观念的可敬祖先。但是，在过去六七十年间，这种共同愿望得到了飞速扩展的平等主义的强化，在专门吸引能读书识字的工人阶级的杂志和报纸中，这种愿望越来越多地被利用来进行感化和说服。

从那时以来，由于不断细化，已经产生了关于“普通人”的所有著名的虚伪言辞；这是一种怪诞和危险的阿谀奉承，因为他被设想为最普通或最平凡的人。“要信赖民众”；人人平等，人人都有选举权；所有人“彼此都一样好”；“民众的声音就是上帝的声音”（这使人想起一种旧式的形式）；因此，宣传家们说，在万物之中，你的态度跟其他人的态度一样好；然而，由于你分享了绝大多数人的观点，你就比那些古怪的局外人更正确。通俗报刊总会把自身等同于“民众”，它们在读者中就这个问题进行民意测验，对那个问题进行问卷调查，因此把人头数提高到了代替判断力的地步。

在这一切的背后，人们要诉诸一个重要的根本原则，它对工人阶级民众来说一直都很重要。在“我和你一样好”的背后，人们可以听到一种坚持精神独立的主张，它要坚持这种根本的平等，
136 不会容忍虚伪地宣称优越性，这在今天得到了一种怀疑的强化，即尽管“人人都在谈论民主”，但实际上“普通人”却无关紧要，“不会算数”。然而，由于赋予了一种适当的自尊感，“我和你一样好”可以变成无礼的“你比我好不了多少”，这是市侩们毫无意义、愚蠢的刺耳喊叫声，他们不会容忍任何人提出挑战或令人尴尬的例子。这有可能变成过于自信地拒绝承认任何差别，无论是智力差别还是性格差别。其形式之一在一些通俗出版物的新竞争

中得到了印证，从中得出正确答案的过程，只可能是一种纯粹的运气。通过智力或努力所获得的一切优势都被排除在外；在更高级的竞争形式中，每个人都获得了各自的奖励。每个人都是赢家；“竞争者”在自己的报名表上付出了足够大的代价，以掩盖他们获取奖励的费用，但没有人比别人感觉更好。

无论是什么，只要人们相信——都是对的。“小人物”被塑造成了似乎是大人物，因为一切都要缩小到他的尺度来衡量；他的反应，他的视野的局限，都成了公认的限度。因此，如果一个作家没有立刻吸引通常不充分的初次阅读，那他就有过错，而过错绝不在读者。文学作品是直接交流的观点至高无上；没有任何中间环节。作家不是站在亲身体验面前，试图用文字形式再创造出亲身体验，就此而言——而不是直接就作家本人而言——读者必须通过文字的复杂性去寻求一种理解。复杂的文学作品——即要深究的或者要费力的——因此必须打折扣；好作品在今天不可能流行，而流行作品不可能真正去探究体验。

“决定这个国家命运的正是你们这些普通民众，而不是内阁成员”；人们可以看出这种说法的真实性，但持续不断的吹嘘却使之等同于谎言。在连环漫画、杂志的短篇小说、个人聊天栏目中，主角都是小人物；正如《老实人乔》这首歌的名称所表明的那样。他是个小人物，不勇敢，不漂亮，也没有才华，然而，人们都喜欢他，恰恰就因为这一点。“我爱你……”，最后一段里的那个女孩向那个不知所措的年轻人表白说，他一直都有一个最重要的答案，但却不知道，“……因为你很普通”。在两本连续阅读的女性杂志上，我发现了三篇在欧·亨利之后快速编织的故事，每篇故事的最后一段都有关于幸福的启示：他或她远不那么“聪明”或者“高雅”，终归只是个体面的普通人。尤其是在星期天，那些享有恰当民主名声的记者，因为说出了普通人的共同感受而使自己
137 的栏目环绕着毫不掩饰的自豪，这比那些“有想法”的知识分子的所有精明都要好得多。我们在激励一种感觉，不是每个人的尊严感，而是一种新贵感，是对最扁平化的丑陋人群的感觉。

电台“肥皂剧”在工人阶级女性和其他人那里取得某些成功的原因，是由于她们完美地关注这种类型的态度，是由于肥皂剧明显持续不断地表现了完美的普通和寻常。在连环漫画中，关注的是小人物连续数日担忧其女儿在学校烹饪比赛中的机遇。在这方面，最初的标准与济慈说的“用矿石填满每道裂缝”恰好相反；漫画家们为了获得成功，而不是为了惊吓、使人迷惑或者以别的方式来敷衍，必须每天练习，尽量延长平凡和微不足道之事。

在漫画中，小人物再也不大可能指出老板的某些真正愚蠢之处，以此来挫败他的自负，也不大可能挠挠耳朵，然后平静地去做给大人物带来极大麻烦和忙乱的工作；这可能是喜剧艺术，而最终也是严肃的。现在，他出于愚蠢的理由敲打老板，或者声称自己更优秀，就因为他是个小人物。他的成功总是令人难堪的小成功；但他最终获胜了，因为小人物的价值观在“我们巨大而混乱的旧世界”里总会行得通。自相矛盾的是，民主平等主义以某些更加糟糕的形式要求“他们”与“我们”的观念要有连续性。

越来越多的周刊杂志邀请其读者以零星投稿的形式为杂志撰写文章。这或许较廉价，而消费者肯定喜欢这样做。逸闻趣事必须有趣或者很奇异——“她向他求爱，用约克郡的布丁征服了他”

——但结果仍然是“这事或许会发生在你身上”。他们马上会让亲密的双方都感到，我们是在一起的小人物，但依然还是“我们确实见过世面”。

正如人们经常指出的，大众记者描述某个重要人物时回避了使人想起他与“普通人”之间的差异。这背后的推动力是一种善意。人们希望感到，对那些参与安排他们生活的人来说，“世事人情”确实很重要。这种态度可能更健康，远胜于那种更喜欢把重要公众人物看作遥不可及和神一般人物的态度。问题仍然是程度的问题，即一种态度和限制它的其他态度处于一种工作关系时，这种态度是有价值的，而在单独被强调时，它怎么又成了一种弱点。哈佛大学的一位前任校长说，在美国，只有在体育运动中才会看出先天能力的差异。在英国，问题至今还没有完全解决；虽然有人认为，人们不应过度重视智力能力。每个富有的女孩实际 138

上都是一个贫穷可怜的富有女孩，她真正想要的只不过是一个家，与我们这些人一样。每个大亨、将军或我们党派的重要政治家，在他“与我们这些人交往”时，其实都很普通和“平凡”，都喜欢自己的烟斗、放在炉边的椅子，喜欢去看足球比赛。用约翰·杜威的话来说：

> 我们甚至赞扬自己最成功的人，不是因为他们在获得成功时的冷酷无情和以自我为中心的精神，而是因为他们热爱花朵、儿童和狗儿，或者是因为他们对待年长亲属们的善行。

对官位很高、但籍籍无名或无趣的人物而言，甚至不需要寻求不相干的称赞理由。所有高级公务员喝茶时都“嘁嘁喳喳”，都很守旧懒惰。我们想起了 W. H. 奥登写到那些努力工作的人时不平衡的诗句：

……问题是没有任何微笑 / 能够忽视…… / 弱者［没有发现］，/ 漫不经心者，寻觅着 / 有人要指责；……

由于惧怕含蓄批评导致的愤怒，“憎恨知识分子”的情绪在工人阶级民众中并不强烈。但大多数对“普通人”的赞美，显然为延伸到追求高雅文化提供了良好基础，很多大众记者都试图把这种游戏介绍给自己的工人阶级消费者。在写到这一节时，我拿起一份最新的流行报纸，发现一位专栏作家描述了与某些“留着胡须、附庸风雅的男孩”的一次邂逅。我的印象是，这种攻击迄今为止还没有取得多大成功。工人阶级民众在总体上对艺术家或知识分子完全不感兴趣；他们知道这些人存在，但认为他们是在自己的生活轨迹中难得一见的怪人，就像吃蜗牛的法国人一样。与此同时，那些讨厌任何有才智或严肃者的记者，不断用自己的专栏来发泄厌恶和畏惧。“英国文化委员会”报告的发表每年都会成为一个借口，借以指责一些软弱的年轻人把大笔公共资金浪费在高雅文化之上。一个同性恋案例被当成了抨击下贱的波希米亚世界的起点。只有在有人提供了斥责怪异者的借口时，才会提及现代艺术。“艺术委员会”是由很多鄙视普通英国人娱乐消遣的“充满脂粉气的男人”所搞的一种“欺诈行为”；而英国广播公司稍好一点。所有大学附属学校的讲师都是古板、不切实际的社会改

良者，其学生则满脸粉刺、拘谨冷漠。凡是有人以任何方式提出，在我们目前的娱乐形式或大众公共设想中可能有些东西值得怀疑， 139
那些人便成了使人扫兴和想法古怪的人。

因此，很多专栏作家和社论作者都带着好斗的“普通人”、受到围攻的低俗者的语调；有些电影批评家的势利则相反，他们坚持认为那些人是“简单而平凡的街头男人”，他们只会寻欢作乐，而把更需要才智的虚荣留给别人；或者是许多答问型电台节目中一些较流行的问题解答者的低俗势利。在那些节目中，对广泛、零碎意见的民主渴望，与对知识渊博者那一丁点儿残留的敬畏结合在一起，也与对他们的些许怨恨结合在一起。后者在听到专家们争吵时才得到了某种满足；在这种时候出现的那种节目，吉尔伯特·哈丁*先生描述它散发着“斗牛场和熊坑的强烈臭气”。

在我看来，即便在通俗专栏作家本身当中，人们也能觉察到这种水平下降过程中的发展势头。直到几年之前，专栏作家们虽然影响到了热诚的普通男人风格，但他们通常都是一些比自己的大多数读者头脑更加开阔的人。但近来有些人已经表现出了其主题——经常也有风格——只反映卑微者。与他们相比，《每日镜报》的灾祸预言家则充满着生活、文化和智力气息；在其作品背后是这一设想：虽然我们都无法思维敏捷、精力充沛、能够追求对很多学科的兴趣（当然，这也不是什么坏事），但这些品质还是有价值的，会使阅读变得非常有趣。在一些更新锐的记者看来，

* 吉尔伯特·哈丁（Gilbert Harding，1907—1960）：英国记者、广播电台和电视界名人。

存在着这种浅薄的设想，即反应与兴趣的最低层次才是合乎常规的。正是这些人，谈起“知名作者的观点”和“经典作品”就像是在谈论一个陌生世界，这些人为数百万人提供了报业联合组织的平凡性。这些人都是拍“普通人”马屁的人，是“该死的、结合紧密的大多数人”的拉拉队长，他们靠热诚的借口和诉诸嘲弄平息了错误论点和呆板的想法。他们通过嘲笑在各个地方发现的任何一种权威，一定会诉诸并且要平息一切潜在的自卑感和忧虑。如果没有足够频繁地出现的重要例证，那么，在沃灵顿、德比或约维尔通常就有某个男校长或女校长出现，他们关于校服的决定、在授奖演讲日对“年轻一代”发布的声明，就可能受到全国的严厉批评，以迎合自由、思想正确的家长。

140 让我们——就像我们是优秀家庭服务的典型那样——惬意地在一起。为此，我将成为我们的家庭节目、平易近人的舒适的标志。轻松节目持续不断的诱惑力、坚定的高昂精神都不适合我们；第三套节目的审美价值、讲究的口音也不是为我们打造的。在粗糙的低俗与口齿不清的高雅之间有一道精致的鸿沟，这是为中产阶级或学识平平者专设的；你和我，以我们的家常方式来愉快地填补那道鸿沟。在这里，我们可以惬意地相处。我们可以谈论越橘馅饼。无论当地人怎么叫，这种水果都很有名——我把它当成是世界上最好的馅饼。

这是中产阶级或“学识平平者”的作品，但非常富有启发性，使人无法忽略。自然，这种语调在为工人阶级写作的作家中有点不一样。应当看到，这段文字背后有一种诉求，正如在针对工人阶级民众的类似文字背后那样——它要求所有思想健全和稳重的人——借助一种有价值的和依然强大的理想，完整的人的理想，他在没有庄严时可以严肃，在没有肤浅时可以欢快，他对家庭和国家的神灵尽到了自己的职责，在完整健全的意义上保持正直。但在很多情况下，这种诉求都已趋于衰退，实际上变成了对读者的一种恩惠，有时则是一种隐蔽的蔑视；是一种“特达米”——“叫傻子们围成一个圈”。

通俗作家必须一再向自己的读者，经常也要向自己保证“完全真诚”。他们坚持认为，“你不能欺骗普通人”，你必须“相信自己是个作家”。但在别的地方，同样的人很可能会提到“公众的支持不忠实”，并承认“众人都随波逐流”。

所有这些品质，无论好坏（前面那段杜威的文字只提到了坏的方面），会使非凡的人与众不同，它们必须在默认的情况下发生，或者必须变成容易控制的怪人怪事。所有的教授都是心不在焉或者无能的；所有的科学家都是怪异和戴眼镜的：必须把他们塑造成神话般的人物，使他们能被带进这个可以辨识的世界。实际上，怪人怪事或怪癖是少数被认可的个性或特异性的形式之一。总的来说，这种人与我们具有共同的观点，却具有引人注目的个人怪癖，他要对自己负责，他具有植根于性格中的真正的特异性。因此，虽然通俗专栏作家必须代表我们说话，但他也应当使我们意识到他自己容易动怒，或者说至少很有个性；这就是很多人都喜欢近乎不适当地暴露人格的原因。对工人阶级民众和其他很多人来说，电台智力竞赛团队中典型的心直口快的成员，既代表了 141

旧式"搞笑的人"，又代表了"乖僻主角"这种现代讽喻人物。在一个看来越来越不自由的社会里，这种态度从过度赞赏"自由"中获取了力量。我们会慷慨地为这种人买单，他在出版物中就我们都讨厌的事物进行强烈的自我表现，使我们的自卑感和幻灭感得到某种释放。一个人表达自己的观点越是怪异（但毫不质疑那些观点的价值），我们就越会相信，他——因而间接地还有我们自己——自由地"说出了我们的想法"。在这里最重要的，"不在于你做了什么，而在于你做事的方式"；不在于你说了什么，而在于你说话的方式。

对政治民主信心不足就属于这种鸵鸟行为。它低估了敌人，导致对某些追求权力的危险现实视而不见。在一些国家，其他因素助长了领袖崇拜，对重要人物的贬低演变成了一种强化力量。掌权者在普通人无法想象的领域里推行自己的计划；同时，普通人也愉快地凝视着风景明信片，图片上的掌权者心领神会地对着一位老年农妇微笑，要么是在逗弄钢铁工人的胖小子，要么是对流行的杂耍表演发笑。

另一方面，这种态度鼓励人们无视任何有助于达到使社会受益的有价值的品质。它贬低出色运用智力禀赋的价值，贬低做出不感情用事和不受欢迎的决定的勇气，贬低自我约束。例如，"规训"这个词几乎不能用在通俗作品中，除非用于一种贬低的意义；这个词使人想到"受人摆布"、服兵役、"受责备"、被断然拒绝。有些人训练自己运用这些品质，他们可能被认为没有感到需要公众赞美，人们却不为缺乏规训而后悔。人们可能感到遗憾的是，这种观点对坚持它的人们的安慰效果。

这些都是异常危险的非理性的安慰，尤其是民主政治的那些安慰。正如在很多事情上那样，在这方面，看来工人在自己的个人生活与公共生活中都处于不同的境地。在工作中，在他真正了解的世界里，他还是能看出“好老板”的价值和值得钦佩的品质，这么说通常不是指一个宽宏大量的老板，而是指一个“头脑清醒”的人，他说是就是，他说不是就不是。在他的地盘，他还是能够辨别和称赞“一个好人”，一个可靠、忠诚或独立的人。在外面，
等着他的是没有差别的麦片粥的汪洋大海，在那里，所有关键特 142
征、危险低谷和引导特征都被抹去了。这使人想到，他所需要的一切就是漂浮过去，是“心安理得”，一种幽默感，这能防止他变成一个使人扫兴的人，能激起他对一切古怪之事的嘲笑，以及那种“能走多远”的感觉，这对正派和理性的人来说是绝对必要的。据说，童子军唱过的一首歌有一种行家的偏见，但其语调却与通俗专栏作家的语气有密切关系：

> 他看起来毫不畏惧前方的障碍，
> 还有美酒、女人和高雅人士；
> 他不会搁浅，而会绕道前行；
> 面带着微笑……

啊，绝妙的第二句！——坚定沉着，准备快活，以目光压倒了审美的妖怪。

所有这些都意味着这一事实：能够“乐于赞成共同意见”，能够感受到是主要群体中的一分子，这一事实构成了明显漠不关心的借口；这种不敏感源于它自身的骄傲、“普通人”的“骄傲自

大”。此外，工人阶级民众也许会乐于接受这种诉求，正因为他们虽然在传统上喜欢感到是一个群体的成员，并且乐于表现出赞同那个群体的美德，但公共世界里的很多事情却使他们感到困惑。当你参加某次群众活动时，无论那种活动可能会多么机械，在感到你与别的人在一起时，其中有着某种温馨的东西。我听说过人们提出的理由，就像他们要听通俗电台广播节目的理由一样，不是由于它很有趣，而是由于它“为你提供了某种谈资”，你可以在工作中与其他人分享。当问到“他们都在谈论电视里的重大比赛时，你不得不保持沉默吗”时，广告商感觉到了这一点。在这方面并不只是与邻居的攀比；也要成为群体中的一员。在听电台广播时，上千名工人的声音在假日里深沉地唱着“假如你是这世上唯一的女孩”，孤独的人们可能会从以下事实中获得某种安慰，即街头的每一次电台广播都以某种交流方式连接着左邻右舍。在温馨、黑暗的超级电影院里，还可以获得一种额外的快乐，它来自于“你”被劝诱、被逗乐、被奉承这一事实，不单是个别的“你”，而是很多平常的普通人汇集起来的“你”；大家都是某个加热的池塘中的小鱼。有时，在夜以继日不加选择地看电视时，也可以看到同样的情景。一切事物和几乎任何事物都是可以接受的，
143 因为像任何节目本身固有的兴趣点同样重要的是这一感觉：你是那个注视着展现在你面前的世界（各种事件和各种人的世界）的庞大群体中的一员。我想，这些趋势也许有助于一个文化群体的出现，这个群体几乎就像所有其他群体的总和那么大。但是，它仅仅在这种意义上才成为一个群体，即它的成员都共同享有一种被动性。对他们中的大多数人来说，劳动是枯燥乏味的，抱负也

得不到施展。但在每天夜晚，他们耷拉着眼睛呆板的样子，大概能够与“伟大母亲”联系上。他们白天或许会为上百台电视机中的每一台安装成打的螺丝钉，但夜晚就可能坐在一台电视机前度过。两眼对齐，却没有连接到神经、心脏和大脑；它们会连接到一种共同的快乐感，那是简单分享某个一致对象时的快乐，而不是那个对象本身。

4. 活在当下与“进步论”

当这样一个民族对物质满足的趣味比他们所受的教育和对自由制度的体验增长得更快时，当人们看到他们即将拥有新财产时，人们着迷和失去一切自制力的时刻就到来了。

德·托克维尔

贵族国家自然容易把人类完善的范围变得很狭窄；民主国家则将其范围扩大到超出了界限。

德·托克维尔

不难看出，意识到需要生活在当下和为当下而生活，对需要“享受好时光”给予高度重视，可以促进人们今天大谈特谈的更加广泛的自我满足。我在这方面的论点是：大多数人都会受到持续、不断增长的诱惑的轰炸，以致认为无论什么东西，只要被广泛接受，并且可以被归为娱乐的，那就是对的。这种观点以及重要的“要尽可能自我享受”这一古老意识，都是有关联的。在这两点之外还要增加第三个因素，那就是“进步论”的因素。“进步论”通过否定过去而助推了为当下而活着；但当下受到欢迎仅仅因为它是当下，而且只要它是最近的当下，而不是过时的过去；所以，当每个新的“当下”到来时，其他的都会被抛弃。“进步论”坚持一种无限增长的“美好时光”的观点——彩色电视，所有气味、
144 所有触觉、所有味道的电视。“进步论”通常从作为与物质有关的“进步论”出发，却不可能停留于此；它不可避免地会通过模糊的类比扩大到超过物质。

我早就提到过，与无限自由的概念一样，无限进步的观念与通俗时事评论员相生相伴，极少受到过去半个世纪发生的各种事件的影响；在这个方面，它绝不时髦，仍然处在1851年博览会*的环境中。要进步、“向前看”、“像明天一样时髦”，依然是一种令人向往的目的本身。最后引用的句子来自美国广告，使人想到接受“进步论”如同接受在英国讨论的其他多数观念一样，大多受到了美国电影的影响，也受到了我们自己的宣传家的影响。对我来说，工人阶级对待美国的态度最引人注目的特点不是怀疑，尽管经常有怀疑，也不是对“发号施令”的愤恨，而是乐于接受。这主要源于这一信念：在大多数事情上，美国人都能“向我们显示一两件事情”与现代化有关。就人们感到现代化很重要而言，美国成了领导者；于是，现代化似乎正在变得非常重要。

这种独特的设想模式得到强化是由于这一事实，尤其是在工人阶级民众当中：他们在实质上对过去完全没有感知。他们所受

---

* 1851年博览会（the 1851 Exhibition）：指1851年5月1日在英国伦敦举办的万国工业产品博览会，它标志着第一届世界博览会的诞生。

的教育不大可能给他们带来任何历史全景，也不大可能带来任何一种延续下来的传统观念。与年轻人相比，这一点对老年人来说更加真实；在过去 20 年间，教学领域里已经做了很大改进。我并非要对教师们的努力进行随意的抨击；但他们的时间有限，对很多孩子（他们的出身就像我已描述过的那样，他们的智力天资有限）来说，教师们的最大努力有可能变成“一只耳朵进，另一只耳朵出”。因此，虽然大多数人都有可能掌握相当多没有关联的信息，但他们几乎不知道历史模式或进程，也不知道思想模式或进程。他们的思想很难回溯到自己祖父母的时代以前；在那之前是一片黑暗，从中会冒出一两件事情，不是按照通常的正确次序，也不具有支撑的背景——盖伊·福克斯与“火药阴谋”，* 法国大革命，魁北克的沃尔夫，** 阿尔弗雷德国王和蛋糕。*** 几乎没有智力上或文化上的储备，几乎没有受过训练去验证反对理由和与现有判断相反的观点，判断通常是根据首先想到的那些群体格言的提示。群体的观点将决定那些格言属于有助于体面生活方式的那一类，还是有妨碍的那一类。

* 盖伊·福克斯（Guy Fawkes，1570—1606）：天主教阴谋组织的成员，该阴谋组织曾计划刺杀詹姆斯一世和英格兰议会上下两院的所有成员，终因阴谋败露被处死。“火药阴谋”（Gunpowder Plot）：指福克斯的组织计划发动的刺杀行动。

** 在魁北克的沃尔夫（Wolfe at Quebec）：1759 年英法争夺北美殖民地的“魁北克之战”以英军获胜告终，詹姆斯·沃尔夫为该战英军主将之一，刚刚获胜即中弹落马身亡。

*** 阿尔弗雷德国王和蛋糕（King Alfred and the cakes）：阿尔弗雷德国王（849—899）曾率军队打败丹麦人，他与蛋糕的故事系战争期间的一件轶事，指他一心关注打仗而把蛋糕烤焦了。

145 相似地，对于未来几乎没有真实的感受。未来作为家族一代又一代往下传递的问题，会突然停止于孙子辈，或许停止于曾孙辈；此后则是另一种黑暗；很可能会充满关于摩天大楼、霓虹灯和宇宙飞船的联想。我想，这种想法特别容易被生活在始终如一的当下的诱惑所吸引。倘若这种诱惑获得成功，就可能导致时间在其中已经丧失的状况：然而，时间占据了首要地位，因为当下永远都在变化，而变化却是毫无意义的，就像没有任何提示性模式的幻灯片的切换一样。每一种创新都被认为比其前者更好，仅仅因为它出现在前者之后：一切变化都是为了一种更好的变化，只要它处于时间序列的先后之中。约翰·亨利·纽曼的一段话明显预见到了这种状况，即现在很多人每晚都在注视着那种最新、最了不起、最时髦的宏大电影奇观：

> 他们看见了大城市和荒野地区的景象；他们在商场里或者在南方的岛屿上；他们凝视着庞贝的柱子或安第斯山脉；他们所接触到的东西，没有哪种把他们向前或者向后带到超越其本身的任何观念。没有任何东西具有一种趋势或关系；没有任何东西具有历史或者希望。一切都是孤零零伫立着，来去轮回，如同移动着的表演场景，它们使观众留在了原地。

由于世界被认为是一种持续不断的变化，未来在其中会自动更替，是全部过去中最好的，过去成了可笑的和奇怪的。守旧会受到谴责。其中也有例外：某些显示出古老价值的旧式事物是奇特而美妙的。“旧式母亲”对真正重要的事物有影响，并且经常是被歌颂的对象。与它们相联系的是各种公认的属性，如有柳树图案的陶器。薄荷硬糖是旧式的更好，草药医生仍然在以旧式乡村的治疗法在做善事。“我爸爸很辛苦——但他一直都很讨厌谎言，”工人阶级民众会这么说；或者说“我母亲老是说——‘对的就是对的，错的就是错的’，在做了和说了一切时，你无法比那做得更好”。我想，使用这些说法表明了对于现代风尚的某些浅薄方面的宝贵抵抗。

但是，很多人，尤其是年轻人认为，几乎一切旧式的东西都越来越显得古板，或许还很可笑。这不只是着眼未来、对老年人的迟缓和落后不耐烦的问题，这在任何时代都是充满活力的年轻
人的特征。人们以为，在我们之前的所有时代都是无知的、老旧 146
的和过分拘谨的；它们迟缓、呆滞，如今就变成了“陈旧的”。“那是旧式的”和“那不入时”同样被用来指责穿着、行为、跳舞风格、道德态度（例如，“陈腐的信念”、“过时的信条”）。要“入时”，要“拥有最新的”，因此变成了要拥有最好的。“那是新的——那不一样”：因此，它一定更好：而未来依然会更好。

与此有关的是赞颂青年。如果说最新的就是最好的，那么，年轻就比年老更幸运；年轻是时髦，是现代，是奔向更加时髦的未来。记者们让自己特别专注于“年轻一代……他们行动迅速……生气勃勃……渴望出人头地……谋划未来……精力充沛……独立……”——这为未来数年提供了一个宝贵的潜在市场。

针对青少年可能早已购买了的商品，一些广告商也提出了相同的诉求，利用从美国输入的正在成长的未成年人神话，却作了符合英国人口味的修改。这是青少年“帮派”的神话，他们喜欢

摇摆乐和爵士乐，但仍然健康和坦率，不拘礼节地穿着水手领运动衫和宽松长裤，充满快乐和干劲，颠倒了一切单调枯燥的东西。

这种闪光的野蛮行为正在英国取得某种成功，一旦在工人阶级民众那里取得成功，就可能从追随长者和更可靠者的能力中获得力量。“你只可能年轻一次。要尽可能自我享受。”新的年少无知使自身依附于更古老和更加冷静的实用主义，同时也贬低它。人们被大量旨在服务和娱乐的物质商品所包围，那些商品在数量和独创性方面每年都在增长，但很少感到它们是最终产品，在很多情况下，它们是很多个世纪逐步获得的知识和技巧的不那么有价值的产品：实际上，与此前任何一代人相比，人们被更容易获得的产品所包围，几乎不可避免地倾向于接受这些东西，当它们刚一出现，就以童话里的孩子的方式来使用它们，他们发现了悬挂在树上的玩具和路边的棒棒糖。说服力最重要的力量在于赞成培养那种习惯，说到底，“为什么不赞成？”

通过所有这些手段，可以催生出捧场的时尚心态。它蔑视一切没有赶上时尚的人，却让自身抛弃了个人的选择责任。因而，时尚满载着仙境中的野蛮人，无法抗拒地前行；不是前往任何地方，只是为前进而前进。前面的某个地方是科学家在掌控（“那是
147 新的——那是科学的”）。德·托克维尔说：“民主国家很少关心这是什么，但它们却受到所见之物的烦扰”；广告专家写道：“广告撰稿人应当强调自己的文案更令人愉快的方面；他们始终都应努力使自己的读者感到愉快”；时尚的人群唱道：“美好时光到来了”。

幸运的是，“进步论”的成功大多还是合格的。对科学的持续

不信任虽然被抑制了，但直到最近才揭露出其危害的力量。有时，反对的理由是，人们认为，对某些特定方面的进步或进步速度过快存在着管理不当。在这里，在根本上接受“进步论”可能不会受到影响。人们的看法反倒是，不断前进非常好，但“他们”应当小心，不要使我们陷入速度的摆动之中。

然而，正如经常出现的那样，现在人们听到的各种说法表明了对于“进步论”的更加深刻的不信任，对于“进步论”的价值观的不信任；“产品看上去更加光彩照人，但它们通常不像过去做得那么好”，人们认为更重要的是，“……所有这些发明！但它们到底能让你走向哪里？”

5. 冷漠主义：“个人化”与“碎片化”

如果宽容很好，如果共享群体的观点很好，如果“尽可能享受生活”很好；此外，如果所有人都是自由和平等的，如果生活在不断变化和进步，那么，最终结果一定会伴随着丧失秩序感、丧失价值感和限度感。如果处于无穷无尽行列中的最新是好的、满足绝大多数人的愿望，那么，数量就变成了质量，我们就来到了一个畸形和旋转着的无差别化的世界。正如马修·阿诺德一个世纪前指出的，这种无差别化可能导致“冷漠主义”，导致平庸和毫无价值之物无穷无尽地涌出，并导致一个世界：各种活动在其中被简化成按人头计算，最终变得毫无意义。

在我看来，由此产生的反应是从受到空虚的威胁往后退，会鼓励人们把出于“真诚”而热爱当下作为目的本身。这使人想起广泛存在的工人阶级古老的慈善行为，以及这些行为与他们不相信抽象概念之间的关系（“只要你心安理得，你做什么都没有关系”）。如今，这种态度得到了越来越多的表达，正因为它在一个
148 非常难以找到标准的世界里确实提供了某种标准。“不错，至少他的用意很好，这是最重要的”，这种说法可以掩盖对于做出道德抉择的能力缺乏信心。真诚显然还不够：但在看来没有别的什么办法时，就不得不真诚。

由此出现了各种各样的托词，使用的说法不断增加，“说到底，那事很自然”，“是的，那不会伤害到任何人”，以及“他们说，至少这对你有好处”。或者说，语言中的托词使得“正统性”或“权威性”不自觉地变成了贬义；把赌球变成了“投资”；观念在社会中的重要性的历史，可以追溯到像这样的词语变化。一切都是“趣味的问题”，而“一个人的食物却是另一个人的毒药”。一般来说，一句附加的话表示存在着一个不确定，但被普遍接受了的外部边界，“你要注意，我不同意……”；从这句话中产生了某种自信，相信在某处毕竟存在着一种秩序。如果用这句话去应付日常生活中的测试题，那么，冲击将是巨大的；但在日常的个人生活中，早年受到的约束仍然在很大程度上占优势。然而，像这样不存在任何分歧可能是健康的，或者从长远看不只是暂时的。

情况因这一事实而变得更糟：其中有一种感觉，虽然人们没有感到哪个权威是正当的，但可能越来越多地依赖权威。对各种说法的运用，如“他们应该对此做点什么”，“他们应该使我们摆脱它”，“他们应该在健康保险上这样做，在学校方面那样做”，可能更容易出现在本章所描述的背景中。我们可以立刻将自己置于

某种地位，我们张开嘴靠着那个地位，同时靠别人用管子喂食，公正地说，是从无名的“他们”操纵着的无限丰富的美食中获取食物。如果对权威的厌恶更经常地是一种主动厌恶，人们就会更愉快，这意味着一种自立的愿望。但经常都可能的是，闷闷不乐地摒弃权威的观念与这一设想共存：尽管如此，它是外在的某事或某人应当提供的。这两种态度的共同作用，会把很多人特有的死气沉沉和反应迟钝，加强到在其个人和家庭生活之外去要求他们。我们正在走向亚历克斯·康福特*所称的那个“不负责任的服从”的世界；如果越是“负责的不服从”，那就越好。

所以，对顺从的要求增加了。“只有联系”，E. M. 福斯特**说，他想到的是内心要求与外在生活之间的冲突。“只有顺从”，低声传递着今天盛行的风气。反正没有什么大不了的，但大多数人可
能是对的，你应该附和他们。你需要的只是相信别人相信的东西； 149

否则就是一种违背生活法则的罪过。如果根本就没有价值，如果没有越轨的理由，那唯一的职责就是站在拥挤的道路中间。“1000万人——或者说1300万读者或听众——不可能都错了。”

因此，悄无声息的“放松行为的弹簧”在继续和增加。因此，生活中的紧张感最终必定会消失，随之消失的还有向其挑战的一切真正的趣味。真正享乐的力量，乃至所提供的如此多种多样的快乐也一定会衰退。“享受好时光”可能变得如此重要，以致会凌驾于几乎其他一切要求之上；然而，在人们被允许这么做时，享

---

* 亚历克斯·康福特（Alex Comfort，1920—2000）：英国科学家和医生，著有《性的快乐》（1972）。

** E. M. 福斯特（E. M. Forster，1879—1970）：英国著名作家。

受好时光在很大程度上就成了一个例行公事的问题。反对现代大众娱乐的最强有力的论点并不是认为它们降低了品味——降低品味可能还很有生气并且很活跃——而在于它们对品味的过度刺激，结果会使之变得迟钝，最终会扼杀它；用德·托克维尔的话来说，它们“失去了活力”，而不是“腐败”。它们在要害处扼杀了它，然而，这样一来就使其观众感到困惑并使他们相信，观众始终都不能完全抬起头来说：“但实际上，这块蛋糕是用锯末做的。”我们还没有达到这个阶段，但这几句话却是我们接着要讨论的。

对过度刺激和最终扼杀的回应，最好可以分别用通俗作品的“个人化”和“碎片化”这两个主要特征来加以说明。这两者都以旧式的——如同新式的——风格存在于各种出版物中；但差异却引人注目，极大地加强了呈现和操控的技巧。

倘若我怀疑今天对于通俗报刊强烈的个人兴趣，我就不会突然反感地发现，几乎每个人都对“完美的人间故事”感兴趣，并且始终都会感兴趣。就连“我确实喜欢一场完美的谋杀”这个说法至少也有上百年的历史：上个世纪大量的“低俗”文学作品充斥着对谋杀、行刑和谋杀者的最后忏悔的描述。“毕竟没有任何东西能超过令人震惊的完美谋杀”，唱着卖报歌谣叫卖大幅报纸的小贩流行的行话说道。但我要指出，如此强烈地过度利用个人因素，以致需要另一种说法来描述，这类说法毫无有益的内涵，如“对个人和隐私感兴趣”，或者“喜欢好故事”。看来，需要一种更丑陋的当代的动名词，比如“个人化”。

人们立刻就可以看出，专门针对工人阶级民众设计的报纸不
150 同寻常的“个人化”的程度，不仅源于普通人对于他人生活细节

的兴趣，而且也源于工人阶级对具体性、情感上的大胆和可理解性、本土性和特殊性异常强烈的依附感。在这方面，工人阶级民众总是能做出回应，并且常常具有智慧和理解力。早期的通俗报刊都懂得这一点，并开始了这一过程，它在今天已经达到了非常发达的状态，把对个人的关注延伸到超出其合理限度的地步。或许，它扩大到了不只是要对那些报纸的内在生命动力做出反应，那些报纸使不断超越自己的近邻成为必需，而且也因为读者对个人的愿望得到了当代各种条件的强化。我早就提出过，工人们在今天不可能意识不到社会生活更广泛的和公共性的方面，以前这在某种程度上是很难了解到的。他们意识到了生活的某个领域，他们在其中无疑扮演了某个角色，但他们经常发现很难理解那个领域。他们自然会努力地更好理解外部生活，靠的是把那个领域同他们在其中理解、行动、忍受和称赞的个人与地方生活联系起来。在这种环境下，希望确保地方和个人所看重的价值观，希望确保某些完全可以理解、被认为“体面”的情绪对所有人来说都是共通的，这些愿望正在变得越来越强烈。当来自巨大的外部世界的声音使用了他们的口音时，他们会很高兴。很多政治家都懂得这一点；描写过王室特征的大多数记者都懂得这一点。有些度假营地的老板也懂得这一点；他们的营地庞大并且豪华得俗不可耐，拉拉队长试图把“亲密”群体中的每个人都联系起来，厕所打上了“少男”和“少女”的标记。足球博彩的承办人懂得这一点；他们发出了加入他们“帮派”、“圈子”或“团体”的邀请。专门从事假装亲密的电台综艺节目和电视歌舞表演节目的明星们懂得这一点。“电台音乐节目主持人”、电台节目制作人和“驻台

团队”都懂得这一点。广告播音员懂得这一点；他们声称自己是以“你的邻居、广播电台——”的身份在说话，并播放冠以“选择邻居”和“友好的趣事”之类标题的节目。我记得约克夏郡忙碌的疗养院里一位患结核病的女工，她在听到“电台音乐节目主持人”播放她最喜欢的歌曲《献给你的曲子》时非常感动；此后，主持人的签名照片就放在她的小柜子上。所有这一切是一种多么虚伪的归属感，而这种感觉是由这个公共交际时代的公共朋友提供的；最好的是匿名的感觉：人们因此被感动得要采取某种有益的行动，以改善各种问题。

151 然而，领会不到这种愿望的力量将是错误的。人们提出的问题都是很好的问题——“这一点怎么与我们所知的人类生活及其难题联系起来？”商业出版物的压力，以及除自由（“把公众需要的东西给予公众”）的压力之外的几乎所有约束力的崩溃，确保了按人们需要的条件提供答案的意愿被带向了某个点，在这个点上，所提供的那些答案并没有关联，而危险的是人们认为它们有关联。知道谢皮洛夫先生在会议桌上心不在焉地画了一些马，你不会对他有更多了解；你只是逃避了真正的问题。随着“个人化”的技巧每年都变得越发像机器加工似的，良好的天资因此走了形，并被用于过度简单化、温和的欺骗和危险的扭曲。我们进一步陷入不合理的个人世界的梦想中，在那个世界里，不仅一只猫会审视国王，国王实际上也是一只下层的猫，心里最重要的权势人物则是“老实人乔”。一个如此复杂的世界，就连沉浸在照料更重要的机器工作中的那些人，都只能指望对那个世界有一点点理解，在受到报纸指责时，它每天都会变成本地的、容易被虚假操控的

"哦呀"。

在"铁幕"边缘的国家里有各种奇怪的运动；殖民地正在变得难以驾驭；美国已经发表了关于使用氢弹的新声明。如果这些事情都能够以哈利法克斯的奇妙牧师的故事中的某种方法被"个人化"，那么，它们就会赢得一席重要地位。如果不能被"个人化"，它们就必须抓住次要地位的机会，把封面和主标题留给：

鳏夫说，她们拦住了我
她穿着晚礼服爬上了山
那天玛丽不在那儿
疯狂的牧师全都告诉了他们
他的猫都参加了会议
三个牧师守护着捐款箱
他穿着旱冰鞋去上班
我承受了那一切折磨。

假如这看来还不够个人化，那就还有一种日渐流行的"正经的"、"饶舌的"和"面对现实"的途径：

那些家伙应该住手
别吱声，伙计们
别管那些愚蠢的议事程序
汤普森先生，别再说了
丈夫们，别这么玩闹了

你们受够了，伙计们。

152　这就是它的捍卫者所说的“顽皮的”和“愉快的”新闻。一般来说，它的快乐和顽皮都是在挤眉弄眼的男孩层面上，为了让他的伙伴们开心，在警察后面保持了一段安全的距离。

成功的“个人化”的必然结果，就是持续地和引人注目地简单化。读者必须亲身感受到与呈现给他的梦想合一，如果他必须努力思索某个词语的重要性，或者苦苦思考一种细微差别，甚或理解一个适度相关的句子结构，那他就感受不到这一点。由于这些特质都是试图表现主题之复杂性的结果，由此可见，每天都要用最简单的语言来展现个人偶像剧，在情感和理智方面也要以最简单的方式来构思。但是，“普通读者”（对于追求大规模销售的宣传者来说，他们必定是一种假想人物，必须以最简单的方式综合三四种关键反应）不必感到失去了什么东西。

杂志超过小说成了“微型小说”或“一分钟小说”，其中最引人注目的特质不是它们的简短，而是旨在使它们往下滑而使用的技巧。既然没有什么东西必定会阻碍连贯性，因而也不存在读者能够抓住的任何东西，也没有人认为会创造出关于世界的任何真实东西。连续阅读二三十篇那类小说；你不仅会厌倦欺骗性的扭曲结局，而且会因为生活在一个华而不实和空洞的傀儡世界里的感觉而颓丧。

因此，通俗报刊在呈现要阅读的内容方面必须变得更加支离破碎，因此，要阅读的内容逐渐被仅仅看到的东西所取代。“连环漫画”像皮疹一样蔓延开来，从封底的下角直至所有内页，占据了整个页面本身，还会不时出现在其他地方。必须有一些对行动的言语引导，而描述性的评论保持在最低限度：目的在于确保所有必要的背景信息，都要包含在从人物口中不断涌出的对话中。毫无疑问，这么做的原因与促使通俗小说家避免一般性描述、迅速接近对话的原因是相同的。在对话中，人们对我们言说；在描述中，我们不得不独自忍受页面上的词语。

在最低层次上，所有这一切都在英国销售的美国或美国式连环漫画中得到了说明，在这些漫画里，连篇累牍地都是来自火星的丰乳肥臀的女孩走出太空船，歹徒们的情妇尖叫着乘上大马力 153
轿车逃走。所有见过某些军人读物、美国和英国连环漫画的通俗性（以及适合供给热门素材断档地方所需的粗糙英国男孩连环漫画）的人，对这类读物都有所了解。这一过程还在持续，尤其是因为有大量的青少年存在；不良大众艺术消极的视觉呈现，调整到了适合于非常小的心理年龄。

在某种程度上可以公正地说，这是一个“独断主义”的时代，虽然很少有人完全不怕麻烦地要理解一切问题，但很多人都认为，他们几乎在每个一般问题上的意见都很重要，甚至对心智不健全或懒惰的人来说，大多数问题都是或者说应当是完全可以解释的。首要的是，我们必须跟上时代；必须跟上赫鲁晓夫先生昨天说了什么，铁托今天做了什么。托尔斯泰笔下的列文懂得这种典型，但他在今天就显得更加一般了——“为什么，啊，为什么，分割波兰会使他感兴趣……没有什么话可说。感兴趣完全是由于它已经‘发生了’这个事实。”然而，“独断主义”在任何值得关注的程度上都不是工人阶级民众的缺点；或许，他们对普遍问题缺乏兴趣妨碍了独断主义的发展。不过，他们的兴趣模式和时代的力量导致他们会被引诱去享受“碎片化”，被引向那种“混合软糖”的快感，不断去接受各种古怪的小碎片、毫无联系的散乱事实，而每块小碎片都带着“人情味”的甜蜜小内核。或者说，他们接受那些无线电台节目（战后它们的数量似乎有所增加），虽然那些节目可能包含着一些顺便提及的零散信息，但它们具有的主要吸引力则来自这一事实：节目播出的方式是短时间的迸发，名人们在短时间迸发中依次展现自己的交锋和喋喋不休。大多数这类节目都属于那种知道在利用名人和为争论而争论的游戏的变体（“很好，至少它很刺激”）。

根据所有这一切来判断，我们的阅读风气并没有增强，而是保持在两三个音节的词语和七个单词的句子的水平上。这种进程并不新鲜；大多数碎片化的杂志都存在了40年到60年之久。每种杂志都形成了自身的风格：某一种主要是家庭杂志，某一种是比赛杂志；某一种对历史、地理和人类学的“奇事”有特殊兴趣；某一种是专门的图片。所有杂志都有共同的设想，即认为自己的读者都喜欢短小风格。所有杂志都会预先斟酌自己的素材，以便素材既不要使任何人厌烦，也不要加重他们的负担，不要做出任何努力去相互关联或比较。它们必须能以一种非常轻松的方式阅
154 读，或者以一种随心所欲的方式来阅读。任何长度的片段都一定没有关联；每件事情都很有趣，像下一件事情一样有趣，只要它短小、没有关联、能使人兴致勃勃。没有差别的逸闻趣事的雨流倾泻而下：一只双头母鸡在博尔顿（兰开夏郡）降生了，一名政客自杀了，埃德蒙顿（加拿大阿尔伯塔省）的一位母亲生下了第

三个三胞胎，旅鼠具有的各种奇怪习性，一个骑自行车的人在桑德兰被一阵狂风吹得离开了道路。人们不是在读这样的报刊；而是在“看”它们。

广告撰稿人延续并发展了这种方式：

> 你只能希望每次使读者的注意力保持一分钟。要确保他在那一分钟里获得你想要他获得的东西。要设计好你的版面，使所有要素都有助于让他的眼睛盯住你所确定的路线，一路上没有任何难以对付的障碍。坚持使用很小的字母群和词语群。他不可能一眼就看到五六个以上的词语。一切稍长的单元都会使你的读者不快。然后你就会失去他。

不过，如果必须使用超过三个音节的词语，记者通常都会加一个星号，把它引导到一条“亲密的”解释——“那意味着——对我们来说，伙计们”。

“短小，没有关联，能使人兴致勃勃”；第三个特质是从头两个特质得出的。在餐前开胃菜的常规饮食中，每种新菜至少必须包含其前者的气味和味道。这种对“能使人兴致勃勃”的追求，今天已经大大超过了从前。《理发师陶德》和《玛丽亚·马腾》* 在

* 理发师陶德（Sweeney Todd）原为维多利亚女王时代的廉价惊险小说《珍珠串》（1846—1847）中的谋杀犯。1979 年这个人物作为“反英雄”出现在音乐剧《理发师陶德》中，2007 年被改编成同名电影，由蒂姆·波顿执导。《玛丽亚·马腾》（*Maria Marten*）：1935 年英国拍摄的电影情节剧，根据 1827 年发生的“红色谷仓谋杀案”的真实故事改编而成。

其煽情主义之中都有身体，都有某种耸人听闻的东西，它们使其流行了多年。如今，每天都必须找到十多个耸人听闻的新题材。因此，必须有一种连续的变形，有大量的戏法，用真正浅薄的赝品来冒充坚实和内容丰富的材料，角度无穷无尽地膨胀和变形，使渺小显现为巨大；从下面拍摄老鼠，它们的巨大阴影会显现为真正的恐怖。这种事情与《玛丽亚·马腾》相去甚远，超过了音乐剧与《麦克白》之间的差距。

在整个这一节里描述了那些通过提出各种诉求来谋生的人，当他们发现自己受到攻击时，他们的防御程序富有启发性地证明了先前对各种设想的分析，那些设想构成了他们努力的基础。他们在自我辩护的愤怒中对那些攻击四面出击，使用的正是他们知道将影响自己观众的那些方法（它们实际上是否符合反驳的要求，

155 几乎没有被考虑过）。他们指责自己的原告是“反动的”和“专制的”；他们暗示说只有自由是不够的。他们进一步指责自己的对手“势利”；他们或许会暗示说，并非所有人都天性善良。每当有用时，他们都会提及自己对手的年龄，“72 岁的 B 先生”，或者是“65 岁的 C 先生”；民主是年轻的和向前看的；对手显然都是年老的守旧者。他们反击自己的原告说，我们“比你们更值得尊敬”，你们装模作样、“伪善”。推理过程似乎如下：（1）唯一有价值的是自由；（2）因此，具有开放的头脑才是所需的唯一坚定思路；但是，（3）这些人提出，对自由的某些运用可能是错误的；他们采取了一种道德的思路；因此，（4）他们必定是伪君子；他们要隐瞒某种东西；他们需要自由是为自己，而不是为他人。这是硬币的另一面，硬币的正面是“真诚”。如果你承认绝对自由，却不拥

护你自己的任何“思路”，那你就可能受到称赞，因为你敷衍了事地表明你“无论如何都很真诚”。提出一条规则，你会招致所有责难，因为新目录中最大的罪过是“虚伪”。所有这些都是辩护者们以人们熟悉的方式所进行的装扮，使用的是直率的一对一的语气（毕竟，我们最好的辩护就是，你理解我们，而大不列颠的公众恰恰不会理解任何邪恶或腐败的东西）。最后一张牌是与“不在于你做什么，而在于你做事的方式”这种态度有关的一种变体。在一个无限自由的世界里，我们做什么都无关紧要，只要我们做得有模有样。最重要的是，我们不会令人厌烦。“我们竭尽全力不要对一切事情太迟钝”；我们要尽力避免“华而不实”，始终都要“充满活力”。如果没有早已概述过的对大众出版物的压力的话，如果没有贬低更重要的原则的话，这些都是值得称赞的目标。在这种情况下，这些目标成了不惜任何代价都要博得笑声、使人兴致勃勃的正当理由。“一切都为博取笑声”；不管故事是否被扭曲，不管言辞和情感是否已经完全变成了把玩和逗乐之物：至少我们没有厌烦；你无法指责我们迟钝。最后，成功会原谅一切。

我根据它们出现在通俗报纸社论中的频率，编制了一份词语清单，以表明新准则的美德和恶习。表示恶习的有：

> 道貌岸然；怯懦；迟钝；模棱两可；势利；貌似虔诚；油嘴滑舌；墨守成规；虚伪；呆板；华而不实；欺骗；官气十足；当然，还有令人厌烦。

这些都是老一套的 14 条“不可饶恕的罪行”；它们全都非常 156

相似。表示美德的有：

> 新颖；不同；非正统；坦率；调皮；心直口快；完全清醒；有活力；精力充沛；有滋有味；生动；快乐；健壮；有进取心；热情奔放；侠肝义胆；“顽皮一笑”；坦诚；大胆；年轻；真诚。

这里的基础似乎是青少年反对老师的行为准则，是学童乳臭未干的直率。

第七章　被棉花糖世界诱惑：新大众艺术

由于很多原因，从前的时代不为人知，现在却联合成一 157
股力量，要使头脑的辨别能力变得迟钝，使之不能完全自主发挥作用，从而退化到一种近乎野蛮的麻木状态。

华兹华斯

很多人试图像他们说的那样，以他们认为适当的方式，为大众提供一种现成的与适合的知识食粮。

马修·阿诺德

啊——那天我读了一本书！

……

总有一天——我要再读一遍。

（“鼻子”杜兰特[*]创作的一首歌）

---

* “鼻子”杜兰特（‘Schnozzle’ Durante）：原名吉米·杜兰特（Jimmy Durante，1893—1980），美国歌手和喜剧演员。

是的，我们要让他们开始工作，但在他们的闲暇时间里，我们要让他们的生活像孩子的游戏……哦，我们甚至会允许他们有过错，他们软弱而无助，他们会像孩子一样爱我们，因为我们允许他们有过错。我们要告诉他们，每种过错都要受到惩罚，倘若过错得到了我们许可，我们就允许他们有过错，因为我们爱他们……他们不会有任何秘密瞒着我们……他们的良心最强大的秘密，他们都将全部透露给我们，我们将拥有全部秘密的答案。他们会很高兴地相信我们的答案，因为这将把他们从巨大的焦虑和极度的烦恼中拯救出来，他们现在忍耐着，要为自己做出自由的决定。

陀思妥耶夫斯基

1. 生产者

我把自己的成功归功于把人们想要的东西给予他们。我不是势利眼。

一位流行音乐家

当我们思考现代娱乐文学极为娴熟的技巧时，我们往往会在强调重点上犯两种错误。我们会过多地把技巧仅仅同几十个名字联系起来，拿一般的通俗作家与几十个严肃的（因为缺乏一个更好的词语）当代作家进行比较，这些作家的名字过于经常地出现
158 在每周评论中。我们经常简单地认为，这些作家对待自己作品的态度完全是商业性的和愤世嫉俗的。

非常成功的通俗作家，文学上的“百货公司”，都是一些令人敬畏和使人着迷的人物。人们可以描绘秘书和速记员，磁带录音机，边缘地带的“幽灵”，报业联合组织的文章，“全部或部分非复制品”，温暖的南方某地一幢老旧大宅中复杂而高效的呓语工厂，大师创作的最新幻想作品或巧妙奉承的作品，从呓语工厂走向了各种周刊、美国市场和更加遥远的疆域。

但是，无论这些人怎样使他们的机构机械化，都不可能对通俗文学的大量膨胀负责。英国每年要出版大约18000种图书，那些娱乐小说占了很大部分。很少有人听说过从出版社出来的平装书是怎么回事，它们怎么会使文具店的橱窗、新的杂志店和车站书亭变得五花八门？写那些书的作者可能会用好几个名字写作，是根据每年4个到12个标题生产出来的东西，通常都按照计件或每千字付酬。市场看来极具竞争性，那些成功的人——即无需成为全国知名人物就能过上好日子的人——必须对公众需求具有敏锐的感觉。因此，他们中有人说，他的两条经验法则是：绝不进行任何“令人厌烦的描述”（我猜测，人们认为任何超过两行字的描述都会令人厌烦），还要确保在第一页就展开对话。对那些能够提供所需内容的人来说，这样可以获得一种优裕的生活；进行这种写作的人几乎都是匿名的：

在民主国家中，作家可能会沾沾自喜地说，他会廉价获得一种不大的名声和大笔的财富。为了这个目的，他不需要受人称赞；他受人喜欢就足够了。不断增长的读者群，以及读者对某些新东西的不断渴求，确保了不被人们看好的图书也有销路。

没有人特别看重他们，但“看重”却是一个评价性的动词；正如德·托克维尔指出的，既然有人喜欢，这就是检验。

这些作家都很能干，毫无疑问，就他们大多数的写作策略而言，他们旨在有意识地向读者提供所需的内容。但是，要认为他们是有意识地把所有不同要素按恰当比例组合在一起才使他们获
159 得了成功，除了其他很多原因外，这在才智上就高估了他们中的大多数人。如果我们读一些廉价的浪漫故事的话，我们会发现很难支持这一看法，即认为他们呈现出来的世界是从外部故意构想出来的。像这样的写作，一贯保持这种样子，在对读者需求的感觉方面如此准确无误，可能很难从理智上来进行创作；在这类作品里，通常肯定不会透露出心灵的能力。相反，这些作品是由那些拥有某些资质的人创造出来的，其资质超过了他们的读者，但却与读者有同样的精神气质。“每种文化都生存于它自身的梦想之中”；他们分享了自己文化的共同梦想。他们可以年复一年大量出版作品，没有严肃作家自身经历的那些标志着发展的阶段，也没有在表达方式方面经历过变化，因为他们的写作是半无意识的。这种情况也适用于很多通俗记者。与通俗新闻有关的传记文学总是强调“你的读者的本能感觉”的重要性，强调“相信你自己”和“完全真诚”。但是，谈论“真诚”只不过有助于谈论“彻底的玩世不恭”。显然，一个人不可能完全是一个有意识的操作者，同时还要关注重要的机遇。在意识层面，读一下通俗文学就会明白，人们会发现一种老于世故的玩世不恭，或者会发现一种为“民众”

服务、为他们代言的强烈使命感。更常见的是，人们会发现一种在逻辑上站不住脚、却明显可以容忍的两者的混合。因此，封面上对 A. P. 瑞安所著《诺斯克利夫勋爵》的“简介”，把诺斯克利夫*描述为“热情与奸诈、真诚与愤世嫉俗的噱头的奇特混合物”。

在流行歌手的表演中也不一定没有真诚。贝蒂·德赖弗**小姐的格言是：“我们每个人心中都有一首歌。”毫无疑问，薇拉·琳恩***小姐拥有一种关于各种要素的合理观念，她一定会强调那是她获得独特效果的要素——简单而强有力的情感模式、重音的复杂转换、对元音发音的出色控制，这些要素使发音都带着所需的情感。这些都是她的听众所需要的，因而，歌曲会使人想起自己特殊的想象世界。但是，我猜想，那也是琳恩小姐想象中的世界，是她在实际演唱时自然处于其中的那个世界。她的“简介”的作者们在谈及“她那著名的嘹亮嗓音的真诚”时，很有可能不会远离这个标志：正如有人所说，她的歌唱方式是在脑子里想着一个女工在听她自己歌唱。

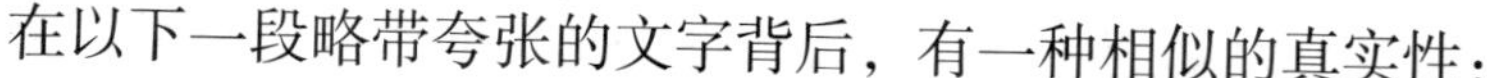

在以下一段略带夸张的文字背后，有一种相似的真实性：

我曾出席过影片《老母亲赖莉》的剧本讨论会：让我郑重地向那些准备嘲笑这部成功系列剧见利忘义的商业主义的 160
人保证，会议室里充满了创造性的喜悦。当聚集在一起的商

---

* 诺斯克利夫勋爵（Lord Northcliffe）：原名阿尔弗雷德·哈蒙思沃斯（Alfred Harmsworth,1865—1922），英国现代报业的奠基人。

** 贝蒂·德赖弗（Betty Driver，1920—2011）：英国歌手、演员和作家。

*** 薇拉·琳恩（Vera Lynn，1917—　）：英国歌手、歌曲作者和演员。

人们在确定老母亲赖莉摔下楼梯或掉进水里的频率时，情不自禁的笑声和泪水让他们浑身颤抖。

想必，大多数为任何一个阶级的民众写作幻想作品的作者，都会拥有与自己的读者共同的幻想世界。他们成了作家而不是读者，是因为他们能够将那些幻想具体化为故事和人物，也因为他们运用语言熟练流畅。创造性作家对待语言的态度，不是试图把词语塑造成能承载其体验之特殊品质的形态；而是流畅性、“能说会道”、运用成千上万现成说法的能力，那些现成说法会促使人物在其读者高度惯例化的想象舞台上行动。他们用语言来表达，并强化自己读者的白日梦，经常使用相当高的专门技巧。我们已经看到，他们与自己读者的关系，比创造性作家与自己读者的关系更加直接。他们没有创造对象本身；他们的作用是作为读者白日梦背后的画面制作者，但由于想象力的缺陷，那种东西不可能有居住地和名称。我记得一个外省女孩，她在 21 岁之前就已经写了近 12 本书。她 15 岁开始写作，此后，“你知道，它们就一发不可收”。另一位女作家已经创作了几百部平装本的警匪小说。她和丈夫平静地生活在伦敦远郊。当有人问她怎样开始写作的，她回答说：“我只喜欢在打字机旁思考。”她补充说，她的志向是写“一本将流传下去的、严肃的高尚作品——一本精装书”。

在某些社会批评家中存在着一种诱惑，想在所有这些通俗文学中，尤其是在其较为发达的当代形式中，发现某种经过“权威们”评判的情节，这是一种使工人阶级悄然被麻痹的聪明方法。然而，这个领域里很多有能力做得最好的人——“真诚地”

等等——本身就出身于工人阶级，是奖学金制度的产物，是已经“取得进步”的聪明机智、精力充沛的男孩，因为他们“能说会道”，了解自己的民众，因为人们只了解在他们当中成长起来的那些人。如果要有情节的话，这就是一个非常巧妙的情节：“他们”会毫不费力地诱使工人阶级中某些较聪明的人，去引导自己阶级的某种弱点——部分是为了金钱，部分是为了未经充分检验的最好理由。这些年轻人经常在自己的自传里坚持认为，他们“实际上属于民众——分享了他们的笑声和眼泪——像他们一样普通——总是想象他们只不过是在写一封家书”。

对这种情况的无意识反讽很难承受，尤其是在人们想到那些庞大的商业机构时，这意味着它们会成为一种真正的正当理由。此外，这种语气通常都具有某种获胜的特质，在陈词滥调背后有一种渴望——直到人们想起那些出身于工人阶级的人不动感情、不阿谀奉承的行为举止，他们在 50 年前就出色地为工人阶级民众发过言，并道出了他们的愿望。

2. 有示例的过程：（1）家庭周刊

> ［他们］使那些教育家和最热心的公民说出了不同意见，那些人相信，有文化修养的民主国家在其趣味方面是严肃的。
>
> A. P. 瑞安

我已提到过，通俗杂志在努力争夺和掌控自己的读者、不惜一切代价赢得读者方面越走越远，它们借以前行的过程，既是商业压力的结果，也是读者和作者共同具有的精神气质的结果。竞争的激烈程度足以使通俗报纸、杂志和平装书极难固定于一种风格。有些书刊仍然幸存了下来，但很少有改变，对大多数编辑和出版商来说，为保持自身在同类书刊的前六位中名列前茅的竞争，从来就没有放松过。一本杂志因某个聪明人的发现会抢得一个月的短暂领先，而另一本小说则把视角对准了旧式的诉求；但它的编辑们会受到这一认识的困扰：如果他们不准备用另一种角度来取代的话，他们的竞争对手就会采取那一角度，他们自己就会向前走得更远。因此，令人痛苦的舞蹈还在继续，读者被引向了更新、更陌生的细微差别：我们现在得到的远不止“我们应该得到的媒体”。因为这个过程必须靠它本身来激励。因此，在我看来很明显的是，与此前 50 年相比，我们的大多数通俗杂志在最近 15 年或 20 年里已经变得更加糟糕；在其有 70 多年生命的最近这 20 年里，它们更大胆、更有效地忽视或者暗中破坏了各种有价值的态度，这种破坏超过了它们自身在前 50 年里造成的破坏。毫无疑问，六年的战争多半促使了这一进程的加速。战争结束时，所有通俗杂志都知道，人为的停战很快就会结束。更有雄心的杂志很好地利用了自己的巡逻兵，为一场特殊的激战完成了自己的
162 部署——几个大公司之间开始争夺几乎整个英国的读者份额。“国民服役”* 时期为延续这个总的进程提供了机遇：除了罕见的情况外，年轻男子都很厌倦，他们没有能力从事与自己有任何关联的

* “国民服役”（National Service）：英国政府在第二次世界大战期间及其后数年间实施的一项服兵役计划，要求年轻的男性公民，尤其是 18 岁到 20 多岁的年轻人，到军队服役一年或一年以上。

或者开发的活动，这为当时的销售和习惯的形成提供了一个诱人的领域，习惯将决定他们未来的读物。

说明这种变化的诸多方式也使人想到了变化本身。例如，人们可以拿有百年之久的《世界新闻报》的整体风格和样式，与一份较时髦的周日报纸进行比较分析。据我所知，《世界新闻报》本身是唯一能够在所有阶层中名列前茅的出版物（在英国，有一半的成年人读这份报纸），它靠的是始终保持它一贯的风格和样式。也有一些变化，主要是在摄影和插图风格方面，但总体上仍然坚持了老配方，到目前为止，它已经具有一种吸引很多人的支撑“周期”。人们或者可以比较色情报刊的两种风格——露骨的色情与最好的两人世界的色情。在后一个方面，今天较常见的是提供性爱兴奋剂，通常会快速地大致浏览一下，就会恰恰相反瞥见与“道德”恰恰相反的东西——“他们不该登载这种故事（全文登载，配有图片）。我们知道，所有正派的公民都会像我们一样反对某些报纸的习气：《星期日报》已经决定，为了大多数可敬公民的利益，必须揭露我们当中的这种丑行。有三篇描写这种可恶的不道德勾当的文字就要登载，配有插图，未经删节，其中的头一篇下周就开始。现在就订购你的那一份吧。”伪善的雅努斯*的一瞥很有可能用在并非专门吸引工人阶级的报刊中。但是，这种习气不可避免地会传播开来，尤其是在一些较时髦的通俗周日报刊中，以及那些看来不靠谱的报刊，它们都有可能对新风格和新样式更加敏感。

* 雅努斯（Janus）：亦称“两面神”，源于古罗马神话，具有前后两副面孔，象征着开端。为古罗马的门神，也是罗马人的保护神。

此外，人们有可能提到最近几年中某些有插图的周刊在策略方面的变化，尽管它们不完全是工人阶级特别喜欢专门关注的。看来经常出现的是样式的变化，由于现在的社会关注度有所减少，除非某篇有点耸人听闻的文章写到了某种“社会恶行”，现在则试图返回到明显更接近原初意图的某种样式上。

同样，插图成了某些日报追随的发展方向，尤其是在最近10年。类似的进程也可以在更新、更有光彩的女性杂志采用的方式
163 中看到，它们以此把工人阶级读者从前面讨论过的那些没有光彩的杂志吸引过来。我认为，它们在较为年轻的工人阶级女性那里获得了特别的成功，这些女性觉得比自己的母亲更聪明，可以理解，她们想保持住这种聪明状态。这通常都意味着把工人阶级的生活愿景表现得跟中产阶级的生活愿景一样“美好”：“你可以用一点印花棉布来创造奇迹”；“我如何以尊贵的方式来美化自己的卧室……”；“整理生日贺卡的新方法”；“在她没有拍片时——住在肯辛顿的一套宽敞但却适中的公寓里。在公寓附近，她披着一条旧毛巾——没有穿围裙”。较老式的报刊努力追赶，推出了配有插图的那些著名电影女演员的传记。

这些变化的性质甚至更加生动地表现在最近15年间英国的“半裸女人照”展示、美女照的发展历程中。美女照通常是并且依然是军人宿舍和卡车驾驶室的标准装饰品；但现在，无论我们是否愿意，我们全都受到了它们的攻击。它们成了20世纪中叶大众艺术最引人注目的视觉特征；我们是一个民主国家，它的工人们要用自己与生俱来的权利去交换大批美女照。老旧的美女照相当简单，是相对“直接的”女孩双腿的照片，或者是她们装着泳装

的身体照片；在旧式报纸和杂志上，也许还能见到一些这类照片。如今，这类照片会被大多数人认为过于“陈旧”而不予刊登；我们已经有了三维彩色的“半裸女人照”。任何专门从事美女照行当的摄影师都懂得，他制作的照片必须尽量在禁止猥亵的法律边缘上打擦边球，必须带着那种很难在任何正规范围内产生的强有力的暗示，这完全是因为照片主要不再依赖身体暴露的程度，而是靠暗示来触及要害，靠腿的转动或肩膀的倾斜，或者靠模特儿的并列和其他一些无懈可击的拍摄方式。摄影师仰面躺着向上拍摄，或者使镜头越过女孩的左肩；她爬上梯子，或者在卧室门口附近窥视，或者带着腼腆的神色拿着一支蜡烛。某种姿势“有某种东西”，因为它显示出乳沟比通常要深得多；像这样拍出来的泳装富有暗示性地利用了臀部的分隔线。每周都必须给读者提供比上次“更好的”东西，要提供比竞争对手的出版物“更好的”东西；例如，巧妙的拍摄角度会突出不透明衣料下面微微隆起的乳头，或者随意使用近乎透明的尼龙织物，这会使乳晕的暗影显现出来 164
（尼龙织物对拍摄封面女郎的摄影师大有帮助——“用一点尼龙就可以创造奇迹”）。

到现在，这肯定成了较为令人厌烦的少数职业之一，这种竞争每周都要为新式报刊提供十几幅真正特大尺寸的美女照；厌烦那些摄影师，他们遵循自己的直觉，通过大量镜头去寻找某种可以登上头版的姿势；厌烦大量模特儿和“富于曲线美的”歌舞团女演员，她们每周以不大真实的姿势度过寒冷的时光以赚取外快，并获得某种宣传效果。有时，会为女士们制作美男照，但较成功的杂志不大可能像这样在生物学上落后于时代。必须给所有照片提供说明文字，双关语和头韵*中的调皮与陈腐令人厌恶："富于曲线美的美人儿"、"给水手的调味汁"、"比基尼炸弹"，或者"大合抱"。标题的作者一定是处在发展中的神经性头韵抽搐症的危险中。

这样，我们就走向了纯粹的美女照杂志，如小型图片月刊的新群体，这类杂志以大约1先令的价格出售，其中充塞着歌舞团女演员、电影女演员和模特儿。杂志的开头是常见的自诩诙谐的题目，被演艺界的大吹大擂包围着。"半裸女人照"比大多数报刊当下觉得愿意刊登的要稍微高级一点，尤其是那些在光面相纸上拍摄得很好的照片。在照片中间，通常有一些青少年的"有趣故事"和一两篇简单的鬼怪故事。

我所提及的任何变化都可以进行更加详细的考察。但从总体上看，更有用的似乎是讨论家庭周刊方面的某些发展，以便说明由那些风格较新的杂志为老旧杂志带来的压力，以及老旧杂志用以回应那些压力的方式。一些老旧杂志还没有发生根本变化，但人们几乎不可避免地朝着新形式方向做出某些改变，例如，使用美女照或"连环漫画"，减少更合适的家庭特辑的数量，支持引进著名公众人物的世界，或者不恰当地夸大私人家庭事件。大多数杂志在最近几年里都经历过某种形式的版面翻新。或许，某份杂志的目标仍然是成为正派的家庭杂志，但不得不寻求开拓殖民地的新方式，以此打算成为所有廉价杂志中最惬意、最异想天开的

---

* 头韵（alliteration）：英语押韵的一种方式，通常是一句话中每个实词的首字母都相同。以下几句话都运用了头韵。

“家常”杂志。或许，某份杂志仍然强烈希望吸引那些具有温和的探究精神的人，却断定现在要做到这一点，只有让自身对中下阶层或中产阶级的民众发言，而不是对工人阶级发言。

大多数这类杂志所采用的方法都是极为碎片化的。到处都 165
散布着稀奇古怪的信息碎片，每块碎片都有黑色的、吸引眼球的标题：

> 他花了 400 英镑买蛋卷冰淇淋
> 毛毛虫在当铺里突然死了
> 盯着看那些可爱的女士——却弄丢了他的外套。

这种支离破碎近乎胡闹。然而，它们有时远远落后于那一类杂志，尤其是当它们涉及历史、地理、文学和科学的奇人怪事，涉及健康品质的零碎常识之时。虽然这些特辑经常迎合了一种毫无意义的好奇心，但它们的初衷却源于求知的热情。人们无法嘲笑有可能开启真正求知的好奇心的事物，无论它怎样粗陋地将自身表达出来。对在世纪之交刚刚受过教育的工人阶级来说，这种事情可以表明对现在开放的、有趣信息的全部世界的尊重和痴迷。在最好的情况下，这种态度可以成为一种纯粹的热爱。相反，当它主要以前文揭示的那种特征来表达时，它就会鼓励一种琐碎的好奇心，这种好奇心很可能会妨碍真正的知识。A. P. 瑞安先生讨论过一本老旧家庭杂志的变化，他指出了一种类似于我所描述的发展情况：

> 这种原始的意义——……在于，如此大的一部分，甚至以一种闲谈的方式，涉及了严肃的主题和人物。与旧文化决裂是一个渐进的过程……

老旧家庭杂志上的大多数笑话，都延续了在风景明信片上仍然会看到的那种传统；基本人物是对金钱很吝啬的苏格兰人、肥胖的岳母、可笑的醉汉、一对谈恋爱的人，他俩在客厅逗留了很久，被穿着睡衣的父亲支离破碎的俏皮话分开了。总的来说，这些杂志都站在父亲们一边；它们要面对的主要读者似乎都是30岁以上的工人阶级家庭男子及其妻子。它们经常为每周参加大量报纸竞赛的男人们提供特殊服务。但是，它们自然也会刊登面向其他家庭成员的特辑。

一般来说，印刷和版式大多和它们数十年来一样。通常都有一页写给编辑的信；涉及廉租房里的宠物，孩子们应当把头发永久性地烫成波浪形吗？“年轻混混”（所有这类心理学都是胡诌，它们应当受到责问）。通常都有一整页配插图的笑话，黑白小方框
166 下面印有两三行文字。在这种杂志和短篇故事里，插图的风格在大多数情况下就像一叶兰那样平凡和老派。短篇小说都是非常朴实的关于普通人的小故事，与旧式女性杂志中的故事一样。有常见的成群结队的广告和流行的“两英寸便宜货空间”，也就是配插图的“邮购便宜货”的大块版面——乐器、政府多余的毛毯和双筒望远镜、奇妙的家用小玩意儿。更常见的广告则保持了自己的传统形式：珠宝商提供了“你梦寐以求的戒指”；有邮购的紧身胸衣，或者是直接出厂的针织地毯；数十种专利药品提出了自己的

诉求；来自不太知名的出版社的各种图书——关于家庭医疗、历史发展、孩子们的各种百科全书——都声称非常便宜和非常广泛；服装俱乐部向那些需要“互助而有趣的”业余时间兼职挣钱的人发出呼吁。它们都提出了很多居家的建议，多数都合情合理。

然而，大多数这类杂志都强烈意识到了变得古板、由于非常“陈旧”而遭到拒绝的风险。因而，它们越来越倾向于引进更新颖的样式，但迄今为止还在沿用老样式，并没有取代它。“半裸女人照”的数量时有增加，有时封面上也有美女照。就老式“连环漫画”而言，现在出现了一些新样式，涉及飙车犯罪和太空探险，各自都有使人着迷的金发碧眼女郎，以及脸型瘦长的侦探或飞船驾驶员；各自都使用了绘画的新风格，这种风格源于美国“连环漫画”，不同于老式的英国连环漫画，就像漂亮的奶品店不同于未经改良的炸鱼和薯条店一样。

当然，有最新的电影和电台聊天节目，也有最新的电视新闻。最重要的是，现在经常都有一种耸人听闻的连载小说或传记特辑。时间的强制使得这种连载小说无法计划登载一个月以上，因而，每隔三四个星期，杂志本身和报刊经销商的广告牌就要发布公告称，还有另一部惊悚、紧张和“充满戏剧性激情的”小说将要推出。但在这些小说中，唯一真正老练高超的通常是视觉呈现，甚至这也只是部分的老练高超。它们声称会激动人心，但与人们几乎可以在任何色情与犯罪小说中发现的相比，如同加了水的牛奶一样索然无味。尽管如此，它们旨在以一种时髦的样式来吸引人。每张招贴画和连载小说的每个部分都可能使用“真实生活照片”作插图。然而，在根本上，大多数这类杂志仍然保持着它们

167 一贯的精神，它们的读者虽然会渴求霓虹灯下的罪恶，但仍然是单纯和粗鄙的。比如说，有招贴宣称，一部大胆的新连载小说和《与我的荒漠情人一起生活》有关，因为它引诱了一个来自斯肯索普、有一副英国面孔、快活的歌舞团女演员，她令人难以置信地穿着丝绸裤子和胸罩，还戴着一些小珠子。甚至在人们要忽略那张面孔时，她的身姿却显示出连利兹“城市综艺宫”的赞助商都认为是“真正的性感”，而不是快乐的阿拉伯女孩天生性感迷人的样子。几个星期后，接着会有一篇小说名为《异教徒的法律》，插图是被一伙野蛮人围困的一个漂亮女孩的画面。“把我扔给你们的猎犬……杀了我吧”，她有可能在招贴画上喊道，“我不会向你们屈服。”朴实的野蛮！她的脸蛋和迷人的波浪形红褐色头发，属于那种为了4便士图案的针织毛衣而微笑的女孩。很明显，在释放她的那一刻，她会把那件不那么好的泳衣隐藏起来，假装成在野生动物毛皮下面穿着那件她织了一年半的针织羊毛衫，还有她在“西雅衣家”* 促销时半价买来的那条相当时髦的裙子。

看来令人怀疑的是，大多数老旧杂志有无勇气保持住这种家常的调子。近来在主题和表现方面的某些冒险故事使人想到，这种调子正在被迅速取代，这是那些老旧周刊所采取的步调的结果，它们更加一心一意地采用较新颖的样式，也由于出现了一些新式杂志。这类杂志一直声称是“时髦的”和“有远见的”，并且确实特别注重吸引年轻人。它们为使年轻人变得强壮或者增加

---

* “西雅衣家”（C & A）：为欧洲著名服装品牌公司“Clemens and August”的缩写。该公司1841年创立于荷兰，业务遍及欧洲和世界其他地方。

身高的技术所做的广告的比例，高于那些旧式杂志；它们的一些特辑——关于求偶的怪癖、婚姻生活早期的怪事等等——显然都是面向 30 岁以下的读者。但总的来说，这些报刊仍然明显地旨在吸引整个家庭。它们中的多数都包含了以下特辑：关于男女服饰，常见的“赌球”指南，为不同兴趣的人举办比赛，典型的家庭广告，以及理智地解答读者难题的阿姨或大姐，就像旧式女性杂志中她们的同事所做的那样。

实际上，这些新出现的杂志都是家庭杂志，拥有的读者数众多并且包括各色人等。把它们看成“年轻人的露腿杂志”是一种误解。如今，阅读这种出版物的人有可能占整个成年人口的 1/4 或者 1/5，在各个阶层中的分布情况类似于典型的旧式家庭杂志，但读者人数却有两倍到三倍。更重要的是，这样一种新式出版物在 168
各个年龄段中拥有的读者比例，很可能与旧式家庭出版物相同；而它们在所有年龄段的女性读者中所占的比例，很可能与旧式杂志的读者比例一样高——那就是说，显然不会低于男性读者。这些较新的家庭杂志正在使那些老旧杂志时刻都要为生存而斗争，因为它们是老旧杂志的直接竞争者和接替者。我们通常不会承认这一点，部分原因大概是我们不愿意承认，真正的交接已经由那些可疑地装扮起来的新来者接手了。

马修·阿诺德曾经指出，通俗出版物总是具有一种利益共享的“慷慨本能”，其中也反映出了其读者的特点。这些具有时髦风格的通俗杂志习惯性地将其煽情主义与一种简单的激进主义结合起来；它们一般的公开语调在社会方面都是（但却是含糊的）进步论的，当然也是道德上的。有时，在老旧杂志上总会看到有一个很小的宗教栏目，或者有一首短小的伦理散文诗。但在我看来，这样的东西会掩盖更重要、但却不那么明显的趋势；就连当下流行的对“噱头”的抨击也可能成为“噱头”本身。公开的道德准则与工人阶级的态度是一致的；但如果它有利于含蓄地否定那种道德准则的笑声，那它就有可能被否定。唯一确定的品质是不切实际，这是常常被描述为“反正都是一个烂苹果”的人们的态度。在广告商所使用的道德要素中，也存在着类似的东西。

在其文本的主体部分中，风格更新的杂志在表面上很像旧式杂志；它是由七零八碎的信息构成的：关于历史人物、小流氓、很多国家的奇人奇事的短文：标题大多显得像它们一贯的样子。然而，仔细审视后表明，在转向更新的风格时，这些杂志却走进了一个更加狭小的世界。旧式杂志追求稀奇和令人吃惊；新式杂志更加注重单纯的惊人、犯罪、性问题和超自然的事物。顺便说，对超自然事物的古老兴趣依然十分强烈，无论在其表现方面发生了怎样的变化。当下的事件，只有能赋予它们某些色情意味或明显令人吃惊的角度时，才有可能受到欢迎。必须有大量图片，尤其是美女照。因此，重点更多是在令人惊奇上，而不在好奇心之上；或者更确切地说，这个世界背后的设想过于狭小，以至看起
169 来只要是令人惊奇的事物——更合适的是用前面提到的三种方式之一——就会唤起好奇心。结果，就连那些本身并不令人惊奇的不可避免之事也必须“添油加醋”，甚至会超过现在某些报刊认为合理的程度：

她喜欢唱歌——穿着她的超短内裤

成千上万的男人争夺一个女人
男管家打了公爵夫人
她喜欢它——热辣。

当然，通俗报刊始终都处在要竭力活泼有趣的压力之下。但在最近的半个世纪，报刊界的竞争越加激烈。在最近30年里，在电台变得全新之时，它就已经剥夺了自身报道新闻的机会。严肃报刊报道我们早已大概了解的新闻，对其发表评论，或者提供更多背景；更多通俗报刊走向了令人惊奇的替代者的方向。将旧式杂志的排版与新式杂志的排版进行比较，会使我的总体观点变得更有说服力。新式杂志的排版非常漂亮和"时髦"。它们倾向于按广告艺术家的方式运用比旧式杂志广泛得多的印刷字体；它们的漫画和笑话（如果它们忽略了夫妻争吵的狭隘系列的话，那它们经常都非常有趣）都使用了新的铜版纸风格。它们经常都重视文章标题，标题没有用标准印刷字体，而是用一种醒目和引人注意的方式专门描绘出来的。在外表和在处理基本的旧素材方面，它们都非常圆滑，超过了它们从中演化出来的那些杂志；它们确实是时髦的世纪中叶的杂志。

然而，在我看来，它们仅仅是根据老旧杂志的风格在技术上做了一种改进；它们在发现享受旧乐趣的新方法方面，在明显大胆地进行呈现方面，都更加熟练。相对于旧式报刊，它们更喜欢最新的混合鸡尾酒，而不喜欢一杯不太浓的啤酒。将这两类杂志进行比较，人们不得不得出结论说：更新的形式甚至比旧形式更不健康。我曾经提出，总的来说，与其说它们的兴趣是在广泛的好奇心上，倒不如说是在狭隘的令人惊奇和性感之上。更糟糕的是，这种性兴趣多半是“在脑子里”和眼里，是一种遥远的、间接体验的事情。它自认为是一种聪明和复杂的兴趣，但实际上却是苍白的，被变成了一种范围非常狭窄的反应；掩盖肤浅情感的
170 花言巧语，并不是在那种老旧家庭杂志基础上的提高。为时髦杂志辩护的人们通常都很时髦，甚至在道德上对于被他们取代的旧式素材来说是洋洋自得的；他们没有任何理由洋洋自得。

3. 有示例的过程：（2）商业流行歌曲

流行歌曲并不像通俗读物那样明显地表现出了现代商业机构的影响。或许，这是因为流行歌曲的生产没有在如此大的规模上为商业活动提供空间。正如每个听说过“锡盘巷”的人都知道的，已经出现了集中化，以至于今天几乎所有的歌曲创作和发行活动都受到了来自伦敦的掌控。实际上，没有任何由工人阶级的成员为自己当地的群体写作的歌曲。那些在大城市街头推销自己大幅广告的粗鲁的城市诗人，到爱德华七世统治结束时或不久之后就已经消失了。下面这首歌是在爱德华七世去世时写下的：

上帝的意志，我们必须服从
可怕啊——我们的国王被夺走了
这个国家最伟大的朋友
强大的君主和保护者。
……

英国曾经有过的最大悲痛
在死亡夺走了我们亲爱的父亲时；
……
他为国家创下的奇迹，
巩固和平，保护统一，
即位以来始终致力于此
拯救我们的国家何止 10 亿次。

没有多少人有这么大的魅力：阿瑟·莫里森*说，杀人犯的“临终忏悔”几乎总有同样的负担：

以我可怕的命运为鉴，
我无法否认那事实
我所犯的这可怕罪行
我应该被判死刑。

但是，这些诗句使用的言辞，不可能比或许是相同传统遗留下来的那些言辞更加粗糙老套。我指的是习惯，它依然活在工人阶级的孩子和青少年中，即习惯于给关于最新谋杀案的言辞配上一首现存的通俗曲调。由巴克·巴克斯顿医生**实施的谋杀产生了这样的句子：

* 阿瑟·莫里森（Arthur Morrison，1863—1945）：英国作家和记者。
** 巴克·巴克斯顿（Dr. Buck Buxton，1899—1936）：英国医生、谋杀犯。

171 地毯上的红色污渍
楼梯上的红色污渍……
（配上《日落时的红帆船》的曲调）

还有：

当你冷酷得不会流泪
我将把你肢解……
（配上《当我老得不再做梦时》的曲调）

成年人有时还会按这样的主题创造出各种笑话：1953 年的克里斯蒂审判案[*]产生了一个有关“密室爱情”的成果；另一个成果是“7 个女人在家，没有一个沏了一杯茶”，并且是一个一般水准的不错例子。

写作自己的歌曲或者与自己的歌曲作者合作过多年的歌手们，几乎都已完全没有了。但是，仍然有工人阶级民众在坚持，而商业公司在能够确定受人喜爱的歌曲与受人喜爱的歌手方面迎合了这种要求；这是维拉·琳恩的歌，这是弗兰基·莱恩[**]的歌，这是格蕾西·菲尔兹的歌。

当代的歌词作者都了解工人阶级的歌曲形式和大多数习语；

---

* 克里斯蒂案（the Christie trial）：英国臭名昭著的杀人犯约翰·克里斯蒂（John Christie，1899—1953）在 1943—1953 年期间至少杀害了包括他妻子在内的 8 名女性，他于 1953 年被判处绞刑。该案一度震惊了整个英国。

** 弗兰基·莱恩（Frankie Laine，1913—2007）：美国歌手、歌曲作者和演员。

他们中的一些人可能仍然属于民众，并从外省带来了他们的歌曲。然而，虽然各种歌曲仍然说明了工人阶级生活中的很多内容，但在我看来，它们是以一种较为普遍化的方式这么做的，而不是50年前的那种情况。较新的歌曲告诉了我们工人阶级的某些态度，但这些态度在英国不足以用人类亲密的特质来替换，而那些特质是真正的亲密带来的。

在讨论歌曲的变化时，我遇到了一个个人难题，即很多老歌曲使我想起自己的童年和青少年时代，我发现自己忍不住怀着一点想法声称，那些老歌比最近20年的大多数歌曲都要好得多。很明显，我会把自己无序的情感投入到早期的歌曲中（就像年轻人投入到今天的歌曲中一样）。在某种程度上，同样的问题会出现在对阅读的讨论中，但看来与图书和杂志相比，更加困难的是置身于歌曲之外。比起小说来，歌曲似乎会更深刻地进入到情感的表面之下去。或者说，问题可能主要在于，在讨论歌曲时，我缺乏自己惯于用在书面言辞上的批判性知识。

这种限制条件是必然的，它表明了对流行歌曲变化理路的一切讨论难以捉摸和艰难的性质。因此，我将把自己限制在一些特征之上，在其中，某种变化看来很明显，在其中，看来有可能充分减少某些主观反应的影响。我并不关心从百年前到现在城市流
行歌曲的形式特征，不关心高度风格化、简单的情感模式、对语 172
言的限制性使用以及诗节的粗糙。我也不会说明，四五十年前的所有歌曲在风格与样式方面都是强烈和健康的，我也不会忘记我们记得的大量软弱无力的歌曲中的最佳歌曲。

我早已谈到过，糟糕的歌曲可能会变质，非常平庸的歌词会

充满正派的情感，或者是由于某个人“在其心里”演唱，或者是由于某个知名歌手与其听众的接触。这符合某些当代歌曲的真实情况，就像《镀金笼中的鸟》的情况那样。有一些当代流行歌手，他们的表演以自己非常不同的方式进行，像50年前歌星们的表演一样有趣和值得钦佩。然而，在公开演唱的方式方面取得了某些进展，这似乎与现代社会集中化的趋势有着特殊关系。

“振奋人心的”歌曲的曲调是老旧的，但有值得称赞的方面。在这种歌曲的背后有这一设想：生活注定是艰辛的，但人们不必灰心丧气（《我们灰心丧气了吗？没有！》）。人们必须像其他人一样精神饱满：《我们都在一起》。这种歌曲今天还有人在写，其中一些歌还令人高兴地朗朗上口。但是，演唱它们的曲调经常使人想到：振奋人心和与之有联系的群体意识正在变成洋洋自得。它们正在被变成：“只要你保持快乐，那有什么要紧”，或者是“这很愚蠢，但很开心”。在《又是那个男人》中有一个叫莫娜·洛特的人物，她的主题句歌词“一直都这么快乐，就让我像这样下去”，是用一种墓地里的嗓音演唱的。就那些普遍化的人物而言，这些歌曲的演唱方式使人想到，主题句歌词可以变成“一直都这么普通，就让我保持快乐”，可以用一种轻飘飘的沾沾自喜的嗓音来演唱。对自己或对某人的外部生活条件的真正不满看来不仅是老掉牙的，而且也有点颠覆性，仿佛人们应当在旅游旺季在口袋里揣着卡夫卡的书到度假营地漫游，带着一副憔悴的样子和不经意的空洞笑声。

在讨论演唱方式时，很少使用书面说明，但我所说的那种变化，可以通过比较公开演唱这样一首歌的一般风格来加以说明：

如果你累了也厌倦了
一定要坚持住，

这仍然还有某种老病人忍受各种事情的意味，没有假装由于 173
我们全都可以快乐地在一起，所以确实没有任何要忍受的东西；通过将此与演唱某些最新歌曲时常见的衰弱贫乏相比较，后者只会在遇到麻烦时致使我们“做梦”或者“期盼”。

利用“邻里关系”与快乐之间的联系的一个更糟的例子是乏味的无情无义，某些商业乐队的“我们不也是滑稽可笑吗”的气氛，迫使他们自己以《为什么每个人都叫我大头》这样一首歌来取乐，它的最后两个词是以沉重、单调的节拍唱出来的。玛丽·劳埃德*和她的同代人曾经为自嘲、嘲笑自己的怪癖和烦恼的工人阶级民众演唱。在较新的风格中，旋律通常都会使自身的活力从存在中被切分出来，以利于鼓点声的群呼，这使人想到日益增强的对群体诉求的依赖，只是对个性和选择的一种逃避。个人怪僻的性情和积极的群体意识都双双丧失了。“为什么担忧”要么可能在环境面前成为一种近乎淡定的快乐，要么就是一种逃避的断定，认为没有什么值得担忧（只要你与一伙人在一起），把快乐当作一种姿态：一切都取决于音调。这些歌曲的快乐“搞笑者”就像报刊中的“老实人乔”一样，在今天多半是一个依附于面具的虚伪小人物。

人们不会过于经常地遇到与这类歌曲有联系的那种演唱心情

* 玛丽·劳埃德（Marie Lloyd，1870—1922）：英国女歌手、演员。

和节奏，如《任何一个老熨斗》和《我的老头儿说“跟着那辆货车”》。人们也不会过于经常地发现那样一种对爱情的温和嘲讽态度，这类歌曲在二三十年前很常见，如《她为何爱上了乐队的头儿》《她不甜蜜吗》《那是我现在的弱点》，甚或在《宝贝儿，除了爱情，我无法给你任何东西》中，其中的歌词（“宝贝儿，伍尔沃思不卖钻石手镯”）和过度夸张的哭声引入了一种自嘲的元素。这种歌曲仍然存在，而且已经有了一些引人注目的最新例子：例如，“拟声歌曲”，它拒绝女朋友，充满极大活力，赞成用家中的零碎东西、“断掉的桌腿”等制作出经过处理的拟声。一种类似的精神依然强有力地活跃在一些更加真实的工人阶级的电台综艺节目中。但我的印象是，更好的例证现在通常都来自美国。一个例证是《他们叫我直布罗陀岩石》，它通常是借助巨大的“冲击声”来表演。嘲讽和揭露的歌曲既从它们所属的某个阶级获得活力，也

174 从能够在某些限度内嘲笑那个阶级的生活中获得活力。在当代的创作和表演条件下，做到这样一种结合实属不易。

在刚刚描述过的演唱风格方面，成为群体之一部分的意识占据了主导地位。在更加个人化风格的公开演出方面，看来也有一种类似的进展。这种变化是从我先前叫作“过山车”或“改良过的过山车”风格，转向一种极度“内在化的”风格。这是今天某些成功的男歌手导致幽闭恐惧症式的个人风格，也是一些女歌手和深夜广播乐队最私密和最令人毛骨悚然的暴露式的风格。这些风格与“过山车”风格天然具有很多共同之处，但是，像其他很多当代娱乐节目一样，它们既相同又不相同，相同但又显得“非常落魄”。在老旧风格中，演唱既是个人的，又是公开的或公共

的。个人情感被真心诚意地接受，也被感到对所有人来说是共同的。在后一种风格中，有一种巨大的、公共的影响力，对回音室的利用使这种风格给人的印象更加深刻，超过了在巨大的综艺大厅里才能获得的那种效果；还有一种强化了的亲密感，如同巨大银幕上的特写镜头。歌手将接触到数百万人，却假装他接触到的只是“你”，这是一种退化，脱离了“过山车”风格能被公众感到的个人情感。那种自诩的个人化比生活放大了很多倍，已经丧失了群体对它的认可。我认为，这也许是通俗报刊中日益增加的“个人化”在歌曲中的对等物。

在根本态度本身方面，没有任何显著的变化。在可以叫作对于态度的态度方面，看来确实存在着一种差异。旧式的诉求——对于普通人、友情、快乐、家庭、爱情和休憩——仍然会发现，但现在是以一种越来越自觉的形式出现。因此，它们经过改变，也像演唱风格一样变成了“非常落魄”的；它们成了一种对于自我的浪漫感伤。因此，我的兴趣较少在那些设想本身，而在现在感受那些设想的方式。此外，人们对此的了解可能完全来自听到演唱的歌曲，因而大多要依赖于音调、重音和重复。但是，更特别的参照在此将成为可能，而不可能是在对演唱风格的讨论中。

强调普通人的美德在于比其他人更“真实”、更敏锐、更诚实，在英国就像在其他地方一样，正在发展成某种形式的势利。化用乔治·奥威尔的话，所有人都同样好，但普通的人比其他 175
人更好。有人提出，真正重要的事情是要友好，要成为“我们中的一员”。这是睦邻关系蔓延成了一种模糊软弱的社群主义，这种社群主义仅仅来自一种普遍的共识，即所有人都应该为一

起软弱而感到骄傲；在一起时的“友情”，在与他人非常相似中寻找到了自豪感，或者说像女人们谈到一群人“美好的”精神时的自豪感。因此，人们会受到邀请演唱《请进吧，邻居！》，或者是“有好邻居不是很重要吗？”（旧歌词一定还会使用，因为它们具有宝贵的含义）。因此，家庭变得比从前更加重要，成了一个轻松但却喧闹的退避之所，门口的大块地垫上写着令人快乐的“欢迎”所有的好人。毫无疑问，某个有进取心的推销员很快会制作出一种写着“只欢迎伙计”或者“请进，少男少女们”的门垫，因为成为伙计看来是进入百首这类歌曲的庆祝大厅的唯一条件。

在这一系列相互关联的态度中，合乎逻辑的下一个阶段——是普通平凡；是“亲密”；是快乐，但都要用一种不重要的方式——是在为生命的冷水破门而入时留下后路的态度做准备；那时，人们在危险中意识到，尽管拥有完全正确的群体入场券，但不知怎么有人没有“辨认出来”，他不那么像一个人，而更像或许应当成为的小人物，但现在却在一种令人不安的意义上是小人物。对我们所有人来说，也许有时会感到像这样，这是不可避免的和有价值的。但是，如果歌曲作者要去听的话，这种感觉就不会持续得太久，最终，这种感觉的习惯可能会完全消失。人们提供镇静剂有两种相互关联的形式。第一种，虽然有时看起来人们似乎对自己的生活无能为力，但人们至少可以假装（“你是自由的，不是吗？”）、梦想和继续制造希望。第二种，如果人们有时有了不适感的前兆，那就可以将其扼杀掉，借助的是记住爱情会征服、原谅和弥补一切。

人们可能会怀疑，外部世界是否存在着什么值得担心的东西；人们可能会对呼唤某种信念“小心翼翼”；人们可能会发现自己经常无法对付那个外部世界。然而，始终都存在着爱，爱是一个温暖的洞穴，是忧虑的清除剂；爱要靠旋律悦耳的蜜糖来传达。人们常说，“温暖舒适得像躺在地毯上的小虫”；现在，各种歌曲都说到了“可爱的鸟巢”；它们的语调都有大量被掩盖着的自怜的弦外之音。

进一步说，如果在当下和当地之外不存在任何价值，如果“宗教过时了”，那么，对于感到生活的意义在本质上是个人的那些人来说，爱或许会被夸大到可以填补这个空白，可能不仅与宗
教有联系（正如老歌中唱到的那样），而且还会变成宗教的替代 176
物。爱可以成为一切事情的结局，在爱中相聚之后，就只会有一种对振作起来继续向前的模糊感觉，有一种对总会出现的黎明的模糊感觉，有一种对伟大和弦向宇宙做出某种积极姿态的模糊感觉——像浪漫电影中拥抱的特写镜头的经典结局，像在“零高度”庞大唱诗班中男女主角唱出的“我将永远爱你”那样。“永远”的爱——对抗时间、忧虑和沮丧；为了爱而爱，像在闪亮笼子里的那对相思鹦鹉的爱一样。毫不意外的是，在这种类型的歌曲中，较常见的隐喻之一就是关于“爱情鸟”的隐喻。爱是永恒的，不仅比生活中的平凡机遇长久，而且也比明星们本身长久。从这里开始，它就迈出了走向采用准宗教语言来赞美人类之爱的轻松一步。

的确，爱情诗中的这种断言具有悠久历史——例如，伊丽莎白女王时代的十四行诗作者利用过这些断言和其他很多相关的比

喻。但是，这种提醒实际上并没有多大帮助；我们必须使比较的重点与发展联系得更加紧密、更加具有实质性。

我们早已看到，在工人阶级的歌唱中，非常容易从家庭之爱和友谊转移到上帝之爱和天堂，毫无不协调感。因而，基础是为这种扩展准备的。然而，我们必须认识到有一种扩展；从家庭、家人、爱和邻里，扩展到我们的在天之父，与我们的在天之父有联系的各种价值观，被人们感到类似于一个充满爱意之家的价值观，因而，在从一个转向另一个时，不存在任何不协调的感觉；由此再到这一设想的要点，即爱已经代替了宗教，尤其是“唯有我们两个”或“只有我们俩”，这种爱的观念可以被赋予宗教情感的所有外在标志——为了它本身和在它本身之中：没有任何外在之物。然后，很快就会接着出现天国的所有唱诗班，对着使人联想到无限高处和太空的空旷背景引吭高歌；各种旋律扩张为模糊的亨德尔风格，伴随着大规模的弦乐、背景中敲响的钟声，独唱者的声音以公认的风格穿越了有明显边缘的光束。对于以宗教风格演唱爱情歌曲来说，有两种主要风格在女性看来是“上升到天国”和“宇宙的恋人”，这使人想到一种天使般却很强烈的女性精神：对男性来说，可以把它们称为“压抑唱法”，是一种在咽喉后部深处发声的异常厚重的演唱形式，使人想到某个强壮、近乎肌肉发达或充满激情的男子，被一种近于神圣的情感牢牢控制住。

从上次战争以来，已经出现了乍看起来似乎很明显的宗教歌
177 曲的复兴。但是，这并不意味着从前面一节里描述的极端立场向后撤，按那种立场，宗教已经被爱情关系所取代。它们是那种趋势的进一步延伸。在它们的整个表演方式中很明显的是，在一切

最重要的爱情关系中，上帝再次作为一个同伴出现了。因此，这些歌曲在精神上比那些早期的歌曲更进了一步，在早期歌曲中，歌颂宗教是要表达一种对家庭与邻里关系价值观的感受。它们被伪装成爱情歌曲，爱情歌曲享受到一种特殊的“提升”，从一种亲密“筑巢”或“爱情鸟”关系的假设，提升到了与上帝的关系。

倘若这一切都是一种详细指南，在今天能够指引工人阶级民众和其他人的真实生活与回应方式，那么，事情就会达到令人沮丧的地步。这些趋势令人遗憾，无疑会日渐产生影响。但是，人们不一定要唱或者要听这些歌曲，很多人都没有唱，也没有听：那些要唱和要听的人往往会使这些歌曲变得比实际上更好。流行歌曲的状况有助于说明更发达的时髦出版物的状况。它进一步提醒人们，虽然各种出版物比那些歌曲更持续地到达了更多人的手中，但人们经常是以自己的方式来阅读。因此，即便在这方面，它们的影响看来也没有超出购买它们的范围。

4. 后果

人们会怎样总结更加广泛阅读的出版物、通俗日报和周日报刊、各种廉价杂志可能产生的影响？从持续地、在很大程度上不变地接受这种阅读的饮食中，有可能产生什么普遍性的后果呢？

首先，在几乎全是耸人听闻和制造幻想的读物方面，可能会产生一种断裂的影响，无论它们的耸人听闻经常可能会有多么微不足道，但阅读会切断一切关于责任和义务的严肃联想。根据前面讨论过的各种进展的证据，耸人听闻和幻想都在增强其控制力，但却是以软弱无力的形式在控制。比较一下那些关于行刑的老旧大幅报纸甚或《警察新闻》；这些新读物更精明、较少直接的冲击，但在根本上仍然不厌其烦地要与同样的诉求联姻。煽情主义已经学会了打扮成白领，充满了有说服力和圆滑的社交“计谋”；它让所有人都“头脑发热”，没有捧腹大笑，与它毫无恻隐之心一样。不断出现反对我们“浸透了色情的报刊”的呼声；说他们比从前更多地把生计寄托在这些报刊上。“浸透了”使人想起
178 某种重要性、某种身体；但这些报刊还不足以让身体被任何东西浸透。一切都已经变成了间接体验：这是千层酥文学，酥饼内部没有任何内容，只是不断地利用一种空洞的快乐。没有可以直接传递的任何东西，甚至连天气预报也不传递信息；“天要下雨”已经变成了“朋友，你今天需要一件雨衣”。甚至经常都只会见到煽情主义。因此，像前面提到的那个头条新闻（它在众多新闻中很典型）“成千上万的男人争夺一个女人”，被证明完全是一条关于蜜蜂成群飞舞的注释。这种事情属于《男管家看见了什么》中的机器里没有卡片；但招揽买卖的话却很精彩：

> 因为我们的惊奇感还没有被大量耸人听闻的事情唤醒——尽管这是迟钝的感觉所需要的，要将它激发到对于某种奇迹的模拟体验。

考察一组时髦的美女照吧：她们初看起来极富暗示性，在某些方面是她们原本的样子。然而，她们都是不同寻常地仿造的，性别是根据她们制造出来的；至少，除了一种奇怪的性别之外，

全都荡然无存。她们所在的地区被如此风格化了，经过了如此的消毒，以至真正的身体特质已经脱离了她们。但是，她们在自身的那种“性感”方面，具有一种不真实和遥不可及的完美。一切都被剥光到了视觉联想的有限范围内——人们能够想象到，有麝香味的身体气味、自然杂乱的头发、不均匀的皮肤质地、两臂和两腿上的体毛、上嘴唇的汗珠，都在这样一个包装得很整洁的造物身上吗？把她们放到德加描绘的舞女旁边，不真实就引人注目地显现出来了。在年轻人中，这样的东西有可能增加性别的不道德感吗？我发现，很难想象她们与异性恋行为有多少联系。她们可能会激发手淫：在她们的象征方式中，他们有可能助长那种封闭的性反应。

同样的仿造特质经常出现在通俗报刊非常自豪的那种“夸大的坦率”之中。它们大部分都属于一种空拳练习和风格化的故意不动真格，是一种在弧光灯下无害的展示肌肉。偶尔会有一次真正的进击，但通常都是针对某种微小和安全的事物。更常见的是，敌人要么是稻草人，是像“保守者”一样的假冒众矢之的；如果对真人进行攻击——如对某个大主教，通过暗示来称赞不虚伪的“小人物”——在检查时，它们通常都被证明了是一些安全的佯攻。有一些例外，但一般来说，这些报刊既不以自己“令人震惊的”揭露来使人震惊，也不以自己的“直接攻击”来进行伤害。

反对简单化和“碎片化”的理由所依赖的基础有点相似。这 179
样的反对并不是基于一种不言而喻的遗憾，即我们现在虽然都是能读书识字的人，但并非每个人都要阅读，比如说，并非人人都要读 T. S. 艾略特的作品。可以提出反对理由的范围要狭窄得多，也具体得多。毕竟，在过去50年里，在读物的一般标准方面和质量方面，理应有相当程度的提高；人们已经做了很多努力试图确保改善。某些进展的确使人想到，这种改善已经出现了。但是，当我们按比例来审视在相同时期内已经开始发挥作用的简单化和碎片化出版物持有量的增加时，它们一点也不比半个世纪之前的出版物更好，因而非常值得怀疑的是，我们是否可以声称在读物的质量方面已经有了什么普遍的改善。相反，看来似乎有非常多的人在其读物方面被固定在一个令人震惊的低水平上。到目前为止，大规模出版物提供的价格，几乎比任何单个读者所要求的价格都要糟糕得多；然而，这是比照它们作为大规模出版物的性质来说的。例如，追求薄利多销的零售商店获得了大批客户，靠的是生产比其他店商都更便宜的衬衫；但它们把数量限制在那些最流行的款式上：如果我们喜欢那些款式，那我们就完全可能从它们那里买一种在各个方面都很好的衬衫。大规模的通俗报刊必须把自身限制于那些最流行的诉求和态度上；在那些远不那么具体的问题上，没有购买衬衫的那种补偿。我们是在自我放纵中走到一起的；因为在这里很难发现并坚守规范，我们在放纵时通常都不会承认规范有效。

因此，很少有人在阅读方面会有一种以上的速度。旨在快速阅读的读物供给量超过了合适的程度，对大多数有价值的读物来说那种速度毫无用处。同样，例如通俗小说中粗糙突出的人物描写，可能会使读者不大愿意容忍各种限制、明显不确定的轮廓、细枝末节、缺乏大胆而简练的笔触，任何精妙的人物分析都会涉及这些方面。他们不想捋清楚亨利·詹姆斯的《使节》中斯特雷奇尔的处境，这没有什么可遗憾的；“普通人”也很复杂；不存在什么单纯的人。不连贯的句子，几乎没有一个从句是合格的，修饰语单调，愚蠢地给每个名词加标签；缺乏任何肌理或深度感：用这样的写法去描写人物，就像用废火柴杆建造房子一样。

不幸的是，不可能列举时髦通俗出版物的真实例证，但例证 180
可能很容易找到。通常会证明，它们在某些方面比旧式杂志的大多数小说都写得更加娴熟，往往有更多的生活，或者说更多的是那种幼稚的生活。一些反对它们的理由也适用于旧式出版物中的小说。但是，这种较新的作品经常都有一种廉价的嚼口香糖式的时髦花言巧语，以及那种流畅，这会立刻标明它是20世纪中叶的通俗作品。对我来说，它最糟糕的特征在于，它在表现时所具有的那种轻率自信，并且以为是普遍有效的，这种观点就像我刚刚描述过的那样。这种写作方式大体上是这样：

在科塞度假营里只有我们两个来自朗顿工厂的人——除非你算上梅布尔·阿克赖特。但我们通常都没有把他算上。除了可怜的老梅布尔那张有斑点的脸之外，还有她那副严肃的面孔——老是把头埋进书本里，像疯了似的盯着看。

无论如何，琼和我都知道，从我们看到那地方的那一刻起，我们必定会经历一段极好的时光……三个舞厅，两个日光浴场，很多奶品店——都是想要的！

然后，的的确确，眼睛朝上真的好好看了一眼！一个个头高大强壮非常性感的男子！马龙·白兰度和汉弗莱·鲍嘉的合体。

所以，我们都准备好了度过一段真正的好时光——此时，这个多萝西·坦普尔一起出现了。她把姜黄色头发叫作赤褐色的，几许温柔“让我变成了漂亮可爱使人宽心的妻子”的样子。

所以，我们知道将会有一场殊死搏斗……

……她脸红了吗？那正好使她静下心来。上次我们看见过她，她正要去散步，带着梅布尔和一本书。

再说一遍？啊，——马龙·白兰度和汉弗莱·鲍嘉出了什么事？好，对不起，刚才……

以下这段引文出自《东林怨》，* 它在某些方面不如这部时髦作品的大部分那么生动；过于频繁地依赖某种华丽辞藻。但是，我渴望进行的特殊比较，是在我只能称为——冒着听上去像是装腔作势的风险——道德腔调，与每段文字背后对待生活和各种关系的态度之间的差异：

泪水向下滑落到黑尔太太的脸上。这是一个暴风雪过后的晴朗早晨，如此晴朗，天空蔚蓝，阳光灿烂，地面上的雪却铺得很厚。黑尔太太坐在椅子上，享受着明媚的阳光，卡莱尔先生站在她身旁。快乐与悲伤的泪水交织在一起：悲伤是因为听到她最终必须与芭芭拉分开；快乐是因为她要走向

* 《东林怨》（*East Lynne*）：1861 年出版的维多利亚女王时期的畅销书，由英国女作家埃伦·伍德（Ellen Wood，1814—1887，亦称“亨利·伍德夫人”）创作。该书后来有众多舞台剧和电影改编版。

另一个人，那是完全值得她去做的，卡莱尔先生也一样。

“阿奇博尔德，她在这里已经有了一个幸福的家：你会提出你也要这么做吗？”“尽我最大的力量。”“你会永远对她好 181
吗，会永远爱护她吗？”“我会尽心尽力。亲爱的黑尔太太，我想，你太了解我，不会怀疑我的。”

“怀疑你！我不怀疑你：我毫无保留地信任你，阿奇博尔德。倘若全世界都拜倒在芭芭拉脚下，我还是要祈祷，她应该选择你。”

肌理的丰富性很明显，一个非常优秀的作家要将此赋予表面上简单的人物描写，以下是乔治·艾略特对英格兰教会的乡村牧师的描写，这是她很少对其感到意气相投的一种类型：

在另一方面，我必须申辩，因为我对教区牧师的回忆有一种充满深情的偏爱，他没有恶意——有些慈善家也是如此；他并非不宽容——有传言说，有些热心的神学家并没有完全摆脱那种缺点；尽管他有可能倾向于把自己的身体奉献给任何公共事业，并且远没有把他的所有物品捐出来救济穷人，但他却有那种仁慈心肠，有时又缺乏非常卓越的美德——他对别人的弱点很体贴，不愿把它归咎于恶行。他就属于那种人中的一个，他们不是最普通的人，关于他们，我们所能知道的最好的是跟着他们离开市场，同他们一起进入他们自己的家，聆听他们对年轻人和老年人说到自己的壁炉石时的声音，见证他们对平常同伴日常需求的体贴关心，那些人

> 把他们的所有善行都当成理所当然，而不是当成一个赞美的主题。

我们以新的材料来结束，以到达一个地方，在那里没有发生过任何真实的事情，那是一个自动做出半心半意回答的黄昏。越来越多地诉诸“毫无意义和不断烦扰的”好奇心。但是，在那里越来越少的是一种对生命性情的感觉。对读者来说，这也许是一切之中最糟糕的效果。不可能的是，人们能够积极地、能够主动地欣赏这一点；对他们来说，没有任何要参与、要积极做出反应的东西。既然对读者没有任何要求，读者也就不可能提供任何东西。我们处在毫无生气的情感的黄昏之中，那里没有任何令人震惊、惊吓或紧张不安的东西，也没有任何挑战、使人喜悦或引起悲痛的东西；既没有辉煌，也没有不幸：只有不断滴淌的加水的罐装牛奶，它暂时缓解了一种千真万确的饥饿的痛苦，拒绝了实实在在饱餐一顿的满足。

正如我已经表明的，这对很多人来说几乎完全是一种毫无变化的饮食；他们实际上看不到其他任何读物。大众出版物必须努
182 力确保自己的顾客不需要其他读物，必须不断努力收紧对他们的掌控，否则自身的庞大建筑物就会处于坍塌的危险之中。通俗读物现在是高度集中化的；非常庞大的人群只能在数量很少的出版物之间进行选择。这是一个非常之小并且拥挤的国度；今天，几乎每个人都能在几乎同时被供给相同的东西。在通俗读物中为此付出的代价是，一小批在想象力上狭隘和蹩脚的出版物，就能够强加一种相当大的一致性。这些出版物的目标必定是要把自己的

读者控制在被动接受的层面上，在这个层面上，读者实际上从来就没有提出过问题，却愉快地接受了被提供的东西，没有想到有任何改变。一定会有毫无意义的设想的烦扰，那只不过是一种轻松的挠痒。尽管通俗报刊声称是“进步”和“独立”的，但它却是今天的公共生活中最大的保守势力之一：它的本性要求它既要助推保守主义，也要提升一致性。

迄今为止，这些东西还没有对人们的生活品质造成较为明显的损害，这是由于那种能力——本书不断重复的主要观点之一——能够轻松生活在隔离之中，把家庭生活与外部生活分开，把“真实”生活与娱乐生活分开。工人阶级民众在传统上，或者说至少有好几代人，都把艺术看成是逃避，是某种享受的东西，并不认为艺术与日常生活的问题有多少联系。艺术很边缘、很“有趣”：“它会让你忘记一些事情”；“它使你失去自我”；“它让你休息，也有一点变化”。同时，人们喜欢艺术，他们会让自己顺从，会确证自己；但在他们的内心之中，他们知道艺术是不“真实的”；“真实的”生活发生在别处。艺术可以“使你失去自我”；但这种说法的形式表明，在艺术里有一个“真实的”你，不要指望艺术会对那个你说话；除非借助传统的方法来反思某些被接受了的设想。艺术对你来说要有用。因此，女性中非常普遍的检验小说的习惯是看看开头一页，以确定它的开头很好，使用了很多对话，然后看看最后一页，以确定它的结尾很愉快；她们的阅读不是为被悬置的问题烦扰，也不是要留下悬置的问题。

然而，就连这种解释也使幸福的结局显得过于迁就。正如我在前文试图表明的，对工人阶级民众来说，幸福的结局经常都是

他们拥有自己身边的那种生活、家庭和家人的幸福结局；在那种生活中，结局就是问题已经“得到解决”，是乌云都已散去。他们知道，生活实际上并不像那样；他们并不期望在某种模糊的未来
183 里生活永远都像那样。但他们认为，那样的生活“想想挺不错”；在我看来，这种态度经常都接近于一种幻想，是对另一种秩序的一瞥。

因此，人们普遍认为，与工人阶级的真实情况相比，他们更加深刻地受到其读物的影响：例如，他们会不加鉴别地从小说或电影中采用基督教的名字。实际上，如果某个名字不是太古怪的话，它就能找到立足之地。因此，服从的力量，而不是出现在小说中的那种力量，会有助于使那个名字非常迅速地获得极大青睐。托特纳姆注册师事务所报告说，一度有 1/5 的女婴叫“多琳”。然而，虽然大多数工人阶级的妻子都可能一篇接一篇地读杂志上的小说，但她们会嘲笑那些奇怪的邻居深受小说的影响，以至于给自己的孩子取名叫“唐”或“阿普里尔”。在很大程度上，她们的嘲笑是因为邻居已经把小说带进了真实生活中，那是个小小的搞笑，甚至有点天真。

这种普遍的态度与“宽容”一起，也有助于解释工人阶级民众何以不愿意反对其出版物中甚至最极端的发展情况。有个头发灰白的母亲正在翻阅一本较为令人吃惊的画刊或报纸时，可能看起来就像个奇怪人物，虽然她十分普通。但是，她看的当然只是使她感兴趣的那些部分：至于那些美女照，好的，她“宽容”它们，她“不介意它们——要知道，他们把照片放进来是为了那些男孩”。相似地，人们可能仍然很少受到广告商更先进的方法的影

响；他们会以一种拐弯抹角的方式对待它们。

所有这些也许是预防感染的有用消毒剂，但却可能成为危险的消毒剂，尤其是在今天。在新的氛围中，艺术不仅是一种暂时的逃避或“乐趣”；工人阶级民众感到，归根结底，它也是一种商业骗局，是一种赚钱的游戏。人们甚至比以往任何时候都更难设想，作家的写作不是为了金钱，更不用说不是为了算计。弥尔顿说：“好书是大师精神的珍贵活力之源。”如果一个优秀的当代作家的作品引起了大多数成年人的注意，那么，他们不仅会发现很难仿效他对待生活的态度，而且也会欣然而坚定地认为，他与其他人一样，虽然他们用某种奇怪和无趣的方式还没有完全掌握窍门，但也会“一心追逐名利”，“只为金钱而写作”。

很多有才华的商业作家都确信，大多数人在阅读方面都保持在某个水平上，在这个水平上，他们只能对粗糙的、不精确的、所希望的、重要的、非常花哨的作品做出反应；对这些作品，几乎就像对所有艺术一样，大多数人都抱着一种快乐的玩世不恭态度。除了最流行的作品，他们什么都不读；如果作品是他们认为应当如此的，他们为什么要去读？他们为什么要继续自己的阅读？ 184
全家人都读一种时髦的周刊或报纸（很可能坚持认为，他们“只是为了看看笑话”）；父亲看一种旧式家庭杂志；母亲看一种旧式女性杂志和一种新式有光纸杂志；女儿也有另一种有光纸杂志；男孩们每天都看通俗报纸，每个星期都看平装本的歹徒小说，全家人都要看两三种周日报纸。纯粹按这种证据来看，情况看起来就很糟糕：耸人听闻、碎片化、过度简单、不真实；改用 D. H. 劳伦斯的话来说，“从来不读真实的或好的作品”。令人惊讶的是，大

部分家庭生活都按照自身的方式继续进行，彩纸文学作品如今倾泻而下的无穷无尽的纸屑，迄今为止很少影响到家庭生活的节奏和价值观。

然而，这一切的影响日益强化了把世界一分为二，我早已强调过了这种分裂。人们知道自己要“受到责备”，却把大多数说服工作转移到“他们”的世界，把后果局限于他们自己。他们说，“啊，他们要把所有事情［或者‘说出的所有事情’］都登到今天的报纸上去”；或者说，“然而，它不过是一本书而已”。他们买下了数以百万计的报纸，在选举期间，编辑们试图劝说他们按照报纸的喜好投票。除非客户订购的是一份定位范围较狭窄的通俗报纸，否则，他们的投票很少会考虑到报纸的说服，但他们不会对那些报纸怀有恶意，会继续购买。他们认为，他们在报纸上读到的大量内容都是虚假的，并认为“你们的金钱——或者是你们的选票——都是他们要追求的”。他们发现，报纸很容易读，也很有趣，因为那些事情是他们愿意加以关注的。他们知道，那些报业公司“并不是为了他们的健康”，但“好运属于他们”：与此同时，读者获得了自己想要的乐趣。

最后，要回顾一下本章和前一章的主要论点，因为其中一章在很大程度上会说明另一章。被最普遍的诉求所削弱的过程还在继续和扩大：新风格囊括了各种“民主的”声调，并且受到不惜一切代价追求快乐和花言巧语的冲动的支配；主要的设想是自以为是的平等主义、自由、宽容、进步、享乐主义和青春崇拜。自由等同于特许提供最能增加销售量的内容；宽容被等同于缺乏任
185 何标准，除了那些老套和模糊得几乎成了十足魔咒的、很少有实

际用途的标准之外；为任何价值观所做的任何辩护，都成了独裁主义和伪善的例证。

在任何一家较流行的日报上都可以找到各种例证；这篇虚构的文章忠实于所有这些报纸的普遍实质和精神：

这可难倒了我

我们再来，朋友们！

这次是谁？

只有教皇年届六十的单身大主教（旁边的照片是裹着绑腿的大主教，在他未警觉时抓拍的，所以他看起来很像综艺节目的喜剧演员扮演的笨手笨脚的主教）。

他前几天向基督教妇女联盟（平均年龄 62 岁）谈到了我们度过自己业余时间的方式。

很好……很好……

经过一天的繁重劳动，你们喜欢看点电视吗？

……你们不该——不要听那个单身大主教的话。

……“人太多了，”他说道，“现在被动接受他们的所有娱乐活动。这可能对他们没有任何好处。”

你们每周赌球时都会有点紧张吗？

……抱歉，伙计，你们不该——不要听那个 60 岁大主教的话。

……他说，“也许，我们应该多想想，我们在自己国家的生活中容许这些机构享有的自由。”

天哪，这可是挑战宣言啊

> 谁会想到一位基督教领袖在 1956 年会忘记民主的第一要素？
>
> 我们也许有点单纯，但我们始终明白，基督教领袖应当以宽容的美德来激励我们。
>
> 或许我们搞错了，因为我们也认为，基督教领袖是站在自由和平等一边的。
>
> 但这些想法也许只有对大主教及其朋友来说才是正确的。
>
> 总之，我希望贫穷、年老、忧虑的基督教妇女联盟中有人站出来，提醒他记得那些观点。
>
> ……有人悄悄说了一两句话，说到了保守的危险——还有欺骗的危险——还有伪善的危险——还有装模作样对我们的基督教领袖的危险。
>
> ……还有人建议，大主教可能要稍微多与普通民众见面，要更好地理解他们良好的判断力。
>
> 如果他们没有——
>
> **这可难倒了我**

186 我们都需要日复一日地谨记，在最后一刻，根本就没有“普通人”那样的人。如果我们不记住，那么，在我们尽职尽责的民主以一种假想人物来确证我们时，我们最终可能会让个人决定悄悄溜走，而那种假想人物的主要价值观就会把我们错误地导向他那里。我们必须牢牢抓住有关通俗出版物性质的基本事实——它们现在都是大规模商业机构的产品，确切地说，它们不属于新闻界的历史，也不属于公共事务，也不属于政治，而属于娱乐消遣；它们对“舆论”的操纵在很大程度上是一种为了娱乐目的的非理性操控，当某家报刊说“我们提供的事实……震惊了……”之时，与其说这是对他们态度的一种陈述，倒不如说是演艺人员的一种行话，同样的规则也会说：“我没有隐瞒任何东西。”

威廉·莫里斯在19世纪后半叶的作品中曾经对缺乏通俗艺术感到过遗憾，并期盼它的复兴：

> 在我们走上填满富人与穷人之间这道巨大鸿沟的道路以前，通俗艺术毫无过上健康生活的机会，或者说，完全没有生存的机会。

他接着说，如果那道鸿沟被填上了，那么，可能就走到了尽头，就到了：

> 人们注定会被划分成有教养的和堕落的阶级，竞争性的商业已经繁育并培养出了这些阶级。

贫富之间的鸿沟还没有被填补到令莫里斯满意的程度，或者说填补的方式令他不满意。但是，人们已经做了大量努力来缩小这道鸿沟；竞争性的商业活动所做的努力还远不及出现鸿沟之前。“有教养的”和“堕落的”阶级之间的鸿沟已经缩小了吗？我们是否稍微接近了一点威廉·莫里斯会认可的那种通俗艺术？

我们正在走向一种大众艺术；数百万人每周和每天都在看同样的报纸，很少看其他出版物。要成为大众艺术，就必须紧紧抓住并控制住趣味的层次，并且要非常有效地这么做。竞争性的商业现在已经改弦易辙，就像是那些迄今为止“堕落的”阶级的捍卫者，因为现在如果把那些阶级所有捐助者的6便士全部加在一起，那么，那些阶级就值得驾驭。而工人阶级新的捍卫者必须团结起来，团结在他们更加放纵的本能层次上。竞争性商业的逻辑
187 过程现在限于从经济上确保大众“堕落”，它没有得到整个时代气候的支持，支持它的却是内部缺乏方向，在工人们自身的自由面前怀疑和没有把握（与得到其他人的支持一样，也得到了以前的工人阶级作家们的大力支持），它要确保工人在文化上遭到掠夺。由于这些过程绝不可能停止，所以，压制、不准向外看和向上看的持续压力，就成了一种积极的因素，成了一种新的和更强有力的征服形式；这种征服承诺要比旧的征服更强有力，因为文化上从属的链条既很容易戴上，也比经济上从属的链条更难去除。“我们被内部的错误出卖了”，被我们共同的弱点出卖了，被那些通俗杂志的能耐出卖了，它们要顾及事情的两个方面，一方面要表达我们习惯了的道德设想，但所用的方式却削弱了由它们唤起的道德代码；另一方面要以错误的理由说出正确的事情。

我主要谈到了对工人阶级读者具有特殊吸引力的那些通俗出版物的发展情况。值得强调指出的是，这种趋势不仅在较发达的时髦出版物中很明显，而且在一些开始尝试严肃的和通俗的风格、仍然不完全致力于新风格的出版物——特别是报纸——中也很明显。一些曾在这些报刊工作过的记者的报道，以及以损害更朴素

的品质为代价而要求“光鲜”的持续压力，只不过证实了这些年来的观察使人想到的情况。

更重要的是，尽管历史背景有点不同，但总的论点同样可以强有力地适用于那些旨在吸引大批中下阶层和中产阶级读者的出版物。工人阶级和中产阶级民众经常共享同样的出版物；阶级的划分随着发行量的增加已变得不那么清晰。有些通俗报刊——不同于通常被称为的“优质”报刊——确实是更专门地面向中产阶级读者的，它们所受到的文化趋势的影响，类似于那些影响到主要面向工人的通俗报刊。通俗的中产阶级报刊与面向工人阶级的报刊一样零碎和琐碎化。对我自己来说，我发现，专门面向中产阶级民众的日报，比那些面向工人阶级民众的日报更加令人不快。它们往往有一种知识分子的自命不凡、精神沙文主义和势利，以及一种鸡尾酒会上的优雅，这使得它们的气氛显得特别令人窒息。

第八章　新大众艺术：闪亮包装中的性

1. 点唱机男孩

188 这种有规律的、越来越多的、几乎一成不变、毫无承诺的感知饮食，肯定有助于降低其消费者对生活做出公开、负责任的反应能力，有可能在一些有限的当下口味范围之外的生存中，引起一种毫无目的的深层感受。心灵可能很少有敞开的机会，会一直受到禁锢，转而面对自身，“用像窗户一样奇怪的黑眼睛”向外看一个世界，那个世界在很大程度上是由走马观花的表演和间接体验的刺激所产生的一种幻象。这并不是很多工人阶级民众今天的状态，它主要与人类在精神上的抵抗能力有关；抵抗产生于一种感觉，哪怕这种感觉经常都不明确，即感到存在着另一些重要的、要遵从的事物。

但现在我们来看一下英国人生活中的一些问题可能有用，它们出现在前两章描述过的文化进程中，正在产生最强烈的影响。我们应当看到，如果没有我一再强调的抵抗，英国也许早已到了那种地步。在服兵役的年轻人的读物中，可以找到这样的例证。在两年的服役期里，他们中的很多人在总体上都感到很无聊；他们在原地踏步，直到返回自己的工作岗位；他们都是青少年，要把钱省下来。他们脱离了那种无意识感到的、却很重要的家庭和家族关系网的持续影响；或许也脱离了这种感觉，即自己的工作场所是某个组织的一部分，那种组织在技术方面有自己的传统。因此，他们受到那些读物的影响，那些读物既是碎片化的，也是耸人听闻的，免费提供给他们。我自己的体验强烈地使人想到，很多人阅读的唯一有封面的书多半是最流行的犯罪小说家写的。除此之外，他们要读连环漫画、黑帮小说、科幻和犯罪杂志、新式杂志、各种报纸和有图片的日报。幸运的是，服兵役只有两年；此后，他们回到家，回到工作中，依然是这些出版物的读者，但

很快也成了负有责任的人，对时间和金钱有了更多要求，可能有 189

很好的机会恢复旧的、邻里的节奏，有很好的机会逃避可能是毫无生气的雌雄同体生活的最坏影响（就像一名士兵曾经向我形容过的那样，“生活在你内心就像一种永久的手淫”），一种与任何有意义的个人目标感没有联系的生活。我知道有例外情况，人们尽了很大努力来改善这种状况；然而，鉴于前几章所描述的背景，对很多人来说，这是服兵役期间占主导的氛围。

或许，普遍趋势中更具征候性的是点唱机男孩们的读物，是在灯光刺眼的奶品店里把自己的夜晚耗费在听“投币式自动点唱机”的人们的读物。当然，也有其他一些人，他们读的书籍和杂志正是现在要讨论的——有些是已婚男女，也许很特别的是那种人，他们发现婚后生活是一件有点使人厌倦的事情，

还有“老色鬼”，有些是学童——但人们有理由把那些夜夜去这些奶品店的人，当成是最先进的新式通俗杂志的典型的或独特的读者。

就像我在前一章描述过的咖啡馆一样，奶品店马上就显示出各种现代风格小饰品的污秽不堪、它们炫目的艳丽、遭到彻底破坏的美感，以致和它们相比，在一些贫困顾客的家庭中，客厅陈设似乎也会显示出一种像18世纪城市家庭那样和谐与文明的传统。我想到的不是这种奶品店，它们实际上是快餐咖啡馆，与有餐桌服务的咖啡馆相比，人们在这里可以吃得更快。我想到的倒是那种奶品店——可以说，在北方几乎每个超过15000居民的城镇都有一家的奶品店——对一些年轻男子来说，奶品店已经成了经常性的夜晚约会之地。女孩也要去这种地方，但大多数顾客都是年龄在15岁到20岁之间的男孩，他们穿着悬垂式套装，戴着花领带，一副美国人懒散的样子。他们多数人都买不起一杯接一杯的奶昔，而是沏几杯茶喝上一两个小时——这是他们来这里的主要原因——他们把一个又一个铜币投进机械式点唱机。任何时候都可以找到大约一打唱片；按一个编号按钮就得到一张想要的唱片，挑选唱片是根据按钮与标题的对应。租赁公司大约每隔两周更换一次唱片；几乎所有唱片都是美国的；几乎所有唱片都是“唱歌的”，演唱风格比通常在英国广播公司“轻松节目”里听到的超
190 前了很多。有些曲调很迷人；所有曲调都为表演作了改编，因而，它们具有的那种节拍在当时很流行；手法多半是由混响室录音提供的“空心宇宙”的效果构成的。歌曲的演唱非常精准，而且演唱能力极强，人们允许“点唱机”大声播放，所以，喧闹声足以

充满偌大的舞厅，而不是大街上经过改装的商店。年轻人摇晃着一只肩膀或者瞪着眼，就像汉弗莱·鲍嘉那样不顾一切地跨过一堆管状折叠椅。

即使与街角附近的酒吧相比，这都是一种特别单薄和苍白的消遣形式，是一种煮熟的牛奶味中的精神枯萎。很多顾客——他们的穿着、发型、面部表情都说明了一切——在很大程度上都生活在由一些简单元素构成的神话世界里，他们把那些元素当成是美国生活的元素。

他们形成了一个情绪低落的群体，一个绝非典型的工人阶级民众的群体；也许，他们多数人的智力不比一般人差，因此，甚至能比其他人更多地受到当时还很衰弱的大众潮流的影响。他们没有目标，没有抱负，没有保护，没有信仰。他们是塞缪尔·巴特勒笔下19世纪中叶的耕耘男孩的现代版，与那些耕耘男孩的处境一样不幸：

> 那一排冷漠、呆滞、茫然的耕耘男孩，身材难看，面孔不漂亮，死气沉沉，无动于衷，这个族类非常像卡莱尔描写的法国大革命前的农民，而不是乐于反思的农民——现在已经被取代的一个族类……

对他们中的一些人来说，连他们的很多同龄人粗糙的性生活也是不可能的；这要求更能管控他们自己的个性，更多地与他人见面，这些要求都超出了他们的能力所及。

从他们在学校所受的教育来看，他们几乎没有学到与他们

15 岁以后体验到的生活现实有联系的知识。他们多数人的工作都不要求个性外向，那些工作本身毫无趣味，不会激励任何个人的价值感，不会激励成为创造者的意识。工作要日复一日地做，在此之后的休息就是消遣，就是娱乐；有空闲时间，口袋里也有一些钱。他们处在技术官僚政治与民主政治夹击之间的地带；社会给予他们的是一种几乎无限的感知自由，却极少对他们提出要求——每周有 40 个小时是在运用自己的双手和很少部分脑力。至于其他时间，他们会向演艺人员和高效的大众设施敞开
191 大门。青年夜总会、青年协会、体育俱乐部吸引了他们那代人中的很多人，却吸引不了他们；商人们凭借商业娱乐活动的必然发展过程，确保了自己的特殊控制力得以保持和强化。婚姻的责任感会逐渐改变他们。与此同时，他们对自己或他人没有任何责任感，几乎没有责任意识。他们属于一种非常糟糕意义上的新工人；如果简单根据新工人阶级的消遣文学读物来进行推断，如果试图去想象那种文学的理想读者的话，那么，这些人就属于那种读者。正如我说过的，实际上他们并不典型。但是，这些人物正是当代的某些重要势力想要创造出来的，是一个头脑僵化的阶级中漫无目的和驯服的农奴。如果迄今为止他们看起来主要是由智力低下或者出身于具有特殊秉性家庭的人们构成的，那么，很可能是由某种道德气质的力量造成的，多数为工人阶级民众提供文化的人都有助于改变其天性。这种享乐主义的、消极的野蛮人，花 3 便士搭乘 50 马力的公共汽车，花 1 先令 8 便士去看一部耗资 500 万美元的电影，他不单单是一个社会怪人；他也成了一种征兆。

2.“重口味”杂志

除了图片日报、较耸人听闻的周日报纸和杂志外，这些人还可能阅读什么？公共图书馆没有吸引力，也许就连那些文具店的4便士图书出租处也没有吸引力，其主要功能是要储存大量各类小说——“犯罪”、“侦探”、“推理”、“西部”、“浪漫”或“爱情”，它们通常都排列在书架的前面——公共图书馆从来就没有这些小说的足够复本。人们需要去看看的倒是那种“杂志店”，在每个大型的工人阶级购物区里总会有一家。它们的橱窗空间很杂乱，在不同的分类层上摆放着平装杂志，因为它们经营着一个交易系统——这个系统通常都很贵，因为原价两先令的平装杂志每次转手都要花6便士。在这些“杂志店”里，也把内容粗略分成三类主题——犯罪、科幻和性爱小说。

有一天，我在一个橱窗中注意到了主要类别的以下特征；当然，杂志没有陈列在各自的区域，通常都非常凌乱地摆放着：

A. 犯罪小说。因为主要来自美国，还有从美国公开反对
那些似乎美化犯罪的杂志以来已经出版的，所以，这类小说 192
最流行的标题就是“恶有恶报”。它们很可能有副标题，诸如“为减少犯罪而出版”。无论正式宣称的是什么，兴趣和兴奋点仍然都在黑帮上，或者说侦探们在本性上都是黑帮，他们只是偶然站在了法律一边。书名如下所示：

《超级侦探》　　　　《联邦调查局犯罪案例》

《高品质警察故事》
《真正的侦探》
《无限度的犯罪》
《轰动的警察故事》
《热点警察故事》
《令人毛骨悚然的警方案例》
《秘密侦探小说》
《顶级侦探故事》
《袖珍照相机侦探》

格式几乎都是相同的；平版纸印刷，印制粗糙，生动的铜版纸封面：明显有很多“代笔”和内容的互换。

B. 科幻小说。在这方面，标题的变化围绕着“科学”、“空间科学”和“太空之旅”，加以形容词的修饰，如“惊人的”、“奇异的”、“未来的”、“令人震惊的”、“幻想的”、“超级的”、“令人兴奋的”和“真实可信的”。

此外，同样的平版纸印刷加上铜版纸封面。这是那种超前的科幻小说，在写作时大概没有受到这一趋势的影响，即某些相似主题的作品在文学周刊上被抬高成了严肃讨论的主题。风格和情景都同样受到了极大的限制。在大多数小说中，都有一个性感女郎，穿着服装设计师为二流巡回滑稽歌舞表演设计的服装，可能希望人们认为那是“未来派的”装束。这种打扮通常都意味着一条非常短和打褶的白色裙子，一件配有某种现代风格图案的短上衣。这是带拉链的“性感材料”，而不是旧式的短上衣和裙子；在往来于火星与金星之间的宇宙飞船上想象的淫乱（没有任何细节）。

关于第三类性爱小说，我要单独多说几句。这三类小说几乎涵盖了我抽样的商店和其他同类商店全部非期刊类的藏书。老旧的“西部小说”和“拳击小说”在20年前可能是很重要的类别，但今天只属于边缘。

我已提到过，这些杂志似乎对于智力低于平均水平的青少年、由于各种原因发育不良或者感到自己不适合的人，显得特别有吸引力。各种广告主要是补偿性的。这里可能是一个方便的地方，可以暂时岔开去简要说说补偿性广告更基本的种类，它们时常出现在这里讨论到的那类杂志中，也出现在范围更加广泛的各种期刊中。

就其最简单的方面说，这些广告诉诸一种身体上的自卑感，193
它们力劝读者要学会如何戒烟，这样就会有更清晰的眼睛和头脑，更稳定和更有力的手劲；它们力劝，“要长高”、“增强体格”、“为什么要骨瘦如柴”、“为了你容光焕发的活力”、“他们上过我的课……”一个肌肉非常发达的广告商说：“瞧瞧他们身上的差别吧！你写信来询问细节，我就给你一副强壮的体魄。”

从这里走向关于神经质和自卑情结的广告，只有一步之遥：

> 你在遭受神经质、自卑感、缺乏自信、结结巴巴、缺乏必要的镇静、犹豫和谦恭的痛苦吗？——所有这些都表明了一种产生于潜意识中神经定向失败的根本性失调。
>
> 要学会激发积极的而不是消极的动力！为你自己创造一种支配性的和坚定自信的人格！

或者是那些看起来更加有力的广告：

这似乎令人难以置信！

你把自己的巨大发展潜力发掘到了什么程度？

你希望发掘吗？［一幅现代风格的插图很可能会在这里出现，是一个身上散发出生命之光的男子形象］

那就释放那些潜力，控制住它们——从你掌握了这个使人惊异的系统那天起。

充分利用你自己惊人的隐藏着的活力吧！本书可以改变你的生活。

同样的机构经常制造各种基本的诉求（你真的受到神经质的困扰了吗？），也要制造那些更具积极性的诉求，在其中不那么强烈地突出机能不全的感觉，但机构仍然假定你要赢得更多的朋友，要影响更多的人。比如说，你会发现，怎样靠花两英镑买一本关于“成功推销个性的秘诀”的书来做到这一点。各种新书广告提出了更大和更好的主张，配上更加充满活力的标题和类似的大悬赏，频繁出现在报刊的间隔中：

生活是否给了你想要的和应得的回报？你想继续徒劳无益和毫无目的地生活……不断受到胆怯和恐惧的困扰吗？

如果不想，这里就有你要寻求的解决办法。

从此，你将赢得金钱、权力、名声，以及你的所有熟人的尊重［对弗洛伊德《精神分析引论》第23讲关于艺术家是
194 自我奖赏的幻想家的一种奇特共鸣——“他已经赢了——尽管有这种幻想——以前他只能在幻想中赢得的东西：荣誉、

权力和女人的爱情。更奇特的是，这样一种自认为共鸣的最终和弦，怎么听起来竟像是对培根关于‘认识的最终目标’的观点依稀以自我为中心的共鸣；为了造物主的荣耀，以及人类地位的宽慰”]。

回到杂志本身：有很多“重口味的”、“露肩的”期刊，或者是性与八卦的周刊和月刊，它们的某种富有启发性的刀子嘴，远比它们的豆腐心要糟糕。几乎可以在任何报刊经销者那里买到这些杂志，不仅仅可以在“杂志店”买到，而且它们中的一些还有相当可观的销售量。我无法找到它们按阶级分布的数据，但知道它们在工人阶级和中产阶级下层的年轻人中很流行。

首先，它们是各种笑话的宝库，其中很多都有插图，强调了非常明显、有限的和只会引起适度反感的性暗示。每则笑话通常都有字谜游戏，有一页是关于体育、根据星座算命的文字和微型小说。从版面设计和插图来看，人们也许期望小说要性感，但却证明了这在英国是异想天开，就像对那些时髦女性家庭杂志的期望一样。叙述者是个年轻人，他或者刚刚结婚不久，或者根据他跟在女孩后面温和地吹口哨来判断，他不久前才同某个正派的少女安顿下来。

如今，有时会有电影连载小说，配上袒胸露肩的摄影插图。除此之外，有很多各种尺寸的插图，下面配有笑话。大多数这类杂志都旨在成为非常漂亮和时髦的，尽管一般来说它们的版面设计很难比某些家庭杂志更加精美。它们通过大量起用新风格的艺术家，确立了自身对现代性和精致风格主张。因此，它们的页面不是老旧杂志的艺术家较为平和的英国理路，而是向美国人学习的那些英国人的理路，尤其是从瓦尔加*那里学来的。必须有摄影美女照，在没有大量使用彩色摄影和一些有助于其竞争者的较昂贵的设计时，大多数这类杂志似乎都试图确保自己的照片要尽可能大胆，在读者看来，模特儿确实要在页面上显得呼之欲出。

它们都有意识地要性感和粗俗，意识到了它们要大胆，有点恣意放纵，至少是在它们的插图方面。但很明显，人们可能觉得喜欢这一点，仅仅是因为认为存在着有人会藐视的价值观。很少有人觉得这类杂志是向内生长的，也不会对它们头脑发热；毕竟，
195 它们与老旧女性杂志属于同一个世界。最强烈的反对意见不是针对它们的性感，正如新式杂志经常遇到的情况一样，而是针对它们的琐碎无聊：他们如此轻易地获得了粗俗的刺激感，并且是根据这些微不足道和虚假的证据。

有很多较狭窄的工人阶级杂志，部分因为它们的地方性和具体特征明显不同于我刚刚描述过的那一类。它们中没有哪一种看来具有长久的生命力，但具有相同传统的一些新杂志总会在警察的行动导致它们的前辈刚被关闭时就出现了。它们通常都是月刊，售价为 6 便士。我将描述一些主要在北方发行的这类杂志的特点，但在南方也有相似类型的地方杂志。据我所知，从曼彻斯特到赫尔，从米德尔斯堡到诺丁汉，都可以买到较为成功的北方杂志。至少有一种杂志已经达到了每期超过 10 万份的销量，这使人想到

* 瓦尔加（Alberto Vargas，1896—1983）：出生于秘鲁的美国艺术家，曾留学法国，画过很多插图、明星肖像、电影海报等。

读者人数不会少于30多万。当然，这种特殊的杂志主要是东北地区的城市工人阶级成员在阅读。

这类杂志每一期的构成非常简单。通常都有一个小型体育栏目，有一些与电影有关的内容，一篇离奇的微型小说（意在看起来很性感，但实际上是纯粹无关紧要的琐事），还有一些广告（关于幸运的小饰品之类）。其他版面一般都刊载笑话，清晰地按两栏印刷，配上插图，或者说明笑话，或者就是插图本身，因为它们能够引起联想。没有多少模特儿的照片，也许——这是一种猜测——因为照片太贵。相反，这些杂志倾向于使用自己更重要的插图，为的是代替较精致杂志上的那些美女照，插图看来原本是用阴影厚重的铅笔画的，然后再拍摄。最终的效果大致上近似于常见的摄影美女照。我想，拍摄的插图具有别的优点；那些经常用瓦尔加的风格来描绘的艺术家，可以让自己去画他认为合适的女孩身体的部位，以便创作出比常规的美女照更加大胆而富于暗示性的画作。一本这样的杂志常常形成独有的特点，把乳头凸显得就像它们在衣服下面突起的样子。相似地，也可以非常大胆地刻画乳房的形状。

总的来说，这些杂志属于较为肮脏的风景明信片的世界；它们具有相似的粗俗，并且相似地以受局限的眼光来看待有可能幽
默的情景，——臀部、“尿壶”、内裤、“肚脐”、乳房（现在还有 196
“假乳房”，这是所有性感玩笑杂志中最流行的新特点）。它们可能比明信片还要粗俗些。我在这么说时，并没有想到这些特点是凸显的乳头、难以置信的丰满的大腿。所有这些杂志中最粗俗的要素通常都是女孩们脸部的素描，尤其是在较大尺寸的习作中；它

们都属于我在明信片中未曾见过的特质。那些脸都有一张很大的嘴，以及打扮花哨的粗俗表情。我认为，我在这里说到的某种东西，并不是某个更加宽宏大量的人会认为的“粗鲁但朴实的乐趣，是乔叟式的手法”。这是一种虚伪世故和心照不宣的都市的粗俗，把它误当成别的什么东西则是一种浪漫的愚蠢。我猜测，这些杂志拥有自己的读者靠的是它们的摄影插图特有的暗示性，靠的是在那些面孔和特性中显示出来的某种可以辨识的特质。我翻开一本杂志，看到两整页上的插图是一个穿着短裤的女孩，上衣有一个很大的深V字形领口，在骑乘俱乐部骑在一辆赛车上，很多来自北方城市的女孩在周末都会这样做。她有一副不会被看错的脸庞，这张脸庞属于大多数工人阶级女孩群体，她们完全“懂得那意味着什么”。在这种非常严格的意义上，在一种有限的写实主义的表现上，这些杂志在某种程度上属于工人阶级，而在全国发行的“重口味”杂志——以及与此有关的通俗时髦杂志和报纸——却不属于工人阶级。

3. 性与暴力小说

爱情的最后形象也已经被战争毁灭殆尽了。有一个很有象征意义的例子，我要强调一下：如今我们已经不再发表“爱情宣言”了，正如现代的战争往往不宣而战一样。我们回到了抢婚时代，强奸时代，却并没有像波利尼西亚人那样，在强奸的同时还有一些仪式。

德·鲁热蒙

“血腥暴力的”性爱小说不仅可以在“杂志店”买到，而且也可以在一些火车站的书报摊上买到。它们通常都放在角落里，全都摆放在阿司匹林和止血笔的广告卡片下面。这里有日报和周刊，杂乱堆着的小“嗜好品”和“手工艺品”杂志，企鹅与鹈鹕丛书；* 然后是性爱小说——它们全都描绘了我们文化的内部压力的某种图景。我认为，性爱图书的经常出现表明，对那些“不会被人看见走进”某家“杂志店”的人来说，对那些几乎不会把这类图书 197
带回家的人来说，铁路读物可以成为一种排泄阀。但是，边界的变化如此迅速，以至在最近五六年里，很多普通文具店店主也已开始提供这种平装书；它们甚至也不再是有点偷偷摸摸去看的读物。

这些小说并不是单独作为社会的征兆。在我看来，最引人注目的是，它们是普遍趋势中的一个要素。相关的要素是那些性与暴力的连载小说，一些较老练的报刊在经营这类小说。我认为，这些报刊最先开始有选择地连载来自美国的最新马拉松式的性爱与历史小说。然而，或许是这类小说供给不足，或许是它们需要经过大量编辑，或许是太昂贵。无论出于什么原因，它出现在根据已得到认可的模式而专门撰写的连载小说之前不久——在每一期连载的小说里，都尽可能有一个性爱的刺激事件和一幅暗示性的插图。如果某个连载部分没有毫不费力地使内容适合于某幅恰当的插图的话，那么，女主角（通常是一个20世纪的莫尔·弗兰

* 企鹅与鹈鹕丛书（the Penguins and the Pelicans）：英国最大的平装书出版公司朗文出版公司出版的两套影响很大的丛书。

德斯[*]，经过资产阶级防护伦理学训练的电台肥皂剧的中年女主角）就可能常常被表现为：当她早晨起床时，就赤裸裸地面对着未来。此外，人们可以把侦探角色的发展，从埃德加·华莱士[**]早期小说中的人物，一直追溯到今天最流行、最刻板的黑帮小说中的人物。新近的侦探经常都是一个脸色低沉的硬汉，他与自己要对付的那些骗子的区别在于，主要是因为他碰巧要对付他们，也因为他要在适当的时刻展现出时髦的柔情特征：他的行为举止、他的残忍、他的性别代码、他对于经验的一般态度，所有这些都属于喜欢自我表现的流氓的特征。

要更加细致地鉴别新近的平装本性爱冒险小说的确切特质（它们通常都简单地把自身叫作"黑帮小说"），就应当将它们与某种早期的类型进行比较。在我的青少年时期，如果我们想要一本"重口味的"书，常常给我们的是一些具有确凿法国名字的作家的小说——如皮埃尔·拉福格，名字是按常见的样式虚构的。从被归于各个作者的书籍数量和它们之间的相似性来看，似乎很可能有很多"代笔"的现象。或许是出版商用了几个名字，就像汽车修理站有自己的"交易"车牌号一样，可以把这些名字贴到符合模式的书稿上。这些小说过去和现在都是——几周前我买了几本日期为 1947 年的——"平版"纸印刷，印得不清晰，封面有彩色图片。封面的风格自始至终多半都是爱德华七世时代的，而

*　莫尔·弗兰德斯（Moll Flanders）：英国作家丹尼尔·笛福（Daniel Defoe，1660—1731）于 1722 年出版的长篇小说《莫尔·弗兰德斯》中的女主角。

**　埃德加·华莱士（Edgar Wallace，1875—1932）：英国侦探小说家，一生写过 175 本小说和 24 部剧本。

不是本世纪中叶的。作者的姓名确定了调子，它属于一种流行的温和的粗俗，与“艳丽巴黎”的观念有联系。封面女郎一直受到三四十年前时尚的影响；她们透过这样一些书名在窥视，如《偷 198
欢》《危险的极乐》《激情之夜》。她们都是穿着睡袍、黝黑英俊的男人们（都有拉乌尔*一类的名字）褥榻上温柔和萎靡的牺牲品。这一切全都是一种保姆式的粗俗，闺房里的性爱，温柔得像一只家养的猫：它充分利用了缕缕飘动的花边和噘着的嘴，在有可能不正派的最细微的预兆前就熔化成了很多小点。

从20世纪30年代中期以来，这类小说几乎完全被从美国传来的性爱小说的新风格所取代。它们可能全都受到了刚出现的这类图书的激励，如詹姆斯·M. 凯恩**的《邮差总按两次铃》（1934）；在新近美国作家米基·斯皮兰***的作品里，也有一些类似之处。但是，这些作品的风格比那种风格的根扎得更深、蔓延得更广。

在纸张、印刷和铜版纸封面这一事实来看，这些新小说与以往的小说一样；它们都卖1先令6便士一本或两先令一本，与现在的其他图书一样。自此以后，各种差异就很大。首先，新式小说可以根据它们简洁、期刊式的书名来辨别。几乎每个书名都是一个完整的短语或句子，如以下模仿的书名：

《宝贝儿，趁热抓住》

---

* 拉乌尔（Raoul）：源于日耳曼语的人名，意思是忠告 + 狼。

** 詹姆斯·M. 凯恩（James M. Cain，1892—1977）：美国小说家，他的很多小说都被搬上了银幕，如《火车谋杀案》《欲海情仇》《邮差总按两次铃》等。

*** 米基·斯皮兰（Mickey Spillane，1918—2006）：美国畅销犯罪小说作家。

《坠落的女士》

《女孩们，别像领导一样》

《别引诱我》

《热辣宝贝儿，这是你的尸体》

《美女死亡列车》

《天使，目标向下》

《范登小姐喝了杯酒》

《亲爱的，不要顶嘴》

《穿尼龙衣的杀手》（像美女照摄影师一样，这些作者都很喜欢尼龙衣）

《宝贝儿，曲线能杀人》

《没有来自墓碑的谈话》

《夫人，那儿很凉快》

作者通常都是美国人或假冒的美国人，在查令十字街上仿效美国T恤衫商店的风格。他们多数人都有“硬派”的姓，加上仿照汉克、阿尔、巴比、布拉德和布奇这类风格的名字。两个被控写作此类书籍的作者在法庭上解释说，他们的笔名是由出版商提供的。大多数在伦敦的各种公司都出版这类书；它们看来或者从美国购买版权，或者就利用英国作者。

与英国的封面女郎相比较，皮埃尔·拉福格的封面女郎相貌平平。这些封面女郎很奢华，但却是瓦尔加的那些女郎“出了错的”后裔，瓦尔加的女郎装饰着从柯克沃尔到吉隆坡的军人宿舍。
199 她们的衬衣永远都下垂到强奸的最终企图被击退了的程度；她们

手里拿着的不是香烟，而是冒烟的“手枪”；她们都有下垂的下嘴唇和幸福感；她们“在恰当的地方进进出出”，而不是权宜之计；她们已“具备了应有的东西”，这意味着粗壮的大腿、突起的乳头和“紧绷的乳房”。她们的作者喜欢用来描写她们的修饰语是“性感”：人们会犹豫地想到，她们会对皮埃尔·拉福格的女郎做些什么。

她们无疑是暴力的，因为这些都是暴力性爱小说，在这些小说中，只有当性爱是虐待狂的时候，人们似乎才会认为它是令人刺激的。一直都必须有暴力：在男人之间，长时间扭住胳臂、用剃刀割破皮肤、用橡皮管长时间击打：“他脸上有伤口，看起来像一张不停流血的嘴。”当男人遇到女人时，空气中充满了暴力，并伴随着毒品刺激下的呻吟，拥抱的结局都是双方死死咬住对方（每部小说中通常的次数似乎是两次暴力的性接触，以及几次同性间的打斗）；舌头紧紧地搅在一起，手指甲使劲地抓：“她的臀部一直在扭动，就像那里面有一台发电机……她的身体挣脱了，后来，当我再次把她夺过来时，她像一只猫咪一样发出咕噜咕噜的声音。”

几个世纪以来，一直都有一种性爱冒险经历的文学作品；人们会想到纳什*的《不幸的旅行者》中的某个片段，或者会想到笛福的《莫尔·弗兰德斯》。一直也有一种暴力的文学作品：在较小的和常人难以理解的程度上，一直都存在着一种施虐狂和受虐狂的

* 纳什（Thomas Nashe，1567—1601）：伊丽莎白女王时代的英国作家，代表作有《不幸的旅行者》。

文学作品。但是，这种新的形式相当不一样。这并不是为一个很小的和堕落的人群创作的，例如，就像让它们本身利用萨德侯爵[*]的作品那样。它在自身的层面上具有更加广泛的吸引力。它在其内在的特质上不同于纳什和笛福的性爱与暴力；它是暴力的和性爱的，但全都是以一种导致幽闭恐怖症的和封闭的方式来描述。

更进一步，它在英国与皮埃尔·拉福格的这类作品形成了鲜明的反差，它存在于道德价值无关紧要的某个世界里。拉福格的小说经常都有这样的书名：《该宽恕他吗》《可耻的报酬》《堕落的美人》《被玷污的圣母玛利亚》《买来的吻》和《报应》。这样的书名对新近那些作品来说几乎是不可能的，因为“宽恕”、“可耻”、“报应”、“被玷污”、“堕落”、“付酬”都是它们的道德轨迹之外的概念。在某个作者的 55 部作品的书目上，我发现只有一个书名涉及了道德。在拉福格学校的一部小说中，一个英俊小伙子正在巴结一个还未订婚的女孩，那女孩在他家里被困了一个晚上，他写了一首诗。这首诗被证明是缺乏活力的乔治王时代[**]的作品。然而，在新近的作品里，男人和女人都不曾听说过诗歌，或许除了
200 他们在学校毫无用处的几年里由于自己的老师而为生活担心之外；只要作品的作者能让他们参加青年俱乐部去野营度假，很快就会让他们提起诗歌。如果拉福格的男人和女人走到一起，双方都有一种吸引力，人们就会写出模仿这种时尚的某种内容：

* 萨德侯爵（Marquis de Sade，1740—1814）：法国贵族、色情作家，以其名字命名的“萨德主义”（Sadism）是性虐待的另一个说法。

** 乔治王时代（Georgian）：指英国国王乔治一世至乔治四世的时代，即从 18 世纪到 19 世纪早期。

他紧紧抱着她，他的胸部贴着她的胸部砰砰跳动。她的两眼像液体火焰般燃烧。在那一刻，她非常有女人味儿。

“亲爱的，你全是我的。我多么爱你。”他喃喃说道。

她发出了一阵极度狂喜的低声叫喊，紧接着是一阵极为幸福的长叹，让他紧紧压着她。她温暖的双臂把他搂得更紧了。在她领着他默默走向卧室时，在她的灵魂里没有任何犹豫踌躇，没有任何羞怯，也没有任何遗憾……

充满陈词滥调和乏味的浪漫化：然而，这正是后来的一对人有可能相聚的情形，这时他们都拥有一种吸引力：

所以，她只不过是个小女孩，嗯？所以，我只是个固执己见和无耻的蠢蛋？那又怎样！

突然，她的身体紧紧压下来，身子在敞开的衣服下贴着我颤抖。我感觉得到她的每根线条和曲线。一个女孩怎么可能使劲地紧紧压着一个伙计呢，哥们儿？为什么一个娘们的眼泪味道会这么好呢？

我开始不顾一切地解她的衣服，但我因为激动而非常笨拙。她教我怎样解开，其间还带着啜泣声和充满激情的喘息声。然后……我们相遇了，像一对野兽一样。

如果在拉福格小说中一对没有爱情的人走到一起（她为了金钱必须这么做，或者在他的权力范围内为了其他某个理由必须这么做），那么，通常就有一种模糊地指向未来的令人激动的恐怖：

> “我必须走……我必须走……”，她不停地对自己重复着说。
>
> 当那些话还在回荡时，她脑子里一片混乱。“今晚……在……雷格尔［一家旅馆］。然后……”

“然后”，毫无疑问，她不得不顺从一个肆无忌惮的剧场经理的拥抱。可是，这是一章的结尾，当我们再次遇见她时，可能已经过去了六个月，她丈夫快要回家，会发现她明显不忠诚。如果一部拉福格风格的小说决定要继续写下去的话，那么，在画上句
201 号之前，它就会创造一个像这样脱衣的结束场面：“她撩开了端庄的最后面纱”。新近的小说不想就此结束，但如果它们要结束，就必须使用不同的说法。如果没有什么东西接近于可以让你觉得粗俗的话，那么，像“端庄的面纱”这样的说法就毫无意义；“没有任何东西”是端庄的。所以，当一对没有爱情的新派男女走到一起时，他们就会像身体上的敌人一样这么去做：

> 我猜，她知道我的遭遇，她躺在那里，两个膝盖在一起相互摩擦，像一只靠着裤腿的猫。
>
> “你要好好地问我，”她用一种有点温柔的咕噜声说道，“说你为我们吵架感到歉疚吗？”
>
> 天啦，伙计，有些娘们不懂规矩……
>
> “听着，”我说，“我对待娘们的方式没有‘歉疚’的地方——也不会说‘请’。”
>
> 她咧嘴一笑，又躺了一会儿，吵架之后她的胸部还在起

《圣殿》出版于1931年，它的一些特点完全可以当成最初以新风格写作的作家的楷模。在这里提供《圣殿》的一段摘录，紧跟在一段较长的对黑帮小说作品的模拟之后，它是很多这类小说中典型的关键场景：

> 老丽兹一直蹲在火炉旁，像一只在换毛的老鹦鹉。她的 204
> 双眼几乎陷入了周围有红色环形的膨胀脂肪的圆圈中。她的脸颊有一些裂开的皱纹，上面黏着的一些白色粉末变得脏兮兮的。她的长袜向下卷到了膝盖处，而膝盖白得像没有煮过的面团。她穿着一件旧的有紫色花边的连衣裙，紧紧地、凸出地裹着她那像麻袋一样的身子。她的双手像变成了蓝色并且坏掉了的火腿。
>
> “是我们收拾莫罗尼的时候了。”“左撇子”终于说道。
>
> 他扔掉烟头，走到被绑在中间柱子上的莫罗尼那里。莫罗尼已经完全从打在颈动脉上的那一掌中恢复过来了，当时他眼前一片黑暗，摔倒在地。到现在，他的脸还因惊恐而发黄和紧张，他的两眼突出，像被勒死的兔子眼睛。
>
> “你不能这样对我，‘左撇子’。”他说道。
>
> “左撇子”朝莫罗尼走去，仔细地向他展示那把刀子；然后让他看见那刀顶住他的腹部。接着，“左撇子”轻轻地但却坚定地像屠夫一样把刀压进了肋骨。在莫罗尼发出了一声恐惧的尖叫并垂下头时，他还直勾勾地看着莫罗尼的两眼咧嘴笑着。“左撇子”后来暗自窃笑，拔出了刀子，非常仔细地擦拭着。“现在去见那娘们。”他说。

> 那女孩感到自己恐惧得要发呕，惊恐和痛苦的浪潮此起彼伏。布奇不时用他那张开的手掌狠狠地掴击她眼部的两侧，他偶尔像是要用膝盖去撞她的腹股沟。
>
> 至此，她的衣服已经被扯下来到了腹部，她的内衣也被扯破并被弄脏了。在她几乎赤裸的胸脯一起一伏时，“左撇子”在火炉旁边用眼角注视着她，不时故意向余烬中吐痰。不一会儿，疼痛的刺激浪潮开始要将她淹没，但正在她要屈服之前，她看见“左撇子”站起来，眼里带着新的和可怕的神色……她开始发出微弱的痛苦的咯咯声，她的双腿在痉挛中抽搐。

在《圣殿》里的一个相似的关键场景中，坦普尔被波佩带到了丽芭小姐隐藏的妓院：

> 她喝着啤酒，对着啤酒杯喘粗气，另一只手戴着大如砾石的黄色钻石戒指，搁在她那丰满起伏的胸脯之间……
>
> 几乎就在他们刚刚进入房子时，她便开始对坦普尔说起了她的哮喘，当着他们的面费劲地爬上了楼，把双脚重重地放进了卧室穿的毛绒拖鞋，一只手拿着一串木制念珠，另一只手端着大啤酒杯。她刚从教堂回来，穿着一件黑色丝绸长袍，戴着一顶有野花装饰的帽子；啤酒杯的下半部还覆盖着
> 205 室内的冷气。她沉重地挪动着大腿，两条狗在脚下骚动，她用一种刺耳、断气似的、母亲般的声音，镇静地跟身后的人说话。

“波佩知道，最好把你带到其他地方去，而不是带到我家里。我一直跟随着他，我跟随着你有多少年，要你弄到一个女孩，心爱的？依我看，一个没有女孩的年轻男人无法活下去，而……”她喘着气，开始咒骂脚下的那两条狗，停下来把它们推开到一边。“回到那儿去。”她说道，向它们挥动着念珠。它们用凶猛的假声对着她吼叫，露出了牙齿，她在一阵淡淡的啤酒香味中靠着墙壁，在她竭力呼吸时，一只手伸向胸脯，张开嘴，在呼吸时一直可悲而恐怖地瞪着眼，啤酒杯泛着柔和的闪光，像在幽暗中举起来的暗淡的银器。

狭窄的楼梯井本身背对着络绎不绝到来的吝啬鬼们。光线，穿过有厚门帘的门落在门前，穿过有百叶窗的窗户落在每道阶梯的后面，它有一种厌倦的特质，一种失效的特质；死气沉沉，精疲力竭——一种持久的困倦，像变质的死水，见不到阳光，听不见阳光与白天生动的声音。有一种不合格食物的死人臭味，模糊的酒精味，而坦普尔甚至在她不知不觉中都似乎被幽灵似杂乱的内衣所包围，被腐烂、再三受到袭击、难以占有的肉体窃窃私语的幽灵似的混乱所包围，它们都在他们经过的每道寂静之门的远处。在她身后，大约是她的和丽芭小姐的脚步声，两条狗在柔软的闪光中乱摸乱爬，它们的爪子叩击着把地毯固定在楼梯上的金属条。

黑帮小说的写作在很大程度上是呆板的，充满老套的微笑，愚钝地模仿粗俗的美国人说话，以及直白的逼真描述。它在一颠一跛、容易断气的时期里发展，那些时期伴随着富有想象力的单

薄而片面的表现。然而，它无疑在某些方面具有一种生命力。它在描述受刑之痛苦的刺激感时，有时会紧跟着神经而发生变化。在它创造了虐待狂的情景时，它因此就伴随着一种粗鲁的力量；形象不再是陈腐老套的，能引起神经的震颤。它直接走向了它的反面，让自身沉浸在痛苦的细节之中。在这样的时刻，它具有使人痛苦的漫画似的生命力，呈现了一种近似于平面和偏颇的体验画面。

《圣殿》是公认的一部早期的粗制滥造的作品；然而，人们从中可以看出一个严肃和无私的创造性作家的标记。一种有才华的、多变的和复杂的感知在起作用，撷取景象、气味、声音，把它们共同编织成某种复杂的场景——那个场所污秽的、荒诞不经

206 的、外加令人同情的氛围；可怕、艳俗却近乎滑稽的人物丽芭小姐；被那个男人掌控的女孩的恐惧，抢先到那地方的楼上，都被那个老鸨母离奇的母亲般的特质所包围。福克纳围绕着和透过体验在看、在嗅、在听、在回应。

他的语言延伸和绷紧到了要满足情感环境的要求；在探究其性质时，词语和意象变得很有生气。节奏和时段逐步发展，直到变得很复杂，因为它们力图使人想到其复杂性。因而，为了改变隐喻，行文获得了一种更强有力的肌理，更多“身体”，而不是黑帮小说的身体。福克纳的段落是要发现这种肌理，以便传达出那种更大模式的感觉。他预见到了强奸。恐怖是真实的，而暗含在这些文字中更加真实的是，因为有一种对外在的某个更理智的世界的感觉，有一种对阳光和神智正常的感觉。这种感觉把一种道德观赋予了整段文字。我们看到了恐怖的本来面目，没有干涉性

的道德评论，我们看出了缘由，仅仅因为这种更大的感觉，对一种外在秩序的感觉，一直包围和环绕着它。

就黑帮小说的写作而言，我们没有意识到一种更大的模式。我们既处在凶残的小巷袭击、污浊混乱的床铺、关着门的杀手的汽车、河边仓库里持刀行凶这样的世界里，又处在这个世界之外。我们内心里对这些事情感到战栗；没有出路，没有别的东西；没有地平线，也没有天空。世界，意识，人类的结局，就是这样——这种情形挤压了恐怖，也使它变得过热。

可靠的销售数字不容易获得，但可以获得足够的信息来进行一种相当真实的估计。出版商提供的销售数字很大。有一本书，他们说已经售出了超过 50 万册。由于这主要是私下或通过杂志店不断易手的文学作品，所以，这本书的读者总数就不大可能少于 200 万。一家不同的出版公司声称另一本书已经售出了超过 30 万册。某位作者（或者在同一个名字下几个作者合写）在大约 6 年内创作了超过 50 本不同书名的书，并声称这些书的销量接近 1000 万册。另一个作者，据说在 3 年内已经销售了超过 600 万册。然而，又一位作者出名是因为他的每本书都售出了大约 10 万册，他每 5 个星期就出一本新书——某个作者每年销售的新书总数达 100 万册。还有很多这样的作者和出版商。

我一开始想到的是点唱机男孩，把他们当作基本人物，来讨 207
论城市青少年中的低层次读物。我认为，还可以在他们中加上一些已婚的人和大量应征入伍的军人，他们不断易手的图书超过了其他人群。在牵涉这类图书的出版商的一次审判中，据称军人对这些图书的需求在不断增加。我无法说这种需求是否在不断增

加，但我的经验确实表明，军人中早已存在大量需求。当然，还有各种年龄的其他读者：但这三个群体看来有可能构成这类小说的大多数读者。

人们很容易尝试把阅读这些图书与主动的不法行为联系起来，但据我所知，没有任何人业已证明了存在着这种关系。在我看来，当我试图鉴别这种作品具有的力量的性质时，它对某个读者的影响很可能是更加内在的，更多的是幻想的问题，而不是行动的问题。事实上，这类文学作品看来是迄今为止最高级的形式，它产生了那种更普遍的作品类型，它们提供的耸人听闻的内容并未付诸实施。

然而，在这类出版物与我先前描述过的那些以其煽情主义制造的“仿造”的出版物之间，存在着一种引人注目的差异。这种煽情主义有露骨的和粗俗的真实性。我不知道，这类作品近乎隐蔽的出现，是否部分是因为很多读者对于一种较少人为的煽情主义的无意识欲求，而不是在更广泛和公开传播的出版物中发现的那种煽情主义。从这个方面来看，可以将这些小说同那些“肮脏”的地方杂志联系起来，我在前文中讨论过它们异常“真实的”特质。尽管这并不是这两类出版物最重要的特点，但它们可以解答产生于如此大规模的煽情主义人造物的一种无意识反应。

更重要的是，看来很有可能，廉价性爱小说以加插图的方式发展起来，部分是因为我们的大城市变得越来越拥挤，也因为在大城市中越来越难以找到一种方向感。在通俗读物方面的这种发展，与今天正在引起关注的其他一些更加普遍的社会发展之间，不可能存在类似之处吗？从这种观点来看，它们都属于一个城市；

这些小说的“尖峰”就是卡夫卡的“K”* 头脑迟钝的同父异母兄弟。这是一种空虚的特大城市世界的通俗文学。在其某些目标可能极为空洞的潜在意义上，它与欧内斯特·海明威身上的一些要素有关。《永别了，武器》的结尾是亨利离开了凯瑟琳去世的那家医院：

> “你现在不能进来。”一位护士说。 208
>
> “不，我可以进来。”我说。
>
> “你还是不能进来。”
>
> “你出去，”我说，“另一个也出去。”
>
> 但在我赶走她们、关上门、关掉灯之后，却一点也没有好起来。那就像对一座雕像说再见一样。过了一会儿，我出去了，离开了那家医院，在雨中走回到旅馆。

一部典型的黑帮小说也有可能以叙述者离开他身后的爱人的尸体来结尾：

> 当我看见那个“粉丝”死了并且没有了知觉时，我就转身离开了。斯派基一遍又一遍地在说某件事情，但我只知道我内心里有一种巨大的空虚。我离开了那个娱乐场所，开始步行。我在那个寒冷的夜晚走了很长一段路。最后，斯派基追上了我。“快点，伙计，”他说，“有一帮我们的人接着去了

---

* 卡夫卡的“K”：卡夫卡的小说《城堡》中的主人公的名字。

> 迈克的地方。女孩们都很高兴见到你。”我没有答话。也许我真的没有听见。我只知道，我要一直走，独自在黑夜行走。

在这两本书里，最终的那种空虚虽然各自都与死亡有特别的联系，但它也象征着一种更加广泛和更加普遍得多的空虚。实际上，女孩们只可能意味着这些东西，因为在整个幻灭的世界中她们似乎是唯一有意义的存在。语调的相似在大多数情况下都是引人注目的。或许，我应该补充说，由每种文字类型造成的效果并不像这种比较所表明的那么相似。效果要由每部小说中先前所发生的一切来决定。相似性在这里富有启发性；但毋庸多言，海明威的世界比起黑帮小说作者的世界来，要更加成熟得多。

在黑帮小说的世界里，可能没有任何快乐的结局，也没有成为真正开端的任何结局，重新开始生活的努力，靠的是停留在同样的地点，尽你的所能去修建那座城市。你要么以刚刚说明的彻底空虚为结局，要么就进入一架高速机器，沿着混凝土公路轰鸣疾驰而去，以唤起新开端的短暂印象（人物通常居无定所，没有家庭或固定工作）。轮胎在地面上高速运动，城市的需求被抛在身后；对个人的要求——你一直希望的——也随之而去；你要奔向西方，去一个也许还有童年梦想的世界。这不是说你真的这么想，但你要向前进——进步论变成了一种无休止的、毫无希望的、追尾巴式的个人逃避。这就是常见的风格：

209 > 于是，我们离开了那座城市，沿着收费公路向下一个城市进发。我极度厌恶那个娱乐场所，对我来说，乡村肯定看起来很不错，阳光照耀着那里。我让那辆旧雪佛兰汽车全速前进，它沿着混凝土公路疾驰，速度保持在80迈。我就一直像这样继续前进，我不知道要行驶多少个小时——要跑多少英里的路——向前行进到我不知道的什么地方……

逃离大都市；但用的都是大都市本身的产品，消耗生命的机器。他会回来的；前方是另一座城市，与其他城市一模一样。在那之后是又一次逃离；如此下去，直到猝死使逃离终结为止。在此想起了结尾，一个半世纪之前的《理智与情感》的结尾：

在巴顿与德拉福德之间，有那种持续不断的交流，强大的家族情感自然要支配那种交流；在埃莉诺与玛丽安娜的优点和幸福当中，要让这件事不要被列为最不重要的事情，即尽管她们是姊妹，几乎都生活在彼此的视线之内，但如果没有她们之间的分歧，或者没有她们丈夫之间产生的冷漠，她们就可以生活下去。

第九章　放松弹簧：关于没有张力的怀疑论的注解

我发觉，我们已经毁灭了那些能够独自对付暴政的独立的人：……穷人保持着其祖先的偏见，却没有保持他们的信仰，保留了他们的无知，却没有保留他们的美德；他们接受了作为自己行动准则的利己主义信条……

德·托克维尔

1. 对玩世不恭的怀疑

210 我把“玩世不恭”这个词当作一个大致的标签，用来指称一组态度，它们比前两章里描述的那些态度更为积极。这些“玩世不恭的”态度主要不是一种接受；它们具有某种积极的、与自我保护有关的含义。我已经不止一次地顺便提到过这些态度，但需要更加充分地关注它们，尤其是因为它们经常受到某些类型的演讲者——宗教集会的首领、讲演日的校长——的攻击，这些人所用的词语似乎经常使人想到，他们多半没有理解那些态度的性质。

我们都很熟悉关于那些集会的报道，遭到强烈反对的是在那些集会上“毫不关心当今一代的态度”。这种态度真的是今天的工人阶级民众的典型态度吗？如果是这样，是以怎样的形式以及为了什么？

我认为，存在着一种感觉，可以说人们感到这种精神影响到了很多工人阶级民众，尽管并不是专门针对他们的。它在同样滋生放纵的气候中可能很活跃。扼要概括一下前一章的相关连接点：民主平等主义可能激励一种对所有权威和责任感的怀疑；未经修正的进步概念可能鼓动一种追赶时尚的心态。但是，追赶时尚有时似乎成了只朝着更加复杂的危险前进。人们赶上了时尚，却怀着一种分裂的心情。依然有进步，但人们相信进步，却又不相信它。依然有自由，但不受限制的为了自由而自由的意识却可能对人们不利。“怎么都行”可能听起来令人愉快，但可能是由恐惧激发起来的一种口头姿态。冷漠主义很可能接踵而至，随之而来的还有它自身的那种暴政。如果一切都具有同 211
等价值，就没有什么东西具有价值。最终会有这些说法表明了一种空虚和无目的性，如“有什么用处？”“谁会在意？”似乎没有什么是“合乎情理的”。

然而，在这种表面上玩世不恭的现代形式的背后，人们也可以发现某种早先的不顺从、怀疑公众和“老板阶层”关于良好意图的主张。从这种较为健康的方面看，当下流行的“我不相信”，被人们将其与“我不服从”的传统精神联系起来（尽管这种准确的说法从来就不是典型的工人阶级的说法）。当代玩世不恭的嘲讽，与旧的揭露性艺术和滑稽艺术有联系。拒绝接受任何向公众提供的价值观，与旧的实用主义和非理想主义的根源有关系。拒绝承认任何例外，是过去拒绝在自负和官僚主义面前屈服的一种变形。因此，《远大前程》开头时，皮普和乔——从数百个例子中挑选出来的一个——不自觉地希望乔治王的人不要抓捕那些从废船里逃出来的囚犯。

在其较新的用法方面，“我不相信”经常都可能成为断然拒绝“相信”一切。早先的“我不服从”通常是一种肯定的断言，即不会接受官方标准，因为它们违背了其他标准，那些标准是由个人坚持的，被认为是更高的标准。新态度经常都拒绝考虑任何价值观，因为所有价值观都是可疑的。“我不同意”变成了“那都是胡扯”，变成了嘲讽一切原则和破坏原则的意愿。令人愉快的揭露变成了严厉拒绝相信一切事物。反权威主义不仅变成了由个人价值和个人生活的意识滋养出来的不服从，而且变成了拒绝完全接受权威的观念：“我不愿像条狗一样被利用”变成了“我不愿被周围的任何人指挥”；在这里就像在其他地方一样，语气与言辞同样重要。

因此，我并不认为这些态度很新。实际上，这里使用的很多说法已经有数个世纪之久。甚至连“我上船了，杰克，拉起梯子”也已经以各种形式使用了至少半个世纪之久；“狡猾”一词可以追溯到1887年，几乎以同样的方式用在了今天的“骗子”中。

我认为，对这些态度的运用近来似乎已经被扩大了，就像用一副救命的盔甲去抵挡受到极大怀疑的世界，尽管那个世界明显有了改进；在盔甲背后，大多数穿戴者在他们的自我放纵面前都会感到困惑。在家庭或个人的根基很薄弱或者受到强行破坏的地方，这些态度很快就可能导致一种广泛的、道德上的“欺诈行为”。

在我看来，这些态度现在仍然主要被用于同外部世界的接触， 212
被用于同那些不属于“我们”的人进行接触。我们带着那种再次被强化了的双重观点回来了。“联系”的失败增多了；当每个作为公民的人每次都被寄予太多期望时，他用来灌溉其生活的那个部分的泉水在源头上受到了污染。奥尔特加·伊·加塞特说：“易受大众传媒影响的人完全没有任何道德准则。”然而，只有在“易受大众传媒影响的人”作为大众人、作为“普通人”时，这才在一般意义上是正确的；在他作为个体、过着一种对他来说具有某种明显意义的生活时，情况就不是这样。他一直希望两种生活之间有各种联系。因此，自发的和强烈的欢呼声就会给予英国广播公司团队的某个成员，因为他促成了关于“我们目前的困难”的讨论（在政治和经济上的成员都已发过言之后），他确信我们实际上需要的是“一种内心的改变”。他已经触及那种被埋没的希望，即希望有“直截了当的”行为规则，与宗教思想有联系的行为规则，以及适用于个人生活、也确实适用于公共生活的行为规则。

但正如我们都知道的，十分常见的是，人们会遇到这一设想，即在大庭广众之下“怎么都行”（有时得到了某种“报复”欲望的强化）；这种设想使人们准备好在外部事情上进行欺骗，而他们在当地的事情上一般都是诚实的；“见到你们这些家伙真好”的传统，通常都意味着欺骗那些外人、你为之工作的那些人，以便向你自己了解的那个群体表示忠诚。你不会糊弄你的伙伴，但你会兜售从“公司”或军队安全弄来的任何东西。你不会捉弄某个邻居，但某个中产阶级顾客就是可以攻击的对象。我记得一个年轻的工人阶级妻子，她得到了“英国退伍军人协会”提供的一笔搬家费。那个为她搬家的人带来一匹马和一辆马车，他提出他们要双倍收费，向协会提出索赔并平分差额。这事办到了，就我所知，那个人可能经常耍花招。我猜想，他的大多数客户可能都很容易被说服，否则就像我所认识的那个人一样诚实。眼睛要用于公众的、“外面的”事情；“协会”像过去的“监护人委员会”一样都是无名无姓的，你自然会从他们那里弄到你想要的东西。看来，不这样做似乎很“软弱”，如果靠拒绝，可能会使站在你面前的那个有血有肉的人感到窘迫，而他似乎那么乐于帮忙。看来，有点愚蠢的是抨击对待这类事情的态度；每个人每天都在做这种事；其他的提示可能会被使用诸如“悄悄的欺骗”或“温和的欺骗”这类说法所阻止。

213 在任何时期，这都属于工人阶级民众的态度。毕竟，他们感到这种事情与他们有关，他们多数时候都没有什么可以买卖或者交易。但现在看来，这种态度得到了某种怀疑的强化，怀疑外界没有任何可信的原则，怀疑认为存在这种原则的人都是傻瓜。

更进一步，表面上的玩世不恭部分是一种保护性的禁止，是对不断攻击的一种防御。在有线广播系统时代，“普通人”（尤其是在长期战争期间，但在现在的和平时期也越来越多）永远会听到大量的劝诫和祈祷的声音：“这不会有丝毫伤害”的鼓动者、官老爷黏黏糊糊的解释语气；全部都是那些不断过度哄劝、过度吹嘘、过度“欺骗”的声音：“你在遭受痛苦——？”“你为什么要吃——？”“征服者或被征服者……你属于哪个？”“你有——

吗？”“你会大吃一惊”“你也会有——”“有——给你”“你知道——吗？”“你会做什么呢？”如果“普通人”没有找到对付所有这一切的防御手段，他就会像大酒店里孤单的门童一样感到疲惫不堪。他没有受过太多欺骗；他对自己在判断和应付方面的困难有所意识；他对这一事实有非常敏感的意识：他要被“了解”、被“努力说服”。他的好几代人都怀疑“花言巧语”。他能“看穿”大多数诉求，而且时刻警惕被“欺骗”。

今天，他受到无休止的外界声音的大量诋毁，过于经常地被请求去感受这个那个，要对这个做出反应，要做那个，要相信这个——以致他在退缩中经常都决心不去感受这些东西，既不感受荣耀，也不感受恐惧。他对一切都麻木不仁。他养成了一副强烈抵抗的神情、不被注意的厚厚的结实外表。当那些声音，尤其是新闻界的声音，真的有某种重要的东西要对他讲时，他就会对它们报以原来的那种微笑，继续去读那些有趣的东西。它们也经常喊“狼”来了。英国广播公司的“新闻播报”受到信任，它的怀疑是有资格的，怀疑那是官僚们作为最后手段的语气，也有资格确信，相信它不管怎样都是枯燥无味的。对于报纸，反应则是一种温和与从容的冷嘲热讽：

“哦，你在报纸上读到了各种各样的新闻。”

“报纸上的全是谎言。”

“报纸充满了谎言。”

“那全是报纸上的宣传。”

在我小时候，老一代工人阶级民众经常都像证明了某个事实
214 真相一样地说：“啊，但那是报纸上的。”在我看来，这种说法现在几乎完全没有用。人们在继续读报，甚至也读政治新闻，只要把它们当作人性的和个人化的东西就行。在内心里，在事关唤起一切形式的真实信念的问题上，听得见来自内心深处不相信的回声。有趣的是读到电影明星们的生活细节，尤其是读到关于他们私生活的细节；但如果真的指望人们相信某人幸福地结婚了，那好，人们又会笑起来——继续去阅读。我听到过几群工人阶级民众谈论卡尔森船长和“飞行事业号”货船*，那时，每个宣传机构都在最大限度地利用这一新闻。他们大家完全没有受到集体叫喊这是高尚的个人英雄主义的影响。他们没有对那种行为的性质表示合理的怀疑；他们只是像通常那样不自觉地认为那是虚伪的，在背后某个地方有商业行为的支持，报刊也参与了这一骗局。没有任何热情；只有常见的使人痛苦的设想。工人阶级民众易于接受外界提供的乐趣，同时在内心里也很少看重提供那些乐趣的环境；他们乐于接受来自那种环境的娱乐，但“不像那些傻瓜”一样相信它。鉴于前两章描述的情况，这不仅是可以理解的，而且在根本上是一种健康的反应。

在劳作的世界里，在老板们的世界里，人们普遍认为金钱起着支配作用，每个人都一心为了获利。工人阶级处在经济丛林的底层；他们可能看不出更大的骗局或者更大的牺牲，但他们看得

* 卡尔森船长和“飞行事业号”货船（Captain Carlsen and the *Flying Enterprise*）：“飞行事业号”货船建造于 1947 年，1952 年 1 月在从英国到美国纽约的途中沉没，船长卡尔森当时为了货物和轮船拒绝弃船逃生。

出金钱民主制的个人主义在众多细微方面起着作用。如果他们成为老板与顾客之间的中间人，人们通常会指望他们在交易中学会相关的骗取方法。“骗取”、周旋，似乎是“应付”过程的正常特征，因为他们发现这很实用。一种可悲的景象是，受雇于某个老板的工匠所起的作用仅仅是执行，并且沉浸在平常大量的周旋活动中。工匠会诚实地履行自己合同中规定的任务，但在交谈中——要展现他了解自己身处其中的那个世界——他会在小事情上大胆地表现得玩世不恭，像“骗子”。他看出了公开宣称的道德与现实之间的鸿沟。如果他接近中年，他会想起20世纪30年代，记得人们经常被解雇的情形，只要老板们的船能保持不沉就行。他感到非常确定的是，最终是金钱往来关系获胜——“金钱万能”。明确的说法滔滔不绝：

215

“这都是赚钱的骗局。”

“全都是钱——钱——钱。”

“每个人都一心想当头号人物。”

“这都是挣钱的问题。”

“每个人终究都是一心为自己。”

“人人都一心追逐名利。”

“最终一切都会回到金钱和经济上。”

“他们全都在行骗。”

“你绝不会不为什么目的。”

“这里的某个地方有点蹊跷。”

在所有这一切中，“诚实是最好的策略”看起来始终都是老旧过时的，就像在铜床架上寻找烙画一样。除非你是个傻瓜，否则你就会在可能之时“偷懒”：

> “这是生活，不是吗？”
> “你不妨骗一下。他们无论如何都会骗你的。”
> “我为什么要操心？”
> “别担心［如果出了什么问题］，没人给钱让我去想。”
> “他们确实要看见你代人受过。”

日复一日听到工人群体的这些说法，我们很容易得出结论，认为他们的玩世不恭很彻底。然而，这些说法部分是形式上的或象征性的；这表明他们不会把苍蝇当作老鹰，他们对工业的真实性质不抱任何幻想。

他们对待更加公开的或官方的生活领域的态度也是如此。对牧师的态度则是令人愉快的冷嘲热讽——“干得不错，只要你能得到它”；“好极了，你现在得到了怎样的报酬啊”——我在前面的章节里说到过。同样真实的是对待政治和政客们的态度，尽管在这方面有较清晰的边界。人们普遍认为，政客们都是：

> “饶舌者和骗子。”
> “一心只为自己的目的。”
> “中饱私囊。”
> “为自己盘算。”

“说大话。”

他们说，“他完全是个政客”，意思是说他“只说大话，什么都不做”，“像他这样的人绝不会为我们这样的人做什么”。此外，很多这类说法都是非常古老的吁求，对工人们来说很自然；但它们今天被非常频繁地使用，现在使用它们时还带着完全的确信，相信这种情况到处都一样，而且在生活的方方面面都一样。

在战争时期，说服工人团体对另一方感到有敌意绝非易事；
“他们”看来在私下非常明白：在鲁珀特·布鲁克*应征入伍时， 216
要指望“普通人”像他那样响应号召，是非常愚蠢的。他入伍是因为他不得不这样做，因为“他们最终会抓到你”；“他们”掌握着所有王牌。今天，无论是战争时期还是和平时期的服兵役，人们几乎普遍认为，整个事情都很可疑，只有“我”入伍了，因为“我”不像其他家伙那样迅速想到了是一场“骗局”。在这里，人们比以往任何时候都更能看到，合理的与有尊严的态度同更加广泛的新形式的复杂交织。整个事情都如此复杂，都像这样无名无姓，以至人们说：“我刚刚经历过，直到我回家——在那之后，‘该死的，杰克’；关上门，让太太、孩子和我单独待着”；或者说“我在战斗，不是为我的国家，而是为了我的家”；或者说“我为什么要入伍？——哦，我笨得足以让他们抓住我”；或者说“我吗？——我只是个容易受骗的人。我让他们抓到了”；或者说“我

* 鲁珀特·布鲁克（Rupert Brooke，1887—1915）：英国诗人，参加英国远征军，因肺炎死于途中。

什么都做不了。我是个容易受骗去尝试的人——只会给自己带来麻烦”。“我们都一起参军”，意思是说我们全都陷进去了。服役人员聚拢在一起主要不是靠纪律，不是靠“团结精神”，也不是靠“时事”谈话带来的启发，而是靠相互关联的大量个人关系的小细胞，它们是人们在庞大的非个人结构内部为自己创造出来的。这些人际关系比其他任何东西都能使我在前面章节描述的那种无聊体面地可以忍受了。

最终，在这个巨大的世界里，没有任何东西能够像一个“普通人”那样打动“普通人”。他极其小心翼翼；他进行了如此强烈的沉默抵抗，以致它有可能成为一种精神上的死亡，变成一种道德意志的缓慢麻痹。我们听说过很多工人阶级民众上当受骗的事情，见过它们存在的大量证明。但是，这种幻灭现在表现为一种巨大的危险，他们与其他阶级共同具有这种危险（不能认为这种危险非常频繁）。在个人生活之外，他们几乎不会有意识地相信任何东西；赞同的源泉近乎枯竭。或者说更糟的是，他们会相信正在衰退和毁灭的东西，不相信对积极价值的肯定：如果你认为多数事情都是一种“欺骗”的话，那就很容易接受每一种不好的指责，很难同意对于赞扬和钦佩的要求。现代社会中的一些更强大的影响力，有可能正在创造出通过搪塞来进行破坏的一代人，绝不会去思考一直都有可能存在着真正的热情或自愿善行的原因，会不自觉地怀疑本身并非幻灭的或明显追逐私利的一切东西；流行的说法是尖刻的和否定性的：“那又怎么样？”

217　情况因这一事实变得更糟：很多人离开学校以后的读物给他们呈现了一幅世界图景，在这个世界里，虽然有人们普遍认为的

他们当地或教区事务的道德规则，但很少有更普遍的行为或原则的概念。被很多通俗报刊呈现出来的人们对现代生活、对引导生活的亮光的看法，是多么狭隘、多么有选择性。就它们的读者所了解的一切而言，思想或艺术表现的世界，个人自我牺牲的世界，受过规训的服从目的的世界，几乎都不存在。有多少人听说过阿尔伯特·施韦泽？除了在罕见情况下有某条涉及他的新闻具有短暂的“新闻价值”之外。当如此有选择地生产人们的读物时，就很容易低估人类的很多体验。

背后存在着不愿意采取各种态度，不愿意把自己看得太重，对道德愤慨显得迟钝的倾向，除此之外，还有失意的正派人大呼“别管我，我跟你一样好”，这些态度都起到了一种强化作用。外界的情况比当地社区更糟，但外界甚至也摆脱了人们的能力经常对行为产生的最大影响，按照一句古老的口头禅或格言，“船到桥头自然直”。最终，有些事情是人们不做的，尽管人们没有准备在争论中为它们辩护。这似乎成了对于人们不做、做了或应当做之事的积极意识的可怜替代物。表现得最淋漓尽致的是，它出现在三四年前一个被控谋杀的人在被告席上的陈述中：“哦，不，我不是特别有道德——但我不是谋杀犯。”有些事情是人们不做的，如犯谋杀罪：但是，声明中的第一句话“我不是特别有道德”，与其说是承认过失，倒不如说是肯定一个人属于一大批没有幻想的多数人；一个人并不奇怪。这种态度的网络现在是为大多数人的，虽然没有被扩大，却让他们得以继续下去，这非常令人困惑，但多数时候在重要问题上有某种感觉，在需要时，他们“知道对与错之间的差别”。

所有这些态度都可以自我维系，并且照此把一种杀伤神经的效应传播到其他领域。它们可能成为另一种自我放纵，一种拒绝参与。于是，就有了道德张力的丧失，在承认一个几乎没有更大意义的世界时的一种放松，并按照缺乏内在要求的方式去生活。“很好，”瑟伯[*]笔下的一个丈夫带着知道他最终立场的某种满足感说，“所以，你不再抱幻想——所以，我不再抱幻想——所以，我们都不再抱幻想。”一切都被玷污了，包括我在内；每个人都力图获得他所能得到的东西；因此，人们可以不理会一切大话。如果
218 你试图“按原则去生活”，那你就很愚蠢；“你不可能今天就成为基督徒，否则你就会被压垮”：“高尚的理想”这个说法通常都被嘲笑。理想可能成为不追逐私利的标记，但它们都是不切实际的；它们与无情的事实不相符。如果别的任何人似乎要努力“按照原则去生活”，他就可能是一个傻瓜或者一本正经的人；要寻找弱点。如果他明显不是傻瓜，听起来也不像是个一本正经的人，但如果他坚持认为有些东西比另一些更有价值，那他就有可能是个伪君子——因为不可能为这种态度做任何辩解。它们肯定是我们还没有“理解到”的某种形式的“吹牛”。所有这一切对处于某种不同寻常境况中的与众不同的人来说，会变得更加困难——他的行为规则、他读的书、他喜欢的音乐——他会被静静地遗弃在一旁，因为他还“不错，但有点怪”。“奥利克”精神和“斯维尼”精神（“当你突然想起实质性问题时，那一切都是事实”），可以与当代的幻灭和怀疑合作，造就一种巨大的空虚，一个被小心翼

---

* 詹姆斯·瑟伯（James Thurber，1894—1961）：美国幽默作家、漫画家。

翼地保护起来的洞穴，就像它是一个高高耸立着的原则。如果在刚描述过的方面继续有变化，这就可能成为常见的处境。现在，更常见的态度并非没有吸引力，因为它是有限的和经常令人愉快的：“不再抱幻想”。

2. 一些寓言式的人物

我现在可以更清晰地聚焦于这样一幅图画，即聚焦于那些普通但总体上正派的人们，他们受到很多困扰、拥有各种陈词滥调和态度、被无趣并且令人不安的外表掩盖着？能否通过回忆在这个方面、至少是很多人及其时代的某个典型人物来聚焦？前面讨论过的应征入伍的士兵典型不适合，因为他的状况通常在一定程度上是暂时的；居无定所、经过技术学院训练的小技术员，也不适合于一个技术统治论的时代；他的某些态度在某种程度上是一种特殊形式的产物，不属于任何传统的社会秩序。我要选择的是一个小工匠或熟练工人，一个管道工或房屋漆工，或某个维修家用电器的人；我要选择那些对自己要从事的工作没有特别的兴趣、使中产阶级家庭主妇恼怒的某个人，选择一个一直干活、却没有表现出任何热情的人——在他离去时可能会留下一个烂摊子。

也许，在所有这一切中，这种人要对自己的处境做出反应，比人们通常认为的要更成熟。他了解自己的工作，能毫不费力地把活儿干好；那种工作不要求靠长期实践培养起来的任何特殊技能。一段时间之后，他可能很难对自己所干的事情产生兴趣；为 219
此，很多同样的工作过于经常地一再出现。他每天都按照商店里

那个女孩早晨递给他的单子挨家挨户地走动。如果你对他说“为社区服务”，他会咧嘴一笑，很可能会说：“是啊，但这不算什么。”他受雇于一家发固定工资的小公司，按照奖金制度，工资只有一点点变化。也许，公司的运转靠两个主人，另有两个工匠和一个女孩，她负责照管商店。他知道他们会做点“手脚”：他知道他们从生意中得到的比他多，而且风险很小：他知道他们有很多担忧，看起来一点不比他快乐。对他自己来说，他不想过一种忧心忡忡的生活，哪怕是为了挣外快；他也不喜欢责任感。他想挣到足够多的钱，能够购买他真正喜欢的特好的东西。他可以挣得更多，就像他的一些伙伴那样，靠干私活儿、在晚上和周末干免税的工作，让自己工作“至死”。但是，“他们从中得到了什么？”他问道，“像那样生活毫无乐趣。”他没有抱负，但对小小的收益也没有敏锐的眼光；他对精力特别充沛的同伴没有任何真正的恶意。他对旨在“出人头地”的要求毫无反应，也怀疑大多数别的要求。

当然，也有一些懒惰和玩忽职守的人，他们出于一种近乎恶意的懒惰而把工作干得很糟，他们要对此进行报复，要尽可能留下一副烂摊子。但他天性既不懒也不愚钝。他在某些方面很聪明；倘若他出身于中产阶级，他就会凭自己的天赋能力，至少能成为一个合格的自营店主或专业人士。他脾气不坏，还有工匠的某种自豪感，结果发现了他认为“合理的工作”。形容词“合理的”是个修饰语，表示那工作并不是其手艺的小杰作（他在家里做的是修理工作，或者把它当作一种业余爱好），而是一种并非修修补补的工作。他没有玩忽职守，因为“在你想得到它时，不妨做点合理的工作”。

他认为没有必要、也不希望对顾客点头哈腰，尽管他的一些伙伴会那样做，暗地里得到几杯茶和小费。他并不仓促行事，而是按照他所说的一种“稳定的”步伐干活；这个形容词又是一个修饰语。他不愿故意“慢慢来”，但他认为，他为什么应当“拼命干活”、为了一个比自己的妻子有更多好处的女人或者为了老板的利润？

在家庭妇女眼里——当她忙着做清洁时，马上又要开始做很多事，所有这些都是她的责任、她的财产、她的兴趣——他肯定会显得是以一半的速度在干活；但没有哪个人的动作像热心收拾 220
家务的妻子那样迅速。她很想说他懒惰和不愿配合，要不然就是脾气很坏。他站在自己的立场上，完全可能带着一种有点嘲讽的眼神看她。他已经与自己劳动生活的可能性达成了协议，接受了要求很高的条件。他的要求并不多，他会提供合理的，即使是缺乏热情的服务。他有他祖父的专断和独立，进行过一些 20 世纪所鼓励的改良。在家里，他在很多重要问题上都与他祖父没有很大差别。威廉·莫里斯在 1879 年描述过一种相似的情景，比我的描述要有说服力得多。我的观点是，虽然工人的状况自从莫里斯写下的话以来已经有了很大改善，但当代社会中的一些重要特征却激励工人们要保持这些几乎没有被削弱的态度：

相当真实的是，也可以非常悲哀地说，如果现今有人想要园丁、木匠、石匠、染工、织工、铁匠干一桩普通的活儿，无论你想干什么，只要他把活儿干得很好，他都会是一个幸

运的奇才。相反，他会想方设法逃避责任，无视他人的权利；然而，我看不出怎样使“英国工人”去承受这种指责的全部重担，或者说实际上承担了重担的主要部分。我怀疑，整个一群人是否可能去干被迫要干的活儿，而在劳动中没有希望、没有快乐、没有试图逃避——无论如何，逃避总会发生在这样的情况下。另一方面，我知道有些人非常正直，尽管令人厌烦和毫无指望，他们会努力干好自己的活儿。这样的人是非常正派的人。

我所描述的这种人表面上的玩世不恭远逊于第二种类型的人物，即游手好闲者或近乎游手好闲者，人们可以在所有阶级中遇到这种人。但在某些方面，他们的态度同样为人们所熟悉。游手好闲者是一种更积极的人物，是一种颠倒了的“非常积极能干的人”，是一个制造混乱的“出纳员”。对出现在工人阶级民众中的这类人来说，他们特别喜欢的说法有：

“我熟悉内幕。”
“我知道 / 完全清醒 / 很狡猾 / 一个骗子。”
“我又不是不懂。”
“我很熟悉。”
“我可不是老实人乔。”
“精明能干的人。”
“我是个聪明人。”
“我很聪明 / 一个聪明的家伙 / 绝非傻瓜。”

“我知道怎么为自己打算。”

“你不会在那件事上理解我。” 221

“那是白费力气。”

“不是我。”

“打什么时候开始……？”

情况有可能是，这种态度在30岁以下的人中比在老年人中更强烈，因为大多数老年人都记得20世纪30年代和那场战争，记得牺牲、合作与睦邻精神：40年代和50年代的人们，并不具备重新发现这些美德的眼界。

自然，其他阶级都有他们自己的说法，因为我只不过以复杂的方式触及了一个影响社会所有层面的问题。“我是个聪明人”这种说法更加老练世故的中产阶级的变体之一就是：“我是个现实主义者，老兄！”因此，“快乐的怪人”也有中产阶级的对等物，这种人会参与所有事务，是“每个人的老兄”，这似乎使人想起一场“骗局”，他是那种“处于内部的”“好伙伴”：就这样一直到奥登的诗《留意每一天》中有着“搭讪的身影”的人——极为自信，带着些许紧张不安的泄露出隐秘的姿态。他们都共同拥有一种文化的特征，从在工人阶级门口靠推销劣质地毡获利的那种人，直到很多天生的游说者和“促销员”，再到真正的大投机商。

有些人拥有非常完美、使人厌烦的社交舞蹈规程，无论他们生活在哪个层面，都要靠公开推销自己的个性度日。在夜里，下班之后，他们有可能经常光顾以男性为主的酒吧，表现出混合着生硬的玩世不恭与迷途的小男孩的样子。这让人想到了中产阶级下层的例子。在衣着方面，这种人经常倾向于一种运动效果，混杂着在城里闲逛的绅士效果，使人想起穿着便装献殷勤的炮兵上尉，或者是出自萨默塞特·毛姆短篇小说中的某个人物。他试图让酒吧女招待加入到高深的谈话中，给她买了一杯杜松子酒和苦艾酒的混合饮料或者加柠檬的波特酒，并试图忘却寻找白天的委托代售。在一般的外表方面，他的目标是轻松活泼和胡须整洁，留着用浅黑色铅笔描出来的整齐小胡子：在举止方面，至少在白天，他都是“如何赢得朋友和影响他人”的样子。他随时带着的微笑没有完全抵达眼部。在酒吧间的客人中，他用一连串不成句子的话进行交谈，不时被热烈附和的笑声打断，笑声在客人中四散，把他们都吸引了过来。为了强调，要有一定数量的拍打自己的大腿和他人的肩膀。有大量的点头、眨眼、影射、酒吧和商界
222 小圈子的技术行话。在脱下面具时，人们会意识到他在环境中和自己内心里何以不喜欢沉静；在恳求的眼神和紧绷着的嘴唇下面是不开心。

在酒吧里像狗狗一样的交流通常都是最亲密的，人们像这样能够接近一种群体感。它可能有助于使沿街叫卖的男孩、挨家挨户上门的推销员和较为富裕的推销员消除疑虑，那些较富裕的推销员的汽车上有精致的蜡制花、淡淡的香水味和一种使人想起复杂的花哨商品交易的气氛。他们不经意地看着，都有年轻人狂欢时外表上的光彩，他们看起来像是爱德华七世时代调情者的直接后裔；他们就是那种后裔，但时代已然改变了；他们脚下的地面已经变得空空荡荡。酒吧间提供了慰藉，因为他们在那里不必再经受资产阶级的装模作样；他们可以做出反应，摆出他们所知道

的另一种唯一的态度，那就是“精明的”玩世不恭。

要追溯所有这一切与最近30年更智慧的知识分子中的某些态度之间的联系，可能极富启发性，也非常困难；现役士兵的“我才不在乎”与出色的年轻家伙的“怎么都行”、某些流行的知识分子立场之间的关系，也是如此。因此，在我看来，在最近的这种环境中，有时存在着一种独特的享乐，它存在于毫无联系的“认知”游戏中，在吹掉彼此的智力淡啤酒的泡沫时，在瑞典人为了见多识广本身而进行的训练中，在敏锐的知识好奇心在没有附加物的基础上运作的某些形式中。有时，存在着一种恐惧，惧怕把情感本身伪装成拒绝多愁善感，极度怀疑一切关于“目的与价值”的讨论，也存在着借助暗中的和聪明的“俏皮话”策略去逃避这些挑战的倾向。经常都对权威不屑一顾，不仅是对其他人的权威，有时也有来自我们自己的权威——如某些高年级的或夜校的教师、某些成人教育的指导教师、某些研讨班的年轻教师身上所体现出来的权威。人们被平等主义的一种模糊形式所迷惑，充满怀疑和自我怀疑，什么都不相信，几乎不能尊敬任何人；在这种情况下，我们没有任何立场，因而也不可能拥护什么。我们受到诱惑，要让“所有朋友在一起”的精神取代这样的权威，因为我们的立场要求我们至少要以唤起权威为目标。

“老师们读了利顿·斯特雷奇*的作品，孩子们都感到厌烦，”T. S. 艾略特说。教师们也一样。因此，这些态度可能成为对某种诚实和尊严的表达。但在这种情况下，也可能有一种苦涩的快乐。

* 利顿·斯特雷奇（Lytton Strachey，1880—1932）：英国传记作家、文学评论家。

223 “智力的虐待狂”自有其回报，批判性的断言比创造性的吸收更不容易受到攻击；在不断的呼喊中有某种乐趣和某种安全感：“你的谎言正在显现出来 / 你的信条已被破坏。”

在当时的文学中，在所有层次上，这一切都有很多类似物和变异形式；例如，在海明威、毛姆、赫胥黎、沃、P. H. 纽比[*]（见《水手之舞》中的核心人物）、亨利·格林[**]（例如，见《背面》）、彼得·切尼、[***]汉克·詹森[****]等人的作品中，以及新近在金斯利·埃米斯《幸运的吉姆》中对吉姆·狄克逊的整个表现中。把这些作家归并到一起，没有任何常见的诋毁含义：他们的非功利性在程度上不同，只能根据实际阅读来判断。然而，它们全都说明了相同的破坏性因素。

我在提供说明时，有意从工人阶级民众转向了某个方面：这是必须的，最终是为了更准确地揭示他们玩世不恭的性质。在我看来，大多数工人阶级民众受到的“从中牟利”的玩世不恭的影响，没有作为空虚的玩世不恭的影响那么大。然而，如我已说过的，这为自我放纵的蔓延提供了更充分的理由。大多数工人阶级民众都受到了我努力概述的各种发展的影响，他们在某种程度上都“不再抱幻想”，并发现自己现在“受到了毫无意义的嘲弄”。几乎在每个人那里，对信仰的胆怯都具有某种影响。拒绝“透露”

---

* P. H. 纽比（P. H. Newby，1918—1997）：英国小说家，代表作有《水手之舞》（1948）等。

** 亨利·格林（Henry Green，1905—1973）：英国小说家。

*** 彼得·切尼（Peter Cheyney，1896—1951）：英国犯罪小说作家。

**** 汉克·詹森（Hank Janson）：既是小说中的人名，也是由英国作家斯蒂芬·丹尼尔·弗朗西斯（Stephen Daniel Frances）创造的一个假名。

对于被骗的恐惧，这意味着最终接受了一个单调、粗暴和乏味的世界。

与此同时，家成了一个重要的庇护所；当地的生活可以继续下去，还没有受到太大的影响；手艺可以成为个人的倚靠：在公共领域，很多工人阶级民众都会退缩，退回到一种受伤的但有时也是一种放纵的玩世不恭之中。就其本质而言，在工人阶级自身内部很难发现对一些主要态度的简明扼要的表达。但是，下面这个来自一所从前的公立学校小男孩的不幸遭遇，道出了他那一代工人阶级民众的体验，以及他对自己阶级的体验：

> 就道德家们要说的话而言，这一切都很好……但是……从学校马上进入一场并非我造成的血腥战争中。一半时间吓得要死，另一半时间又无聊到无事可做，只有同一个漂亮女孩去睡觉。后来回到了平民生活中，兜售这些闲置机器，每天步行10英里去找那些当着我的面把门关上的肥胖老妇人。

第十章　放松弹簧：关于无根可寻和焦虑的说明

224 请写一个故事，关于一个年轻人，一个农奴的儿子，他曾经做过店员、唱诗班的歌手、中学生、大学毕业生，他从小被培养成尊重等级、亲吻神甫的手、听从他人主意、感恩每一小块面包，他曾多次遭受鞭打，不得不步行去做家庭教师，却没有胶鞋可穿，他打过架、折磨过动物，喜欢到富有的亲戚家里吃晚饭，曾在上帝和人类面前扮演过伪君子，并非出于任何需要，而仅仅出于意识到自己的无足轻重——描述一下那个年轻人怎样一点一点地挤掉自己身上的奴性，他怎样在一个美妙的清晨醒来，感到在自己的血管里流淌着的不再是农奴的血液，而是真正的人的血液。

——契诃夫

“但要记住他所受的教育，他在其中长大的时代，”阿尔卡迪评论说。“教育？”巴扎诺夫脱口而出。“每个人都必须进行自我教育，例如，正像我一样……至于时代，我为什么要依靠它？让它反过来依靠我吧。不，我亲爱的伙伴，那全都是肤浅的，缺乏毅力！”

——屠格涅夫

1. 奖学金男孩

就我而言，我为他感到非常遗憾。那充其量是一种不确定的命运，要受过我们叫作的高等教育，不要享乐：要参与生活这场伟大奇观，绝不要从低贱的饥渴中释放出颤抖的自我。

——乔治·艾略特

这是写起来很艰难的一章，尽管是应当写出来的一章。正如在其他章节中一样，我将把一组相关的趋势分离出来：但随之而来的过度强调的危险在这里尤其严重。前三章已经讨论过的那些态度，从某种视角来看似乎表现了一种泰然自若。但现在要考察的是对人们影响最大的态度——“焦虑和失落”——对它们的确认主要是通过他们缺乏自信、他们没有把握。关于自我放纵，它 225
似乎能使他们阶级中的很多人感到满意，却使他们往往令人不快地高高在上：对他们影响极大的玩世不恭几乎也影响到了每个人，但这很可能会增加他们的缺乏目标感，而不是诱导他们去“从中牟利”或者做出进一步放纵的反应。

在某种程度上，他们有一种失落感，这种失落感影响到了所有群体中的一些人。伴随着他们的失落感的增加，恰恰是因为他们在情感上脱离了自己的阶级，经常受到更加强烈的批判性才智或想象力的刺激，这些特质可能导致他们在面临自己的处境时进入到一种不同寻常的自我意识（很容易使同情者夸大他们的“焦虑”）。与此相关的或许是通过奖学金制度从身体上脱离自己的阶级。在我看来，很多人都以这种方式受到了影响，尽管受影响很深的人的比例非常小；在某个范围内，这个群体包括了精神病患者；在另一个范围内，人们过着看似正常的日子，但绝非没有某种潜在的忧虑感。

很方便的是，首先谈谈一些奖学金男孩所体验的无根可寻的性质。我想到了那样一些人，多年前，也许是很久之前，他们就已经有了确实再也不属于任何群体的感觉。我们都知道，很多人在自己的新环境中确实找到了某种自信。有些“脱离了阶级的”专家和专业人士经过漫长的学术攀登，获得了博士学位，然后进入到自己的专业领域。有些人才华横溢，成了优秀的管理者和官员，并且发现自己非常在行。有些人不一定很有天分，但他们获得的那种自信，既不是一种被动性，甚至也不是在悟性上的失败，他们在自己的新群体中很自在，丝毫没有炫耀性地披上那个群体的保护外衣，他们与自己的工人阶级亲属关系融洽，这不是基于某种形式的庇护，而是基于一种恰当的尊重。几乎每个靠奖学金完成继续教育的工人阶级男孩，都会发现自己在青少年时期对生存环境很不满。他处在两种文化的摩擦点上；到 25 岁左右，对他受教育的能力的真正考验在于：能够满脸微笑地面对自己的父亲，能够尊重自己反复无常的妹妹和迟钝的弟弟。我会关注无根可寻特别使其烦恼的那些人，这并非因为我低估了这种选择所带来的

收获，也不是因为我想强调当代生活更加令人沮丧的特点，而是因为有些人遇到的困难极大地说明了对文化变迁更加广泛的讨论。就像被移植的树木一样，与那些留在原生土壤里的树木相比，移 226
植的树木会更早地对严重干旱做出反应。

我有时倾向于认为，一般来说，自我调节的问题对那些天赋平平的工人阶级男孩来说尤为困难，他们具有的才能只足以使他们有别于工人阶级的大多数同龄人，但不会有太大差距。我并不想说明智力与没有忧虑的相互关系；有才智的人自有其烦恼：但这种焦虑看来往往使工人阶级中的那种人最感到苦恼，即他们脱离了自己原生文化的某个阶段，但他们所具有的知识素养尚无法使他们转而加入“脱离了阶级的”专业人士和专家的行列。从某种意义上说，确实就没有任何人曾经“脱离过阶级”；有趣的是，人们发现这种情况偶然会侵扰到接触时的不安全感（尤其是在今天，在从前的工人阶级男孩挤进社会的所有管理领域时），它经常显现为过度担心“出现”在某个相当有学者派头的教授面前，出现在重要行政部门和委员会成员间歇性的粗糙乡愁面前，出现在那种令人眩晕的趋势面前，那种眩晕透露出一个成功记者身上潜在的不确定感。

然而，我主要关注的是那样一些人：他们有自我意识，但还不是任何充分意义上的自我意识，他们因此没有把握，因自我怀疑而感到不满和受折磨。有时，尽管他们有才智，但缺乏意志力，而“穿越这片荒漠需要意志力”。或许更常见的是，虽然他们像大多数人一样都有很强的意志力，但他们不足以消除各种复杂的紧张感，那是由他们无根可寻、他们特定家庭环境的特殊问题、那个时代共同具有的不确定性造成的。

这种男孩从童年时代步入青少年时代，再步入成年时期，逐渐趋向于同自己群体的日常生活分离。他很早就显得出类拔萃：我在这里想到的与其说是他在小学里的老师，倒不如说是他的家庭成员。他时常听到这样的话："他很有头脑"，或者说"他很聪明"；在某种程度上，这种口气既是自豪，也是赞美。他在某种程度上切断了同父母的关系，就像他的才能切断了他同群体的关系一样。然而，从他们的角度看，那不完全是出于赞美："他很有头脑"，不错，人们期望他沿着已经开辟的小路走。但是，在使用这些说法的语气中，也可能有一种限制性的特质；性格更重要。
227 还有，他很有头脑——这是骄傲的标志，几乎就是一个招牌；他要走向一个不同的世界、一种不同的工作。

如果他要"继续下去"，他就不得不变得越来越孤独。他很可能会下意识地反对家庭的风气，反对工人阶级家庭群体强烈的群聚性。既然一切都要以客厅为中心，就不大可能有他自己的房间；卧室很冷，不适宜居住，要使房间暖和起来，如果有前厅，也要使它暖和起来，这样做不仅花费昂贵，而且也要求一种想象力的跳跃——跳出传统——大多数家庭都无法做到跳出传统。客厅里有一个摆放桌子的角落。母亲在另一边熨衣服，收音机开着，有人在唱歌，父亲间或会说一些他脑子里想到的事情。男孩必须使自己在心理上脱离开，以便做自己的家庭作业。在夏天，事情可能会轻松些；卧室暖和得足以在里面做作业：但在我的体验中，只有几个男孩利用过这种机会。因为男孩自己（比如说，直到他进入高年级之前）属于家庭和学校这两个世界。他多半要顺从学校的规定，但在情感上也强烈希望继续作为家庭圈子的一部分。

接着迈出的一大步是，走向群体的一种另类成员，或者走向孤独的过程，此时，这样的男孩必须抵抗工人阶级生活中的家庭核心特质。这是真实的，如果他属于一个幸福家庭的话，也许就尤为真实，因为幸福的家庭经常都更喜欢群聚。他相当早就感受到了独处的压力，感受到了对强烈的自我关注的激励；这会使他在日后更难属于另一个群体。

早在他 8 岁上小学时，他在某种程度上就可能分开了，如果他的学校处在每年都要以“奖学金形式”为文法学校提供几十个男孩的地区，这种隔离就不太会发生。但是，他很有可能处于一个以工人阶级为主的地区，他的学校每年只有几个奖学金名额。这种情况随着奖学金名额的增加正在改变，但无论如何，人为的调节不会像行政职位的变化那样突然出现。

同样，他也有可能与家庭以外的男孩群体分开，再也不属于晚上围绕着路灯柱的团伙的正式成员；他要完成家庭作业。但这些都是男性群体，他那一代里的其他同伴都在其中长大，他与他们的分离在情感上与自己家庭境况的另一个方面有关——即他现在往往更家里的女人，而不是男人。这是真的，228
即使他父亲不是把书籍和阅读当作“女人的游戏”加以拒绝的那种人。男孩的大部分时光都在家中有形的中心度过，女性的精神支配着那里，他安静地做着自己的功课，母亲也忙着自己的活儿——父亲还没有下班回家，或者与同伴出去喝酒了。男人和男孩的兄弟们都在外面，在男人的世界里；男孩则处在女人的世界里。也许，这部分解释了很多出身于工人阶级的作家在写到

自己的童年时，何以要在其中给予女性们一种如此温馨和中心的地位。当然，终归会有偶然的摩擦——在她们不知道男孩是否“变得自高自大起来”时，或者在他极不愿意停止、还要去干男孩都会去干的零活时。但是，占主导地位的气氛很可能是亲密的、温柔的和有吸引力的。他用一只耳朵听着女人们讨论自己的担忧、不安和希望，他会不时告诉她们自己的学校、功课和老师说的话。他通常会得到无穷的、不理解的同情：他知道她们不懂，但还是要告诉她们；他想把两种环境联系起来。

这种描述把这种断裂简单化并且强调过头了；在每个个体案例中，都会有很多限制条件。但是，在用最突出的形式来表现这种隔离时，这种描述就成了最经常发现的情况的缩影。因为这种男孩处于两个世界之间，即处于学校和家庭之间；这两个世界几乎没有交汇点。一旦到了文法学校，他很快就学会利用不同口气，甚至是两种明显不同的特征和不同的价值标准。例如，想一想他的阅读材料：在家里，他发现到处都散落着自己经常读的杂志，那些杂志在学校里从来就没有被提到过，看来它们不属于学校把他引入的那个世界；在学校，他听到和读到了在家里从来都没有提到过的书籍。当他把那些书带回家里时，它们却没有取代家里人要阅读的其他书籍，因为经常都没有任何书籍，或者说几乎什么书籍都没有；确切地说，他的书看起来就像奇怪的工具。

也许，尤其是在今天，他会逃避新环境中最糟糕的严峻困难，逃避穿着廉价服装、付不起参加学校假期旅游的费用、父母亲出现在文法学校的比赛场上、看起来像非常丢脸的工人阶级的耻辱。但是，作为文法学校的男孩，他可能渴望做得很好、被人承认，

甚至像他过去引起人们注意那样引人注目，因为他在小学就很聪明。因为聪明是他买通自己道路的货币，聪明似乎越来越多地成 229
了产生效果的货币。他往往会把自己的老师看得过于重要，因为老师是聪明货币的新世界里的出纳员。在他的家庭世界里，他父亲依然是他父亲；在学校的另一个世界里，他父亲不大可能有地位：他往往会根据自己老师的形象创造出一个父亲式的人物。

结果，即使他的家人可能很少逼迫他，他仍然有可能比他应当做的更努力地鞭策自己。就他所能想象到的而言，他开始把生活看成是一连串的障碍跳，成功跳过奖学金的障碍靠的是学会如何积累和利用新货币。他有可能过度看重考试、知识积累和意见被人接受的重要性。他发现了表面学习的技巧和获取事实的技巧，而不是处理和利用事实的技巧。他学会了如何接受一种纯粹读书识字的教育，这种教育只利用了很少部分个性，挑战的只是他生存的一个有限领域。他开始把生活看成是一种阶梯，是在每个阶段都有某种称赞和某种进一步劝诫的持久考试。他成了一个吸收和施舍的专家；他的能力会变化，但几乎不会伴随着真正的热情。他按照自己的脉搏，几乎感觉不到知识、他人的思想和想象之物的真实性；他几乎没有发现一位为了自己和根据自己而写作的作者。在他这半生中，只有当事情与训练体系存在着某种直接联系，他才能做出反应。他对待自己有点像被戴上眼罩的小马；有时，对他进行训练的人经历过相同的常规训练，他们很难使自己不受蒙蔽，他们对他的称赞到了他很容易接受他们的障眼物的地步。虽然他的态度在根本上有一种强有力的、非理想主义的、不那么真实的现实主义，但那是他的主动性的主要形式；至于其他

形式——随心所欲的思想、大胆飞翔的内心风筝、拒绝某些“思路”的勇气，哪怕它们被认为像其他一切思路那样重要——他可能也很少拥有它们，他所受到的训练通常都不鼓励这些形式。这并不是一个新问题；赫伯特·斯宾塞[*]在50年前就谈到过这一点，但这个问题依然存在：

> 已经确立的教育制度，无论它们可能有什么问题，它们在方法方面都有根本性的缺陷。它们鼓励唯命是从的接受能力，而不是独立自主的活力。

他很少注重行动、个人意志和决定；内心想到的太多，还有比常规好得多的智力机器，这架机器已经把他带向了自己的文法学校。因为“好”男孩经常都如此，所以，发展得很好的男孩是
230 那种以自己认真负责的被动性去满足新环境的主要要求的男孩，他逐渐丧失了自发性，为的是获得通过考试的可靠性。他不可能对任何人和任何事都不屑一顾；他似乎要努力成为一名合格的、可信赖的和不快乐的办事员。他一直都“害怕必须服从的一切”。黑兹利特[**]在19世纪初写的著作已经就他那个社会的各种趋势做出了较为广泛、更加充满激情的判断；这一判断当下仍有现实意义：

> 人们并没有成为他们在本性上注定的那样，却成了社会

---

* 赫伯特·斯宾塞（Herbert Spencer，1820—1903）：英国哲学家，“社会达尔文主义之父”。

** 黑兹利特（William Hazlitt，1778—1830年）：英国随笔作家。

> 把他们造就的那样。可以说，丰富的情感、高尚灵魂的偏好，都干枯了、烧焦了、被极度扭曲和截断了，为的是使我们适应与世界的交往，某种东西以乞丐的方式残害并毁坏了他们的儿童，要使他们适应自己生存的未来状况。

这样的奖学金男孩已经丧失了某种弹性，丧失了依然在街头游玩的其同辈人的某种活力。在前代人中，作为出身于工人阶级的聪明睿智的人，他十之八九会具有在贫民区杂乱复杂环境中形成的那些才智，使自身与活力和进取心结盟。他很少在街头玩耍；他也不到处奔跑投递报纸；他在性方面的发育也许延迟了。他丧失了流浪儿的某种弹性与快活、某种冒险的意愿、自己的某些活跃与大胆，他没有获得很多公立学校训练的中产阶级孩子所具有的那种自信。他已经被训练得像一匹马戏团的马，为的是成功获得奖学金。

结果，当他到达一系列固定套路的终点，当他终于开始抬眼去看那个充满有形的和毫无亲切感的事物的世界，去看难以捉摸和使人窘迫的人类世界时，他发现自己几乎没有了内心的动力。传动皮带松弛地悬挂着，脱离了迄今为止为其工作的唯一机器——通过考试的机器。他发现很难在那个世界里选择方向，那里再也没有可以请教的老师，在每个阶段结束时再也没有苹果棒棒糖、结业证书，在可以评估的世界的上半部分里没有位置。他在那种社会里感到不愉快，它在很大程度上呈现出一幅混乱图景，它庞大而枝蔓，没有限度、秩序和集中的热点；在其中没有准确地把苹果棒棒糖给予那些工作最努力的人，甚至也没有给予最有才智的人：但在其中，令人不安的、无法估量的事物，如“性格”、“纯粹的运气”、“相处融洽的能力”和“大胆量”，都具有让天平倾斜的方法。

231 他的状况变得越来越糟糕，因为他以前训练的整体趋势都使他变得过度关心标志性的和明码实价的成功。这个世界也过度关注可以识别的成功，却没有按照训练他赢得成功的理路去撒播成功。如果他不那么在意，如果他能对自己说出关于那个世界的成功价值，他就会更快乐。但是，那些价值观与学校的价值观极为相似；为了拒绝它们，他首先就必须逃脱内心的牢笼，在那个牢笼中，学校关于成功的刻板规则囚禁着他。

他并不希望接受那个世界的准则——即不惜一切代价出人头地（尽管他对金钱的重要性有着敏锐的感觉）。但是，他已经准备好了跨越障碍；因而，他只梦想着出人头地，但不知怎么却不是以那个世界的方式。他既对完全接受那个巨大世界的价值观感到不安，也没有从对它们的坚定批判中得到情感上的补偿。

他已经脱离了自己的“低下”出身，有可能朝前走得更远。如果是这样，他在内心深处就可能受到能走多远的感觉的困扰，受到可能后退的恐惧与羞辱的困扰。这更使他觉得自己不可能独立。有时，他得到的那种工作只会增加仍在向上爬的那种有点茫然的感觉；他对此感到不快，但也很骄傲，在他的状况的性质方面，他通常都对开始起跳、脱离那场特殊比赛感到无能为力：

> 他面色苍白，衣衫褴褛，极为紧张，在自己保险公司的办公室里从一个职位到另一个职位步步晋升，带着要被解雇

> 的人的姿态……聪明只意味着他在小学里必须比那些天生就不聪明的人更加努力地学习。在夜里，他还能听见那种不怀好意的说教者在对他说：他是老师特别喜欢的人……聪明像酷暑，已经把世界变成了围绕着他的一片沙漠，他穿越沙漠，在偶然出现的海市蜃楼中看见了愚蠢的人群在嬉戏、发笑，丝毫没有想到享受温馨、同情和爱的陪伴。

这种情形过度戏剧化，不适合所有人，甚至也不适合大多数人——但会以某种方式影响到很多人。它也会影响到更大的群体，我现在要转而讨论这个群体，那些人在某些方面向自己提出了关于社会的问题，即使他们可能从来就没有上过文法学校，但他们也因此“处在两个世界之间，一个世界死气沉沉，另一个世界天生就虚弱无力”。在工人阶级中，他们属于“公共场所的平民面孔”；他们是库斯勒*所说的“有思想的下士”；他们虽然不是全体，但其中的一部分却属于在很多方面自我完善的人。他们可以从事任何工作，从手工劳动到教书；但我自己的经历表明，在小办事 232
员和类似的工薪阶层中，在小学教师中，尤其是在大城市里，经常都可以发现这样的人。他们对于改善的热忱通常都表现为努力像中产阶级的某些人那样行事；但这不是政治上的背叛：更接近于被误解了的理想主义。

这种人现在不属于任何阶级，我们已经看到，这是他的最大损失，他通常也不属于所谓松散的“无阶级的知识分子”。他无

* 库斯勒（Arthur Koestler，1905—1983）：匈牙利裔英国作家、记者和批评家。

法直接面对自己的工人阶级，因此，既然本能的联系已不复存在，就要求他在面对自己时有超过其能力的控制力。有时，他羞于自己的出身；他已经学会了“瞧不起人”，学会了比大多数工人阶级稍好一点的举止。他经常对自己的外貌感到不自在，外貌清楚地显示出他的出身；他意识到这一点，意识到许多言谈举止每天都“暴露出他的本来面目”时，他的内心会感到不安或者愤怒。他往往会把这种不安归咎于造就了他的那个群体；他为自己装备了一层防御性姿态的外衣。因此，他可能会在实际事务上因为自己不善交际而表现出一种不足以令人信服的骄傲——“脑力劳动者”从来都不“善于使用自己的双手”。在内心里，他补充性地声称自己掌握着更加精良的武器，有能力处理“书本知识”，但其基础并不牢靠。他努力阅读一切好书，但好书并没有赋予他演讲的力量，也没有赋予他要寻求的对经验的掌握能力。在这方面，他就像使用工匠的工具一样笨拙。

他无法回头；他不愿与自己的某个部分一起返回到经常都很狭隘的归属感之上：从他身上的某个部分看，他不想返回到通常都很狭隘的朴素上去：从他身上的另一个部分看，他渴望已经失去了的成员身份，“他渴望去他从未到过的某个‘无名的伊甸园’”。怀旧感越来越强烈，也越来越模糊，因为他确实是“为了寻找自己潜逃了的自我，却又害怕去找到它”。两个他都想回去，却又认为已经超越了自己的阶级，感到自己负有了解自己的处境和他们处境的重担，这妨碍了他享有他父母的更单纯的快乐。这只是他的自我戏剧化的诱因之一。

如果他试图与工人阶级民众“亲密”，要表现出他是他们中的一员，那他们就会“发觉那隔得有点远”。他们和他一起不那么自在，不像对其他阶级中的某个人那样。他们可能会同他建立一种正式关系，准备严肃地尊重他，或者说就像一场相当讽刺的游戏；他们“知道他在哪方面与自己是一致的”。但是，他们马上就能觉 233
察到他态度中的不确定性，发现他既不属于他们，也不属于他们通常表演的等级关系剧目中的某个群体；局外人仍然是局外人。

他离开了自己的阶级，至少在精神上离开了，在某些方面变得不同寻常；他在另一个阶级中仍然不同寻常、过于紧张和过于纠结。有时，工人阶级和中产阶级可以在一起笑。他却极少笑；他很勉强地抿嘴而笑。他通常都对中产阶级感到惴惴不安，因为就他自己的某个方面而言，他不想让他们接受他；他不信任他们，甚或有点鄙视他们。他在这方面就像在其他很多方面一样是分裂的。就他自己的某个方面而言，他赞赏在他们身上发现的很多东西：智力游戏、见解的广度、某种派头。他愿意成为那个成功聪明的中产阶级世界的公民，优雅、富足、冷静、图书插架刊物随处放，他通过门道瞥见了那个世界，或者在短暂的探访中感到过尴尬，他意识到了自己不干净的指甲。就他自己的另一部分而言，他养成了对待那个世界的一种粗暴态度：他瞧不起它的沾沾自喜、它热心的社会关注点、它那充满才智的咖啡聚会、它在牛津大学温文尔雅的儿子们、它的米尼弗夫人*式的或拉姆齐夫人**式的文化伪装。他倒是非常愿意去注意一切可以被认为是自命不凡或新奇

* 米尼弗夫人（Mrs. Miniver）：英国影片《米尼弗夫人》（1942）中的中产阶级主妇。

** 拉姆齐夫人（Mrs. Ramsey）：英国侦探小说家阿加莎·克里斯蒂的小说《钟》里的人物。

的东西，注意一切使他认为这些人不知道什么是真实生活的东西。他在鄙视与渴望之间摇摆。他是弗吉尼亚·伍尔夫《到灯塔去》中的查尔斯·坦斯利，但很可能没他那么聪明。弗吉尼亚·伍尔夫经常返回到他那里，对他的理解并不像人们希望的那么深刻；她提供了非常有教养的中产阶级旁观者的观点：

> ……一个自学的工人，我们都知道他们多么痛苦、多么自私、固执、粗鲁、触目惊心，到头来令人厌恶。

此外还有：

> 我一直记得一个有点稚嫩的寄宿学校男孩，充满智慧和力量，但害羞自大，以致丧失了理智，变得放肆、矫揉造作、非常可笑、惴惴不安，使好心人为他感到难过，而严厉的人感到恼怒：人们希望他长大了改掉这些坏毛病。

他没有工匠的补救办法；一般来说，他也没有宗教信仰的慰藉，因此，他既没有与他人在一起可能会产生的共同体意识，也
234 不可能在自己内心建立起规则。他没有会赚钱者的动力——没有杂货商为了盈利的动力，也没有商贸企业家或不怕难为情地推销自己个性的人的动力。他非常渴望自我完善，却没有他叔父 40 年前的那种精力与渴望，没有在工艺学校刻苦学习、阅读萧伯纳和威尔斯作品的刘易斯汉姆先生的精力与渴望。他在追求进步和知识方面很少有兴奋和冒险精神；他的课本是奥尔德斯·赫胥黎的

早期作品，或许还有卡夫卡的作品。他很悲哀，也很孤独；他发现自己很难与他人建立联系："每次呼唤都伴随着浑浊的声音越过寒冷的水面。"他被包围着，因为他害怕找到他在寻找的最后手段；他的训练和经历都有可能使他害怕决定和承诺。关于他，可以用汤因比所说的"创造性的天才"来说明：

> 他将使自己与其行动的领域脱节，在丧失行动能力时，他也将丧失生存的意志。

但他并不是一个"创造性的天才"。他非常聪明，足以使自己在心理上脱离自己的阶级，但在心理或情感上没有准备克服接踵而至的所有问题。他甚至拒绝了"哲学的慰藉"，拒绝了至少部分从评估其处境中获得的安慰。即使他获得了某种程度的文化，他却发现很难轻松地加以发挥，不如不费太大劲就获得它的人们那么容易，那些人并不像他那样懂得开发"智力"的漫长过程：

> 上天赋予你的是普通人无法得到的东西：你有天赋……天赋使你分离……你只有一个缺点。你的错误立场、你的悲哀、你的肠黏膜炎，全都是由于它。那正是你的教育的最大缺陷。请原谅我，但真理是更高级的朋友……你瞧，生活有其约定。为了在聪明人中感到自在，为了不成为他们当中的陌生人，不被他们压倒，你必须在一定程度上受过教育……天赋把你带进那个圈子，你属于它，但是……你被甩开了，你在有教养的人与房客之间摇摆，面面相对。

虽然他不属于“创造性的少数人”，但他无疑也不属于“没有创造性的多数人”；他属于没有创造性、却自我怀疑和自我驱使的少数人。他有远大的抱负，但完全没有实现远大抱负的素养和耐力。如果他能意识到自己的局限，如果他能学会不要过高估计自
235 己的可能性，如果他自我放弃，与其“成为你那样的傻瓜”，不如成为他那样有适度素养的人，那么，他就会更加快乐。但是，他的背景，他的气质，可能还有他的天生特质，都使这样的自我实现变得很难；因此，他仍然受到“他傲慢的做作与他缺乏行动之间的矛盾”的困扰。

2. 文化的地位：对理想的怀恋

……因为我们都脱离了生活；
我们或多或少都成了瘸子。

——陀思妥耶夫斯基《地下室手记》中的小职员

很清楚，现在对知识分子和文化援助的讨论，不只是对我刚刚描述过的那种“奖学金男孩”有吸引力。想必，它们旨在尽可能多地影响到那些人，无论出于什么原因和具有怎样的背景，他们都感到了在某些方面的不足，希望这种培训能够弥补他们的不足。有很多人追求文化和智力培训，不是指望从自身获得比他们所能适当给予的更多的东西，他们可以将自己的追求与社会和个人生活的现状联系起来。但在下一章提及这些人可能更好。

心理补偿的范围是广泛多样的，我认为，我在这一节里无法

避免在各种文化层面的细节之间进行转换。但在不确定性和抱负方面，我要描述我提到的似乎要消失的各种人。在最基本的层面上，有些广告和我在前面说明的那类相当模糊的心理类型的广告差不多。在另一个极端，对那些寻求站在文化问题最前沿的人有吸引力。例如，在两者之间有一些广告，它们似乎与渴望文化几乎没有任何联系，但对鼓励在职场上取得成功提出了直接的和实际的诉求。然而，那些广告宣称的语气似乎提示，它们要吸引的与其说是有目的的和实际的读者，不如说是茫然并感到不满的读者：

> 他们常常坐在同一张长椅子上，但日常工作对比尔来说不够好。那你怎么样呢？
>
> 你是像比尔·沃森那样确实很成功，还是像吉姆·辛普森那样很失败？［在这里可能有一个快乐的年轻人与焦虑的年轻人反差很强的照片］。
>
> 比尔开始通过那种……系统来武装自己。
>
> 他现在是工厂的总监，并且很快就要获得成功。

下一个例子属于更加直接的一类：　236

> 读者们获得了免费书籍。
>
> 我们属于最新式通信培训的最大提供商。
>
> ［在这些广告中使用的大写字母经常使人想起露天集市上的小贩。］

这些有价值的书对你来说是必需的。在这些书中，你会发现我们所有课程的明确说明，无论是技术的、行政的，还是管理的。赶快确定你喜欢的课程吧。

人们根据这些广告，自然会趋向更加普遍的心理援助，趋向很多提供了流畅表达、演讲秘诀的广告，如“占主导地位和有教养的个体”，“《现代思想百科全书》会使你成为语言大师”：

那些已经培养出自己演说才能的人举足轻重，真正成功的果实属于他们。

当你的贡献成为人们所需之时［想必这并不一定表明这则广告针对的多数人都被要求发表演讲］，你就会表现出果断和毫不犹豫的流畅。

所有这些花费都只需 30 先令。也有的说：

你说话结巴吗？

你希望拥有雄辩之才吗？

生活最丰厚的回报仍将属于你，哪怕你没有足够的幸运上大学。

词语 - 词语 - 词语

获得成功和让人尊敬取决于你对语言的掌握，无论你决定做什么行业。

那时，罗热* 的《词库》有各种各样的初级版本，有时是以简明直观的方式来呈现的，也许是仿效星象图的样式，或者仿效某些“一年中的每个星期在花园里做些什么”的图解；所以，如果你想要几个表示“美丽的”同义词，你就做两三次小小的手工调整，想要的词语就会出现。《通用词汇图解大全》将

> 使你的生活焕然一新……一把神奇的钥匙，会让你进入一种更丰富和更积极的生活，今天就丢弃你单调的日常生活吧。
>
> 你可以说服……断言……支配……全都具有毋庸置疑和前所未闻的美与流畅。
>
> 你所渴望的进步——名望——和社会地位，今天你就能拥有。
>
> 你会非常兴奋，会获得保证，轻松进步。
>
> 熟练掌握写作和演说的秘诀，就在你手边。

237

对那些更普遍渴望文化、甚或渴望艺术家地位的人来说，有大量的写作学校。“你预感到你能成为一名作家吗？如果是这样——那就寄出这张表格吧”：

> 当你告诉自己的朋友一件轶闻趣事时，他们说过“你应当写一部小说”吗？

---

* 罗热（Peter Mark Roget，1779—1869）：英国医生，退休后汇编了一部著名的《词库》。

他们说过有多喜欢收到你的信件吗？

很多喜欢这样做的人从来都没有掌握诀窍，所以，他们的才能从来都没有给他们带来他们完全应该得到的名声和财富。

于是，就有了一种对全面文化的综合指南：

音乐——艺术——文学

这里有迄今发布的最完整的文化前景纲要。

这种机会再也不会出现

很多名人都感激地承认它们的帮助。

每个例子都附带着对其艺术特征的清晰和有益的说明。

有了这本书，你就会进入到全世界最伟大的艺术作品。

有了这本指南，当谈话转向心灵的事物时，你也能做出富于启发性的有力评论。

六个几尼买三卷书价钱很合适，但这也可能包括一本免费赠阅的书，如"'生动的成语和快乐的比喻指南'……对一切希望流畅和有趣地表达自我的人来说不可或缺"。

人们只是偶尔注意到这种事情，他们会受到诱惑，以为它影响的只不过是极少部分人。然而，如果人们经常注意到这样的广告，情况就会很清楚——在它们彼此仿效时，每期杂志的广告，以及整版广告——其读者比我们多数人认为的要多很多。在我提到的典型的"优质"周刊的广告页上，每周有 11 条广告。其中的 3 条没有关联：有两条属于非典型案例（一条是借助常用语手册自学外语的，另一条是官方关于需要某类专业教师的通告）：剩下的6条都属于我所描述的那一类——声称可以为学生开创职业生涯的系统函授培训，关于出色掌握英语的，关于有利可图的创造性写 238
作等。按每类广告所占的版面进行区分，结果是，在整整4栏广告中，有一条无关，一栏中的3/4不明确，2/4的栏目都与我们的主题有关。一本最新的“优质”月刊前面有8页广告。这类型广告占了它们两者之和，或者说占了版面的1/4——较明显地借助了创造性写作或词语技巧，与那些技术性的或类似的职业课程相比，超过了“优质”周刊的那些广告。

关于这些广告的吸引力，我没有任何统计数据。肯定地说，它们的插页一定很昂贵，大概不会如此集中地使用插页，除非很多人对它们做出了回应。对学生们来说，那些课程通常也非常贵，在我看来，多数情况很可能不如公共成人教育那么有效。然而，看来不大可能的是，公共成人教育可以一直吸引这些学生中的很多人。毫无疑问，有些学生接受了广告，认识到他们必须努力学习，为了达到已表明的、可望实现的诱人目标。对大多数人来说，广告的语气经常都使人想到，“号召学习”或者号召“文化”仅仅是寓言式的。它们似乎提供了一种近乎魔法般的快速方法，以消除一种没有表达出来的欠缺感。“优质”周刊和月刊中的这类广告，明显不是专门针对工人或中产阶级下层民众的。然而，工人和中产阶级下层的读者都属于它们预期中的读者，调查表明，它们成功地影响到了这类读者中的很多人；类似的广告也经常出现在面向工人阶级的杂志中。

我刚说明的对这种援助的需求，是希望进入到能够自我表达

的文化生活中的唯一方式。人们通过参照某些最新的阅读趋势，可以更加广泛地讨论同样的情形。我所想到的是解读文化出版物，这种解读从某个方面来说是不恰当的，受到了过于强烈和过于含糊的期待的驱使。我的印象是：对严肃出版物的兴趣比人们普遍认为的要更为常见。从初步激励学习“充满活力的演说与写作”，到某种形式的“小知识分子”成员，从对于某种（借助于体制）
239 包治世界病的灵丹妙药急迫的、经常性的、相当奇特的兴趣，到一种可怕的、愚钝的“独断主义”的状况，这是一种经常都存在着的连续线索。

对某些人来说，最近的《约翰·奥伦敦周刊》明显迎合了一种人们强烈感受到的需要，我认为，这种需要比人们正当要求满足的需要还要强烈。有些人很自豪地读到 J. B. 普里斯特利一类作家的作品，因为他们都是“传递了某种信息的严肃作家”。有些人已经认识到，普里斯特利先生是个“中产阶级趣味的人”，提及他时完全是一种贬损的口吻。他们倾向于阅读强烈嘲讽的或令人痛苦的文学作品——沃、赫胥黎、卡夫卡和格林的作品。他们有企鹅版的艾略特选集，也有企鹅丛书和鹈鹕丛书的其他零本；他们过去常买《企鹅新作》，现在则订阅《文汇》。他们对弗雷泽和马克思略知一二，但经常都是出自评论和短文的介绍；他们可能有一本鹈鹕版的弗洛伊德的《日常生活的精神病理学》。他们有时会听“第三套节目”* 的谈话节目，题目有“当代文学中对恶

* 第三套节目（The Third Programme）：英国广播公司 1946—1970 年赞助的一个著名节目，为一些诗人、小说家和剧作家提供了一个讨论创造性写作的论坛。

的崇拜”。

有些人在一些接近知识分子的圈子里有某种不稳定的位置。如果是这样，他们就有可能相信“自由”成为“反独裁者”；他们听说过“全国公民自由委员会”，也要读《新政治家与国家》。他们了解关于现代艺术尤其是毕加索的那些反芒宁斯*的观点。他们知道关于通俗报刊降低品质的影响和广告的堕落的论争。他们会在那种分析中找到某种乐趣，这种乐趣很容易成为一种受虐狂的虚无主义。然而，在遇到“保守分子”反对时，他们会比平常更加惊慌，因为他们接着会遇到他们自己人格中尚未解决的外部问题。他们还是喜欢某些快乐，却对它们感到害羞，他们在有意识的、有教养的方面知道那是不恰当的。他们感到，他们分享了“荒原”、“焦虑”、知识分子的某些东西；但他们确实处于自己的荒原中。无论如何，他们会高估知识分子的满足感。

极少有人有过辉煌结局，也极少有人实践过“独断”，正如我说过的，独断主义是一种有点智慧的“碎片化”形式。在“独断”中，他们可能会欣赏那些主要是剽窃来的思想的异彩，可能试图在所有事情上都有一种招之即来的观点——关于氢弹，关于“妇女地位”，关于现代艺术，关于英国农业，关于死刑，关于“人口问题”。他们受过的培训有助于他们去接受、吸收很多这样的内容，却未必领会，他们会“拥有”第二手、第三手、第四手的“观点”；这会鼓励新手的看法。我们很熟悉这可能会变成一种精

---

* 芒宁斯（Alfred Munnings，1878—1959）：英国画家，以画马见长。他坚决反对现代主义。

240 神混乱的情况；特别不幸的是那些渴望这种专门知识的人的处境，他们出身贫寒，在处理各种思想或者应对想象性作品方面训练不足。他们紧紧抓住很多被误解的思想，在总体上却感到很迷惘。他们阅读各种评论比阅读那些被评论的书籍更容易，最终把评论当成一种完全固定的替代物。他们游荡在极其拥挤、令人惊异、常常令人迷惑的思想世界中，就像第一次进入惊险游乐场里的孩子一样——不愿离开，渴望看到、理解和回应一切，很想拥有一段真正快乐的时光，但内心深处却很害怕。

在某种程度上，他们已经丧失了对生活的某种掌控，也没有得到他们渴望的那种生活。失多得少。有些人即使表面上沉着自信，但他们的家却能说明一切。他们通常都丧失了自己出身的那种杂乱的归属感；他们没有变得花里胡哨。结果往往是一种在装饰方面以身作则的教师风格，就像他们在文学上特别喜欢的风格一样；房间的模式要由在文化上“讨人喜欢”的房客的需要来决定，没有陷入到工人阶级的“古板”中，也没有陷入到中产阶级的“舒适”中；有强烈自我意识的房间，其外在效果比是否适合居住更重要。他们会犯某种错误，这是他们在资产阶级和可敬的工人阶级身上发现的，他们会进行徒有其表的装饰，让窗帘有图案的一面朝着街道，而不是朝着屋内。每个房间都重复着上千个其他房间，回响着同时在追求文化等级的人们的声音，因而，它们大多是千篇一律的氛围，类似于没有变化的实用家具的气息。有很多设计都是为了外表好看，为了在文化上紧跟库斯勒们。很少有健康的凌乱、天然的习性、对个人喜好的直接选择。没有任何明显的粗俗，除非某些被确认的粗俗已经变成了时尚。很少有

东西是因为家里有人真的喜欢而选择的，那样子就像他们的姑妈说到她为圣诞节弄来的“艳俗”花瓶：“啃，它不是很可爱吗。”房间“没有什么好的或真实的东西可说”，因为房间还不是生活现实的一部分。相反，房间表明了同经验的分离，更重要的是，它表达了某种希望。

以上内容是一种有意做出的选择性说明，意在突出一种情况，虽然它只影响到了少数人，却说明了本书更加广泛的一些方面。
由于很多细节——阅读和其他习惯的细节——都来自于我自己的 241
经历，我已经强烈意识到了，在希望准确解释我自己的愚蠢想法与希望为它们辩护之间存在着一种张力。也许，从总体上看，前者占据了主导地位。结果，它的某些部分可能显得相当粗糙，可能看上去有太多暗示：这样的人即使不是不诚实，也是有点荒谬可笑：

> 她非常了解这种类型——有志向，内心不诚实，熟悉书本以外的东西。

这有一定道理，但太生硬、太固执；可能更准确地说“多么令人同情”，如果没有到说出来的时刻，那么，不合理的居高临下的态度就很清楚。的确，像这样的人经常都过度紧张。他们对文化的渴望有时有一种冷酷和缺乏幽默感的气息——但在他们嘲笑自我完善、试图去理解时，却不像通俗时事评论员那样冷酷。然而，这种态度多么令人肃然起敬：每当它如此轻而易举地被引向傲慢自大的低俗文化时，有些人却保留了一份对于“内心里的东西”的理想化的热爱。在对这种态度更令人不快的表达背后，常常有一种理想主义，或者更恰当地说，是对理想的怀恋。像这样的人如此强烈地倚重于文化，恰恰因为他们对文化看得过重，有时甚至把文化看成是宗教信仰的替代物，而宗教信仰是他们完全无法当作一种严肃的可能性来面对的。宗教是可疑的；更有甚者，“阶级”和金钱也是可疑的。文化是无关功利之善的象征，是用来提供自由和自信的头脑与想象力的象征。在这些常常很奇怪的奋斗形式背后，是一种对所设想的自由的希望，是对权力和自我掌控的希望，而那个自我是“真正有教养的”人。这或许是错觉，因为它对文化的期望超过了文化所能给予的；但它是一种有价值的错觉。

这些人同样受到了自己时代的影响，在这方面，就像有些人能给自己的不安全感穿上一件较体面的外衣一样。很容易把大部分原因归之于“现代生活的奇怪疾病”，而这种说法至少已有百年之久：但这些说法部分属于马修·阿诺德所说的“异类”，百年之后甚至还有一种更冷的风在刮着：

> 但在每个阶级中都存在着某些天性，对最好的自我怀着好奇心，想发现事物的本来面目，使自己摆脱机器，只让自己关注理性和上帝的意志，尽最大努力使这一切通行天下——简言之，存在着追求完美的天然倾向……而这种倾向总会趋向于使他们脱离自己的阶级，产生出自己与众不同的特征……他们的人性。总的来说，他们在生活中会有一段艰难的时期。

阿诺德不确定的灵感听起来从不完全令人信服；但这段话中却存在一个重要事实，迄今还具有某种力量。20 世纪的某些“异类”在 30 年代加入了共产党、和平保证联盟、左翼图书俱乐部、共同体运动或社会信用党。那时他们经常具有一种在 50 年代较难发现的目的性，但那种冲动仍然存在。他们“想有所作为”，却感到沮丧——由于他们看出了蹲伏在身边的各种各样的重大问题；由于这样一种感觉，虽然他们似乎被期望要博学多识，要像优秀的民主社会的公民一样在诸多事情上有看法，但他们实际上却无法有效地做任何事情来解决任何问题。“他没有任何救星来拯救自己的灵魂”被哈代用在了“无名的裘德”身上；但今天的裘德身上的灵魂之光却成了闪烁摇曳和不稳定的光，因为他们怀疑自己是否足以做出明确的决定，因而变得没有安全感。他们的不安全感也因为众多矛盾的声音，每一种声音都为人熟悉、确定和有说服力；那些声音说：“啊，但一切都取决于……”，或者说“只有统计数字，而你无法相信统计数字”，或者说“这只是情感性的语言”。他们受到了这一极端困难的威胁，即难以确定什么才是在道德上做得正确的事情。最糟糕的是，他们的自信心受到了动摇，因为潜在地担心那些基本问题本身毫无意义（这是好的吗？这是正确的吗？），然而，他们却发现自己无法停止提问。最近的清晰标志杆开始消失在无尽的相对性的迷雾中：曾经有人真的按照原则行事吗？或者说，他们仅仅是看起来如此？他们实际上是在“相互欺骗”；他们是在愚蠢地自欺欺人；他们只是需要滋补品吗？“最优秀的人失去了一切信念”；如果不是这种处境的性质不接受悲剧性态度的话，我们就会面对本意 242

善良的悲剧——这是演员们无论如何都会怀疑的——并且几乎不会使他们为悲剧而获得力量。一般来说，他们一直都处在那样的境地，在那里，“一切都处于悲剧的层面之下，除了受难者狂热的利己主义外”。

留给他们的是一种极度低下的真诚，常常无法缓解对自我的拯救性嘲讽。但它依然是一种真诚；它最常见的面孔是处于陌生人聚会中的男孩那样的毫无把握。它是犹豫不决的；它没有理由期待热情，然而却对这一事实感到遗憾。在这种羞怯背后，经常都存在一种不折不扣的道德勇气。它是隐蔽的，因为这些人已经知悉，如果把它表达出来，很可能会受到嘲笑。追
243 寻某种信仰，无论怎样伪装，无论它怎样不断回击，都可能使他们多年来在情感上感到压抑。或者说，他们对某种信仰的渴望常常被伪装成另一种形式的表面上的玩世不恭，不完全是在工人阶级的大多数人中常见的那种玩世不恭，而是与它有关的一种更加深刻的坚守。在这里，它被一堆未充分掌握知识所强化。如果他们已经吸收了知识，也许就不会削弱这一效果。在多数情况下，所要求的正是与社会科学、人类学、社会学、社会心理学有关的知识，它们提供了某种破坏性的参照。“波利尼西亚人怎么样”，现在已经接替政治上的“俄国人怎么样”，成了关键问题。他们喜欢上了寻找致命弱点的游戏，但毫无更理智的、自信的揭露者的傲慢无礼：他们内心受到自己不断怀疑的压抑，一切事物和一切人都被发现受到怀疑。他们是某个世界里可怜的不那么富有的男孩，在那个世界里，通俗化的和互不相关的信息供给过剩，更不用说能够对其信息进行有意义的归类。

然而，就像处在金斯利·马丁先生*与提瑞西阿斯**之间，也可能有一种愉悦；人们在某种程度上可能会喜欢跟着格雷厄姆·格林一道揭露丑闻。

由于这种表面上的玩世不恭实际上是对信仰的怀恋，因此会对观察他人经历寻找信仰的扭曲和压力的过程感兴趣，尽管此中未必没有嫉妒。与此混杂在一起的是对欺骗的无止境的怀疑；这些他者也许是伪善的：无论如何都对自己感到不满，似乎不可能有积极的和肯定性行动，“只有各种各样的嫉妒，/ 它们都令人悲哀”。

有些人找到了一副合适的公共面孔——“我没有任何幻想。我不想向任何人‘推销’任何东西。我知道不该在大庭广众中抱怨”。对大多数人来说，这副面孔的某些特征是富有启发性的——皱起的前额，眉头紧锁，一只“遮阳眼”；尤其是那张嘴，由于上嘴唇紧绷，下嘴唇要防止令人不快的松弛。上嘴唇提供了一种幌子，以掩饰更深刻的不满，使人想到了避免损失的准禁欲主义。这是最常见的表情，像其他多数表情一样，有点顾影自怜和自我放纵。在内心生活的所有压力之下，受到各种怀疑的折磨，很容易把自我看成是持不同见解的拜伦式英雄的翻版。从文艺复兴时期以来，从《鲁滨逊漂流记》以来，从卢梭以来，各种形式的浪漫派个人主义持续不断——在某种程度上，这是它们的又一种形式，但经常是一种退化了的自我关注的形式。这些心怀不满的

* 金斯利·马丁（Mr. Kingsley Martin，1897—1969）：出生于埃及开罗的英国记者，主编过左翼杂志《新政治家》。

** 提瑞西阿斯（Tiresias）：古代希腊神话中底比斯的一位盲人预言家。

244 浪漫派虽然受到需要航行的意识困扰，但几乎就没有出发，因为即使航行真的有必要，也极少有足够的自信：他们更经常地成了“可能的不满现状者”。

在他们表面上的玩世不恭和顾影自怜背后，有一种深深的失落感、漫无目的和意志消沉。有时在我看来，他们 20 多岁时处境最为艰难，那时努力追求对极少获得的文化和智力上的满足。结婚几年后通常会有一种变化。但在最初，头一两年，他们有一种陷入困境的样子，似乎由于结婚而有一种资产阶级的弱点，更糟糕的是，他们自己会上当，出卖自己的自由。正如他们所理解的那样，时代的氛围总是使他们一心想着结婚，而没有考虑到情感上的麻烦。这并不意味着只有在与他人一起生活的最初阶段才会遇到不可避免的纠纷。但他们必须懂得，人们可以承认自己最深刻的情感，既不需要否认它们，也不需要让自己心怀怨恨；他们必须认识到，在努力做一个好丈夫和好父亲方面，没有什么刻板的规矩，人们在这方面的真实情况与他们在所有生活领域中都是相同的。

对大多数人来说，尤其是在成年的早期，有一种受挫的意识；他们“身处黑暗和死亡的阴影里……被痛苦和镣铐紧紧束缚住”。他们的根已经因为过于经常的监视而被拔掉；他们已经成了智力和精神上的流浪儿与迷途者。质疑在继续，伴随着它的是对寻找答案的恐惧：

我们宁可毁灭，也不愿被改变。
我们宁可在自己的恐惧中死去

也不愿爬上最后时刻的十字架
眼看着我们的幻想破灭。

潜藏着的理想主义和普遍的优柔寡断确保他们不会“从中牟利”：从根本上说，他们很在意；他们想做正确的事情。他们在很多方面都是渺小的、可怜的和放纵的；然而，自我意识及其所有的结果，都有其吸引力和优点。他们中的很多人都抵抗住了某些最厉害的毒品的侵袭；他们在为某种东西而奋斗。随着社会越来越近乎危险地使大部分人陷入一种顺从地被动接受的境地，他们的双眼不愿离开电视机、美女照和电影银幕，而少数人，由于他们要提出重要问题，所以就有一种特殊的价值。从根本上说，他们的问题今天影响到了我们所有人，因为他们关系到与根、无意识之根对于作为个体的我们所有人的重要性；关系到我们时代走 245
向集中化和某种无阶级社会的重要发展；也关系到文化和智力问题与人们试图塑造自己生活的信仰之间的关系问题。因此，像这样的人虽然现在遭受到挫折，却属于社会更敏感的触须。主体在总体上会忽视他们；但他们表现出来的征兆在某种程度上涉及所有的人。威尔逊主教*200 年前的论断在今天同样正确：

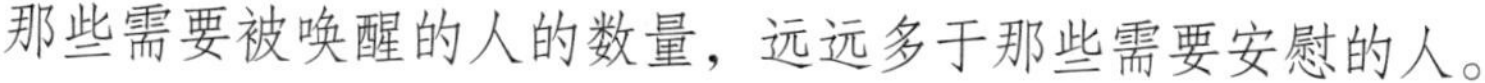

那些需要被唤醒的人的数量，远远多于那些需要安慰的人。

* 威尔逊主教（Bishop Thomas Wilson，1663—1755）：英国神父。

第十一章 结语

反思普遍恶的严重性，如果我对人类心灵中某些固有的、坚不可摧的品质没有深刻印象的话，我就会受到一种不光彩的悲哀的压抑。

——华兹华斯

……人们会无可置疑地说
那就是较量的真正结局，
但人类不会消亡。

——埃德温·缪尔*

1. 弹性

246 我很少谈及最近50年重要的社会变化，谈得更多的是伴随着那些变化的文化上的危险。显然，人们会感到高兴的是，大多数工人几乎在所有方面都有所好转，有了更好的生活条件、更好的

---

* 埃德温·缪尔（Edwin Muir，1887—1959）：苏格兰诗人、小说家。

健康状况、更大份额的消费品、更多受教育的机会等。除非我的判断有误，我已说明，伴随着文化变化并非总是一种进步，在某些更重要的情况下则是一种恶化。

我也没有过多提及“真诚的少数人”在工人阶级民众中的影响，因为我主要关注大多数人的各种态度。然而，我无意低估“真诚的少数人”具有的影响力，也无意暗示这种少数人在今天不大可能找到。由于少数人已经并且可能继续（虽然这一点并不能确定）对与其数量不成正比的群体产生影响，所以，重要的是应当更直接地谈到他们。我心里想到的是那样一些人，例如，那些自愿从事工会活动的人，他们通过工人教育协会开办的各种课程从事成人教育。在我们目前的情况下，明显的一个有利条件在于，与从前相比，那些有这种兴趣的工人阶级民众今天更能充分地培养和发挥这种兴趣。

在 19 世纪，这样的人在工团主义取得了某些成就时，积极地和经常地为支持它而付出了巨大代价，他们在议会里为工党代表 247
工作，他们与合作化运动有联系，是当地教堂的核心力量。他们是这种类型的人：19 世纪 60 年代他们在利兹召开了“利兹工人议会改革协会”大会，考虑成立一个全国机构，以便引导在工业地区开展的改革运动。他们在 80 年代为海因德曼*的社会民主同盟工作，而在 90 年代则为独立工党效力。他们在世纪之交帮助建立了工人代表委员会，因而促进了工党的诞生。在数十年中，他们的

* 海因德曼（Henry Mayers Hyndman，1842—1921）：英国作家和政治家、社会民主同盟的创始人。

领导者有汤姆·曼、本·蒂勒特、基尔·哈迪和乔治·兰斯伯里等人。他们中的很多人今天都在政治和工会事务方面做着有价值的工作，并在雇员与管理人员众多新形式的关系方面做过宝贵工作。

在19世纪中晚期，他们的读物可能很广泛、很充实并富有启发性。他们一本接一本地阅读莫里斯和罗斯金的著作。他们阅读亨利·乔治*的《进步与贫困》(1881)、布拉奇福德**的《快乐的英格兰》(1894)。《快乐的英格兰》售出了一百多万册，其中多数都是一便士一本;《进步与贫困》在4年内售出了6万册。他们在90年代订阅了布拉奇福德的《号角》，并且协助经营号角自行车俱乐部和号角灰姑娘俱乐部。他们中的一些人，以及其他很多其兴趣并非严格属于政治方面的人，都参加了共同进步会和机械研究所，去听大学附校的讲座课程，或者参加其他各种形式的继续教育。他们在莫利通用图书馆丛书购买了多本图书和其他廉价系列书。在购买麦考莱的《历史》前两卷的13000人中，在该书第三卷的26000名购买者中，都可以发现他们的身影。后来，他们阅读萧伯纳的作品，而且属于那些购买了威尔斯的全部200万册《世界史纲》、阅读《生命的科学》和《人类的劳动、财富和幸福》的人。从1929年以来，他们购买了一先令一本的瓦特的思想家图书馆丛书。他们中的一些人是上次战争期间“兵役教育”组织的一部分，那种教育对他们有实际意义和用处。他们充分利用了公共图书馆，经常带着真正的兴趣和辨别力去听“第三套节目”。如今，他们有

* 亨利·乔治（Henry George，1839—1897）：美国社会活动家和经济学家。

** 布拉奇福德（Robert Blatchford，1851—1943）：英国社会活动家和记者。

购买鹈鹕丛书的习惯，也让企鹅丛书推出的某位作者的 10 种书发
行了 10 万册。他们帮助增加了“优质”报纸和杂志的销售量，并
为战后扩大由自愿者团体、大学和地方教育当局组织的继续教育 248
和业余教育做出了贡献。

在英格兰和威尔士，现在大约有 15 万人参与由自愿者团体和大学校外部组织的人文学科自由的、非专业的学习——那就是说，大约每 200 个成年人中就有一个人参与。工人教育协会大约有 9 万名学生，其中最大的单个群体（16000 人）属于体力劳动者群体，不同于那种由“家务和护理”人员构成的群体。总数并不多，但从战前至今已大幅度增加了；几乎可以肯定，如果能获得资金，人数还可能进一步增加。但是，不大可能增加到非常惊人的程度。更根本的问题，尤其是影响到工人教育协会的问题，几乎可以从本书前面的章节中推断出来。这些问题是：增加参与更加持久和探索性辅导课程的学生比例，增加工人阶级学生的比例。个人和社会对自学教育的需求今天看来并不明显和迫切。通俗时事评论员的出版物多了很多，超过了 50 年前针对工人阶级民众的普通成人教育刚刚开始时的情形。现在的困难不在于工人的物质匮乏，而在于为他们过多地提供了某一种物质。获取知识的经济障碍大多已被消除，但仍然存在着一种斗争——无视大量琐碎、虚构的危险诱惑的声音。工人教育协会始终都有一种责任，要想出适当的办法去接近几乎没有经过前期培训的工人阶级学生。但这项工作的核心是，必须为学生提供一种训练，这种训练与通俗读物提供者鼓励的琐屑、碎片化和独断主义截然相反。对数量更大、没有求知意愿的人们的状况发表意见的可能性，不在工人教育协会

的职责范围之内，就像它现在的组织情况一样。

我们已看到，通俗时事评论员怎样试图鼓励大多数工人阶级民众轻视“真诚的少数人”，因为他们特有的生存状况、他们拒绝普通食物、追求更有营养的食物，这些都是时事评论员自己做出的绝对判断。对他们来说，探究性的和严肃的工人阶级学生是很容易受骗的；那些在逆境面前坚持获取知识的人，无论逆境是有形的还是不那么有形的，都很快显得古板和过于认真。对我来说，
249 似乎难以过分强调类似这样的人在社会中的重要性，人们愿意让自己忙于学习，通常是在一天的劳作之后，通常是在不利的条件下，在感到知识的力量和价值的激励下，无论有时看起来有多么虚假。

因此，特别令人遗憾的是，极少定期提供这样的人所需的讨论。我的意思是说，我们需要更多的期刊，它们在我所描述的任何一个方面都不是流行的，而是有智慧的和探索性的，是从它们的读者所具有的那种背景出发的。这是一个特别复杂的问题，我把它提出来只是因为它与前几章讨论过的大多数内容有直接关系。就那些追求文化和知识背景的“真诚的少数人”而言，他们现在经常看那以似乎更加巧妙的其他形式具备了通俗出版物世界的各种缺点（滥用“自由”的概念、用“独断主义”代替“碎片化”、一种表现为“世故”的玩世不恭）的杂志，或者读满足时尚的“文化劫掠者”愿望的杂志，它在文化上对应于高雅的时尚杂志所迎合的对服装的兴趣，或者阅读那些其语调除了对少数观众而过于拐弯抹角的杂志。占一定比例的“正襟”阅读的严肃杂志既不可避免，也不会自动遭到强烈反对：这可能是走向区别性阅读

的一个阶段。但我认为，如果这类阅读大量存在，可能有些需要得不到满足，某个重要的机会将被滥用。我不知道这种缺失在多大程度上是无法理解普通人中少数知识人处境的结果；有多少致力于传播思想的人意识到了这种少数人迫切而有价值的需求，他们希望得到帮助。试图解决这个问题有可能导致很多错误的姿态；如果不是偶尔变得自负和装腔作势的话，要找到一个体面的平台并不容易。但是，现在的情况无法提供令人满意的理由。

冒着听上去我自己就像一个分销褒贬的人的危险，我要补充说：“拯救幸存者”成员，就他们作为“工人阶级运动”的一部分而言，他们要直接参与社会活动，看来经常都没有充分准备好重新思考自己的目标。我回顾了他们为社会改革所做的工作，并强调对他们的激励主要不是为了追求物质商品，而是为了工人们获得更大满足的需要，一旦物质条件得到了改善，就更容易获得这

种满足。现在最需要的是少数人要重新评估立场，要认识到他们 250
的前辈为之努力的那些观念正面临丧失的危险，物质进步可以用来使工人团体倾向于承认，物质主义的平庸形式是一种社会哲学。如果活跃的少数人继续让自己过于排外，以致想不到当下的政治和经济目标，那么，文化上的通行证将暗中被出卖。在某种程度上，这个问题甚至比他们的前辈面对过的问题更加艰难。更难的是，在想象上认识到精神堕落的危险。那些危险更难对付，就像传闻中的对手一样，没有有形的实体来激发勇气和决心。正是那些相信会受其不利影响的人会喜欢这些事情。在有些人看来，很容易改善多数人的物质条件，而不是像有些人那样把很多人从不成熟的情感满足的催眠状态中唤醒。在这种情况下，人们必须学

会如何自助。

“真诚的少数人”非常重要，但以讨论他们的处境来结束主要关注大多数人的态度的一本书是错误的。我早已提出过，大多数人可能获得的那种成熟，不一定要由继续教育来培养，不一定要以政治活动来进行自我表达。很重要的是，要想到在大多数人中发现的新态度的弹性，它们自身的弹性像以往一样要以个人的和具体的方式来表达自身。有必要强调那种力量，它使“旧”态度中很多有价值的东西得以坚持下来，使新态度中乍看起来似乎只会有害的东西被吸收和改变了。

毕竟，在这种尝试中存在着一种夸大其词的内在危险。存在着逐渐远离我们对人类天性的无限多样性和复杂性的日常感受的危险。在这种特殊情况下，正如我一开头就指出的，存在着没有充分考虑到旧影响减弱的危险，存在着忽视“旧”态度不那么好的方面和新态度更好的方面的危险。当我们研究通俗出版物时，我们会不知不觉倾向于突出它们在人们经验的整体模式中的重要性，似乎只有它们才是主要的，实际上却不是这样。在它们产生最强烈影响的那些领域，那种影响可能是有害的：在一些更广泛的经验方面，它们也可能具有某种相反的作用；但在那些方面，
251 人们对这种影响的感受相当迟缓，要经受检验，要被其他力量一再抵消。人们的生活并不像单纯阅读他们的文学作品所显示的那样缺乏想像力。我们只根据日常经验就会明白这一点。大多数当代通俗娱乐节目都鼓励一种对待生活的疲软态度，但生活中的大部分事情仍然很少与这种态度有直接联系。生活中有战争和对战争的恐惧；有劳作的世界和各种关系的世界，其中有忠实和紧

张的关系；有家庭责任和资金管理；有邻里关系与需求；有疾病、疲劳、出生和死亡；有当地娱乐的整个世界。这就是我在前面要努力描述普通工人阶级生活品质的原因，这样，对各种出版物的深入分析就可以建立在可靠的土地、岩石和水域构成的景观之中。

因而，在工人阶级民众中，生活方式在很大程度上仍然是一种体面的、当地的、个人的和公共的。它仍然存在于言谈和各种文化形式中（工人俱乐部、歌唱的风格、铜管乐队、旧式杂志、掷飞镖和多米诺骨牌等亲密的集体游戏），存在于日常生活中表现出来的各种态度中。婚姻和家庭比我们通常有可能想到的更加强烈地保持着其重要性。宽容的概念经常被延伸到超过了一切可以辨别的程度，但依然在很多方面起着宝贵的作用，它是一种强烈的关爱，而不是一种软弱。对个人的强调经常被滥用，但它还是可以提供一种可贵的张力，在生活有可能变成更加公共的和整齐划一的时，这种张力尤为必要。怀疑论和不顺从经常都可能变形，直到它们变成一种玩世不恭，但它们还是具有各种有价值的形式，特别是人们有巨大的能力默默地忽视它们，想不到似乎会受影响，会使事情显得“毫无关系”。相似的特质有助于他们去感受对生活的否定，并且经常拒绝否定生活，那种拒绝明显是出于好意，同样也是明显出于利己主义；为了去感受，甚至在很多问题上，他们在很大程度上都很迷茫，缺乏他们可以信任和赞赏的那种活力。要具有他们渴望去吸收的那种能力，对其他人来说则是坚持的能力，与内心深处没有关联，仍然要坚持有价值的道德方向——因而，几乎所有的新材料至少必须看起来是以某种道德诉求的方式呈现出来的。还有那种持续“忍受各种事情”的能力，不仅是出

于一种被动性，而且是因为人们正是从这里出发，从人们必须忍受很多事情的期待出发；要维持这种传统的必然结果，就要乐于忍受各种事情。此外，经常遭到破坏的快乐造成了对它本身的自
252 我意识的阴影，但它在某种程度上仍然有活力。产生出诺曼·威兹德姆*那种喜剧演员的力量，就是对此情况的一种说明。令人愉快地揭露的活动也是如此；人们可以听见它，特别是在回应那些远远走在当代品味前列的各种诉求中；例如，在由剧本所引起的笑声中，或者在运用于某些广告短片和电影新闻短片的语调所引起的笑声中。所有这些态度都建立在一种强烈自尊的基础上，在大多数情况下，这只是描述工人阶级民众仍然值得注意的道德资源的另一种方式。总之，这些资源能使他们忽视很多东西，使另外很多事物变得比实际上更好，不断把他们自己的那种想象力投入到实际上不值得的事物上，就像它们数十年来被运用在商业歌曲和小说中那样。结果，工人阶级民众受到的影响大大少于他们可能受到的影响。当然，问题在于，这种道德资本的储备能持续多久，无论它是否会得到充分的更新。但我们必须小心，不要低估它在今天的影响。

如果我们只看很多年轻人，那么，前面的那段话看起来就过于乐观。因此，我们会想起工人阶级民众在经历过青春期、求爱期和婚姻早期的多年额外自由之后，在多大程度上又重新回到了他们的旧态度上；虽然每代人都把一些新的行为带进了自己的成

* 诺曼·威兹德姆（Norman Wisdom，1915—2010）：英国喜剧演员、歌手和歌词作者。

熟时期，但在多大程度上摆脱了更琐碎的诱惑而产生了变化。我经常从我那些中年的姑妈那里听到这种说法，一度试着相信每个工人阶级妇女说的话，她们的年龄在四五十岁之间："我每天都很想使自己更像一个母亲。"这种想法有自我吹嘘的成分，它有时被用来作为愚蠢和拒绝独立思考的借口。然而，它表明了旧态度通常具有的那种力量；总的来说，来自外部的声音越是喧闹，就越是有效。

尽管有各种固定的娱乐活动和包装好的生活物质，但在多大程度上，个别地和自由地自我表现的冲动，可以通过修理和创造得以继续。"临时做的杂活"、"做点与家庭有关的事情"，多么顽强地保存了下来，甚至当丈夫在其他习惯方面尤其不是一个"好东西"的情况下也一样。在某种程度上，人们期望他看到这些问题，因为没有钱或者没有习惯请当地的手艺人、工匠、水管工或油漆工。而且，人们仍然觉得这种活动是家庭生活应有的部分；爸爸也许不是那种会参与制作地毯或者为孩子做玩具的人；但他很可能会修理厨房的水龙头、固定某块附加的搁板、会更换男孩的自行车链条。特别是在冬天，很多丈夫似乎总会夜晚耗费在一 253
些零活儿上。

从这里很容易走向真正的"能工巧匠"，走向正当的业余爱好。快到周末时，工人阶级报刊亭的柜台充斥着各种各样的、顾客叫作的"业余爱好的报刊"，诸如期刊《垂钓者新闻》《笼中鸟》《养鸟迷》《小佃农》《流行园艺》《实用机械》《木工》和《自行车骑行》。总共有大约 250 种期刊专注于体育、业余爱好和娱乐消遣。有两种与观赏鱼有关，有七种与家养宠物和养鸟有关，一种与鸣钟有关，十种与钓鱼的方方面面有关，有七种自行车骑行的报纸和养狗的报纸，差不多有二十多种与一般性质的业余爱好和手工艺有关。很多报刊对工人阶级读者有特殊吸引力，或者对他们和中产阶级下层读者有吸引力。正如人们有时指出的，在这些活动中，工人阶级男子仍然在进行个人选择，自由地和志愿地行动。他们的常规工作经常都要求不高、差别不大，但在这些方面，凭着他们的诚实和对手艺的专注，无论那些手艺中的某个部分看起来有多么奇特，但他们都可能成为行家。

这里还要提及对栽培坚持不懈的渴望，在窗台上的花盆里，在后院的小块酸性土壤上，栽培的植物经常都得到悉心照料；分配的小块园地——在主要街道的临时围栏背后、在永久性道路的边缘，或者在 300 平方码的条形地块，都按照 1922 年的《土地分配法案》的条款（“每个有能力并愿意耕作私家园地的公民，在法律上都有权拥有一块土地”），以极低的租金出租了。我说过，工人阶级民众在搬迁到一个新居住区时，通常很少利用自己园子里的大块私有土地；他们习惯于使用那些深入到城市建筑群中肮脏土地上的小块地，发现自己不大看得起最初得到的比分配地块大一点的处女地，它被一块块同样粗糙和荒芜的土地所包围。实际上，栽培植物的渴望不只影响到少数人；对分配地块的兴趣就像对钓鱼的兴趣一样，现在正在衰退。然而，全国仍然有 150 万人在耕种分配地块。

另一方面，对饲养动物和鸟类的兴趣不仅保存了下来，而且在某些方面还在增长。除了在一些矿区或者为了商业目的，饲养小灵狗和灰狗看来近乎绝迹；饲养金丝雀没有增加，但对饲养观

赏鸟的其他形式的兴趣在增长，尤其是饲养相思鹦鹉。赫尔顿读 254
者调查表明，饲养鸽子在工人阶级民众中比在其他阶层更流行。英国有大约 50 万鸽子发烧友，组成了大约 1000 个信鸽俱乐部。这些俱乐部通常都在当地的某家酒吧里有自己的总部；每个成员每年要交大约一英镑的会费，成员每带一只鸽子到比赛地点都要交一先令。这些人在星期六让铁路搬运工将藤篮运到僻静的站台末端，放飞他们的鸽子；鸽子的主人戴着平顶帽，用一只眼睛朝上看，准备好秒表，等待着自己的鸽子在星期六的黄昏轻松地飞回来。

上述大部分内容只能用来说明一种抵抗，而不是更积极的适应。但是，年轻人也有数量可观的形形色色的公共活动，其基础不只是街头群体：青年俱乐部、青年协会、基督教男青年会和基督教女青年会、社区中心、工厂体育和业余爱好俱乐部、足球、橄榄球和板球俱乐部（其中一些维持下来的组织仍然是以地区为基础，没有任何官方的支持），还有很多这样那样的当地体育联赛。这些活动有很多都得到了“他们”的赞助，但如果它们没有得到来自工人们的热情支持，它们就不会存在下来。还可以为它们增加另一些并非官方赞助的例子，诸如乘“大型游览车”去旅游，这是自发产生的适应城市的一个显著例子。我们或者可以想到城市工人阶级民众仍然在使用公共浴室。在上学期间或者在星期六下午四点以后到浴室去。浴室弥漫着难闻的化学清洗药品的味道，边缘有吓人的棱角和滑溜溜的浮渣。然而，浴室非常响亮地回响着工人阶级的孩子们不断向他们及其朋友泼水的声音，孩子们在水中成群地打闹，冷得皮肤发紫，因为他们在水中总会待

得过久。

“外出到乡村去”依然流行，特别是在春天的重大节日期间。20世纪30年代，“徒步旅行”曾风靡一时，虽然这在我看来对中产阶级下层的影响超过了其他阶级，但工人阶级也会去山谷、山岗和荒野，幸好这些地方离大多数大城市都不太远。如果说步行还不属于非常典型的工人阶级民众的活动，那么，骑自行车则是。
255 青春期真正到来的标志，就是年轻人得到父母的同意，通过分期付款购买一辆自行车，从每周的工资中支付。于是，在周末骑着自行车出去，与同时购买了自行车的某个朋友一道，或者与某个混合型俱乐部的人一起，他们每个周日都穿城而过，一直骑到僻静的有轨电车终点站以外的地方。很多年轻人都坚持认为，他们周日上午“喜欢赖床”，但有很多人会骑车外出。两家主要的自行车俱乐部成员的数字没有提供外出人数的真实情况，反倒提供了那些较认真从事骑自行车活动的人数；它们甚至也有25万名会员。对那些想成为俱乐部伙伴、锻炼、“外出好好玩一天”的人来说，有自行车骑行者俱乐部（很多地方俱乐部的成员都不属于自行车骑行者俱乐部）；对那些参加赛车的人来说，有全国自行车骑行者协会，要有经过专门挑选的管材、车轮和车座，还有一个放在车把手下的支架里的铝瓶。全国自行车骑行者协会的成员似乎经常都不知道道路是否会穿过某个城市或某个国家公园；但观光并不是他们的目的。自行车骑行者俱乐部的成员在谈及骑行或者在草地上打球时，似乎很少关注他们去过的乡村或古迹。但是，他们得到了他们要寻求的东西——伙伴关系、努力锻炼和新鲜空气。这两家俱乐部都成立于1878年，从那以来，骑自行车作为

工人阶级的一种业余爱好已经得到了极大的普及。有重要的证据表明，城市工人阶级民众仍然可以对其环境的挑战做出积极的回应，并对廉价的大规模生产有益的潜在价值做出积极的回应。

也许，这些项目似乎还不足以在规模上与上述所有力量相抗衡，但我认为，它们显示出了巨大的力量。工人阶级民众经历了从乡村到城市生活的转变而幸存下来，没有变成呆滞的"流氓无产阶级"：在过去的半个世纪中，他们已经幸存了下来，在很大程度上仍然会幸存下来，面临的危险同样很大。回想起要求他们忍耐的一切，人们会发现自己根据《李尔王》的台词改编的一句话："奇迹在于他们忍耐了如此之久。"惊叹于"忍受一切事情"的所有例子中这一最伟大的例子，回想起这里所说的关于有时以积极的方式去应对那些挑战，人们再次意识到，这不单是忍耐力的问题，而且是一个更加积极应对的问题。奇迹不在于有那么多东西留存了下来，而在于有如此多的东西随着每一代人新生了。

2. 当下大众文化趋势概览

在个人和地方群体中发现的那种弹性是健康的，重要的。然 256
而，过度强调这种弹性显然可能成为民主社会另一种形式的自我放纵，参照人们固有的正确头脑，会忽视日益增加的危险压力的迹象；指出人们在生活中仍然坚持的东西，绝不像新的影响似乎会引发的毫无根基和肤浅那样，由此会设想情况一直都像这样："人性始终都会自我拯救"，"你可以相信平凡的正派"，为了把人们从最坏的影响中拯救出来，人性的弹性将确保"人始终都是人"。

还需要总结一下目前看来大众文化所遵循的普遍发展路径。正如一直以来那样，我将根据出版物来做出大部分说明。但经过对细节的适当调整，各种结论也会适用于由电影、广播和电视（特别是在它们得到商业赞助时）、大规模广告所助长的各种趋势。

特别是在最近几十年，旨在娱乐的各种消费物质已经大幅度增加；这是一种绝对增长，不单是与人口成比例的增长。这方面的某些情况是不可避免的，因为有大规模提供娱乐的技术能力的增长，也有大多数人可以获得的购买娱乐的资金的增加。增长本身并不必然会招致反对；还有增长的空间。但在某种程度上，增长的规模看来已被确定，与其说是由需要满足从未满足的欲望决定的，不如说是由提供娱乐的那些人的强大说服力决定的。

因此，在过去 100 年里，英国所有类型出版物的总数已经从大约 1000 种增加到了 5000 多种。毋庸置疑，在这一百年中，一个大国变成有文化修养和高度工业化的国家，引人注目的增长是不可避免的。但是，这种增长的主要部分是由于在杂志和期刊的数量方面相对晚近的增长。或者说，是由于最近 10 年所发生的
257 变化：从 1937 年到 1947 年，全国和地方日报的总发行量增加了 50%——在同一时期里，周日报纸本身的总发行量几乎翻了一番。杂志和期刊在 1938 年的发行量是大约 2600 万份，而在 1952 年则很可能超过了 4000 万份。1947 年到 1952 年，全国早报的总发行量增加了 50 万份，而周日报纸的总发行量则增加了近 250 万份。现在，全国日报出版的比例达到了每个家庭两份。根据 1953 年的赫尔顿读者调查，2/3 的成年人读过一份以上的周日报纸，超过 1/4 的人读过 3 份或更多周日报纸。英国每千人发行的日报的估计

份数高于世界上其他任何国家。

在我所说的严肃读物方面也有增加，正因为普遍追求某些更严肃读物的读者增加了。英国的图书出版量高于其他任何国家。大量图书都是小说作品，但书名与技术和教育有关的图书种类近年也大幅度增长。我们都知道企鹅丛书和鹈鹕丛书从 20 世纪 30 年代以来取得的成功。公共图书馆借出的图书数量有了非常大的增加，尤其是在过去 25 年间。在 1950 年的一次盖洛普民意测验中，55% 的受访者说他们目前在读一本书；比如说，这个比例高于美国或瑞典。一些正派期刊的销售量已经有了增加。

这些较可靠的阅读详情令人鼓舞，但需要加以证明。公共图书馆借出的图书究竟属于毫无价值的小说，或者只是一种“真实生活故事”附带乐趣的非小说？无法提供统计学的答案，因为这个问题涉及价值观的差异。德比调查提出，某种小说占了公共图书馆借出量的 75% 到 80%；而我认为，大多数图书管理员都会说，这类小说中的大多数都属于非常低劣的那一类。为阅读而阅读的习惯没有什么好处；但无论它们的主题和表达如何，都无可非议，它会上瘾脱离生活现实，属于我在前面说过的那种偶尔阅读的文学作品。商业性图书馆每年借出的图书在 1.3 亿册到 2 亿册之间。在两家最大的图书馆借出的图书中，大约 90% 都是小说；在那些 258
借出两天到四天的图书中，几乎 100% 都是小说。在公共图书馆里，“历史、传记、旅游”类图书构成了最大的非小说类图书，现在很可能占了所有非小说借出量的 1/4 到 1/3。此外，我认为，很多图书管理员都会说，被囊括在总目录下的图书通常都没有什么价值。这类图书质量的提高可能需要很长时间。我提出这些问题

不是要降低严肃阅读中真正得到的价值，而是要确认获益不会超过实际情况。

看来小部分敏锐的读者会充分利用自己的机会，他们的数量有所增加，但大部分人不仅没有受到这些变化的影响，反而受到了一些完全不同的趋势的影响。严肃读者的人数看来不大可能显著增加，部分因为严肃读物和通俗读物都倾向于吸引不同类型的人（我会回头谈此问题），部分因为通俗读者的最大障碍是受到不同于严肃读者的压力。有很多举动旨在增加和提升少数人；更多在总体上较成功的举动旨在强化一些占优势的通俗出版物对大多数人的控制。

我在前几章可能已经充分表明了，对真正的通俗出版物来说，一定存在着为了扩张、为了谋求巨大销售量的持续斗争。因此，情况看来就像是全国报纸效益最小的发行量逐年变得越来越高，似乎每次成功都会推高其他一切人的最低消费。早在 1946 年，弗朗西斯·威廉斯 * 就认为，情况很可能是：

> 为了生存，英国的现代国家报纸必须争取到至少接近于 150 万份的发行量，最好是超过 200 万份发行量（这意味着必须定期吸引 525 万到 700 万人）。

这种过程的结果就是，通俗读物方面日益增加的集中化或者
259 集中，同时又要在通俗报纸的实际阅读方面取得显著增长。简言

---

* 弗朗西斯·威廉斯（Francis Williams，1903—1970）：英国记者。

之，我们在读的各种报纸似乎越来越少，但读报的数量越来越多；要更经常地读，就是说，相互之间阅读同样的报纸。虽然日报的发行量大大增加，但最近30年，英国发行的报纸总量已经下降。在今天大多数形式的通俗出版物中，实际上极少有机关报获得了非常大的销售量；此后，通常都明显下降到了那种形式的其他所有机关报的发行量。很典型的情况是，较低级别的出版物数量会高于较高级别的出版物数量；然而，少数较高级出版物的总销售量会高于所有低级别加在一起的总量。因此，在某种情况下，有两种出版物在自己的领域里占了总销售量的一半多，而六到八种其他出版物则分享了其余的销售量。就所能看到的而言，这个过程本身还没有走到尽头；有些机构在自己领域内逐渐获得了比从前的读者总数更大的比例。这个过程造成了某些“优质”出版物的增长，与一些极为流行的出版物增加了消费量并增加了集中化阅读所造成的更大问题没有什么关系。偶尔有人宣称，并且似乎总有点不那么坦率地说，“优质”出版物的年发行量增加了，比如说增加了15%，而没有任何通俗出版物能够显示出超过3%或4%的增长。当然，随着发行量与一些较有名的通俗杂志的发行量一样大，就不会有大比例增长的空间。最近一年造成共同增长的两个最好例证是一种类型的“优质”出版物——尽管它们在用百分比来表示时很引人注目——但总量只达到了相同领域的单一通俗出版物同期销售量增长纪录的1/3。这种案例很典型；“优质”杂志取得的进步是有益的，却没有抵消大众通俗杂志日益增强的集中化。

实际上，维持发行量的特殊困难，与其说是“优质”报刊的

困难，倒不如说是那些试图在报道、评论和版面方面保持较严肃标准的通俗报刊的困难。报业总会通过把责任推卸给“公众”提出了这个问题，就像在其他地方一样，报业总会似乎更愿意表明，读者对报界目前在数量和质量上的变化负有责任，却不愿去分析报界所负责任的性质：

> 作为在自由和有高度竞争性的市场上公众趣味之走向的
> 260 标志，耐人寻味的是，在过去一年中，《每日电讯报》每额外
> 增加一份，小报就增加了三份。此外，小报增加了的销售量，
> 几乎抵消了《每日邮报》、《每日先驱报》和《新闻纪事报》
> 加在一起的损失——《每日快报》仍然保持稳定。

由于现有出版物进一步大规模扩张的可能性变得越来越有限，大众出版机构不可避免要转向其他出版物。1954 年出现的某些通俗日报的青少年版，就是这种过程中合乎逻辑的下一步，尽管这种特殊的试验看来已经失败了。人们想必希望它们不仅要提供新的扩张领域，还要提供一个领域，把读者培养到最终转变为成人版。

尽管一些较严肃的出版物销售量有所增加，但看来有迹象表明，通俗出版物更趋集中化使发行量较小的报刊更加难以生存，除非它们有忠实读者愿意为它们买单或者得到资助。最近创办的两家文化杂志《文汇》和《伦敦杂志》都得到了某些经济资助，后者的资助来自于《每日镜报》。我在前面提到过，集中化把效益的最低限度推高到了可以出版报纸的地步。因此，哪怕报纸的

这种宏观的概括意在为本书里描述过的大多数过程进行一种偏袒的辩护，无疑应称为“过分的辩护”。

我已不断强调过那种方式，一些新势力用那种方式来适应和改变一种迥然不同的工人阶级文化中的各种要素。毫无疑问，要不是因为新节目不只是对工人阶级民众有吸引力，类似的某种东西也可能在其他阶级的文化中展现出来。这进一步说明了我在本书一开头就质疑过的、新兴的无阶级性的主张。我们现在可以看出，至少在某种意义上，我们确实正在变得没有阶级——就是说，我们大多数人正在汇合成一个阶级。我们在文化上正在变得没有阶级。在这种意义上，新妇女杂志是“无阶级的”，那些老式杂志则属于特定的社会群体。除非跨越阶级的边界，否则，大众出版物就不可能传播到它们所需要的大量读者那里。无疑，它们中的很多都对“小人物”——工人阶级和中产阶级下层——有着特殊的温情。这并非因为它们像老旧的工人阶级出版物那样通常属于自己的读者，也不仅因为它们的生产者赞同一种更加讨好的关于民主的设想，而是因为听众构成了它们潜在读者的大多数，因为它们虽然想吸引其他很多人，但必须把这个群体作为其销售量的基础。

从某种观点来看，旧的社会阶级差别依然具有一定力量。可以说，新的大众读者大致上是由总数两千万人构成的，或者是由那些阅读最通俗日报的成年人构成的：因而要指出：尽管这些报刊在某些内容方面是不同的，但它们大致上都可以叫作工人阶级、中产阶级下层和中产阶级的。虽然这可能是真实的，但它只

266 适合于突出总的趋势。在战前，人们有理由谈到六种或八种通俗报刊，似乎它们的影响力全都或多或少处于同一水平。如果目前的趋势继续下去，我们很快就只能谈及两三种报纸。集中化已经走了很长一段路，但不得不在当今社会阶级——即工人阶级与中产阶级——最重要的大致分界线上停留下来。然而，从阅读这些报刊来看，显然它们的差异大多是表面上的，主要在语气和“属性”方面。这些差异对读者来说无疑很重要；就各种报刊所产生的更广泛的影响而言，差异不如相似性那么重要，事实上，每种报纸所体现的各种文化、各种设想和诉求，在很大程度上都是相同的。正在出现的无阶级的阶级很可能由这两类读者构成；人们目前所坚持的分别正在逐年变得不那么有意义。很多因素都有助于使之变得不那么有意义。除了我们讨论过的因素外，还可以补充另一个因素，即物质进步与文化缺失之间潜在的相互作用：当工人阶级民众不再因为如此强大的经济压力而感到自己作为熟悉之群体的忠实成员有极大的重要性，可能更容易把他们并入更大的、在文化上无特征的阶级之中。无疑，很多旧的阶级障碍应当被打破。但现在，旧的、更狭隘但也更纯正的阶级文化，正在受到赞成大众意见、大众娱乐节目和普遍化情绪反应的侵蚀。夜总会的演唱世界正在逐渐被典型的电台舞蹈音乐和低吟浅唱、电视歌舞表演和商业电台综艺节目的世界所取代。通俗报刊帮助创造的统一国家类型，甚至在好莱坞电影制片厂所代表的统一国际类型中也显而易见。阶级文化的旧形式处于被更贫乏的无阶级的类型所取代的危险之中，或者说处于被我先前描述为“无个性的”文化取代的危险之中，对此应当感到遗憾。

最后，在本书中对我来说很清楚，对读者来说也一定清楚的是，人们正在探讨比我直接探讨过的更加艰难的问题——只举一个例子，哲学方面的问题。这些是我没有资格去追问的问题。为了能在这个领域占有一席之地，我感到有理由认为，普遍赞同某些设想是理所当然的，那是一种足以让我去利用的赞同。如果没 267
有比产生于详细说明的更严密的界定，就会有“体面”、“健康”、“严肃”、“有价值”、“贫乏”、“虚弱”、“空洞”和“琐碎”这些词语。这是对目前文化情景中某些趋势的个人看法，部分基于个人体验，部分基于专家的兴趣，可能只是对更广泛的讨论做出贡献，为仔细观察提供单方面诊断。

也出现了很多更具体的问题，这些问题与目前情况下可能采取的直接行动有关：例如，在民主国家允许官方干预文化问题的程度和性质等。这些问题不容易回答，也许，在不得不一再做决定时（如关于商业电视），最好能务实地讨论这些问题。对我来说，试图在这里确切地说明普遍原则毫无意义。但是，就今天对这些问题的共同态度提出两个应当考虑的因素或许有些意义。

通常在我看来，很多确实了解这里描述的进程的人，太容易宽容待之。很多人觉得，他们“了解关于文化堕落的全部争论”，并且明显轻易就接受它。有时，他们承认有一种相当令人愉快的能力去逛逛文化上的贫民窟，承认“喜欢不时去看看”。我不知道这种轻松自在是否经常产生于这一事实：尽管他们可能了解所有的争论，但他们确实不了解材料，他们不能密切而一贯地了解大量生产的、每天都降临到大多数人身上的娱乐活动。在这个方面，人们有可能生活在一种聪明人的天堂里，对外部攻击力缺乏任何真正的见解。

此外，我承认，要确定在任何单一情况下自由的限度，是极其困难的。然而，我们中的很多人看来都如此渴望避免指责威权主义，以致我们几乎不会想到关于界定的问题。与此同时，在这种社会里享有的摆脱官方干预的自由，加上我们自己如此愉快地表现出来的宽容，似乎正在允许文化以其自身的方式危险地发展，就像我们在极权主义社会中受到的震惊一样。

看来，最好是以这一说明来结束，它已经到处出现，与这场危机特有的内心和个人性质有关。对这一观点最简明的说明要经过反复不断的观察，即虽然工人阶级民众今天在某种意义上还在遭受剥削，但现在至少必须得到他们的赞同。环境的力量和说服的力量固然极为重要，但并非不可抗拒，有很多关于自由行动之
268 力量的例证。工人们可能在很大程度上会轻易表示赞同，但这通常都是因为，他们认为自己赞成的某些关键想法，是他们在传统上当作改善社会和精神的熟悉观念。这些想法有道德上的根源，其中一部分还没有完全消亡。民主平等主义在这一设想中有其根源，即在更具有价值的意义上，所有人都具有同等价值；过度自由把很多东西都归之于这一想法：我们必须尽力对自己的命运和决定负责；永远开放的心灵显然毫无价值，部分原因在于拒绝狂热，拒绝让内心（“富有情感的内心”）变得“迷恋石头”。因此，今天的选择应当比从前更加明确：它从某种有点自由的基础开始，那种基础较少因为物质上的障碍而变得混乱。

因而，这是非常令人鼓舞的。有可能的是，在民主政治的这个发展阶段，虚假光明的集中是不可避免的，这种民主政治逐年

在技术上变得更有能力和更加集中化，却要力图维持一个自由和“开放的”社会。然而，问题却是尖锐的和紧迫的——在集中化和技术发展过程仍在继续的同时，如何保持自由在任何意义上都是有意义的。这是一个特别复杂的挑战，因为即使失去了实质性的内心自由，重要的、新的无阶级的阶级却不大可能了解这一点：它的成员依然认为自己是自由的，并且被告知他们是自由的。

附录　研究文化——反思与评价：理查德·霍加特访谈录

约翰·科纳

269 理查德·霍加特是公认的学术研究领域——文化研究的奠基人之一。尽管他与雷蒙德·威廉斯一样，作为一名英语专家进行了大部分教学工作，但他于1963年在伯明翰大学组建的当代文化研究中心，成了英国高等教育中该领域发展方面唯一最重要的机构。当然，在英国、欧洲和美国众多不同的批评和评论传统中，“文化”成了分析关注的一个主要焦点。在很长时间里，人类学学科也把各种文化问题完全置于其学科兴趣的中心。然而，新的着重点却与众不同。在把细致分析的文学方法与探究更加普遍的社会意义和社会变化结合起来方面，“文化研究”的先驱有批评家F. R. 利维斯和Q. D. 利维斯的著作，以及20世纪30年代与剑桥《细察》杂志有联系的群体成员。但现在，它以一种全新而直接的方式将自身定位于当前的文学、政治和社会问题的交汇点，尤其是致力于研究社会阶级不平等和阶级体验等问题。

在《识字的用途》（查托出版公司1957年版，鹈鹕出版公司

1958 年版）对工人阶级的生活和新的“大众文化”的说明中，霍加特努力要影响国家文化变革议程的制定，以及教育、社会阶层、新兴通俗娱乐的结构和形式之间的关系。在全面强调“文化”是研究的关键领域，是政治和社会关注的关键领域方面，此书可以与雷蒙德·威廉斯的《文化与社会》（1958 年）相媲美。不过，威廉斯的著作追溯了思想的历史传统，在结束时简短有力地说明了当代的形势，而霍加特却试图密切关注他亲身了解的工人阶级生活的细节，审视并质疑战后英国出现的“大众艺术”的较新形式。最初，该书原本题为《识字的滥用》，但霍加特最终确定，较少引 270
起争议的“用途”一词更为合适。

英国的文化研究在 20 世纪 70 年代发生了相当大的变化，既由于出现了阿尔都塞、巴特以及（后来的）葛兰西的译著，也由于伯明翰中心的新主任斯图亚特·霍尔（他从初期开始就是工作人员）创新性的和明晰的理论著作。但保持了与那些奠基性的重点的高度连续性。

威廉斯与霍加特两人都具有工人阶级的背景，两个人都当过很长时间大学成人教育的教师，在获得大学英语系的教职之前，主要在夜间课程中授课。这种共同经历支撑着在知识上极具创造性的“缺乏适合性”，在他们自己对身份、社会作用、某些品味的感觉之间，在他们的专业、当然也有他们对特殊的创始性学科的习惯和设想之间，经常都可以看到这一点。在威廉斯对“边界乡村”（他生于威尔士和英格兰交界地区）这个词广泛的、具有共鸣效果的比喻用法中，在霍加特的《识字的用途》对“焦虑和无根可寻”的探究中，两个人都把个人的、自传性的问题与更加广泛的社会问题直接联系起来，他们所采取的方式远远不合英国学术生活的常规（或许只有最近的女性主义研究才开始改变常规的术语）。

理查德·霍加特对英国文化论争的贡献，并不限于他的学术著作和他在伯明翰大学当代文化研究中心的领导作用。例如，他在 1960 年的“《查特莱夫人的情人》审判案”中作为证人出庭为该书进行辩护，当时王室未能成功按照“淫秽出版物法案”禁止出版劳伦斯的小说。他于 1960 年在“广播委员会”（即“皮尔金顿委员会”）任职，该委员会在 1962 年的报告中提出了对公共广播的批判分析，明确批评了 1955 年以来广告业对新的国家电视网络体系的资助。在 70 年代，他担任了五年联合国教科文组织的助理总干事，然后回到伦敦大学接任哥德史密斯学院的理事职位，直至退休。他论述社会文化问题的著作包括：《相互交谈》（第一卷《关于社会》，第二卷《关于文学》，1970 年），《唯一的联系——论文化与传播》（英国广播公司“里斯讲座”，1971 年），以及《英国人的性情：论教育、文化与传播》（1982 年）。他的三卷本《生活与时代》中的两卷已经出版（查托出版公司，1988 年和 1990 年），第三卷正在准备出版之中。

在以下记录于 1990 年 9 月的访谈里，他评论了《识字的用途》
271 的缘起、伯明翰中心的创建、60 年代早期关于广播的争论与今天关于广播的争论之间的关系，并且更加全面地评论了文化变迁与文化分析等问题。

科纳：我想知道，我能否在开始时问你关于《识字的用途》作为一项规划的缘起？特别是关于它讨论文化观念的方式问题，这种观念不仅与艺术有关，而且也与普通的生活方式、各种生存方式有关。这种二元性虽然对文化研究的前景来说很重要，但一直都会在理论和分析方面引起各种问题。

霍加特：《识字的用途》的缘起说起来非常简单。我在意大利当兵的最后几个月开始写我的第一本书，当时正在等待复员。由于机缘巧合，它成了第一部论述 W. H. 奥登的长篇著作。该书在 1951 年前后出版。那时我在东北部赫尔大学的校外课程任教，地点远在赫尔本身以北 100 英里；我在工人教育协会和拓展课程班任教大约有五六年时间。任何严肃认真对待这项工作的人——我们当中的很多人那时都在研究利维斯的著作、《细察》群体、德尼斯·汤普森*和利维斯夫人的著作①——对通俗文化都有特殊兴趣。不仅如此，还有大众文化。我们都非常感兴趣，尤其是，如果我们讲授文学的话，由于我们的学生来到这里，他们通常学习的几乎都是利维斯意义上的"经典"文学，而他们却生活在另一个世界里；他们不像大学生那样分散。他们生活在报纸、杂志、收音机（当时没有电视）和通俗歌曲的世界里。在很多校外教师当中，对理解这一点也有兴趣。我们从整个《细察》和利维斯小组那里确实学到了很多东西。

我决定再写一本教科书，撰写关于通俗文化或大众文化的各种文章，而不是像德尼斯·汤普森所做的事，比如《阅读与辨别》。就是说，要有一本关于大众题材的教科书。撰写之时，我变

* 德尼斯·汤普森（Denys Thompson，1907—1988）：英国著名文学批评家、教育家，利维斯的同事。

得越来越不安，尤其是对利维斯夫人的著作感到不安，因为我是《小说与读者》的主要赞赏者，但另一方面，我感到她对所写的题材有一种隔阂，她无法理解她写的题材，以及她所做的与它们对人们的真正意义。奥威尔的短文却给我留下了更深刻的印象，如那篇关于男孩周刊的短文，甚或那篇关于唐纳德·麦吉尔[*]的艺术的短文，② 他在文中抓住了那些看起来像是重复的无聊作品，追
272 溯了其背后的推动力。从那时到现在，另一个说法一直萦绕着我。那是在我无法追溯的一篇文章里，作者偏偏是 C. S. 刘易斯，[**] 他在文中谈到人们能够把良好的天资带到糟糕的文学中。所有这一切都使我对自己始终认为的利维斯夫人的"褊狭"方法感到不安：她认为人们都是白板，人们读到的东西有时被公认是重复的、因袭的，而她研究的那些"故作多情的"小说都被直接接受了，读者没有评判能力，要么讽刺性地进行评判，要么就不进行评判。

所以，我逐渐开始领悟到，如果我愿意那样做，只写另一本分析和练习的教科书是不够的。那时，我写作教科书已经走了很长一段路。我后来决定——顺便说，你应当知道，写那本书花了五年半时间，接着就有了各种麻烦——我试图写出那种文化，这是在人类学意义上，而不是在艺术的意义上，我所了解的工人阶级文化；它是我唯一了解的文化。撇开那些出自《花絮》[***]、《每日镜

---

* 唐纳德·麦吉尔（Donald McGill，1875—1962）：英国插画艺术家，以描绘漂亮的海滨景色明信片著称。

** C. S. 刘易斯（C. S. Lewis，1898—1963）：英国小说家、随笔作家、文学批评家和中古史学者。

*** 《花絮》（*Titbits*）：由乔治·纽恩斯于 1881 年创办的一份刊载趣闻的周刊，1984 年停刊。

报》、《答案》的材料，无论什么材料，我可以让阅读这两部分的人对他们运用其阅读的题材有深入了解。他们不只是广告商或通俗作家的傀儡。因而，有必要创造一种人们经历过的语境，他们曾经在那种语境中接受这种大众读物，但也“接受了”其他许多东西。这就是为什么最好说《识字的用途》的写作回到了我开始写教科书的起点，然后才决定描述那种文化，这成了该书的第一部分。该书骨干是断的，因为第一部分是在第二部分之后写成的，没有专门努力把它们合并到一起。我留给读者这样做。所以，这就是该书写成的情况，这在很多很多方面都很讽刺。

科纳：你的出版商最初的态度如何？你对该书非常规的特征有什么疑问？

霍加特：查托出版公司觉得，他们必须把书送给负责诽谤案的律师，而这造成了一系列很可笑的事件，因为这种情形很像由于水龙头漏水打电话叫水管工，而水管工却告诉你，那地方的一半已经腐蚀了。律师——一所律师培养学院的专门律师——说，这是他读过的出于诽谤目的的最危险的书，对查托出版公司和我都会造成非常巨大的损害。查托出版公司立刻说：“好的，我们无法出版，除非你愿意同我们一起去见这位律师，交付一半的费用，看看我们能否把事情澄清。”长话短说，事情澄清了。但是，除了别的事情之外，我必须亲自写出所有摘录和“肮脏段落”；它们全 273
都属于我。有趣的事情在于，你可以轻而易举写出任何人都看得出来的大杂烩，但我实际上却没有遇到任何人说，“你写了这些东西，不是吗？”，所以，我不知道他们是否注意到了。

科纳：这本书最初是怎么被接受的？

霍加特：它被全盘接受了，但不是欣然接受。在它进入鹈鹕丛书，登上了很多阅读书目、考试大纲和类似的东西，它开始流行了。

科纳：是的，那时关于文化变迁和文化分析有教育意义的论争确实已经开始。本书作为一部文化分析著作的最有趣的事情之一，可能是它的一个独一无二的特点，即现在叫作"民族志的"细节，你可以进入第一部分，主要是因为回忆起自己的经历。回到你早先提到的一个问题上，你注意到这本书不仅基于两套不同的话题和观点，而且也基于两种不同的方法，其中一种更有赖于你所受的文学批评训练吗？

霍加特：是的。但如果说有技巧的话，两个部分都在使用文学批评的技巧，尽管这在有关通俗文学的材料方面更明显。虽然我不是要展示这一点的第一人，但很明显，我在书中努力要表明的是，如果你试图培养作为常规文学文本批判性读者的各种技巧，那么，这些技巧也适用于其他文本。这就是我创办伯明翰中心的原因。相似地，倘若你开始书写你自己的生活，你就会欣赏生活，如你欣赏文学。我刚想起一个有趣的侧面。我得知，利维斯身边的人对他会接受这本书感到奇怪，这本书在某种程度上进入了《细察》的领地，他们原本认为他会不屑一顾。我认为这可能是他的本能，他毕竟要监视那块领地。但他说的是"嗯。有意思。应当写一本小说"。我想，这非常有趣，因为他的意思是说，他认为其中有些才能通常都会进入到小说中，但同时他想告诫我要谨慎小心。

科纳：你在赫尔大学的同事们反应如何？

霍加特： 我给赫尔大学的两位朋友看了该书。一位朋友是历史教师。她来见我说：“我的建议是不要出版这本书。”我问为什 274
么，她说，这样做会毁掉我自己的声誉，因为我已经出版了一本关于文学话题的书和几篇文章。她说，如果我出版一本这样的书，会有损于我当英国文学教授的机会。第二位朋友的回答更有意思。赫尔大学有一个叫 F. D. 克林根德尔的人，一个优秀的人和非常不错的艺术批评家——艺术与工业——还是一个马克思主义者。他不喜欢这本书。他喜欢我，我也喜欢他，他喜欢这本书的某些内容，但他在总体上很不喜欢这本书。他的理由是，该书破坏了他对英国工人阶级民众的看法，他认为他们属于无产阶级，具有一段积极的政治史，他们有这样的历史，而我却把他们表现得非常消极。

科纳： 当然，其他很多评论者对以家庭为中心持批评态度。

霍加特： 是的，由此扩大来看，实际上其中没有什么与劳动世界有关的东西，没有什么与工会有关的东西，有一点与恭敬的英国保守党有关的东西，肯定没有什么与左翼激进主义有关的东西，没有什么与工厂和工业有关的东西。但是，我不是要描绘工人阶级的完整图画：我要重现我所了解的工人阶级的生活，以妇女为中心的生活。一个不幸的六口之家，有四个女人——祖母，两个未婚的姑妈，一个未婚的堂妹——一个有一份白领工作的叔叔。就他们想到的政治而言，有恭敬的英国保守党，完全没有任何男性工人进入这个家庭。为了写到生活的其他方面，我可能不得不努力成为一种准社会学家，而我对此一无所知，所以，我不会为没有提及其他方面而道歉。但是，完全可以公正地说，工人阶级生活的图画是非常不完整的。以妇女为中心这一事实是不可避免的，部分因为我的家庭是以妇女为中心的，也因为对在学业上会更进一步的孩子们来说，在工人阶级的生活中几乎总是妇女们关注这一点。

科纳：我认为，照此来看，有趣的是，有关经济结构与文化形式之间相互关系的论争是如何在以前的文化研究中发展起来的。还有近来大量关于文化再生产“微观的”、家庭的或更为个人层面的问题的论争——在人们的认同、价值观、乐趣等方面。

霍加特：是的。我知道，这是论争的一个主要问题。

275 **科纳：**我想问你的另一个问题与20世纪50年代的电视有关。你写了很多关于电视和文化的文章，而《识字的用途》是在电视实际上成了主要通俗媒体的时期写成的，但电视直到很晚都没有包括在你的主要分析之内。

霍加特：是的。在我开始写作之前，商业电视还没有广泛传播。我想，我开始写到电视是在1950年。在我们1957年底从美国回来之前，我们还没有电视。之后，我们买了自己的第一台电视机。我完全没有对电视的任何体验。所以，写电视可能是不明智的。

科纳：是的，我明白。但是，也许有点尴尬的是，这几乎就像在写作期间分析对象所发生的一个主要变化……

霍加特：是的……正如我实际上写到和描绘了变化一样。几年之后，我想我会写一本不同的书。有时人们对我说，你为什么不对它进行修订，尤其是引进电视、20世纪60年代和通俗歌曲的出现等。那是别人的工作。我的一个朋友说："你得承认《识字的用途》不是严格的学术研究，它在很多方面都是一种再现，一种相当抒情的再现。"我认为他说得对，他接着说，那是一种只可能在人生的某个时刻写的书，特别是考虑到个人情况的层面。

科纳：是的。如果不说不可能，也很难使那种程度的细节体验得到更新。

霍加特：绝对是这样。你想得太远了。我开始写这本书时，刚过30岁，住得离利兹非常近，我仍然记得那段经历，但10年过去是很长的一段时间，30年过去则更加漫长。

科纳：我现在可以问你一个问题吗？你觉得此书的整体分析的力度如何？我认为，这种分析完全可以说是悲观主义的，尽管不是毫无希望。今天我又读了结语部分，它使人想起各种情况在很多方面都在变成最糟糕的。后来在20世纪50年代晚期和60年代发生的那些事情证实了你的诊断，或者你认为你过于悲观了吗？

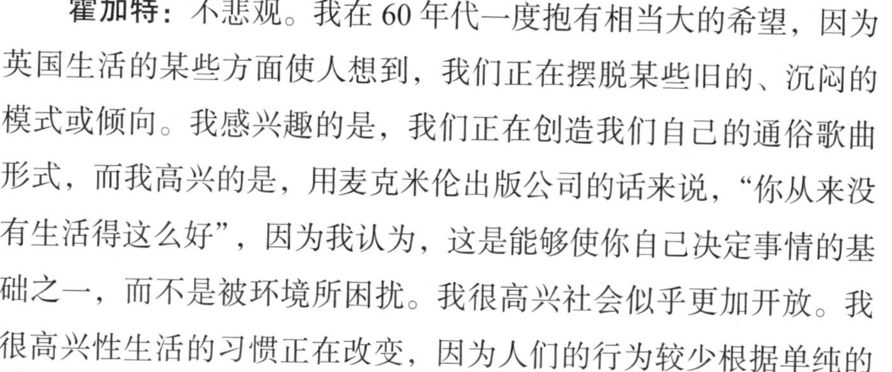

霍加特：不悲观。我在60年代一度抱有相当大的希望，因为英国生活的某些方面使人想到，我们正在摆脱某些旧的、沉闷的 276
模式或倾向。我感兴趣的是，我们正在创造我们自己的通俗歌曲形式，而我高兴的是，用麦克米伦出版公司的话来说，"你从来没有生活得这么好"，因为我认为，这是能够使你自己决定事情的基础之一，而不是被环境所困扰。我很高兴社会似乎更加开放。我很高兴性生活的习惯正在改变，因为人们的行为较少根据单纯的指令，无论是来自教会的指令，还是来自阶级阻隔的指令或别的什么东西。这些变化无疑都是希望的征兆，但我不再像我在60年

代那么满怀希望。所以，是的，我会坚持最后那几页里的看法，它们的确呈现了一种令人沮丧的前景，但我认为，如果你现在来考虑20世纪80年代晚期和90年代的话，它依然是一种非常令人沮丧的前景。

科纳： 是的，我想问你，你如何理解当下的境况。

霍加特： 你到处看看；当然还是有更多的金钱，尽管我们现在正在走向衰退。阅读水平非常低，对图书和杂志价值的识别力极低。除了某些重要的例外，书店对消费者来说成了交换印刷品的地方。

科纳： 但是，有相对晚近的"沃特斯通"连锁书店[*][③]的现象，例如，以对消费者和作者双方严肃认真的态度销售所有主题的非常不错的图书系列。这是与你的描述相反的趋势。

霍加特： 你说得对。但是，你谈到的是为已经有意识的群体提供的图书……

科纳： 导致了更多的文化分层吗？

霍加特： 哦，是的，文化的分层，这就是正在出现的情况。20世纪80年代的相反立场与沃特斯通书店一样，他们创办《独立报》[④]时，如果向我提出要求，我不会把钱投给它。如果我现在要写一本像《用途》那样的书，那么我会认为，英国所发生的事情是从旧的阶级习惯和态度转向一种新式的分层社会，而你却在其中处于顶层，有越来越好的针对各种品味的供给品，那些品味在某种程度上经过了培训和专门化。为他们提供的东西远比他们

---

* "沃特斯通"（Waterstones）连锁书店：英国最大的专业图书销售商，创立于1982年。

从前得到的好得多；你不仅有《卫报》，还有《独立报》、《星期日独立报》；因为广播方面的公共服务理念依然有活力，你所拥有的 277
节目适合于特定种类的受众，可以预料这群受众很少。第四频道[*]是经典个案——用直率的民主词语从财经方面来说，至少一开始，它似乎是不合理的，却投合了部分新分层的受众。我认为，在这个层次之下，其他人都被放进了一个更加固化的板块之中。看看从“优质”新闻转变到越来越多的供给品，更多和更好的层级化，尤其是“生活方式”的东西——一直到选择食品、美味佳肴、儒勒·凡尔纳旅行社度假、美国运通金卡，诸如此类。然后，再向下看看通俗新闻方面的变化，你会看到越来越严重的固化。

这两个领域之间存在着一种奇怪的关系。这就像是其中的一个领域——“优雅”层级——寄生于另一个领域。我当作象征的一个有趣例子，是美国出版的“知识分子”平装书的第一个阶段。你还记得那个阶段吗？我得知，出现这种情况的原因在于他们开始大量生产廉价平装书，基本上是风流韵事、色情与暴力、侦探小说等；但是，他们节省了设备和加工能力。有人产生过这一聪明的想法，即你可以模仿几本版权已经过期的“时髦”书。这样，突然之间，整个费尼莫尔·库珀[**]的作品就会以一美元一本或类似的价钱出售。所以，正是新技术与生产量的结合投合了对品味越来越小的划分，因为要节省产能。新技术的另一个方面是，如果你有一张精确定位受众的报纸，那么，你可以给雷诺汽车的 25 名

* 第四频道（Channel Four）：开办于 1982 年的一家英国公共服务电视广播公司。

** 费尼莫尔·库珀（Fenimore Cooper，1789—1851）：美国多产的通俗小说家。

受众打电话，让他们去获取有针对性的广告，这种报纸的盈亏平衡点就比它原本低得多。这是一个重要的变化。

科纳：是的，技术与文化的关系明显在变得更复杂和更重要，正如你的例子使人想到的，或许从一开始就摆脱了根本不在“计划之内”的副作用与后果。不过，我想知道，我能否使你再次回想起 20 世纪 60 年代，回想起当代文化研究中心的理念。在某个层面上，必须把文学与社会学的理念和方法结合起来。它是怎么努力做到的?

霍加特：当我得到伯明翰的教职时，我把它作为条件之一。我并不想要一群普通的研究生，我想努力开创一个中心。这是瞬间的念头。在我对副校长说到这一点之前，我确实不能确定我对此想过多少。你一生中所做的事情之一就是在心灵深处酝酿一个想法，然后突然间公布这一想法而迫使自己践行它。

278 **科纳：**你能把中心办得有多出色?

霍加特：起初我没有钱。我必须找到钱，这是学校的条件之一。因此，我给（企鹅出版社的）阿伦·莱恩写信，提醒他说，如果他和我们签订一份 7 年的协议，他就可以按协议申请退税。那时税收的最高标准达到了每英镑 19 先令 6 便士。我说每年需要 2400 英镑，一共 7 年——这在当时听起来令人难以置信。这笔钱用来付给斯图亚特［霍尔］、一位秘书、差旅费、图书！我所做的另一件事情是要使我自己确信，我将与它一道前进，我要发表就职演说；公开陈述意图。

我试图去做的就是要宣称：文学批评的方法，经常是利维斯式的方法，是仔细的分析、倾听文本、感受文本及其文理，它们都可以转换成通俗文化研究；不仅是词语，还有意象。它们可以转移到无论怎样的社会学方法中，正是这些方法，给你提供了对于广告所做的、你听到或看到的东西之内在性质的感觉。因此，我们在第一次研讨会上，花两个小时讲叶芝的诗《库尔的野天鹅》，那些真正对此反应敏捷的人确实从中收获巨大，因为我知道，引进社会学家我们会有所收获。但我始终都是一个关于文学能做什么的布道者；而我并不是理论家。斯图亚特［霍尔］是理论家，他习惯性地、本能地都是一位非常优秀的理论操弄者，所以，我们可以相互补充。

我们希望，伯明翰中心努力为学生提供从事文学研究的工具。如果你回到文化定义的问题，那么，我会坚持两种定义，就像空中抛两个球，因为如你所说，无论你在哪里工作，你都无法回避它——一方面有在人类学意义上使用的“文化”，如在《识字的用途》的第一部分，另一方面有马修·阿诺德意义上的文化，意指“被思考和说出来的最好东西”，而我在这个方面是阿诺德的追随者。我认为，我们正在经历的时期极为有害的特征之一，是充斥方方面面的相对主义，包括文学研究，尤其是某些后结构主义的材料，其中确实没有“书籍”，没有“个性”，没有要做的判断。我恰恰认为情况并非如此。还有，在民主政治方面，你必须尽你所能确保尽可能多的人得到广义的评判。现在流行的方法是，把利维斯叫作“精英主义者”从而拒绝接受他；这确实是要消弭各种可能的知识差异，而这是愚蠢的。

科纳：其他大学的教师，特别是英语和社会学的教师，对伯 279
明翰中心持普遍支持态度吗？

霍加特：人们通常对跨越学科边界、宽容和一点单纯的怒气抱有复杂的疑问。这使我更想摇一摇那棵树。有一位教授提到了“霍加特的廉价帽子外形不错”；他的意思是说我们提供廉价的硕士或博士学位。这样做的后果之一是，我们千方百计要找到我们可能找到的最严厉的校外评估者，甚至是那些可能被认为没有同情心的人。在大约三四年的时间里，我们两次赢得了优秀硕士指导奖，因此，我们确定，从那时起，“廉价帽子的漂亮外形”的俏皮话已经彻底过时了，我们开始授予博士学位。实际上，社会学家们是非常宽厚的。他们说，一直以来，“这都是有趣的材料，我们可以从中学到东西”。

科纳：第一批学生如何，他们从本科学习中对这个领域了解多少？

霍加特：有很多学生都在申请。有些人来主要是因为他们读了《识字的用途》，有些人来主要是因为他们仰慕斯图尔特的早期著作，而且较有政治意识。也有人兼具这些情况。有趣的是发现他们来自哪里；澳大利亚是最大的人员来源国，还有荷兰。

科纳：回顾早期阶段的研究方法，你是否同意强调文本研究会倾向于容纳有关媒体权力、媒体影响力的设想，有些民族志的研究实际上要受到质疑？你认为存在着夸大有影响之观点的重要性吗，甚至考虑到你早期的评论说，一开始就想挑战人们不知何故是白板的观点？

霍加特：我从来就不愿意提出的一个问题，就是地方文化与庞大的说服机构之间的对比，以及它们之间关系的真正意义，无论它们是大众媒体还是别的什么东西。虽然我因此受到过责难，但我的确从不属于那种认为媒体不会给人带来任何实际后果的组织，它们是它们所属的地方文化的一部分。我认为，这是不真实的。另一方面，我也不相信他们是等人去书写的白板；但是，这两者之间的关系与某种转化有关，与人们接受提供给他们的东西并将其转化为自己文化的方式有关。但媒体的经营并非徒劳，有 280
一种它们要产生作用和“影响”的感觉，这越来越成为一种事实。因此，用行话来说就是“交相呼应”，我希望看到更多的研究，我自己也愿意做更多研究。

你也使我想到了另外的问题。自中心成立以来，我写过很多关于机构的文章。在伯明翰，我忙于支持中心的写作工作——对广告、政治家的言说方式等进行批判性分析。但是，我对机构心理学、机构与社会及其文化联系的方式越来越感兴趣；我在这方面强调多元性，注重社会对自身、其阶级划分及其教育制度的理解。还记得汤姆·伯恩斯论述作为一个机构的英国广播公司的著作吗？[5] 一本很不错的书。如果我再创建中心的话，那我会为机构研究说好话，把机构当成文化延续自身之方式的例证，同时经常也是文化颠覆自身之方式的例证。

科纳：是的，就广播而言，机构的重要性是显而易见的，虽然这并没有使它本身像文本分析所做的那样非常容易适合于教学，因此有可能被边缘化。但我想知道，按照这种提示，我能否问你一个关于你自己参与制定广播政策的问题？20 世纪 60 年代初期，你是皮尔金顿委员会的成员，调查过英国电视与电台的组织和运行。这个委员会是最先全面关注广播质量与人气问题之间紧张关系的机构之一。现在我们所处的情况是，再次对各种主题展开了激烈论争。我想知道，你能否就皮尔金顿委员会处理质量与人气问题的方法说点什么，你如何看待这些论争对当下的影响？

霍加特：我认为，皮尔金顿委员会对我们的广播有过最好说明。⑥那时它与一家加拿大机构并称。70年代的安南委员会[*]则截然不同。皮尔金顿的原则是旧式的半官方原则，这种原则能让那些最初毫无特殊兴趣的人思想开放，做一切准备工作，尽其所能做出最佳判断。然而，安南委员会却打破了这一原则。它的成员在某种意义上已经受到了约束，或者说怀有偏见。因此，你看到的是一个完全不同的委员会。我认为，皮尔金顿提出了一份极好的报告。有人说是我起草的，但不是这样。我确实起草了其中
281 一部分，但主要的起草工作是秘书做的，他是一位文职人员。皮尔金顿本人几乎不看电视，但他却是一位非常不错的主席。

我们到了商业电视已经开播五年、对法案（1954年的电视法案）完全不予理睬的时候。商业电视不顾该法案的条款，正在把无法获得观众的节目推向边缘，甚至打破了各种规则，即使不是直接打破，它靠的是生产所谓广告杂志的东西，它们成了“隐蔽的”广告工具。它的新闻报道很糟，以至于ITN[**]的新闻负责人对我们说：“你们会斥责他们吗？”他们对我们如此傲慢，因为他们神气十足——那是一个保守党政府——我们的律师建议说，如果他们对公共委员会回应不当，我们就必须对他们的行为发出强制令。另一方面是英国广播公司高调提出了诉讼案。这意味着我们面临

* 安南委员会（The Annan Committee）：成立于1974年的英国广播业专门机构，负责讨论广播业的资助、节目标准等问题。

** ITN：英国广播公司提供的世界新闻、体育新闻、国内新闻、商业新闻等节目。

的真正问题是按照公共利益来制作广播节目。我们要做的是一种社会哲学、政治哲学方面的训练。广播的性质是什么，它与善、真、美的关系是什么——是另一种意义上的文化吗？它对少数群体的责任是什么？它对政府的责任是什么，如果有的话？它与广告的关系是什么？什么是保护公共利益的最佳结构？什么是最好的财务制度？

我仍然坚持那些重要章节的立场。我们到了某个关头，此时我们知道，我们不得不就英国独立电视台（ITV）* 的出现而引进的新机制说一些非常激进的话。我们最终确定，商业电视的真正问题在于，广播公司的目标应当是制作良好的广播节目，而不是把观众交给广告商。我们感到，打破当前机制的方式是要把提供节目的功能与广告收入的功能分开。这些问题反过来困扰着政府，因为这基本上就是第四频道是什么的问题。第四频道在某种意义上是皮尔金顿委员会的一个耽误已久的孩子。但是，我们明白，我们的报告不会被接受，因为它是递交给一个保守党政府的。

现在的情况相当糟糕。新法案（1990 年的广播法案）甚至没有任何关于它曾经坚持得那么好的“告知、教育和娱乐”的简单概念的条款。它有制作“优质”节目的要求。努力在完全开放的意义上来界定优质。讽刺的是，几乎在缺乏思想或机遇的情况下，无论人们说什么，英国人都建立了在任何地方都可以发现的最有

* 英国独立电视台（ITV）：全称为 Independent Television。该台成立于 1955 年，是英国最早的商业电视台，也是英国最大的综合电视台之一。

282 效的公共服务广播体系。因为他们太有商业头脑，因为没有任何人抗争，因为他们在价值观方面成了相对论者，他们让这个体系在他们手上衰落了。学者们要做什么，副校长要做什么，英国广播公司实际上对此要做什么？他们固执己见，并且希望这会被忽略。这是一个糟糕的时刻。10 年后我们回头看看，会注意到由于非常奇怪的机缘，那些热心的地方长官首先在英国把广播设立成一种公益工具。而它被出卖之后，就会加快走向文化上细化分层的社会。

科纳：最近有很多关于民族主义崛起的文化含义的讨论，尤其是在“新欧洲”，同时也有关于日益增长的文化供给品和基础设施的国际主义的讨论。你对此有何全面理解？

霍加特：我认为，围绕着这一切有很多混淆和矛盾。在某种意义上，民族主义普遍衰落，因为年轻人似乎明显怀疑各种既定的民族主义，正如他们怀疑各种旧式的民族政党一样。但我们也看到了各种族群、少数族裔认同的崛起。我经常援引我访谈过的一位巴斯克人*的话：“我是欧洲人，因为我是巴斯克人，但我并不是西班牙人所发明的那种东西。”这是在 20 世纪末说出来的相当令人惊讶的话。他认为自己是欧洲人，因为有共同的知识和艺术成就。我最近在南斯拉夫也与一位年轻妇女交谈过，她说，她认为自己不是南斯拉夫人，而是克罗地亚人，也是欧洲人，由于更加广泛的文化传统而成了欧洲人。

---

* 巴斯克人（Basque）：一个具有强烈民族意识的西南欧民族，主要分布在西班牙和法国等地。

所以，我认为，在现在经常谈到的意义上，民族主义的崛起必须分为两种。在西方世界有较小的族群的崛起，如在比利时、西班牙、威尔士、苏格兰等地；这是一种。在东欧有旧式的民族主义、民族的复兴和对它们的重新肯定。这与我们在西方看到的情况不同。这是20世纪为反对强加给人们的那些庞大族群而对自由的坚持，经典的个案是苏联。这种意义上的民族主义是与极权直接对立的。这是一种非常强大、有影响的力量。在巴斯克人、威尔士人和类似族群中看到的民族主义，更加坚持他们的文化权利，或许是对这些权利的重新肯定，而不是通过暴力摆脱新近的同化。因而，民族主义似乎成了唯一正确的旗帜。所以，两种民族主义之间存在着某些重要的差异与联系。

再来谈国际主义。文化上的国际主义已经持续了很长时间，特别是在各种艺术中。它在视觉艺术中非常引人注目，视觉艺术在很多领域里几乎使自身完全脱离了地方，转向了一种抽象主义，它轻而易举就被突显为“国际性的”。我们所看到的也是商业压力与活动的结果，是在我所称的文化“表面泡沫”层次上增强了的国际主义。我所说的“表面泡沫”是指那些特别容易通过市场而被迅速国际化的形式。显然，我们在流行歌曲、电视和其他领域里会继续看到更多的国际化形式。但是，与国际性主题具有更深刻想象力的真正结合，显然也很重要。例如，我希望在其他文化和社会中看到更多的英语读物，即使大多数都是译文；我们在这方面非常可怜。而电视在涉及跨国主题方面——例如，外来务工者——可以做得更多。

科纳： 最后，我想问你一个关于“共同文化”理念的问题，这个问题对20世纪60年代关于文化和民主的论争产生了强烈的影响。鉴于当前对差异性和多元性的强调，而你自己实际上在前面谈到过日益分层化的问题，那么，这作为现在的一个目标有多现实，或者说实际上值得去做吗？

霍加特：实际上，这个说法是雷蒙德［雷蒙德·威廉斯］的，而不是我的。我对此始终都有一些异议。我极少使用这种说法，对它总是有点警惕。我的出发点，我对它的界定，始终都是分离，即这个社会中受过教育的人与其他人之间的巨大分离，以及在共同历史和传统的意义上太过经常覆盖我们共同人性的方式。当我使用这个说法时，我会指出并试图承认，与可怕的分裂力量相反的共同人性和历史的层面，依然要起作用。

科纳：是的，我记得威廉斯在其界定中相当明确地拒绝与统一性观念的一切结合，而想提出某种意义的共同公共价值观和目标。

霍加特：是的，就是这样。这是观念，但大多数人却不想了解。我已经发现了某种相同的、有关我对社会阶级的评论的反应。我记得对某个非常成功的专业人士说过，他在雷蒙德的著作中发现了一种企图，即要消除差异，消除天才，使每个人都一样。这
284 当然是荒唐的，但这常常是习惯势力的反应。尽管如此，在我看来，某些左派人士的倾向加剧了这一企图，那些人实际上拒绝承认人的技能有差别。这样做是非常愚蠢的，因为首先它会导致在有效论证教育和文化政策方面的各种困难，未来的工党政府不得不这样做；也存在着反对原则的更深刻的理由。

注　释

① 这方面的重要著作有 Q. D. 利维斯的《小说与读者》(查托出版公司，1932 年)，F. R. 利维斯和德尼斯·汤普森的《文化与环境》(*Culture and Environment*)(查托出版公司，1932 年)。

② 除了其他地方之外，这些文章可以在索尼娅·奥威尔（Sonia Orwell）和伊恩·阿格纳斯（Ian Agnus）编的《乔治·奥威尔散论、新闻报道和书信集》(*The Collected Essays, Journalism and Letters of George Orwell*)(4 卷本，企鹅出版公司，1970 年）中找到。

③ 沃特斯通的新公司通过开办获得巨大成功的“重要”城市购书中心，以及针对市场趋势建立的庞大全国连锁店，在 20 世纪 80 年代晚期的英国创造了某种文化现象。

④《独立报》(*Independent*) 创办于 1986 年，是英国新的“优质”报纸，它激发了迅速崩溃的普遍预言。它反而以令人吃惊的速度赢得了读者和广告。

⑤ 汤姆·伯恩斯:《英国广播公司：公共机构，私人世界》(*The BBC: Public Institution, Private World*)(麦克米伦出版公司，1977 年)。

⑥《1960 年广播委员会报告》(*Report of the Committee on Broadcasting 1960*)(皇家出版局［HMSO］，1962 年)。

注释与引文*

1. 直接引语

285 问题在于，要接近城市工人阶级谈话的口音，但又不会使读者感到困惑，也不会造成使人误解的奇怪气氛。首先是语音的拼写存在不利条件，其次是方言。因此，我所运用的拼写形式大致近似于口语发音，应当可以直接理解。因此，“你”（you）通常写作“y”，虽然所需的更接近发音的拼写形式可能是“yē”或者“yū”。“yer”用在紧接着以元音开头的词语前。此外，在工人阶级的交谈中，“我”（I）听起来像 æ（如在“apple”中那样）。“Ah”具有略微使人想起南方腹地发音的缺点，但不像 æ 那么容易使人迷惑，而且比“I”更准确，所以必须使用。几乎每个 h 音都被省略了，有些读者会提出异议说，并非工人阶级中的每个人都省略了 h 音。然而，几乎每个人都省略了 h 音，更准确地说，普遍都省略了 h，而不是包括 h 音。但是，在这方面，如同“you”和“I”的情形一样，我有意使之显得不一样，偶尔也会使用标准的拼写形式。

* 注释中的页码均指原著页码，参见本书边码。

第一章

第 2 节

第 8 页　专业化的等级制：阿萨·布里格斯教授对较小的西区城市中心有特别详细的了解，他使我想到了这一特征。我倾向于认为，工人阶级的生活在这些地方比在大城市更容易有尊严。很多男女都在某一相当不错的行业（通常是纺织品的某个行业）成了熟练工。那些小山丘静静地坐落在石头房子的街道背后，它们与前几代乡下人的联系较为明显。我想，不大可能从根本上理解在各种重工业中占有很大比重、在社会方面分离的工人群体。布里格斯教授也认为，这些地区的工人阶级民众与居住在城市里的人相比，也许更容易迁徙。或许，与处在城市中的大型工人聚居区里相比，很少使人感到最终“上岸”。

第 10 页“某种相当朦胧的田园生活传统……”：在我看来， 287
有些作者由于夸大了工业革命之前穷人生活的快乐，从而使我们自己的时代变得较为黯淡。多萝西·马歇尔的《18 世纪的英国穷人》一书在这方面起到了很有益的矫正作用。伦纳德·伍尔夫在研究了 18 世纪乡村居民的日记后总结说，他们的生活是一种“艰辛劳作、狭隘沉闷和粗鲁野蛮”的生活（《洪水过后》第 1 卷，第 152 页）。当然，确实也存在一些较为“动人的”特点。

第 10 页　城镇的增长：米德尔斯堡是 19 世纪新兴城市的一个很好例子。1821 年，它是一个只有 40 个居民的村子；到 1841 年，它的人口达到了 5500 人；到 1861 年，人口达到了 19000 人；1881

年人口达到 56000 人，而在 1901 年人口则达到了 91000 人。这样的增长不单是乡村移民造成的；人口总数在迅速增加。到 1861 年，总人口达到了 2000 万，是 1801 年的两倍多。

第 11 页 “包装好的非处方药……”：很多人仍然相信这类药物。那时，工人心里有一些根深蒂固的观念，认为这类药物再也不是专利药品，几乎就是天然药物。

第二章

第 1 节

第 13 页 “根是什么……”：T. S. 艾略特《荒原》，费伯出版公司。

第 16 页 惠斯特牌戏的民间传说：由主持人在 3000 次牌戏上讲述过的民间传说（《起床号》，1953 年 10 月 2 日）。

第 2 节

第 19 页 家庭成员的群聚性：在有声广播电台和电视出现之前，家庭纸牌游戏非常流行，惠斯特牌戏是其中最受欢迎的。甚至在其不太流行之后，名为“耐心”的单人纸牌游戏仍然大行其道。我的一个姑妈在 20 世纪 30 年代还经常玩单人牌戏。

第 20 页 狗和猫：1955 年的《赫尔顿读者调查》提到，狗在上层阶级比在中产阶级下层更受欢迎，但下层阶级（第四类和第五类）在比例上比其他阶层更喜欢猫。

第 21 页 猪肉馅饼的流行：我的一位朋友最近听到一对年轻的工人阶级夫妻在议论一家猪肉店的橱窗。她亲热地说道：“嗯，第 40 页　“或许还有年假……”：假期完全有可能与亲戚们在一起，因为这样的安排不仅较为便宜，而且也更家常。

第 41 页　“酒馆”（diddlems）：夜总会或“抽奖”的一种形式，所有会员一般每周结算一次，每周有一个成员退出，通常靠抽签来决定（《我摸彩时间到了》）。

第 43 页　吃炸鱼和薯条的快乐：我的一位朋友在青春期时家庭非常不幸，他曾经表示怀疑是否值得与他的法语老师一起生活。那位老师是来自曼彻斯特的一个穷犹太人，他“吩咐我想想加了醋的炸鱼和薯条的气味，而我确实就像歌德的浮士德按照复活节赞美诗的歌声努力去生活那样”。

第 45 页　公共阅览室：它们在 20 世纪 30 年代是相当糟糕的地方。除了别的以外，报纸推销员——失业的职员、售货员和少数毕业生——把它们当成了吃三明治和整理自己清单的地方。

萨尔盖森小姐的《在公共出租房里变老》在这里是相关的和 290
有价值的。她注意到，在贝尔法斯特阅览室的老年人中，“有些老年学生乘机悄悄在暖气管上烘烤自己的袜子，但是，如果被发现了，就会被赶到寒冷的外面去”。

第三章

第 1 节

第 50 页　英格兰北部地方法院：这里所用的一些材料在我为《论坛报》（1946 年 10 月 4 日）撰写的一篇文章里以不同形式出现过。

第 50 页 “奥利克”精神：参见狄更斯的《远大前程》。

第 54 页 “哦，不需要理由……”：莎士比亚《李尔王》，第 2 幕，第 4 场，第 268 行。

第 2 节

第 55 页 全国煤气工人联合会临时委员会：参见威尔·索恩《我的生存之战》，纽恩斯出版公司，1925 年。

第 56 页 “缺乏施展抱负的机会……”：茨威格博士也提出过这一问题。

第 57 页 马修·阿诺德：《文化与无政府状态》第二章。

第 59 页 “有一种叫作大众思想的东西……”：在里夫利和温尼诺顿的《民主与工业》第 60 页里提到过的一位工人。

第 60 页 “委婉的说法……”：我把这种令人愉快的说法归功于 T. H. 皮尔；参见他的《意见与个性》。

第 61 页 吵架：此处我想起了阿萨·布里格斯教授提供的一些细节。

第 3 节

第 67 页 “更不用说各种各样的酗酒……”：酒精消费的转折点出现在 1900 年。在此之前，酒精消费在上升；后来，消费开始下降。从 20 世纪 30 年代早期以来，每人消费的酒精不到 1900 年消费量的一半（参见普雷斯特和亚当斯《1900—1919 年英国消费者的支出》、《1951—1952 年关税与消费税委员会报告》[政府公文，8727]；以及《啤酒酿造商年鉴》，1953 年[第 89 页]）。

第 69 页 “对性的某些方面感到羞怯……”：《金西报告》就此提供了更加广泛的证据。

第四章

第 1 节

第 73 页 “适应当地山谷的需要……”：W. H. 奥登《石灰石 291
赞》，载《祈祷日》，费伯出版公司，1952 年（美国纽约，兰登书屋）。

第 77 页 关于体育：我要再次为这里的某些细节感谢茨威格博士和阿萨·布里格斯教授。

第 77 页 “把你的身体看成……”：R. M. N. 蒂斯德尔《年轻运动员》，转引自哈罗德·斯托文《图腾——对青春的剥削》，第 55 页。

第 79 页 《银星》：1953 年 5 月 27 日。

第 2 节

第 80 页 “离开主日学校和读《世界新闻报》的自由……”：L. 芬威克小姐在《期刊与青春期少女》中证实，这仍然是一种习惯。

《德比民意调查》（第 53 页）表明，63% 的 4 岁到 10 岁儿童和 56% 的 11 岁到 15 岁的少年要去该城的主日学校。当然，去教堂和做礼拜的成年人，大大低于这些数据（虽然 98% 的成年人表面上宣称是某个宗教团体的成员）。

第 80 页 对教区牧师没有任何主动的敌意：朗特里和拉弗斯在《英国人的生活与休闲》中得出了相反的结论。我自己发现，这是由于更多地去听所说的内容，而不是去听怎么说的缘故。

第 83 页　关心的是道德，而不是形而上学：阿萨·布里格斯教授的出身背景在很多方面都与我的背景相似，他认为，我在这里可能是根据一种非常有限的经验来进行概括。他的经验并不支持我的观点。

第 84 页　通过宗教所理解的那些说法：在此，我要为恢复的一些记忆而感谢民意调查《被迷惑的民众》。

第 3 节

第 86 页　《汤普森新闻周刊》：1955 年的《赫尔顿读者调查》表明，这份报告包含以下的读者情况：

第一类和第二类阶级	大致为 1/55
第三类阶级	大致为 1/19
第四类和第五类阶级	大致为 1/13

第 86 页　工人阶级民众特别喜欢……星期天八卦报纸：当然，它们也非常受其他阶级的欢迎；但是，与中产阶级相比，工人阶级民众更了解自己的周日报纸，不太了解自己的日报（参见《赫尔顿读者调查》）。

292　第 86 页　德·鲁热蒙：《爱情与西方世界》。

第 87 页　“有些杂志……主要是工人阶级妇女阅读的……”：1953 年的《赫尔顿读者调查》提供的这些杂志的读者总数中的大多是近似值。

它们表明：

刊名 名称	估计的读者总数 （仅限妇女）	工人阶级读者人数 （仅限妇女）
《红字》	75 万人	70 万人

《银星》	65 万人	62 万人
《福星》	60 万人	56 万人
《红星周刊》	57 万人	53 万人
《魅力》	57 万人	53 万人
《隐秘》	以下各组中没有妇女的数据。第一类、第二类和第三类的读者人数太少。	35 万人
《神谕》	同上	32 万人
《家庭之星》	同上	35 万人

右边栏目的数据是赫尔顿第四类至第五类的，即占人口的71%。我推测，集中程度在工人阶级中更高，正如我力求详细说明的那样。

第 87 页　旧杂志的期数：全部都是周刊，在本书写作时已经接近于以下连续的期数：

《隐秘》，950 期;《红星周刊》，1100 期;《奇迹》，970 期;《银星》，600 期;《神谕》，1050 期;《福星》，680 期。

第 87 页　“几乎全部是由三大商业机构发行的”：

纽恩斯集团出版了《福星》、《银星》和《魅力》。

直到世纪之交前，联合出版社以哈蒙思沃斯兄弟有限公司而闻名，它是最大的期刊出版机构，出版了《神谕》和《奇迹》。

汤姆森和伦格是两个家族集团，它们构成了伦敦之外最大的杂志和期刊出版机构，出版了《红星周刊》和《隐秘》。

D. G. 汤姆森是汤姆森公司的执行董事，于 1954 年 10 月 12

日在邓迪去世，时年93岁。他似乎是一个外省的哈蒙思沃斯人，敏锐地抓住了大学教育提供的机会。他父亲是一个船主，1884年
293 获得了邓迪的《信使报》，并负责经营该报。其后，他通过并购其他出版机构不断扩张，直至控制了大不列颠最大的一家报纸和期刊公司。他管理着苏格兰的晨报和晚报、妇女杂志和儿童连环画（例如，《欢乐宴会》和《花花公子》，每期销售约150万册），他还掌管着其他几种出版物。（这些细节大部分出自《曼彻斯特卫报》1954年10月13日的讣告。）

第90页　德·鲁热蒙：第236—239页。

第91页　“当斯特拉·凯……”：《银星》1953年5月27日。

第91页　“《母亲的节日夜晚》”：《隐秘》1953年6月13日。

第91页　《神谕》：1952年9月27日。

第91页　《福星》：《梦想》1953年5月18日。

“与‘股票反应’相反的情况……”：很快就非常明显的是，最普遍习惯了的当代文化的划分——分为教养高深者、教养浅薄者和教养平庸者——属于非常狭隘的用法，并且肯定很快就会变成误导。

第93页　圣诞节和生日贺卡诗：新风格在这方面也得到了认可。正如在其他地方一样，它在设计和文字方面通常是华而不实的。

第94页　“幸福的构成……”：A. E. P. 作，《银星》1953年5月27日。

第94页　“《撒旦的悲哀》——对我姑妈来说是‘经典’……”：霍尔·凯恩*的《法官》也是这样，它早在1887年就发表了。

* 霍尔·凯恩（Hall Caine，1853—1931），马恩岛作家，维多利亚时代晚期和爱德华时代英国最著名的小说家和剧作家。

第五章

第 1 节

第 96 页　“只有……”：马克西姆·高尔基《福马·高尔杰耶夫》中的一个工人所言。

第 100 页　“工人阶级民众……喜欢赌博……”:《皇家委员会关于打赌、博彩和赌博的报告》(附录 2，第 150 页，表 6）中的数据使人想到，在“赌博游戏”中赌钱的工人阶级男性的百分比高于其他阶级中赌博的男性的百分比。这并不意味着他们的平均赌金更多一些。

第 2 节

第 102 页　“巴洛克”：我要为使用这个词而感谢兰伯特和马 294
克斯的《英国通俗艺术》。

第 105 页　喜欢高雅和技巧：法式抛光常常受到极大的尊重。时常有当地人在空闲时间练习技艺。我猜想，更加闪耀的现代家具会夺走消费者。

第 107 页　“有趣的风格化的马几乎都不见了……”：但是，它们现在正重新回归，就像非常受人欢迎的古装戏。

第 109 页　“他们对斯堪的纳维亚人的朴素等闲视之……”：在迎合工人阶级趣味的商店里买到的“当代”家具，一般都经过明显的修饰。它保持了主要的“当代”轮廓，但制作却相当精细，甚至在其“当代”特征方面也相当夸张。

第3节

第110页 “有些文具店出售的歌曲集……”：这些歌曲集也许是维多利亚时代“长歌”——“一便士三码”的现代翻版。

第111页 关注工人夜总会的习惯：英国广播公司有一个叫“夜总会”的节目。

第111页 工人夜总会：《德比民意调查》的作者指出（第63页和第72页），在全国每4家电影院中就有3家工人夜总会。他们估计，这些夜总会的男性成员相当于全国工人阶级男性的1/7。我推测，这个比例比我的材料来源地区要高出很多：其他阶级的成员确实也要加入夜总会，但在那些地区，加入的人似乎很少。

第113—114页 歌唱的风格——拉长歌词：这在情绪上与W. H. 戴维斯在《超级流浪汉自传》第23章（初版于1908年）里描述的“歌丐”有点关系。（海角出版社，援引经H. M. 戴维斯夫人允许。）老“歌丐”劝告说：

“把容易的低音符延长，缩短困难的高音符，就像身体的一侧发生痉挛一样。”

感谢R. 内特尔先生提示此条。

第115页 “英国城市流行歌曲最好的时期……”：这里的一些细节来源于克里斯托弗·普林的《他们在歌唱》。

295 第116页 “《如果那些嘴只会说话》……”：弗朗西斯、戴和亨特公司。

第118页 《纸娃娃》：彼得·莫里斯音乐公司。

第120页 《家》：彼得·莫里斯音乐公司。

第120页 《忠实伙伴》：弗朗西斯、戴和亨特公司。

第 120 页　诺埃尔·科沃德的《私生活》：第 1 幕，法语，1930 年。《他们在歌唱》使我想到了这一点。

第 120 页　"用塞西尔·夏普的话来说……"：载《英国民歌——一些结论》。我要为夏普先生无理拒绝的一些歌曲辩解，但我并不主张它们要与乡村民歌进行比较。

第 121 页　轻而易举地从幽默歌曲转向宗教歌曲：当各种各样的喜剧演员以一种"严肃的独白"结束一段表演时，他们常常会做出类似的事情，这样做总会很受欢迎。

第 121 页　《天佑这个家》：海伦·泰勒所作（经作者授权），布西和霍克斯公司。

第 121 页　喜欢宗教歌曲和"经典"歌曲：克拉拉·巴特夫人演唱的这类歌通常都非常受欢迎。几年前我听过她的歌曲唱片，但如果我没有记错的话，那是一种特别丰富的女低音——这种厚重而温柔的特质会吸引工人阶级民众。

第六章

第 1 节

第 127 页　"用这种方式……"：《美国的民主》，第 403 页。

第 131 页　"我们谈到了坏品味……"：朱利安·邦达《贝尔菲戈尔》，引自温德姆·刘易斯《时代与西方人》，第 292—293 页。

第 2 节

第 132 页　洛克：《人类理解论》，1690 年，第 4 卷，第 16 章，第 4 节。

潘恩:《人的权利》,1791 年,第 1 部分,第 65 页,人人丛书版。

第 134 页　宽容的各种说法:《被迷惑的民众》使我想到了这些说法,第 83—84 页。

第 3 节

第 135 页　“这种现象……并不新……”:例如,迪布丁在描述他那个时代—— 18 世纪晚期的新闻界时,谈到了“一种待人诚
296 恳的绅士”,也谈到了我们自己的伪感觉论者的先驱,他们创造了“极为夸张的对各种琐事的杂评式描述”。实际上,通俗报刊几个世纪一直坚持自己的理念:但步伐改变了。

感谢 R. 内特尔的提示,他允许我参阅论述查尔斯·迪布丁的《音乐之旅》(1788 年由《谢菲尔德纪事报》的盖尔斯出版)的未刊手稿。

第 136 页　轻松的“民主”竞赛:可以在某些电台的问答节目中发现同样的特点。

第 138 页　“我们甚至赞美……”:杜威《新旧个人主义》,第 17 页,G. 艾伦和昂温出版公司,1931 年(美国纽约,明顿,鲍尔奇出版公司)。

第 138 页　“问题是没有任何微笑……”:奥登《经理们》,载《祈祷日》,费伯出版公司,1952 年(美国纽约,兰登书屋)。

第 139 页　“可怕气味……”:吉尔伯特·哈丁《追寻家世》。

第 140 页　“让我们……”:J. B. 普里斯特利 1951 年 6 月的家庭服务广播;重刊于《听众》。

第 140 页　“特达米”:莎士比亚《皆大欢喜》,第 2 幕,第 5

场，第 60 行。

第 140 页　电台心直口快的播音员：作为一种讽喻式的人物，对其听众来说似乎具有两种主要作用：

（1）一种现代形式的“搞笑游戏”——即直言不讳并揭穿真相的特殊角色。

（2）与其听众具有共同价值观的“老实人乔”，他讨厌欺骗和官方的伪装，具有慷慨大方的本能和同情心。

吉尔伯特·哈丁先生富有启发性的自传使人想到了这样一种名声的另一面。他在其中谈到了他所称的这样一种生活的浅薄和虚伪、缺乏格调、缺乏公共记忆，以及电台广播可以制造的人为夸张的名声。

第 142 页　“他看起来毫不……”：引自斯托文，第 139 页。

第 4 节

第 143 页　德·托克维尔：第 410 页和第 311 页。

第 144 页　“无限进步的观念与通俗时事评论员相生相伴……”：它在很多层面上继续存在着，并且令人眼花缭乱，经常将自身表现为对权力的赞美，明显因为作者们的不安全感而变得更加强硬。这在许多当代杰出人物传记的语气中很明显，如像诺思克利夫勋爵那样的人物。

第 144 页　学校在历史教学方面的改进：然而，有些方法经常都表现出一种不加考虑地附和以自身为目的的进步论：例如，“数个世纪中的交通运输”这类社会研究的主题等，以及“每天都以各种方式……”。

第 145 页　“他们看见了……景象”：纽曼《大学的理念》，第 297

四讲,C. F. 哈罗德编，朗曼斯·格林出版公司,1947 年，第 120 页。

纽曼谈到了水手，是为了区分“获得物”与“哲学”。

由于阅读 J. L. 哈蒙德的“霍布豪斯纪念讲座”《公共享乐的增长》，我的注意力被引向了这篇演讲。

第 147 页　“民主国家很少关心……”：德·托克维尔《美国的民主》，第 343 页。

第 5 节

第 152 页　美国连环漫画在英国的销售：在弗雷德里克·沃瑟姆的《天真的诱惑》中，可以找到对美国连环漫画最透彻的分析。

第 153 页　托尔斯泰的列文:《安娜·卡列尼娜》，第 28 章。

第 153 页　电台节目数量的增加：但是，机智而冷静地评述英国人习俗的节目似乎也有增加，例如，在埃里克·巴克、约翰尼·莫里斯和阿尔·里德的作品中。

第 154 页　《玛丽亚·马腾》：至少迟至 1946 年重印，这个版本是由约翰·莱恩出版的，博德利·黑德出版公司。

第 155 页　“最重要的是，我们不会令人厌烦……”：但是，有些“优质”报纸的广告也造成了类似的吸引力，经常伴随着文化上的势利，例如，我们应当非常自豪地被人看见阅读既严肃又令人愉快的报纸。

第七章

第 1 节

第 157 页　华兹华斯:《抒情歌谣集》,1798—1805 年,《序言》。

阿诺德:《文化与无政府状态》，第 1 章。

陀思妥耶夫斯基:《卡拉马佐夫兄弟》，康斯坦斯·加尼特译，第 5 卷，第 5 章，海涅曼出版公司。

第 158 页 “在民主国家中……”：德·托克维尔，第 332 页。

第 159 页 “每种文化都生存于……”：这是刘易斯·芒福德说的。

第 159 页 读者的本能感觉：R. J. 明尼认为，就创立了奥德汉姆斯出版社财富的 J. S. 伊莱亚斯而言，“他本能地知道他们喜欢什么，因为这就是他自己所喜欢的。”（《索斯伍德子爵》，第 245 页）

哈蒙思沃斯的传记作者 A. P. 瑞安几次提出过这种观点，例如，“[哈蒙思沃斯] 相信自己。”他还认为，“在他身上没有一点虔诚，或者说，没有任何道德或知识热情的征兆。”

第 159 页 真诚与玩世不恭：参见 Q. D. 利维斯夫人《小说与读者》中一些通俗小说家所作的陈述。 298

第 159 页 “我曾出席过……”：劳伦斯·邓宁《电影笔记》，载《欧洲人》1953 年 3 月第 1 期。

第 160 页 “我只喜欢……”:《她的业余爱好是谋杀》，载《图片邮报》1948 年 1 月 24 日。这位女作家的作品不属于第 8 章所说的典型的所谓“性与暴力小说”。

第 2 节

第 161 页 瑞安:《诺思克利夫勋爵》，第 14 页。

第 161—162 页 “有些书刊仍然幸存了下来，但很少有改变……”:《世界新闻报》拥有所有报纸中最大的读者群。估计它的 16 岁以上的实际读者人数达 1700 万，或者说接近人口的一半。根据组别大约为：

（1）—（2）组　1/7½ 人
（3）组　1/3 人
（4）—（5）组　1/2 人

［在（4）—（5）组里，所有年龄的男性和女性的人数大致相当］。

作为比较，《帝国新闻》得出的数据大致为整个人口的 1/9½ 人；在（1）—（2）组里是 1/30 人，在（3）组里是 1/14 人，在（4）—（5）组里是 1/8 人（1955 年《赫尔顿读者调查》）。

第 163 页　“把工人阶级的生活观表现得跟中产阶级的生活观一样‘美好’……”：人们有可能反对说，通俗文学的情况长期都是这样，例如，在亨利·伍德夫人的作品中。问题在于，现在一般表现出来的中产阶级的生活观比起《东林怨》所表现的，更加充满占有性，或者说“美好”得华而不实。

第 165 页　瑞安：《诺思克利夫勋爵》，第 50 页。

第 168 页　“噱头”：一种巧妙的“方法”或“策略”，通常用作开头。

第 3 节

第 170 页　“上帝的意志……”：全文见于 W. H. 奥登选编的《牛津谐趣诗手册》，牛津大学出版社，1938 年。

第 170 页　阿瑟·莫里森：载《墙上的洞》，1902 年。

299 第 172 页　“《如果你累了》……”：载《道路尽头》，弗朗西斯、戴和亨特公司。

第 173 页　演唱某些新歌时常见的衰弱贫乏：有一些例外，特别是在比利·科顿乐队所表演的节目中。

第 173 页　“我无法给你……”：劳伦斯·赖特音乐公司。

第 176 页　“压抑唱法”：在 20 世纪 50 年代中期“梦幻之夜”的演唱中，经常可以听到这种演唱方式。

第 4 节

第 178 页　“因为我们的惊奇感……”：约瑟夫·皮珀《闲暇：文化之基础》，第 131 页。

第 178 页　伪造的色情：倘若它不是伪造的，那么，它就很可能是间接体验的，如在“自由式”摔跤和改装车比赛中那样。

第 180 页　“泪水滑落到……”：亨利·伍德夫人《东林怨》（1861 年），第 18 章。

第 181 页　“在另一方面……”：乔治·艾略特《亚当·贝德》，第 1 卷，第 5 章。

第 186 页　“有关通俗出版物性质的基本事实……”：弗朗西斯·威廉斯在《报刊、议会与民众》中说：“它们已经成了庞大的工业企业，受按投入的庞大资本总量去谋取利润的需要支配，并且主要对商业上的成就感兴趣。”（第 146 页）他接着说，这是一种概括，因而不完全是真实的。他后来又说：“主要是，大批量发行的报纸都旨在娱乐。”（第 161 页）

第 187 页　要求“光鲜”的持续压力：R. J. 明尼在《索斯伍德子爵》里提出了对奥德汉姆斯出版社已故总经理的看法。正如 J. S. 伊莱亚斯当时毫无疑问带着全部自信要求弗朗西斯·威廉斯的那样：“要使他们笑起来。要使他们振奋起来。这条新闻已经够可怕

的了。”（第 287 页）

第八章

第 1 节

第 188 页　点唱机：被贸易委员会称为“投币式自动点唱机”。

第 189 页　阅读那些杂志的学童：很容易发现偶然的证据。我听说有一所普通中学，学生们在那里的操场上进行交流。

300 第 190 页　塞缪尔·巴特勒笔下的耕耘男孩：《众生之路》，1903 年，第 14 章。

第 194 页　培根关于“认识的最终目标”的观点：由于在这里以及与第十章和第十一章的相关性，所以值得援引一段较长的文字：

> 但是，其他所有人的最大错误在于，误解或错置了知识最后的或最大的目标：因为人们已经具有了学习和认知的愿望，有时还开始具有一种天然的好奇心和探究的欲望；有时为了以变化和愉悦来娱乐自己的心灵；有时为了装饰和名声；而有时为了使他们能够战胜智慧和矛盾；多数时候是为了钱财和职业；极少真诚地为人们的利益和用途而提供对其理性天赋的真正说明：似乎知识方面追求的是探求与永不宁静的精神得以在其上休憩的沙发；或者是漫游和易变的心灵带着美好期望来回漫步的露台；或者是高傲的心灵提升自身的一座高塔；或者是一座斗争和争夺的堡

垒或制高点；或者是赢利或销售的商店；而不是彰显创造者之荣誉和慰藉人们的丰富宝库。然而，正是这一点，确实会使知识具有尊严，使其得到提升，似乎沉思与行动能够比它们原本更加紧密和直接地结合在一起。(《学术的进展》，1605 年，第 1 卷，第 11 节，第 34—35 页，人人丛书版）

第 194 页　面向工人阶级和中产阶级下层读者的“重口味”杂志：也有一批聪明的专业阶层的“重口味杂志”。

第 2 节

第 196 页　德·鲁热蒙：第 244 页。

第 196 页　性与暴力小说：本节里的一些材料以不同的形式出现在我为《论坛报》撰写的一篇文章中（《书报摊》1948 年 10 月 29 日）。

乔治·奥威尔《文质彬彬的窃贼与谄媚小姐》(《批评文集》，塞克出版社，1946 年）的读者会注意到这里对他的致谢。

第 198 页　詹姆斯·M. 凯恩：也可参见《小夜曲》(1937 年)。凯恩先生可能更需要关注严肃文学，而不是在这里感谢他的人。

第 199 页　“人们会想到纳什的《不幸的旅行者》……”：例如，301
想一下卡斯塔尔多的妻子迪亚曼特：

一个有一张漂亮圆脸的村姑，黑色的眉毛，高高的前额，一张小嘴，尖鼻子，她身上的每个部分都像鸽一样丰满并呈现出紫红色，皮肤像天鹅背一样平滑柔软，想起她我很愉快。

她在地上行走时像一只鸟，裸露出像鸵鸟一样突出的肚子。贪婪游移的眼光凝视着要刺穿地面，有时又轻蔑地投向有声音的一边……

或者想到赫拉克利德的强奸：

他抓住她象牙色的脖子，像猛犬摇动小熊一样地摇她，边诅咒边盯着她，如果她拒绝的话，他就会撕开她的喉咙……他像一个男人抓住树枝向后拔出一棵树那样把她向后拖，接着像叛徒被拉到囚车上去执行死刑那样，他抓住那些被解开的柔软发辫，把她一颠一跛地拖到小房间，用他野蛮的脚踏在她赤裸着的雪白胸部上，迫使她屈服，不然就踩她的心口……她的头发从他的手指间散落下来，他抓住她的双肘——尽管如此，她挣扎着，扭动着，但全都是徒劳……他把她扔到坚硬的木板上，用他那像铁锤般的膝盖击打，打开了她那尚未开启的贞操之门……（《不幸的旅行者》，1594 年。1948 年约翰·莱曼出版公司版，第 61 页，第 88—89 页）。

第 204 页“她喝着啤酒……”：威廉·福克纳《圣殿》，1931 年，第 18 章，查托和温达斯出版公司（美国纽约，兰登书屋）。

第 207 页 卡夫卡——海明威——：我认为，在一些法国当代作品里存在着相似性，明显的是在一些小说中，主要人物是失去社会地位的中产阶级，生活充满暴力，但行动却毫无目的。

第208页“你现在不能进来……”：欧内斯特·海明威《永别了，武器》，海角出版社，1929年（美国纽约，查尔斯·斯克里布纳父子出版公司）。

第九章

第1节

第210页　德·托克维尔：第一部分序。

第211页　“在其较新的用法方面……”：刘易斯·韦在《人对意义的寻求》中提出过有些相似的观点。

第211页　“狡诈的”：出自《简明牛津英语词典》。

第213页　对于报纸的冷嘲热讽：A. P. 瑞安支持我大致描述 302
的变化编年表。他认为，“你无法相信在报纸上读到的东西”在第一次世界大战之后成了一种流行的说法（《诺思克利夫勋爵》，第140页）。

第2节

第220页　引自威廉·莫里斯的《民众的艺术》，演讲稿，1879年；载《对艺术的希望与畏惧》，第44页，《威廉·莫里斯文集》第22卷，朗曼斯·格林出版公司，1914年。我要感谢将我的注意力引向这段文字的已故的F. D. 克林根德尔博士。

第222页　“知识分子的虐待狂”：这是理查德·利文斯通爵士的说法。

第223页　“这一切都很好……”：引自一项社会调查。

第十章

第 224 页　契诃夫：致 A. S. 索沃林的信，1889 年 1 月 7 日，载《A. 契诃夫生平与书信》，第 114 页，S. S. 柯特连斯基和菲利普·汤姆林森编译，卡塞尔出版公司，1925 年（美国纽约，道布尔迪和多兰出版公司）。

第 224 页　屠格涅夫:《父与子》，康斯坦斯·加尼特译，1895 年，海涅曼出版公司，1951 年重印，第 32 页。

第 1 节

第 224 页　乔治·艾略特:《米德尔马契》，1872 年，第 3 卷，第 29 章。

第 227 页　家庭环境的艰难：参见《早年辍学》，第 19 页和第 36 页。

第 227 页　工人阶级奖学金男孩的孤独感：参见《早年辍学》，第 32 页。

第 227 页　很少有来自工人阶级地区小学的奖学金：但是，可以参见下面第十一章第二节，以及政治经济计划的小册子《大学生的出身背景》，载《规划》，第 20 卷，第 373 期，1954 年 11 月 8 日，关于大学里增加了的工人阶级孩子的比例。

第 229 页　“已经确立的……制度”: H. 斯宾塞《自传》，1904 年，第 1 部分；沃茨出版公司 1926 年重印，第 338 页。

第 230 页　“人们并没有成为……”:《托马斯·霍尔克罗夫特生平》，威廉·黑兹利特续，埃尔布里奇·科尔比编，康斯特布尔出版公司，1925 年，第 2 卷，第 82 页。

第 230 页　发展较慢的奖学金男孩：在我看来，女孩身上的反差甚至通常都更明显：将典型的 14 岁和 15 岁的中学女孩与文法学校里这个年龄的女孩进行比较就可以看出来。 303

第 230 页　不从事业余工作：F. D. 克林根德尔博士在赫尔大学学院进行的学生调查《变化着的世界中的学生们，1951—1952 年》提出，情况不再是这样了。在那些提供信息的人当中，38% 的男生和 26% 的女生都做过一些业余工作。

第 231 页　“他面色苍白，衣衫褴褛……”：格雷厄姆·格林《那是一个战场》，海涅曼出版公司，1934 年，第 2 章《论康拉德·德罗弗尔》。

第 233 页　“一个自学成才的工人……”：“我想起了……”：这两段话都出自弗吉妮亚·伍尔夫的《一个作家的日记》，荷加思出版公司，1953 年，第 47 页和第 49 页（美国纽约，哈考特·布雷斯出版公司）。

第 234 页　“他将使自己……”：阿诺德·J. 汤因比《历史研究》，由 D. C. 萨默维尔删节，第 313 页，牛津大学出版社，1946 年。

第 234 页　“你的天赋……”：契诃夫《致弟弟尼古拉的信》，莫斯科，1886 年；《A. 契诃夫生平与书信》，第 80 页。

第 235 页　“矛盾……”：W. 特罗特《民众在和平与战争中的本能》，T. 费希尔·昂温出版公司 1923 年印行，第 67 页。

第 2 节

第 235 页 《地下室手记》：康斯坦斯·加尼特译，载《白夜》，海涅曼出版公司 1950 年印行。

第 237 页　“优质”周刊的广告：假如这些比例不适合于某一个典型的星期，那么，我会对相同刊物那一周的广告页面进行相似的考察，以对本章做出修改：

在 7 栏广告中，有 $3^{1}/_{4}$ 栏属于我所讨论的那类广告。在其余两栏广告中，有 3/4 栏属于归属不清的广告。

第 241 页　“她非常了解这种类型……”：E. M. 福斯特《霍华德庄园》，阿诺德出版公司，1910 年。

第 241 页　“但在每个阶级中……”：阿诺德《文化与无政府状态》，第 3 章。

第 242 页　“一切都处于之下……”：乔治·艾略特《米德尔马契》，《关于加索邦》。

第 244 页　“他们‘坐在黑暗中……’”：《圣经·旧约·诗篇》，107:10。

304 第 244 页　“我们宁可毁灭……”：W. H. 奥登《焦虑的时代》，费伯出版公司，1948 年（美国纽约，兰登书屋）。

第 244 页　“少数人……”：可是，有多少？有 3 万人买了第一期《伦敦杂志》。我猜，这种人属于实质性的部分。1954 年的《赫尔顿读者调查》提出，在第（4）—（5）组里大约有 3 万名 35 岁以下的未婚男人是《听众》的读者。

第 245 页　“人们的数量……”：马修·阿诺德《文化与无政府状态》第 3 章引文。

第十一章

第1节

第246页　华兹华斯:《抒情歌谣集》,1798—1805年,《序言》。

第246页　缪尔:《战斗》,费伯出版公司(美国,格罗夫出版社)。

第247页　政治上活跃的工人阶级民众:玛格丽特·麦卡锡的《反叛的一代》是一部很好的自传作品,主要描述了20世纪20年代和30年代兰开夏郡的这种生活。

第247页　机械研究所:到1861年,英国有1000多个研究所,有成员20万人。

第247页　麦考莱的《历史》:销售数据来源于戴维·汤普森《19世纪的英国,1815—1914年》。

第247页　《世界史纲》:1920年。

《生命的科学》:1931年,J. S. 赫胥黎和G. P. 威尔士教授所著。

《人类的劳动、财富和幸福》:1932年。

第247页　思想者图书馆丛书:这个系列已经销售了300多万册。我了解到,在走向自治的殖民地中,对这些书籍的需求日益增长。

第248页　继续教育和业余教育的扩大:1952年,英国大约有1/45的人口参与了某种形式的非专业的继续教育(但是,不一定在类别为"自由科目"的学习范围内)(《德比民意调查》第34—37页)。

第 248 页　工人教育协会的学生人数：源于《成人教育的机构和财政》(《阿什比报告》)，第 14 页（经允许）。

305 第 249 页　“很少有令人满意的基础……”：有一些令人鼓舞的特点；例如，《听众》的很多特点，一些正派周刊或周日报纸每周都有一两位评论家，他们的方法极其适合我所概括的需要，或者某些与社会事务和政治事务有关的电台广播与电视广播。

第 249 页　“真诚的少数人”只考虑了直接的政治目标和经济目标：想起了最近的两个例子：

（1）工人教育协会的一名学生被拒绝获得进入暑期学校学习文学的一小笔奖学金，因为他所属的工会教育委员会认为，该学科与工会的兴趣不相干。

（2）一节计划为码头工人开设的哲学课在当地引起了兴趣，却被伦敦有关团体拒绝，因为“该学科对码头工人没有帮助”。

第 252 页　“临时做的杂活”：最近在为“自己动手”提供材料和设备方面有了引人注目的增加，这提高了技巧，促进了集中化的出现，迄今为止似乎主要被中产阶级下层男子和熟练工人所接受，没有对大多数工人产生太大影响。

第 253 页　对分配园地的兴趣有所下降：参见 1952 年《赫尔顿读者调查》，第 42 页。

第 254 页　饲养鸽子：各种俱乐部包括了全国信鸽协会和全国赛鸽俱乐部；还有苏格兰和威尔士的协会，英国北方的协会。《赛鸽》杂志的净销售量为 43500 册（《1956 年广告客户年鉴》）。在英国，每年有 200 多万英镑花在了这种“爱好”上。《赛鸽》的编辑告诉我，一种指导手册估计已经销售了 11 万册（一些详情出自埃德加·安斯沃思的《飞行的爱好》，载《图片邮报》1953年11月21日）。

第254页　骑自行车：《1952—1955年赫尔顿读者调查》表明，在最近几年里，所有阶级中骑自行车的普及率已经略有下降。第（4）—（5）组中的男子仍然是所有阶级中最普遍使用自行车的人群（占40%）；第（4）—（5）组中的女子使用自行车的人数略少于其他阶级的女子。

第2节

第256页　娱乐的增加：1952年，英国电影观众的平均人数与总人口的27%，高于美国的平均数。1952年英国在电影上的支出接近于每个家庭每周3先令。英国大约有4600家电影院。最经常去看电影的群体是16岁到24岁的工人阶级民众（参见《德比民意调查》，第121—123页）。

第256页　从1000种到超过5000种：《德比民意调查》，第164页。

第257页　1937年到1947年间的增长：

全国性和地方性日报：从1780万份增加到2850.3万份。

周日报纸：从1550万份增加到2930万份。

数据来源于《皇家委员会关于报刊的报告，1947—1949年》，第5—6页（经许可）。这些增加中的一部分或许可以由战时的特殊状况来解释。但是，现在战争已经结束10多年，读者的总人数并没有开始显著下降。

第257页　1947年至1952年的增加：

全国的早报：从1560万份增加到1610万份。

周日报纸在1952年增加到3170万份。

《德比民意调查》图表51，第168页。作者评论说（第163页）：“甚至在允许提价时，我们在1952年购买的阅读材料也比1948年多（那时的支出几乎正好是10年前支出的两倍）。”看来，1937年至1947年的增长率在1947年到1955年总体上没有得到延续。但还是在总体上，1947年新的高水平得以维持（参见政治经济计划《规划》，第21卷，第388期）。

第257页　每家有2份日报：《德比民意调查》，第166页。

3个成年人中有2个人读过一份以上周日报纸：引自《德比民意调查》，第170页。

第257页　每千人的日报数：

估计的人口中每千人的日报份数：

英国	611份	法国	239份	墨西哥	48份
瑞典	490份	意大利	107份	土耳其	32份
美国	353份	阿根廷	100份		

参见《每日新闻》，联合国教科文组织。

第257页　英国的图书出版：1953年，英国出版了18000多种图书，相比之下美国出版了大约12000种，而美国的人口是英
307 国的三倍。应当补充说，我们在图书方面有大量的出口贸易，并非任何一年所有在列的书目都是新书。因此，在1953年的出版书目中，大约有12750种是新书（美国有9000种新书）。英国出版的新书中有1/5是小说。数据来源于《德比民意调查》，第182—183页，以及《基本事实与数据》，联合国教科文组织。

第257页　从公共图书馆借出的图书增加：1952年到1953年，

人均借出7本书，相比之下，1939年是5本。《德比民意调查》提出，在德比，1/6来自工人阶级、受过初等教育的人，1/4来自中产阶级、受过中等教育和继续教育的人，每周从公共图书馆借一本书（《德比民意调查》，第165页和第198页）。至于购买图书，包括平装本，大概是每年售出1.25亿到1.9亿单册（《德比民意调查》，第185页）。

第257页　55%的受访者：引自《德比民意调查》，第184页。在该调查中（第190页），1/3的受访者说，他们现在读1本书。英国舆论研究所在托特纳姆进行的一项民意调查提供了与前面援引的盖洛普民意测验大致相同的结果。

第257页　正派期刊的销售量：在大多数情况下，增加并不是连续性的。确切地说，战后几年有所增加，接着略有下降或者稳定下来。但是，战前或者刚刚战后，大多数“优质”期刊的发行数都表明有所增加（参见沃兹沃思《报纸发行量》）。

以下发行量审计局的数据来源于1955年《报刊指南》：

《观察家报》534752份　《星期日泰晤士报》577869份

《泰晤士报》220834份　（经审核，不是发行量审计局的数据）

《新政治家报》70598份　《旁观者报》38353份

作为最近增加的例子：《曼彻斯特卫报》显示的是1953年为127083份，1955年为146146份。《听众》自战争以来的销售量大致翻了一倍。《观察家报》的发行量审计局数据是1956年1月到6月为601402份。

文学评论：

《文汇》1954年年中的发行量大约是15000份，《伦敦杂志》

几乎在同时创办，发行量大约为18000份。(《观察家报》1954年7月18日)到1956年年中，每种杂志的发行量都已经明显下降，
308 据称，《伦敦杂志》很可能已失去了经济援助。

第257页　75%到80%的小说:《德比民意调查》，第186—187页。

第257页　商业性图书馆借出的数据:《德比民意调查》，第183页。

“少部分敏锐的读者……”:《德比民意调查》为这种看法提供了某种支持，不止一次谈到了“敏锐的图书读者实质性的少数”。如果人们要忽略那些完全不能胜任阅读的人的数量，那么，我认为，剩下的就只有“少数人”。

第258页　“为了生存……”：威廉斯《报刊、议会与民众》，第175页。

第259页　报纸总量的下降：

我们	122份日报	5100万人口
美国	1865份日报	1.57亿人口
瑞典	160份日报	700万人口
瑞士	127份日报	500万人口
墨西哥	162份日报	2700万人口
阿根廷	140份日报	1800万人口
土耳其	116份日报	2200万人口
法国	151份日报	4250万人口
意大利	107份日报	4700万人口

(数据来源于《每日新闻》，联合国教科文组织。)

英国现在出版的不同报纸的总量，大多数情况下在比例上小于其他有文化修养的国家的总量，很多情况下绝对小于其他有文化修养的国家的总量。报业联合组织将削减某些差距的力量，但不足以使总体数据无效。当然，不同报纸总量的下降并非英国特有：在美国，总量在 1909 年到 1954 年间下降了大约 1/3。

第 259 页　集中化阅读：将不同地方的报纸集中于全国，最明显地出现于晨报和周日报纸。在晚报方面，地方报纸仍然保持着相当大的实力。大多数人都会注意到，当前趋势的一个结果就是某些地方报纸的衰退。它们试图通过报业联合组织的素材来模仿舰队街*的聪明才智，再混杂进它们不足为信的地方新闻的参考材料。这些报纸具有流行的伦敦报界的恶习，加上完全属于它们本身的单调乏味。在《皇家委员会关于报刊的报告》、凯泽的《一周新闻》和沃兹沃思的《报纸发行量》中，可以看到集中化的详情。

第 259 页　“作为一个标志……”:《报刊与民众》，第 12—13 309
页。该报告还说，严肃报纸仍然只代表了周日报纸销售总量的大约 3%。

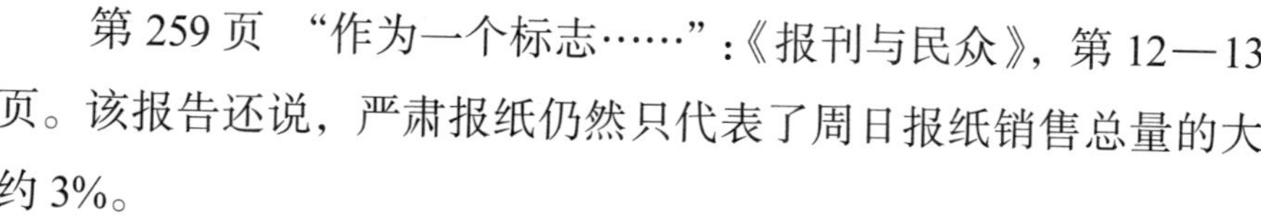

第 260 页　文化杂志的经济资助：从本书于 1957 年第一次出版以来，《伦敦杂志》已经没有得到《每日镜报》的资助。《伦敦杂志》和《文汇》已不再是最新创办的文化杂志。

第 261 页　上文法学校：参见 W. P. 亚历山大《中等教育机构》（理事会与教育出版公司），以及琼·汤普森《中等教育调查》，费

* 舰队街（Fleet Street）：伦敦市内邻近舰队河的街道，是英国很多著名媒体的所在地，因此，舰队街就成了英国媒体的代名词。

边研究丛书（戈兰兹出版公司，1952 年）。

第 261 页 给予工人阶级孩子的奖学金："总之，尽管有近年来的教育和社会变化，但在社会层面，上文法学校的机会却增加了。"据 A. H. 哈尔西和 L. 加德纳《四所文法学校的中等教育选择和成就》，载《英国社会学杂志》，第 4 卷，第 1 期，1953 年 3 月，第 60—75 页（也可参见《早年辍学》）。

第 261 页 罗斯金学院的副院长：《致〈观察家报〉的信》1954 年 6 月 6 日。

第 262 页 新的等级制：在写完本章之后，我很想看看格拉斯教授在《英国的社会流动性》的导言中提出的有点类似的观点（第 25—27 页）。他提出，他在其中要表达的个人观点"具有一种价值依据"。

第 264 页 通俗报刊与电视的出现："来自电台和电视日益激烈的竞争，正在影响到报刊的特性。"（《报刊与民众》，第 9 页）考虑到电影、电台、电视和连环漫画的通俗性，人们有时感到像是要大胆做出推断，即到 20 世纪末，书面词语对大多数人口的影响将会出现短暂的、几乎可以忽略不计的间歇：到那时，直到 19 世纪后半叶占主导的、主要的口头文化和地方文化，都将被另一种口头文化所取代，但这种文化也是视觉的和大规模公共性的。

第 265 页 "为了维持……"：《报刊与民众》，第 5 页。

第 266 页 新的无阶级的阶级：想必时事评论员们所看见的很大的集中群体大致是《赫尔顿读者调查》所称的第（4）—（5）组，有时会加上第（3）组。第（4）—（5）组占人口的 71%；加上（3）组，占 88%。

参考书目

除非另有说明，所列书籍均在伦敦出版。 310

1. 历史、经济学、社会学、心理学与教育研究

Marshall, Dorothy. *The English Poor in the Eighteenth Century*, Routledge, 1926.

Hammond, J. L. and Barbara. *The Town Labourer 1760–1832*, Longmans Green, 1932 (first pub. 1917).

Hammond, J. L. and Barbara. *The Skilled Labourer 1760–1832*, Longmans Green, 1919.

Hammond, J. L. and Barbara. *The Bleak Age*, rev. ed., Penguin Books, Harmondsworth, 1947 (first published 1934).

Cole, G. D. H. *A Short History of the British Working-Class Movement 1787–1947*, G. Allen and Unwin, ed. of 1947.

Cole, G. D. H. *British Working-Class Politics 1832–1914*, Routledge, 1941.

Cole, G. D. H., and Postgate, R. *The Common People 1746–1946*, Methuen, ed. of 1949 (first pub. 1938).

Lynd, H. M. *England in the Eighteen-Eighties*, O.U.P., 1945.

Thompson, David. *England in the Nineteenth Century, 1815–1914*, Pelican History of England, Vol. 8, Penguin Books, Harmondsworth, 1950.

Webb, R. K., *The British Working-Class Reader, 1790–1848*, G. Allen and Unwin, 1955.

Royal Commission Report on *Betting, Lotteries and Gaming, 1949–51*, Cmd. 8190, H.M.S.O., 1951.

Prest, A. R., with Adams, A. A. *Consumers' Expenditure in the United Kingdom 1900–19*, Studies in the National Income and Expenditure of the United Kingdom, Cambridge University Press, 1954.

Carr-Saunders, A. M., and Caradog Jones, D. *A Survey of the Social Structure of England and Wales*, Oxford University Press, 2nd ed. 1937 (first pub. 1927).

Kuper, Leo (Ed.). *Living in Towns*, Cresset, 1953.

CAUTER, T., and DOWNHAM, J. S. *The Communication of Ideas, a Study of Contemporary Influences on Urban Life*, Chatto and Windus, for The Readers' Digest Association, Ltd., 1954.

HULTON RESEARCH, *Patterns of British Life*, Hulton Press, 1950.

ABRAMS, Mark. *The Condition of the British People, 1911–45*, Gollancz, for the Fabian Society, 1946.

GLASS, D. V. (Ed.). *Social Mobility in Britain*, International Library of Sociology and Social Reconstruction, Routledge and Kegan Paul, 1954.

BRENNAN, T., COONEY, E. W., and POLLINS, H. *Social Change in South-West Wales*, Watts, 1954.

MASS OBSERVATION. *The Pub and The People, A Worktown Study*, Gollancz, 1943.

MASS OBSERVATION. *Puzzled People*, Gollancz, 1947.

ROWNTREE, B. Seebohm, and LAVERS, G. R. *English Life and Leisure*, Longmans Green, 1951.

GORER, G. *Exploring English Character*, Cresset Press, 1955 (published too late to be consulted in the writing of this book, but demands a place in the bibliography because of its special relevance).

RICE, Margery Spring. *Working-Class Wives*, Penguin Books, Harmondsworth, 1939.

ZWEIG, F. *Labour, Life and Poverty*, Gollancz, 1948.

ZWEIG, F. *Men in the Pits*, Gollancz, 1948.

ZWEIG, F. *Women's Life and Labour*, Gollancz, 1952.

ZWEIG, F. *The British Worker*, Penguin Books, Harmondsworth, 1952.

REAVELEY, G., and WINNINGTON, J. *Democracy and Industry*, Chatto and Windus, 1947 (O.U.P., Toronto).

SARGAISON, E. Miriam. *Growing Old in Common Lodgings*, Nuffield Provincial Hospitals Trust, 1954.

SLATER, Eliot, and WOODSIDE, Moya. *Patterns of Marriage, a Study of Marriage Relationships in the Urban Working-Classes*, Cassell, 1951.

SPROTT, W. J. H. *Social Psychology*, Manuals of Modern Psychology, Methuen, 1952.

SPINLEY, B. M. *The Deprived and the Privileged*, Routledge and Kegan Paul, 1952.

PEAR, T. H. *Voice and Personality*, Chapman Hall, 1931.

LEWIS, M. M. *The Importance of Illiteracy*, Harrap, 1953.

KLINGENDER, F. D. *Students in a Changing World, 1951–2*, Yorkshire Bulletin of Economic and Social Research, vol. 6, Nos. 1 and 2, Feb. and Sept. 1954, University of Hull.

MINISTRY OF EDUCATION. *The Organisation and Finance of Adult Education*, H.M.S.O., 1954.

MINISTRY OF EDUCATION. *Early Leaving*, a report of the Central Advisory Council for Education (England), H.M.S.O., 1954.

2. 工人阶级生活的各个方面

BOURNE, George. *Change in the Village*, Duckworth, 1912.

BOURNE, George. *A Small Boy in the 'Sixties*, Cambridge University Press, 1927.

QUENNELL, J. P. *Mayhew's Characters*, Kimber, 1951 (Mayhew pub., 1864).

ESCOTT, T. H. S. *England, Its People, Polity and Pursuits*, 2 vols., Cassell, 1883.

ESCOTT, T. H. S. *Social Transformations of the Victorian Age*, Seeley, 1897.

BELL, Lady. *At the Works*, Arnold, 1907.

LOANE, M. *The Next Street But One*, Arnold, 1907.

LOANE, M. *From their Point of View*, Arnold, 1908.

REYNOLDS, Stephen. *A Poor Man's House*, Macmillan, 1911 (first pub. 1908).

FREEMAN, Gwendolen. *The Houses Behind*, G. Allen and Unwin, 1947.

ORWELL, George. *Shooting an Elephant*, Secker and Warburg, 1950.

ORWELL, George. *The Road to Wigan Pier*, Gollancz, 1937.

COMMON, Jack. *Kiddar's Luck*, Turnstile, 1951.

McCARTHY, Margaret. *Generation in Revolt*, Heinemann, 1953.

SHARP, Cecil. *English Folksong—Some Conclusions*, 3rd ed., revised by Maud Karpeles, Methuen, 1954 (first pub. 1907) (H. W. Gray Co., N.Y., U.S.A.).

Ballads and Broadsides, a folio collection from the Manchester district, Central Reference Library, Manchester.

HENDERSON, W. (Ed.). *Victorian Street Ballads*, Country Life, 1937.

Curiosities of Street Literature, Reeves and Turner, 1871.

NETTEL, R. *Music in the Five Towns, 1840–1914*, Oxford University Press, 1944.

NETTEL, R., *Seven Centuries of Popular Song*, Phœnix, 1956.

PULLING, Christopher. *They were Singing*, Harrap, 1952.

JONES, Barbara. *The Unsophisticated Arts*, Architectural Press, 1951.

LAMBERT, M., and MARX, Enid. *English Popular Art*, Batsford, 1951.

3. 报刊、大众出版物和广告

HULTON RESEARCH, *Hulton Readership Survey, 1952–5*, Hulton Press.

Newspaper Press Directory, 1955. Benn Brothers.

Willing's Press Guide, 80th annual issue, Willing's Press Service, Ltd., 1954.

UNESCO. *Basic Facts and Figures*, 1952. (H.M.S.O.)

UNESCO. *The Daily Press, A Survey of the World Situation in 1952*, No. 7 of Reports and Papers on Mass Communication, 1953. (H.M.S.O.)

KAYSER, Jacques. *One Week's News*, Unesco, 1953. (H.M.S.O.)

REPORT OF THE ROYAL COMMISSION ON THE PRESS, 1947–9. Cmd. 7700, H.M.S.O., 1949.

P.E.P. *Planning*, XXI, issues 384 ('Balance Sheet of the Press') and 388 ('Ownership of the Press'), 1955.

GENERAL COUNCIL OF THE PRESS. *The Press and the People*, 1st Annual Report, 1954.

WADSWORTH, A. P. *Newspaper Circulations, 1800–1954* (pamphlet), Manchester Statistical Society, 1955.

ANGELL, Norman. *The Press and the Organisation of Society*, Labour Publishing Co., 1922.

ANGELL, Norman. *The Public Mind*, Douglas, 1926.

SOAMES, Jane. *The English Press*, Lindsay Drummond, 1936.

WILLIAMS, Francis. *Press, Parliament and People*, Heinemann, 1946 (Ryerson Press, Toronto).

RYAN, A. P. *Lord Northcliffe*, Collins, 1953 (Macmillan Co., N.Y., U.S.A.).

CUDLIPP, Hugh. *Publish and Be Damned*, Dakers, 1953.

MINNEY, R. J. *Viscount Southwood*, Odhams, 1954.

BRITISH COUNCIL STAFF ASSOCIATION. *The Beaverbrook Press and the British Council*, 1954.

FENWICK, L. 'Periodicals and Adolescent Girls', *Studies in Education*, vol. II, No. 1, University College, Hull, 1953.

LEAVIS, Q. D. *Fiction and the Reading Public*, Chatto and Windus, 1932.

STEVENS, G. UNWIN, S., and SWINNERTON, F. *Best Sellers—are they Born or Made?* G. Allen and Unwin, 1939.

MELLERS, W. H. 'Searchlight on Tin Pan Alley', *Scrutiny*, vol. 8, 1939–40, pp. 390–405. Deighton, Bell, Cambridge.

Advertisers' Annual, 1956. Business Publications Ltd.

McLuhan, H. M. *The Mechanical Bride*, Vanguard, New York, 1951.

Wertham, Fredric. *The Seduction of the Innocent*, Museum Press, 1955.

Wagner, Geoffrey. *Parade of Pleasure*, Verschoyle, 1954.

4. 哲学和文化一般读物

De Tocqueville, Alexis. *Democracy in America*, World's Classics ed., Oxford University Press, 1946 (first pub. 1835).

Arnold, Matthew. *Culture and Anarchy*, 1869.

Bury, J. B. *The Idea of Progress*, Macmillan, 1920.

Lewis, Wyndham. *Time and Western Man*, Chatto and Windus, 1928.

Dawson, Christopher. *Progress and Religion*, Sheed and Ward, 1929.

Woolf, Leonard. *After the Deluge, A Study of Communal Psychology*, vol. I (1931); vol. II (1939), Hogarth, reprint of 1953.

Woolf, Leonard. *Principia Politica*, vol. 3 of *After the Deluge*, Hogarth, 1953.

Woolf, Leonard. *Quack, Quack*, Hogarth, 1935.

Leavis, F. R., and Thompson, Denys. *Culture and Environment*, Chatto and Windus, 1933.

Stovin, Harold. *Totem—the Exploitation of Youth*, Methuen, 1935.

De Rougemont, Denis. *Passion and Society*, trans. Montgomery Belgion, Faber, 1940 (Pantheon Books, Inc., N.Y., U.S.A.).

Hobhouse Memorial Lectures, 1930–40. Oxford University Press, 1948.

Way, Lewis. *Man's Quest for Significance*, G. Allen and Unwin, 1948.

Churchill, R. C. *Disagreements*, Secker and Warburg, 1950.

Churchill, R. C. *The English Sunday*, Watts, 1954.

Weil, Simone. *The Need for Roots*, Routledge and Kegan Paul, 1952.

Pieper, Josef. *Leisure the Basis of Culture, Faber*, 1952 (Pantheon Books, Inc., N.Y., U.S.A.).

Harding, Gilbert. *Along My Line*, Putnam, 1953.

Rolt, L. T. C. *Winterstoke*, Constable, 1954.

索　引

索引中的页码为原著页码，参见本书边码

在页码或一组页码之后插入字母"n"或者"and note"，表示那些页码和与它们有关的"注释与引文"中提及的主题。"Notes to"表示在"注释与引文"中提及的与某个页码有关的主题，但在该页码本身中没有提到该主题。

除非另有描述，否则在编制各种主题和态度的索引之前，应当设想到"工人阶级"的限定条件。

492

图书在版编目(CIP)数据

识字的用途:工人阶级生活诸面相/(英)理查德·霍加特著;阎嘉译.—北京:商务印书馆,2024
(汉译世界学术名著丛书:120年纪念版:珍藏本:增订本)
ISBN 978-7-100-23679-9

Ⅰ.①识… Ⅱ.①理…②阎… Ⅲ.①无产阶级—研究—英国—20世纪 Ⅳ.①D756.161

中国国家版本馆CIP数据核字(2024)第076618号

汉译世界学术名著丛书
(120年纪念版·珍藏本·增订本)
识字的用途
——工人阶级生活诸面相
〔英〕理查德·霍加特 著
阎嘉 译

商 务 印 书 馆 出 版
(北京王府井大街36号 邮政编码100710)
商 务 印 书 馆 发 行
北京市十月印刷有限公司印刷
ISBN 978-7-100-23679-9

2024年5月第1版 开本710×1000 1/16
2024年5月北京第1次印刷 印张32¼
定价:160.00元